廉政文化名言警句精选解读

Lianzheng Wenhua Mingyan Jingju Jingxuan Jiedu

罗任权 主编
索光举 王和平 副主编

暨南大學出版社
JINAN UNIVERSITY PRESS
中国·广州

图书在版编目（CIP）数据

廉政文化名言警句精选解读/罗任权主编．—广州：暨南大学出版社，2011.6（2014.7 重印）
ISBN 978－7－81135－840－7

Ⅰ．①廉…　Ⅱ．①罗…　Ⅲ．①廉政建设—中国—通俗读物
Ⅳ．①D630.9－49

中国版本图书馆 CIP 数据核字（2011）第 079062 号

出版发行：暨南大学出版社

地　址：中国广州暨南大学
电　话：总编室（8620）85221601
　　　　营销部（8620）85225284　85228291　85228292（邮购）
传　真：（8620）85221583（办公室）　85223774（营销部）
邮　编：510630
网　址：http：//www.jnupress.com　http：//press.jnu.edu.cn

排　版：广州市天河星辰文化发展部照排中心
印　刷：广东省农垦总局印刷厂

开　本：890mm × 1240mm　1/32
印　张：8.625
字　数：200 千
版　次：2011 年 6 月第 1 版
印　次：2014 年 7 月第 4 次

定　价：20.00 元

（暨大版图书如有印装质量问题，请与出版社总编室联系调换）

序

党风廉政建设和反腐败斗争，关系民心聚散向背，关系党和国家的生死存亡。深入开展反腐倡廉教育，是构筑拒腐防变思想道德防线、建立健全惩治和预防腐败体系的基础性工作。胡锦涛总书记强调，“反腐倡廉教育要面向全党全社会”。2010 年 1 月，中央纪委、中央宣传部、监察部、文化部等六部门联合下发的《关于加强廉政文化建设的意见》明确提出，要“把廉政文化建设融入社会主义精神文明建设和反腐倡廉建设的全过程，着力培育廉洁价值理念，广泛开展廉政文化创建活动，大力营造崇尚廉洁的社会风尚，为党风廉政建设和反腐败斗争的深入开展提供思想保障和文化支撑”。由嘉应学院廉政研究中心编写的《廉政文化名言警句精选解读》（以下简称《解读》）一书，是我省广大干部群众接受反腐倡廉教育的好读本，是深入推进廉政文化建设的好载体。

古人说，“德教为先”，“修身为本”。廉政文化对人的廉洁行为具有重要的导向作用，加强廉政文化建设对反腐倡廉建设工程具有固本强基的作用和功效。如何吸收古今中外廉政文化精髓、传承廉政文化建设经验，嘉应学院廉政研究中心再次做了有益的尝试，继 2010 年编写《新时期廉政文化建设研究》之后，今年又组织九名专家、学者编写了姊妹篇——《解读》一书。《解读》纵贯古今，横跨中外，将历史上的名言警句兼收并蓄，分门别类，寓政治性、时代性、教育性、知识性、可读性于一体，立意独特，选题新颖，内容丰富，布局合理，让人耳目一新。我相信，此书的出版，对于加强我省廉政文化建设，增强廉政文化的生命力、影响力、渗透力，将会有所裨益。

一本好书，不仅在于传播知识，更在于启迪智慧、予人教诲。《解读》这本书，字字珠玑，哲理深刻，读之则朗朗上口，思之则意味深长。该书精选了古今中外廉政文化建设中的名言警句，分为上编（中国篇）、下编（外国篇），通过名言警句、观点解读、教育指引、典型案例和漫画解读五个部分进行解读，图文并茂，深入浅出，是一本不可多得的廉政文化建设方面的普及读物。各个部分之间逻辑严密，相互衔接，层层深入，引人入胜。尤其是廉政漫画均是嘉应学院学生自己创作的作品，清新脱俗，发人深省，让人目不暇接，大有一睹为快之感。

“思想进步是生活及事业进步之基。”希望嘉应学院廉政研究中心在廉政文化建设中大胆探索、勇于开拓，坚持在继承中创新，在创新中发展，编写出更多普及、实用的优秀作品，为反腐倡廉建设作出更大的贡献。

是为序。

赵　康

广东省教育纪工委书记、监察专员

2011年4月22日

目录

上编 中国篇

第一章

浩然正气

一

名言警句

为政以德，譬如北辰，居其所而众星共之。

——《论语·为政》

观点解读

孔子说，（周天子）以道德教化来治理政事，就会像北极星那样，自己居于一定的方位，而群星都会环绕在它的周围。

教育指引

这段话代表了孔子的“为政以德”的思想，强调道德对政治生活的决定作用，主张以道德教化为治国的原则，表明儒家治国的基本原则是德治，而非严刑峻法。启发为官者必须身体力行，成为表率，要以高尚的品德服众，就像夜晚的明星一样指引下面的人前行。

典型案例

晋楚争霸之初，楚成王认为晋文公深得民心，不能轻易出兵，于是用古代兵书上的格言“有德不可敌”来谕示下属。“有德不可敌”，在国而言，是说一个国家实行“德政”，就拥有抵御外国侵略的巨大精神力量。在人而言也一样，一个人修德、积德，就拥有抵御权、钱、色侵袭的巨大精神力量。

漫画解读

（张文辉绘）

二

名言警句

心正而后身修，身修而后家齐。家齐而后国治，国治而后天下平。

——《礼记·大学》

观点解读

古代那些要使美德彰明于天下的人，都是先进行自我修养，端正思想，然后才能整顿好自己的家，然后才能成为治理好国家的人才。

教育指引

“修身、齐家、治国、平天下”这句历史名言，虽然是说给“心怀天下”理想的士大夫的，但是对现在的为官者仍有启发作用。它的意思是无论做什么，思想品德的修养都是第一位的，然后才能向更高的人生理想和事业进步。

典型案例

曾国藩年幼好学，以儒学启蒙。其父觉得他是可塑之才，遂将其送往衡阳府汪觉庵处深造，学习《周礼》、《史记》等。传统儒学经典特别是程朱理学造就了曾国藩早年的读书理想——修身、齐家、治国、平天下，走上了“学而优则仕”的传统儒生的道路。曾国藩在继承了曾家重视耕读家风的基础上发扬该理想，最终形成了自己的修身治家思想。

漫画解读

（张文辉绘）

三

名言警句

克勤于邦，克俭于家。

——《尚书·大禹谟》

观点解读

在国家事业上要勤劳，在家庭生活中要节俭。

教育指引

这是舜曾经用来教导禹的话，告诉后人勤俭始终是王者制胜之道。在古代中国圣人的观念中，勤俭和德行始终有着内在联系。该警句启发为官者要勤俭，这样才能锻炼品格，才能提升自我。

典型案例

东汉魏霸为巨鹿太守，令妻子不许到官舍。他常念兄嫂在家勤苦，而不愿自己单独享乐，故常穿粗布衣裳，不食鱼肉。让其妻子养蚕，儿子躬耕，与兄弟同苦乐，不得与普通百姓有任何不同。乡里人都夸他做得好，都乐于听从他的命令。

漫画解读

（邹丽玉绘）

四

名言警句

直而温，简而廉。

——《尚书·皋陶谟》

观点解读

为官应当正直而和蔼，简朴而廉洁。

教育指引

“舜有天下，选于众，举皋陶，不仁者远矣。”皋陶提出的九条选才标准，合称“九德”，是有文字可考的最早的用人标准。原文如下：“宽而栗，柔而立，愿而恭，乱而敬，扰而毅，直而温，简而廉，刚而塞，疆而义。”

典型案例

东晋元帝时，邓攸任职吴郡，他清廉自正，对郡内钱财草木毫无占取，被百姓称为“唯饮吴水”的太守。有一年，郡内大荒，邓攸上表奏请借谷救济，朝廷没有答复，他便自行决定开仓放济。邓攸离郡时，数千百姓出来挽留，牵住他的船不让他走，邓攸只好在夜间悄悄离去。为此，吴郡人作诗：“邓侯挽不留，谢令推不去。”感叹清官留不住，贪官赶不走。

漫画解读

（刘捷敏绘）

五

名言警句

富润屋，德润身。

——《礼记·大学》

观点解读

富有的人，其家里必然金壁辉煌；品德高尚的人，可使他的行为更加美好。

教育指引

自古至今，有不少人不明其道，一味地追求物质享受，忽略了精神世界的培养，漠视了道德修养的价值，最终自食其果。

典型案例

东汉南阳郡太守羊续，为人廉洁自守，有人送来生鱼，他都高高悬挂起来示众，使送礼的人暗自惭愧，不敢再有下次。后人就以“悬鱼”比喻清廉。羊续之德不仅“润身”，而且润及后代。他的孙子羊祜，西晋时封为钜平侯，总督荆州军事，与东吴对峙十年，荆州军民念其祖之德，一致拥护他，羊祜攘外治内，名声大彰。羊祜死后，百姓痛哭街巷，竟至停市，并为他建“堕泪碑”。

漫画解读

（陈乙菁绘）

六

名言警句

见贤能让，则大臣和同。罚不避亲贵，则威行于邻敌。

——《管子·立政》

观点解读

只有见到贤能就进行推让，才能使大臣们协力同心；只有掌握刑罚不避亲贵，才能够威震邻敌。

教育指引

《管子》是我国古代一部著名的典籍，内容十分丰富。其中对如何治国安邦，振兴国力，有很多精辟的见解和深邃的论述。在政治上，《管子》强调政顺人心，以民为本；在用人上，注重选贤任能。扬长避短，因材授事；在国家的治理上，认为要以法为主，以德为辅，倡导综合治理。这就启发我们为官也要注意顺应民心，践行“一切为人民服务”的思想。

典型案例

唐朝冯元淑任清漳、浚义、始平等县的县令时，总是一个人去赴任，从来不带家眷。他所骑的马，过了中午，就不给它添加好的草料，名曰“给马斋戒”。他自己和他的随从，每天只吃一顿饭。俸禄有剩余，就拿出来充公，或者周济贫穷的人。当时也有人因此批评他这样做是为了博得好的名声。而他自己则说：“这是我的本性，我不觉得这样做有什么清贫痛苦的。”

漫画解读

（陈乙菁绘）

七

名言警句

千羊之皮，不如一狐之腋；千人之诺诺，不如一士之谔谔。

——（西汉）司马迁《史记·商君列传》

观点解读

一千张羊皮，也不如一只狐狸的腋皮珍贵；一千人随声附和，顺从奉承，也抵不上一个人的直言不讳，当庭争辩。

教育指引

这是策士赵良对商鞅所说的话。这句话极形象地说明了敢讲真话的可贵。谔谔之士敢于不为尊者讳，不为框框所囿，有话直讲。这种谔谔之言，多是肺腑之声、超人之见、逆耳之言。“良药苦口利于病，忠言逆耳利于行。”谔谔之言越多，越有利于广开言路，择善而从。用今天的话来说，多听谔谔之言，对领导干部冷静地思考问题和正确地作出决策大有裨益，对营造良好的民主氛围也大有裨益。

典型案例

魏征以性格刚直、才识超卓、敢于犯颜直谏而著称。作为唐太宗的重要辅佐大臣，他曾恳切要求唐太宗让他充当对治理国家有用的“良臣”，而不要使他成为对皇帝一人尽职的“忠臣”。每进切谏，虽极端激怒唐太宗，但他神色自若，毫不动摇，使唐太宗也为之折服。为了维护和巩固李唐王朝的封建统治，他曾先后陈谏200多次，劝诫唐太宗以历史的教训为鉴，励精图治，任贤纳谏，本着“仁义”行事，这些谏言无一不被采纳。贞观十三年（公元639年）所上《十渐不克终疏》，在当时和后世都有重要影响。

漫画解读

（刘捷敏绘）

八

名言警句

廉者常乐无求，贪者常忧不足。

——（隋）王通《中说》

观点解读

居官清廉的人一心为公，于己无所求取，因而常感快乐；做官贪婪的人欲壑难填，物欲永不满足，因而常感忧虑。

教育指引

“廉者常乐无求，贪者常忧不足”，体现了中华优秀的廉政文化，反映了中华民族最深层次的道德操守和精神追求，积淀着中华民族的行为规范和处事准则。党的好干部孔繁森用自己的言行，为它作了最精辟的阐释。孔繁森1966年加入中国共产党，1994年11月29日，在赴新疆考察途中，因车祸不幸以身殉职。孔繁森同志长期在艰苦的阿里地区工作，在海拔4 700多米的岗巴县任县委副书记的3年中，他几乎跑遍了全县的乡村牧区，和群众一起收割、打场、挖泥塘，与当地群众结下了深厚情谊。江泽民主席、李鹏总理分别为孔繁森题词，对孔繁森给予极高的评价，中共中央组织部追授孔繁森“模范共产党员”、“优秀领导干部”的光荣称号。

典型案例

1992 年，拉萨市墨竹工卡等县发生地震。当时在拉萨任副市长的孔繁森立即赶赴灾区。在羊日岗的地震废墟上，他看到 3 个失去父母的孤儿曲尼、曲印和贡桑，便嘱咐当地干部务必要安置好他们。不久他再次来到羊日岗乡，决定亲自抚养这 3 个孤儿。自从收养了孤儿后，经济上更加拮据。可他从不让孩子们受委屈。1993 年为了给两个孩子付学杂费，他悄悄到西藏军区总医院血库卖血。在西藏工作的近 10 年，他几乎没往家里寄过钱，省下的工资，大部分花在了藏族群众身上。在他当拉萨市副市长期间，全市 56 所敬老院和社会福利院，他走访过 48 所。孔繁森去世后，他留下的遗物仅有 8.6 元钱和 3 个纸箱。1994 年 12 月 5 日，阿里地委隆重举行了孔繁森同志的追悼仪式，在这个不足 5 000 人的边疆小镇上赶来参加追悼仪式的竟有 2 000 多人，这充分表达了阿里人民对孔繁森同志的深切缅怀。

漫画解读

（陈乙菁绘）

九

名言警句

烈士恶苟得，俊杰思自致。

——（唐）杜甫《送顾八分文学适洪吉州》

观点解读

德行突出的人厌恶通过不正当手段去获得东西，并希望一切通过自己的努力来获得。

教育指引

一旦利欲熏心，就难免利令智昏，违背党的宗旨，最终被人民群众所唾弃，受到党纪国法的严惩。尤其是在当今发展社会主义市场经济的大环境下，由于市场经济的自发性，党员干部抵制住各种物质利益的诱惑，树立并践行正确的义利观尤为重要，这也是保持共产党员先进性的应有之义。

典型案例

《三国志》注引《曹瞒传》记载了一个脍炙人口的故事：一次

曹操率兵出征，正逢麦熟时节，于是他下令凡有践踏麦田者一律处死。不料，他自己的马受惊闯入麦田，曹操便割发代首，作为自罚。这个故事既反映了曹操带头守法，也从侧面反映了曹操体恤民力、爱惜人民辛勤劳动的成果。

漫画解读

（陈乙菁绘）

十

名言警句

廉者，民之表也；贪者，民之贼也。

——（北宋）包拯《乞不用赃吏疏》

观点解读

廉洁的官吏，是人民的表率；贪赃的官吏，是人民的盗贼。

教育指引

作为官吏，应该清正廉洁，艰苦朴素，做民众的表率。如果为官贪污受贿、贪赃枉法，是民众所不齿的。包拯这句话，是对北宋政坛廉者的热切呼唤，也是对贪官的强烈斥责。贪官把本来属于人民群众的财富据为己有，性质上与做贼、做强盗一样。所以，对于贪官污吏是绝对不能心慈手软、网开一面的，而应该像包拯一样，视贪官如蟊贼，高高举起法律的“铡刀”，严惩不贷！

典型案例

南宋权臣陈自强敛财高明，他在南宋宁宗时官至右丞相，依仗着曾经做过实权人物韩侂胄的启蒙老师的资历，贪赃枉法，干尽了坏事。凡是求官的人，他都派人谈好价钱，一切办妥后再“光明正大”地授官。地方官送公文到京城，封函上一定要注明“某物多少”，一起献上。凡是没写的，就根本不打开。后来，韩侂胄北伐失败，失去了权势，陈自强也失去了靠山，又因谎报军情被朝廷罢免官职，最终死于流放地。

漫画解读

（蔡景银绘）

十一

名言警句

当官之法，唯有三事：曰清，曰慎，曰勤。

——（宋）吕本中《官箴》

观点解读

做官的方法，只有三件事情，是清正、慎重、勤劳，知道这三个方面的，可以保持住自己的俸禄，可以远离耻辱，可以为做官的楷模，可以得到老百姓的支持。

教育指引

宋朝的吕本中在他的《官箴》中提出：为官要做到清正、慎重、勤劳，做到这三点，就可以保持住自己的俸禄，可以远离耻辱，可以为做官的楷模，可以得到老百姓的支持。清代的纪昀称赞他说：“此三字为当官之法，其言千古不易也。”

典型案例

清官们不贪污，不受贿，清廉正直，操守可敬。清代甘泉知县龚槛，虽居“脂膏之地”，但他“耻为俗吏，一以子惠黎元、振兴文教为己任”。三次拒绝达官贵人、富豪亲朋的请托，“于是大江南北盛传甘泉令不近人情，槛益自刻苦，无一长物”。

漫画解读

（何嘉伟绘）

十二

名言警句

惟正足以服人。

——（明）薛宣《读书录》

观点解读

唯有正派的人才能真正使人服气。从古至今，无数优秀的中华儿女，一身“浩然之气”，他们是我们民族的脊梁。他们一身“正气”激人奋进，体现出平凡中的伟大、艰辛中的幸福、奋斗中的快乐。

教育指引

从远古先民留下的女娲补天、后羿射日、大禹治水的神话传说，到范仲淹的“先天下之忧而忧，后天下之乐而乐”，再到孙中山的“天下为公”，无一不透射着忧民、救民、爱民、为民、帮民、富民的伟大思想。中国共产党是倡导、奉行“为人民服务”价值观的党，从张思德到雷锋、从焦裕禄到孔繁森、从郑培民到任长霞……他们的思想和精神历久弥新，长驻人民的心中。

典型案例

世界著名的“中国改革第一村”——安徽小岗村的党委第一书记沈浩，践行胡锦涛总书记的嘱托，回报乡亲们的信赖，鞠躬尽瘁，英年早逝，“光荣”在岗位上。他为我们树立了“惟正足以服人”、“惟正足于得人”的榜样。2004 年，沈浩挂职被派到小岗村任村党委第一书记。沈浩书记带领村民修路，“改变了雨天一身泥，晴天一身灰”的状况；2006 年沈浩任职届满之时，朴素的小岗村人，联名上书，用“98 个手印”把沈书记继续留在了村里。2009 年小岗村与“美国 GLG 集团”等企业签下 4 份大单，为小岗村的招商引资迈出了关键的一步。2009 年 11 月 5 日，沈浩这座上足发条、从不歇息的钟，终于停摆了！他兑现了自己的承诺——“只要大家欢迎我，我愿意一辈子留在小岗！”

漫画解读

（徐丽群绘）

十三

名言警句

康熙：治国莫大于惩贪；雍正：治天下，首在惩贪治吏；乾隆："劣员多留一日，则民多受一日之残，国多受一日之蠹"，"斧锁一日未加，则侵贪一日不止"。

——嵇璜等修《清朝通志》

观点解读

康熙、雍正和乾隆时期是清朝盛世时期。这三个时期的帝王也是中国历史上有作为的三位皇帝，他们在治理国家的过程中均注重吏治的整治，把惩治官员的贪污作为治国的根本。

教育指引

清朝出现的康雍乾盛世，背后的主要原因之一是严于治吏。三位君主都重视惩贪，都有治国莫大于惩贪之类的言论，说明他们对这一问题的重视，已经提高到治国首要地位的程度。因此，他们才能制定各项切实可行的措施，特别是在刑法之外制定专门的惩贪法规，并在实践中照章施行，使得吏治的清正相对历代来说较为突出。

典型案例

清朝雍正皇帝治理贪污的一个重要举措是成立“会考府”。会考府是一个独立的核查审计机关，成立于雍正元年（公元1723年）正月十四。它的任务是稽查核实中央各部院的钱粮奏销。雍正皇帝深知，钱粮奏销，漏洞很大。所以，打击的办法有三种：一罢官，二索赔，三抄家。雍正皇帝要改革，既要国富，也要民强，他的观点是：“朕岂有惜此一贪吏之理乎？”雍正皇帝还规定，严禁任何人垫付或代赔。雍正皇帝这一系列政策和对策，沉重地打击了贪官污吏，帝国的吏治也为之一新，雍正皇帝反腐倡廉仅仅5年，国库储银就由康熙末年的800万两增至5 000万两。更重要的是，社会风气也改变了，故有“雍正一朝无官不清”的评价。

漫画解读

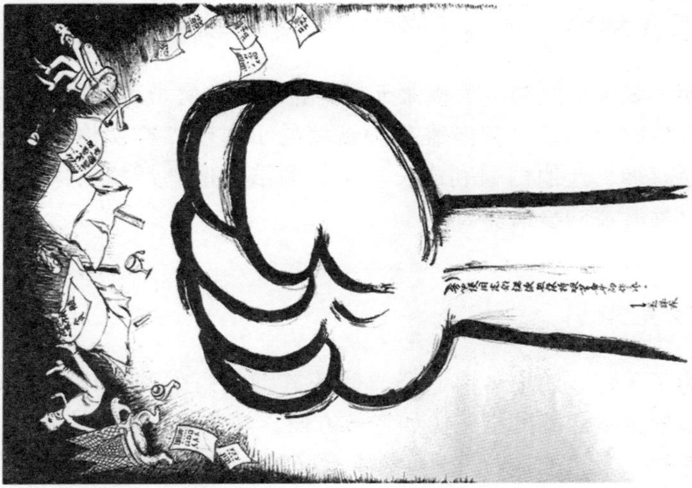

（古雪容绘）

十四

名言警句

天下初定，百姓财力俱困，如初飞之鸟，不可拔其羽，新植之木不可摇其根，在安养生息之而已。惟廉者能约己而利人，尔等当深念之。

——（明）朱元璋见（清）赵翼《廿二史札记》

观点解读

明王朝建立之初，太祖朱元璋对各级地方官员说："王朝新建之时，百姓财力困乏，就像雏鸟和新植的小树苗一样，你们应该对它们爱惜有加，让他们顺利成长。唯有廉洁者能够严格约束自己，做出对百姓有益的事情。"

教育指引

为了更好地约束各级官员，防止其搜刮百姓，明代在考核和监督环节制定了详细的措施。如考核方面，规定文、武两个系统，"考满、考察二者相辅而行"，不称职者降职。考察又称"大计"，主要是对全体官员的定期性考察，若发现有实施贪赃枉法等行为的不称职者，及时将其清除出官吏队伍，并追究其刑事责任，即所谓"考察有司本欲去贪存廉，以示劝惩”。（《明孝宗宝训》卷一）考察结果以“八法”计处，“曰贪、曰酷、曰浮躁、曰不及、曰老、曰病、曰罢、曰不谨”，处罚方式主要包括责令致仕、冠带闲住、罢为民、降调等。此外，还有罚俸、追夺诰封等行政制裁。因为对各级官员的严厉考核和惩处，使得明初吏治较为清明。

典型案例

洪武元年（公元 1368 年）七月，明太祖朱元璋与侍臣论及创业之难时说：“现在天下太平，难道我不想休息吗？但我就怕有一点不当，会失去民心的支持。每想到这里，心中就警醒起来。”朱元璋在意民心至此，启发了今天的官员也应有为民和不失民意的意识。

漫画解读

（徐丽群绘）

十五

名言警句

清也，慎也，勤也。而清其本也。

——（清）王夫之《读通鉴论》

观点解读

明末清初思想家王夫之认为，作为官吏，要做到清正、谨慎、勤奋，而清正最为重要，是根本。

教育指引

魏晋时期的司马昭曾经就“为官之道”说：“为官长者当清，当慎，当勤，修此三者，何患不治乎！”用今天的话语来诠释：当清，就是要公正严明，清廉如水；当慎，就是要兢兢业业，求真务实；当勤，就是要忠于职守，艰苦奋斗。清、慎、勤，自古以来就在官场提倡，对于现在的各级官员来说，应当切切实实付诸行动，做到全心全意为人民服务，真正做到“清、慎、勤”。清、慎、勤三者哪个最重要？司马昭曾和他的部属讨论过这一问题。有的说，“清固为本”；有的说，“慎乃为大”；有的说，“勤者为先”。不同的意见，出自不同的角度，都有它的道理。实际上，三者都很重要，而且是相互关联，乃至相互转化。不“清”，就不“慎”不“勤”；不“慎”，也难“清”难“勤”；不“勤”，则会导致不“清”不“慎”。整顿官员作风，需要“清、慎、勤”一道抓，“修此三者，何患不治乎！”

典型案例

明代的海瑞担任应天巡抚时，爱民抚民，为民谋利，但他自己却生活得很俭朴、清苦，他没有置买田产，只在母亲去世后靠别人的帮助买了一块坟地，将母亲安葬了。海瑞去世前几天，还退还了兵部多送来的七钱银子。他的妻子、儿子早已去世，丧事由别人料理，他的遗物只有八两银子、一匹粗布和几套旧衣服。靠同僚的帮助，他的灵柩才得以运回故乡。船在江上行驶时，两岸的百姓自动穿孝来哭送他，开店铺的商家也停了业为其送葬，送葬的队伍长达百里。

漫画解读

（陈泽芳绘）

十六

名言警句

心无私欲，自然会刚；心无邪曲，自然会正。

——（清）陆陇

观点解读

无欲则刚。人若无私欲，必定能够做到刚直不阿。

教育指引

无私则无畏，无欲则刚。作为官员，要想不辜负人民群众的期望，对得起国家，就必须公正无私，若是总想着自己的利益，见到好处首先想到自己，那他永远也履行不好自己的职责，遇事也就自然没有底气承担起应有的责任。为官者一心为公，一心为民，始终将国家和人民的利益放在第一位，一身正气，心里自然会坦坦荡荡，遇到各种情况也自然能够秉公处理，也自然会得到老百姓的爱戴和拥护。

典型案例

战国时期，齐国有一个以廉洁闻名的学士，他就是陈仲。荀子曾把他列为春秋战国六大家代表人物之一，孟子称之为齐之“世擘”。西汉《列女传》、《列士传》以及司马迁、陶渊明、张说等名人均曾将他的清廉事迹写入史书或诗歌中，使他的清名流传至今。陈仲对人欲横流的浊世感到深恶痛绝，陈仲认为，要始终保持清洁之身，首先要克己省身，保持清洁的心灵，不受丝毫的污染。有一年大旱，人民吃水困难。陈仲到离家十里之外的地方去取水，灌满一罐，水就几乎没有了。其他取水的人看到水已经没有了，都抱怨自己来得太晚了。陈仲看到这种情况，十分惭愧，谴责自己跑在别人前头取光了水。他忙留住大家，把自己的水分给大家，自己一滴也不留。分完水后，他竟然好几天不喝一口水，为的是惩罚自己抢在大家前头取了水。

漫画解读

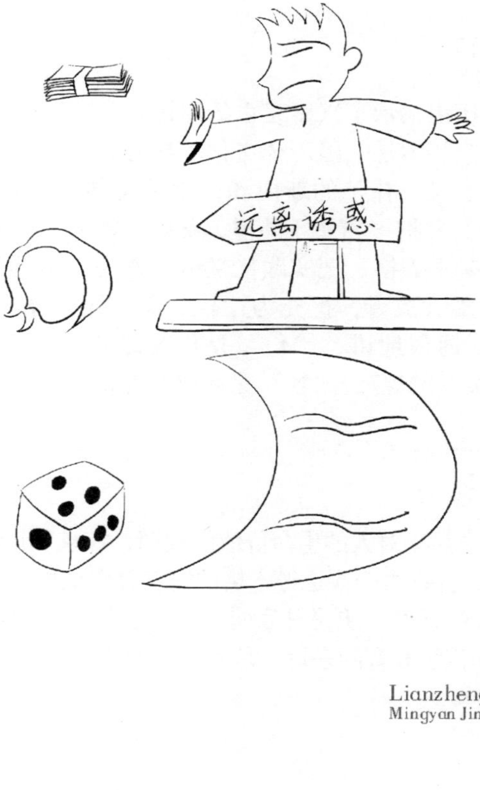

（李晓丹绘）

十七

名言警句

千秋龟鉴示兴亡，仁义从来为国宝。

——（清）张映斗《咸阳》

观点解读

几千年的历史揭示了兴盛衰亡的原因，“仁”和“义”向来是治国安民的法宝。儒学是中国传统文化的核心思想，孔子创立了儒家学说，提出“仁、义、礼”的新内涵；孟子延伸为“仁、义、礼、智”的“四心”说，并把“富贵不能淫，贫贱不能移，威武不能屈”看成是正人君子的基本人格，把实践仁义道德作为人生的最高义务。董仲舒作为儒家的集大成者，扩充为“仁、义、礼、智、信”，被后世称之为“五常”。通俗地讲，“仁”是仁爱之心，“义”是处事合理，“礼”是人际关系的规范，“智”是明辨是非，“信”是诚实不欺。

教育指引

传统儒学立足于对人的生命价值的观照，探求和谐的人际关系与理想的社会生活，并把每个人道德人格的完善看作是整个社会完善的基础。儒家经典之一《大学》，更是开宗明义：“大学之道在明德，在亲民，止于至善。”中国传统教育的宗旨，是使人“明德”，培养人格的“至善”。

主张“重义如泰山，轻利如鸿毛”，提倡“杀身成仁”、“舍生取义”。孔子倡导“见利思义”，并不否认人有对自身利益的需求。他说过，“富与贵，是人之所欲也；贫与贱，是人之所恶也”。(《里仁》)

典型案例

孟子把“仁义”看作是最高道德原则。他对“仁义”的阐释主要有三层含义。其一，“仁义”是爱亲，敬长。(《孟子集注·离娄上》)其二，“仁义”是爱人，仁民。孟子主张的“仁义”，由“爱亲”推到“爱人”，进而主张“仁民”。强调，统治者应以“仁义”作为最高道德准则，实行“仁民”，推行“仁政”。其三，“仁”、“义”统一，仁为人心，义为人路。他说：“仁，人之安宅也；义，人之正路也。”这在道德认识上是有新意的。

漫画解读

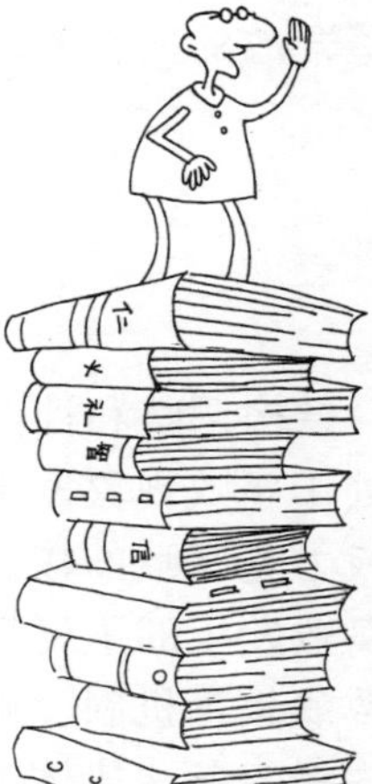

(陈泽芳绘)

十八

名言警句

在整个改革开放过程中都要反对腐败。

——邓小平《邓小平文选》

观点解读

“整个改革开放过程中都要反对腐败”是邓小平反腐败理论的核心。首先，反腐倡廉是改革开放的内在要求。其次，改革开放越深入，越要加强反腐倡廉建设。

教育指引

我国正处于体制转轨、结构调整和社会变革的历史时期，客观上存在诱发腐败的因素，处于腐败现象发生的易发、多发期。从目前发生的腐败案例来看，权力是腐败的核心，体制机制的缺陷、制度不健全、管理不到位是腐败发生的主要根源。我们应该从制度和法律上，建立包括针对腐败的教育机制、预防机制、惩治机制和包括不愿腐败的自律机制在内的完备法律体系。如果身边的干部个个模范，百姓就会相信党和政府；反之，身边的干部个个贪污腐败，百姓就会对党和政府失去信心和希望。

典型案例

2001 年 10 月 22 日，公安部原副部长李纪周，被北京市第一中级人民法院以受贿罪、玩忽职守罪数罪并罚，判处其死刑，缓期两年执行，剥夺政治权利终身，并处没收个人全部财产。李纪周案发时近 58 岁，是副总警监级警衔的高级警官，同一级别的警官全国仅 10 人左右，相当于军队的中将军衔。李纪周成为新中国成立以来，被定罪的最高级别行政执法人员及公安官员，也成了中国公安反腐第一大案。

漫画解读

（范艳芳绘）

十九

名言警句

中国共产党的性质与宗旨决定了党同各种消极腐败现象是水火不相容的。坚决惩治和预防腐败关系人心所向和党的生死存亡，是党必须始终抓好的重大任务。

——胡锦涛《高举中国特色社会主义伟大旗帜
为夺取全面建设小康社会新胜利而奋斗》

观点解读

胡锦涛总书记的话，充分表明了党中央治理腐败的坚定决心。虽然绝大多数党员干部是廉洁奉公的，腐败分子只是极少数，但是一些重要领域和关键岗位的干部违纪违法问题突出，腐败现象在一些领域仍然易发、多发，领导干部作风和廉洁从政方面仍然存在诸多问题，打击和消除腐败行为迫在眉睫。

教育指引

腐败问题在全世界范围内普遍存在，所有国家，不管大小和贫富，都存在着腐败现象。腐败既是经济问题，也是政治和社会问题。腐败侵蚀法治，损害着政府的合法性，同时也削弱了政府遏制腐败的能力。腐败还会造成投资减少，并为有组织的犯罪和恐怖主义提供了滋生的温床。它严重威胁着一个国家的发展与稳定，是一种对社会产生广泛腐蚀作用的“隐性恶疾”。由于腐败行为直接侵害百姓的切身利益，使人民群众深恶痛绝。腐败腐蚀的是社会风气，蚕食的是民众对反腐斗争的信心，损害的是社会和谐之基。虽然中国反腐斗争形势严峻，少数领导干部违纪违法问题比较严重，一些案件涉案金额巨大、影响极为恶劣，但是不论其地位多高、权力多重，只要触犯了党纪国法，就逃脱不了法律的制裁。

典型案例

被称为“河北第一秘书”的原河北省国税局局长李真，32 岁就走上了正厅级领导岗位，并被列为国家税务总局和河北省人民政府的后备干部。这位政坛新星和许多贪官一样，对金钱有着一种强烈的欲望，从他就任省委办公厅秘书到被双规，7 年间他利用职务之便，共收取贿赂人民币 680 余万元，美元 17 万元，港币 1 万元，合伙贪污公款 2 000万元，与他人合伙非法侵吞 46. 5 万爱尔兰镑和 112. 5 万美元的股权。2002 年 8 月 30 日，唐山市中级人民法院一审以受贿罪、贪污罪判处李真死刑，剥夺政治权利终身。他在近 2 万字的《心灵的忏悔》中说：“我如此年龄就走上了正厅级领导岗位，是多少正直而比我有才华的人都没能得到的机遇，然而在党和人民赋予我的权力面前，我没能保持清醒的头脑，而成了功名和金钱的牺牲品……”

漫画解读

（徐丽群绘）

二十

名言警句

一手抓改革开放，一手抓惩治腐败。

——邓小平

观点解读

1982年4月，邓小平同志首次提出："我们要有两手，一手就是要坚持对外开放和对内搞活的政策，一手就是打击经济犯罪活动。"1986年1月，他又提出了"一手抓建设，一手抓法制"的著名论断。1989年6月，他再次提出："一手抓改革开放，一手抓打击经济犯罪，包括思想政治工作。"他在与中央领导同志的谈话中明确指出："一手抓改革开放，一手抓惩治腐败。"1992年1月，他进一步强调要"两手抓，两手都要硬"。邓小平同志在"两手抓"的提法上尽管有所不同，但一次比一次深刻，始终从战略高度来认识"两手抓，两手都要硬"的辩证关系，从中国社会主义现代化事业兴衰成败的高度来强调反腐败的重要性。

教育指引

在抓反腐败工作上，邓小平同志不但强调要抓制度教育等治本之策，而且强调要抓大要案的查处，严惩腐败分子。把治本与治标结合起来，实现标本兼治。他认为查办案件是我们党同腐败分子最直接、最激烈的较量，是反腐败斗争的主要突破口，也是衡量斗争是否深入、有效的一个重要标志。1989 年 6 月，邓小平同志在与中央新领导班子谈话时说："要整好我们的党，实现我们的战略目标，不惩治腐败，特别是党内的高层的腐败现象，确实有失败的危险。""我们一手抓改革开放，一手抓惩治腐败，这两件事结合起来，对照起来，就可以使我们的政策更加明朗，更能获得人心。"并强调："不管牵涉到谁，都要按照党纪、国法查处。"邓小平同志这一观点，是我们党在反腐败斗争中确定标本兼治方针的基础。同时惩治腐败也是改革开放中"两手抓，两手都要硬"战略方针的重要体现。

典型案例

2010 年 1 月 19 日，河北省廊坊市中级人民法院，对最高人民法院原副院长黄松有作出一审判决，认定黄松有犯受贿罪、贪污罪，判处无期徒刑，剥夺政治权利终身，没收个人财产人民币 50 万元。黄松有作为最高人民法院的副院长，是新中国成立以来司法系统因涉嫌贪腐而落马的最高级别官员。他曾经是有功之臣，堪称是一位出色的"学者型"官员。可惜他最终还是没抵挡住诱惑，没有把持住自己。他被果断"拿掉"的事实表明，中央正在尽最大努力铲除司法系统中的"毒瘤"。

漫画解读

（陈晨枫绘）

二十一

名言警句

要提倡艰苦奋斗，勤俭建国，厉行节约，反对浪费，坚决制止搞各种“形象工程”、“政绩工程”，坚决压缩各种会议。

——温家宝《到山西看望困难群众》

观点解读

体现在领导者身上的根本任务是决策，各级领导干部在实际工作中，做到科学决策是最重要的。在很大程度上，决策的正确与否，决定着工作和事业的兴衰成败。领导干部要务必高度重视决策的科学性，提高决策的正确率。既要防止盲目拍板、急躁冒进，又要防止优柔寡断、丧失机遇。二者虽然表现各异，但殊途同归，其结果都是祸国殃民，浪费国家和人民的人力、物力和财力，损害党和人民的事业。

教育指引

领导干部要做到科学决策，首先要力戒盲目随意和急躁冒进，这是一个特别突出和急迫的问题。领导决策失误的事例，在我国社会主义建设实践中可以说是屡有出现。这些年来，一些地方和单位的领导干部，上项目办事情之前，不去进行深入细致的调查研究，往往是先拍脑门上马，再拍胸脯保证，最后是拍屁股走人，留下的是一堆“半拉子工程”，甚至“豆腐渣工程”，往往给国家和地方财政乃至人民群众的生命财产造成严重损失。

典型案例

2004 年 2 月 12 日，经最高人民法院核准，安徽省原副省长王怀忠因犯受贿罪、贪污罪、巨额财产来源不明罪在济南被执行死刑，他是新中国成立以来第三个被执行死刑的省部级高官。王怀忠从孤儿、记工员到市委书记、副省长，随着职务的升迁，享乐主义、拜金主义、个人主义思想膨胀到极致，其利用职权接受贿赂达近千万元。尤其是为了出“政绩”，在阜阳大搞“形象工程”。经常是“只见奠基，不见竣工；只见剪彩，不见效益；只见投入，不见产出；只见投资，不见收效”。兴建“大机场”，共耗资 3.2 亿元，阜阳的工人、教师、农民每人被摊派了数百元的机场建设费，机场每年客流量仅 600 人次，勉强营运 1 年后被迫关闭；“大电厂”在其任内花掉的 6 000 万元资金，成了谁也理不清的“烂账”；所谓“200 万头黄牛产业化工程”，实际存栏量也就几十万头。祸国殃民，成为国家和人民的罪人。

漫画解读

（陈乙菁绘）

第二章

廉洁教育

一

名言警句

以听官府之六计，弊群吏之治。一曰廉善，二曰廉能，三曰廉敬，四曰廉正，五曰廉法，六曰廉辨。

——《周礼·天官·小宰》

观点解读

考察官吏政绩，有六个方面，以廉为本，才能防止为官者弊端。这六个方面是：廉洁又善良；廉洁有能力；廉洁又尊重他人；廉洁正直；廉洁依法；廉洁又变通。

教育指引

这段话启发我们，为官者所有品德中，廉洁是第一重要的，只有在廉洁基础上的善良、能力、尊重、正直、守法、变通等各方面能力和品德才是广为提倡的。

典型案例

《周礼》作为十三经之一、三礼之首流传至今，其最为显著的特色就是其独特的成书体系以及这种体系所体现出来的行政法体系之思想。《周礼》依天官、地官、春官、夏官、秋官、冬官六类将全书分为六篇，称为“建邦之六典”。其中最能体现当时行政法体系的就要属“天官篇”了，按照“天官篇”的“叙官”的说法，天官的主要内容是针对国政及国家主要官员设计的。对于今天的为官之道仍有启发。

漫画解读

（黄超绘）

二

名言警句

恃德者昌，恃力者亡。

——《史记·商君列传》

观点解读

凭借高尚道德实行仁义，这个人就会得到人们的爱戴。凭借暴力不用大脑，这个人就会被人们所抛弃，以致不能流芳百世。

教育指引

孔子说："为政以德。"又说："道之以德，齐之以礼，有耻且格。"中国历史上形成的诸多优秀的道德思想，是经过数千年历史和实践验证了的，是中华民族生生不息的一条根基，也是党风廉政建设中加强道德修养的财富。对于党员干部，都应当结合现代道德规范的修养，学习和借鉴中国古代优秀的道德思想，努力提高自身的道德素质。

典型案例

周襄王准备讨伐郑国，周朝大夫富辰认为这是“弃德、崇奸”，必然祸国殃民。这里所涉及的不仅是国家之间的政治关系问题，同时也是修身治国的道德规范问题。

漫画解读

（陈乙菁绘）

三

名言警句

不富无以养民情，不教无以理民性。

——《荀子·大略》

观点解读

不使百姓富裕，就无法调养民众感情；不教化引导百姓，就无法调理百姓的习性。

教育指引

在今天，正确处理“富”与“教”的关系问题，既涉及实行什么样的治国方略，又关系到社会成员的道德修养问题。特别是在今天社会中有些人已经积累了较多的个人财富，如何防止他们“为富不仁”现象的滋生和蔓延，教育无疑有着积极的作用。

典型案例

汉魏之际，郑浑为下蔡长时，不仅教化当地人耕种植桑，还教他们开稻田，对生子溺杀的人判罚很重。当地人一开始因为害怕重罚而惧怕他，后来因为耕种收获颇丰，再也没有杀害初生婴儿的情况，甚至无论生下男孩女孩，很多取名为“郑”，以此表达对郑浑的感激之情。

漫画解读

（侯燕怡绘）

四

名言警句

治官事则不营私家，在公家则不言利。

——（西汉）刘向《说苑·至公》

观点解读

有公职的官吏，不要专营私业；给公家做事，就不能讲私利。

教育指引

刘向《说苑》历数古今，以儒家思想为核心，兼采道、法、墨、等家思想，分别探讨了政治之本、君臣为政之道等政治治理的重要问题，从而形成了从形式上的政治理念到具体治国方略的一系列治国思想。《说苑》提倡为官者不能以私害公，包括专心于公职，不私下专营私业取利；任公事期间，更要公正办事，不带私心，不为一己谋私利。

典型案例

西汉董仲舒《贤良策》中有个故事：公仪子到鲁国做国相，回家看见妻子在织帛，一怒之下竟休妻。后来公仪子在官舍吃饭的时候吃到葵，一气之下又将园中的葵都拔掉。他这样做的理由是他认为他已经拿朝廷的俸禄了，家里就不该织布、种菜，那样就会抢夺以织布、种菜为生的人的利益。

漫画解读

（张燕霞绘）

五

名言警句

其身正，不令而行；其身不正，虽令不从。

——《论语·子路》

观点解读

从政者应当身为表率，方能令行禁止。否则，虽有法令，不能推行。

教育指引

孔子将政治与端正等同起来，又说政治家首先要正己。你带头做一个正直的人、正派的官，谁敢走邪路？可见，领导干部只有以身作则，才能够政令畅通、使正气得以弘扬，才能得到下属和群众的拥护和支持。这其中的道理，确实值得每一位从政者尤其是高级领导干部深思细品。

典型案例

孔子之所以被孟子认为是“圣之时者”也，在于他具有伟大的人格魅力和敏锐的政治洞察力。孔子是个政治家，在他担任行政职务时，无论大小，都有政绩。《史记·孔子世家》载："孔子贫且贱。及长，尝为季氏史，料量平；尝为司职吏而畜蕃息。由是为司空。"

漫画解读

（黎伟姬绘）

六

名言警句

富与贵，是人之所欲也。不以其道得之，不居也。

——《论语·里仁》

观点解读

富和贵，是人们所希望得到的。若不是按正道所取得，这样的富贵是不应该要的。

教育指引

《论语·述而》曰：“不义而富且贵，于我如浮云。”指富贵利禄变幻无常，不足看重，且生不带来，死不带去，看破了，想开了，豁达超脱了，就会“得亦不喜，失亦不忧”，有利于保持心灵的宁静。

典型案例

君子爱财，取之有道。“不以其道得之，不处也”。在孔子看来，道就是仁，就是义。违反仁义而得到富贵，君子不应该接受；违反仁义而摆脱贫贱，君子也应该拒绝。孔子曾说过："不义而富且贵，于我如浮云。"一个有仁有义的人，一定是严于律己的人，哪怕是穷困绝顶、泰山压顶，都不会背离仁义去获取富贵、摆脱贫贱。

漫画解读

（曾莹绘）

七

名言警句

国有四维，……一曰礼、二曰义、三曰廉、四曰耻。

——《管子·牧民》

观点解读

一个国家立国的根基有四个：礼、义、廉、耻。

教育指引

以德治国，提高人们的道德水平，是管仲治国思想的纲要之一。管仲所说的道德，就是国之四维：礼、义、廉、耻。管仲认为，有礼，人们就不会超越应守的规矩；有义，就不会妄自尊大；有廉，就不会掩饰过错；有耻，就不会屈从坏人。“三维绝则覆”，可见“廉”的重要。我们要借鉴“守国之道，在饰四维”的治国之道，在为官和加强个人修养方面，皆汲取中国传统文化中“礼义廉耻”的合理因素，加强个人的道德建设。

典型案例

公仪休，是春秋时期鲁国的博士。由于才学优异做了鲁国国相。他遵奉法度，按原则行事，丝毫不改变规制，因此百官的品行自然端正。他命令为官者不许和百姓争夺利益，做大官的不许占小便宜。有位客人给国相公仪休送鱼上门，他不肯收纳。客人说：“听说您极爱吃鱼才送鱼来，为什么不接受呢？”公仪休回答说：“正因为很爱吃鱼，才不能接受啊。现在我做国相，自己还买得起鱼吃；如果因为今天收下你的鱼而被免官，今后谁还肯给我送鱼？所以我决不能收下。”

漫画解读

（魏秀美绘）

八

名言警句

官不可以私予人，人不可以私取官。

——（唐）房玄龄《晋书·陆晔传附陆玩》

观点解读

官位不能够作为私物给予人，人也不能私下谋取官位。

教育指引

在儒家士大夫的认识中，作为君子为人处世，最重要的是不以私害公，即做事不论他人和自己的关系是否亲疏远近，只看这件事对整个社会是不是有好处的。天下的人看待为官者，只看他举止行事是否能不论亲疏公平对待。官爵职务不能根据私人情感随便给人，人们也不可以凭借私人关系猎取官职。启发为官者对公职的尊重和谨慎。

典型案例

元代杨景行任会昌判官，地方有号称十虎的地头蛇，经常干政扰民，他将他们都绳之以法。后杨景行升任抚州路官吏，他辖区内的金溪县有个叫陶甲的人，能敛财，并且为人阴险，曾经诬陷金溪县县长，致使这个县长被罢免，因此官吏们都惧怕他，不敢判罚他，陶甲由此而在郡里横行。杨景行到这里后，用国法惩处他，将其判罚迁徙至五百里外服刑。杨景行由此获得当时人的拥护和爱戴。

漫画解读

（曾浩凯绘）

九

名言警句

为政之要，惟在得人，用非其才，必难致治。今所任用，必须以德行学识为本。

——（唐）李世民，见（唐）吴兢，
裴汝诚等译注《贞观政要》

观点解读

治理国家最重要的事情，唯独在于得到人才。用人不当，必定难以达到治理的目的。现在任用人，必须以道德品行、学问见识为根本。

教育指引

贞观十一年，侍御史马周上疏曰："治天下者以人为本。欲令百姓安乐，唯在刺史、县令。县令既众，不能皆贤，若每州得良刺史，则合境苏息。"作为封建时代的官员，在选官用人上能够有如此深刻的认识，实在是难能可贵。唐太宗采纳了这个建议，而且也实实在在的体现在他的施政中，故此也才出现了历史上著名的盛世——贞观之治。在今天看来，马周所阐述的这些道理，至今对于我们审慎地选拔干部仍有指导意义。

典型案例

清顺治十二年（公元 1655 年），顺治皇帝钦点 18 个进士出身的翰林院官员到各省去担任地方官，其中有个叫汤斌的，他被任命为陕西潼关兵备道台。潼关地处陕西、河南的交界，自古以来就是交通要道，军队所过之处，百姓苦不堪言。汤斌到任后，一面安抚流亡百姓，一面派人在潼关外设立接待站，供应军需，并严格禁止军队在关内滞留，以免加重百姓苦难。潼关百姓对汤斌感激不尽。

漫画解读

（陈岱琳绘）

十

名言警句

立身贵廉明，待士慕谦让。

——（唐）陈子昂《陈子昂集·座右铭》

观点解读

为人处世，以廉洁和明达为贵；对待读书人，以谦让为贵。

教育指引

唐代陈子昂在唐睿宗文明元年（公元684年）中进士，后升为右拾遗。而后随武攸宜东征契丹，多次进谏，未被采纳，却被斥降职。陈子昂以一身正气，启发后人为官要廉明，为人要谦让。

典型案例

东汉莱州太守杨震生性公正廉洁，不收取别人私下的赠品。他的子孙日常饮食以蔬菜为主，出门皆步行，他以前的旧朋友有想为他的子孙开辟产业获利的，杨震不肯，他说："让后世人称他们为廉洁官吏的子孙后代，我把这个好名声传给他们，难道还不够吗？"

漫画解读

（张文辉绘）

十一

名言警句

穷不忘操，贵不忘道。

——（唐）皮日休《六箴序》

观点解读

人虽然不得志，不能忘记操守；地位高了，不能忘记正道。

教育指引

人的品格，不应因身处环境的优劣而有所改变；人的操守也不应因此而有所动摇，要始终坚持基本的品德和道义。这句话启发为官者，面对富贵财物，要时刻谨记做人的道义，这样才能时刻保持清醒。

典型案例

东汉李恂，为官时不送礼不受礼，他任张掖太守时，大将军窦宪驻扎武威，全国州郡不论远近，没有不以丰美礼物奉献的，可是李恂奉公不阿，一无所送，被窦宪诬告罢官。后来，朝廷又启用李恂，任西域都护副校尉，这里富庶多宝，官民商贾屡有赠送，李恂全都拒绝，一无所受。当李恂因事被免官后，步行回到家乡，深居山泽，织席自给。

漫画解读

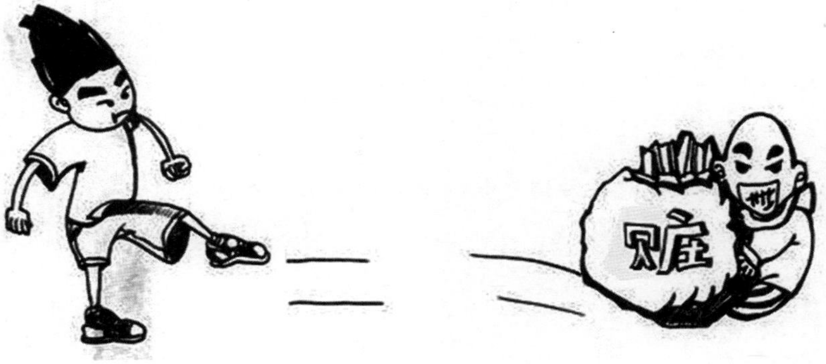

（周雪芳绘）

十二

名言警句

劝君少干名，名为锢身锁。劝君少求利，利是焚身火。

——（唐）白居易《赠诸少年》

观点解读

奉劝您不要过多追求名和利，名气像绳索一样束缚人；过多的利益则如同以身试火，最后难逃灭亡的结局。

教育指引

从为官角度言，主张淡泊名利，视名利为身外之物；但同时又赞扬靠奉献赢得名利，并把个人名利融入国家名利之中的人们。“名利淡于水，事业重如山”，正是那些杰出人物的写照。如果一味贪图个人名利，甚至见利忘义，那名利就会成为捉弄他的缰锁，顺则生爱，逆则生憎。所以，古人提醒人们：“名为公器无多取，利是身灾合少求。”

典型案例

清官不仅不贪恋财物，而且还能用自己的俸禄奖励勤俭的百姓，以教化一方之民。元代夏邑县尹许义夫，“每亲诣乡社，教民稼墙。见民勤谨者，出己俸赏之，怠惰者罚之。三年之间，境内丰足”。

漫画解读

（张毅绘）

十三

名言警句

人而不仁，则道义息。

——（南宋）胡宏《胡子知言·修身》

观点解读

胡宏认为：一个人如果没有仁爱之心，那么道义也就无从谈起。他强调修德和遵循道义是一个人事业成功的基础。

教育指引

胡宏为湖湘学派奠定了坚实的理论基础，他的思想观点中的某些合理内核为王夫之所继承。胡宏认为，圣人之道，就是要有体有用。通过学习、研究和思考，准确地掌握儒家经典中古代圣人治国平天下的根本原则和精神实质，即是“明体”，或称之为“致知”，然后以此去指导解决社会政治问题，即是“致用”，或称为“力行”。明体就是为了致用，致知就是为了力行。没有目的性的治学，或者学而不去力行，都只是一种空谈，毫不足取。胡宏尤其强调“致用”不是去为个人谋利计功的小用，而是为治国安邦利民的大用。“致用”必须从关心现实的政治、经济、生产活动出发。他抨击那些死守书本空谈仁义，而将实际事务视为俗务的所谓清高之人。胡宏一生无意于做官，但他对现实政治十分关心，时刻以国家安危为念，他为此曾向宋高宗上万言书，陈述自己治国安邦的主张。

典型案例

胡宏（1105—1161），字仁仲，号五峰，从小就跟随父亲胡安国学习程氏理学。20 岁时，至京师入太学，从师程门高足杨时。因投降派秦桧当权，胡宏不愿与之同流合污，游学讲道于湘潭、衡山一带 20 余年，潜心研究和学习理学。写作了《知言》、《皇王大纪》等著作，其中以《知言》最为著名。《知言》共有六卷，包括胡宏讲学、读书时的随笔和札记，以及同弟子的论学、答疑。它是湖湘学派传播理学的一部重要著作。

漫画解读

（徐丽群绘）

十四

名言警句

名心盛者必作伪。

——（明）吕坤《呻吟语》

观点解读

吕坤认为：人若有过强的名利之心，必然会弄虚作假。提倡君子应该树立自己的品德信誉，谨慎地对待自己的言行思维，不可为追求名利而弄虚作假。

教育指引

吕坤（1536—1618），明朝文学家、哲学家、思想家。字叔简，卑心吾、新吾，自号抱独居士，河南宁陵人。《呻吟语》是他集30年心血写的一部语录体传世奇书。作为一位饱经人世忧患、富有人生经验的儒哲，在这部探讨人生的哲学著作中，以儒家的“中庸之道”为立足点，包容吸纳了道家、法家、墨家等诸子百家的思想精华，加上他本人多年的宦海沉浮以及他对人世间冷暖沧桑的独特感受，从而对人生、国家以及天地宇宙的各种现象有了自己独到的见解和认识，反映了作者深刻的哲学思想以及他对人生的思考和探索。其中很多深思熟虑的格言和箴言，专门讲修身养性、处事应物的道理和方法，更有其独特而精辟的论述，凝聚着丰富的人生经验和探幽发微的哲思，是中国传统思想文化宝库中的一枝奇葩。他与沈鲤、郭正域被誉为明万历年间天下“三大贤”。

典型案例

吕坤刚正不阿，为政清廉。针对明朝后期由盛转衰出现的各种社会弊病，提出了自己兴利除弊、励精图治的种种主张。于明万历二十五年（公元 1597 年）五月，上书陈天下安危，劝神宗励精图治，其言词慷慨激昂，忧国爱民之情溢于言表。在疏中言“采木”一事云：“以采木言之。丈八之围，非百年之物。深山穷苦，蛇虎杂居，毒雾常多，人烟绝少，寒暑饥渴瘴疠死者无论矣。”言“采矿”一事云：“朝廷得一金，郡县费千倍。”还向朝廷发出“奸臣当道，举朝无犯颜逆耳之人，快在一时，忧贻他日”的警告。

漫画解读

（张文辉绘）

十五

名言警句

大吏廉洁，则小吏自然效法。苟不能勤慎，致误公事，岂可因保全一人而废国法乎。

——《清圣祖实录》

观点解读

即上梁不正下梁歪，下级官员是以上级官员为榜样的，上级官员更应该注重道德修养，勤恳为政，才不能辜负百姓的信任，才能不至于为一己私利而破坏国家的法度。

教育指引

廉政思想在中国源远流长，给我们今天留下来宝贵的借鉴。尤其在追求经济全球化，市场一体化的现代社会，传承和弘扬这些思想，有着十分重要的意义。一个国家的廉政状况如何，除了体制、制度等方面的影响外，还在于有一种为全社会所认可并被公民接受和遵循的廉政文化，同时更为重要的是自上而下的示范作用，即上行下效的影响力。所以在全社会都在反腐败的同时，围绕建设社会主义核心价值体系，开展丰富多彩的社会公德、职业道德、家庭美德、个人品德教育和法制教育等廉政文化创建活动，通过情理交融的宣传引导，提高广大干部受教育的实际效果，就非常有必要。

典型案例

公元1386年12月，一个大臣拿着修建皇宫的草图来见朱元璋，朱元璋看了后说：修建宫室主要是求其坚固，何必搞得这么奢华繁琐。古代尧帝的时候，茅草土屋，虽然极为简陋，但千古之上却被赞誉为盛德之主。后世修建宫室苑囿竞相奢侈，追求浮华，如果放纵这种欲望，则一发不可遏止，最终要败坏国家啊！所以上一级官员崇尚节俭，则下一级就不会出现奢靡。我曾经说过珠玉并不是宝，而节俭才是宝。皇宫规划设计，应以朴实无华为主，何必要极尽雕巧以浪费天下百姓之力呢？

漫画解读

（肖海焕绘）

十六

名言警句

但当保涓洁，弗逐流波奔。

——（清）林则徐《云左山房诗钞》

观点解读

林则徐以此诗表明节操，决不与贪官污吏同流合污。林则徐从政40年，历官13省，始终勤于政务，廉洁自律。他矢志不渝的宗旨是“在官无日不治事，无日不见客，亦无日不亲笔墨”。可谓“无一事不尽心，无一事无良法”。即使在年迈遣戍的艰难岁月，依然心系国利民福，对国政殚精竭虑，其勤政清德堪称表率。他对贪官污吏深恶痛绝，在给好友陈寿祺的答诗中明志：“但当保涓洁，弗逐流波奔。”在中华民族面临沦入半殖民地的紧要关头，他挺身而出，“置祸福荣辱于度外”，坚决实行禁烟，抵抗外国武装侵略。

教育指引

林则徐（1785—1850），字元抚，谥号文忠，出生在福建侯官（今福州市）一个基层知识分子家庭，在父亲的精心培育下，较早地读了儒家经传，开始注意经世致用之学。他多次上奏朝廷，请求严禁鸦片，道光皇帝特命林则徐为钦差大臣赴粤查办禁烟。他严正声明：“若鸦片一日不绝，本大臣一日不回，誓与此事相始终，断无中止之理。”经过坚决的斗争，收缴全部鸦片近 2 万箱，约 237 万斤。在虎门海滩上当众销毁。这就是闻名世界的虎门销烟，是中国人民反侵略斗争史上第一个伟大胜利，维护了民族的尊严和利益，增长了中国人民的斗志。

典型案例

林则徐抗英有功，却遭投降派诬陷，被道光帝革职，“从重发往伊犁，效力赎罪”。他忍辱负重，1841 年 7 月踏上戍途。当与妻子在古城西安告别时，满腔悲愤写下“苟利国家生死以，岂因祸福避趋之”的激励诗句。到新疆后，他不顾年高体衰，从伊犁到新疆各地“西域遍行三万里”，实地勘察了南疆 8 个城，加深了对西北边防重要性的认识。林则徐根据自己多年在新疆的考察，结合当时沙俄胁迫清廷开放伊犁，指出沙俄威胁的严重性，临终时尚告诫“终为中国患者，其俄罗斯乎！”

漫画解读

（魏桂龙绘）

十七

名言警句

国之安危全系官僚之清廉。

——《清实录·世祖实录》

观点解读

一个国家的盛衰兴亡全在于各级官僚的清廉。

教育指引

唐太宗李世民曾说："廉洁兴国，贪奢丧邦。"康熙皇帝曾说："尔等为官，以清廉为第一。为清官甚乐，不但一时百姓感仰，即离任之后，百姓追思，建祠尸祝，岂非盛事？从来百姓最愚而实难欺，官员是非贤不肖，人人有口，不能强之加毁誉。尔等各宜自勉。"明末清初思想家顾炎武也说："人臣之欺君误国，必自其贪于贿赂也。"中国封建社会的一些统治者，为了维护封建国家的利益，十分注重加强对官吏的管理与控制，并探索出了一整套完备的对官吏选任、考课、奖惩、监察的思想制度，在一定程度上改善了吏治，巩固了国家政权，也为我们今天廉政建设提供了借鉴。

典型案例

东汉外戚梁冀家财 30 亿钱，梁冀是东汉安定乌氏（今甘肃平凉西北）人，做过大将军。在朝廷里横行二十几年，人称“跋扈将军”。正直大臣李固、杜乔等人多次弹劾梁冀，但他们最后都被梁冀杀害了。公元 158 年，已经 26 岁的桓帝为了夺回大权，在宦官单超、具瑗和司隶校尉张彪等人的帮助下先发制人，包围了梁冀的住宅，逼迫梁冀夫妇自杀。遭处置的梁冀党羽达 300 多人，一段时间里，朝廷几乎没人上朝了。梁冀被抄家后，桓帝把他的财产进行拍卖，得到 30 多亿钱，相当于当时国家税收的一半。

漫画解读

（魏秀美绘）

十八

名言警句

吏不畏吾严而畏吾廉，民不服吾能而服吾公；公则民不敢慢，廉则吏不敢欺。公生明，廉生威！

——（清）乾隆十八年《三十六字官箴》

观点解读

下属敬畏我，不在于我是否严厉而在于我是否廉洁；百姓信服我，不在于我是否有管理才能而在于我办事是否公正。廉洁则下属不敢欺蒙；公正则百姓不敢轻慢。办事公正才能使自己的形象变得鲜明，廉洁才能树立自己的权威。

教育指引

“吏不畏吾严而畏吾廉，民不服吾能而服吾公；公则民不敢慢，廉则吏不敢欺。公生明，廉生威！”这段短小、精悍的文字，以其深刻的内涵、丰富的哲理和振聋发聩的警示作用成为历史上许多“清官”的座右铭，并受到前国务院总理朱镕基等党和国家领导人的极力推介。

典型案例

诸葛亮“俭以养德”的表率作用。俭以养德，表里如一。以俭养德是诸葛亮廉政思想的又一重要特色。诸葛亮身为蜀国丞相，崇尚节俭，厌恶贪奢。为求终身以廉，晚年他自报家财：“成都有桑八百株，薄田十五顷，子弟衣食，自有余饶。至于臣在外任，无别调度，随身衣食，悉仰于官，不别治生，以张尺寸。若臣死之日，不使内有余帛，外有盈财，以负陛下。”后病逝，果如其言。诸葛亮倡导“俭以养德”，对部属影响颇大，一时俭约成风。将军邓芝“不治私产，妻子不免饥寒，死之日，家无余财”。大将军姜维“宅舍弊薄，资财无余，侧室无妾媵之亵，后庭无声乐之娱”、“乐学不倦，清素节财”。董和为股肱之臣二十余年，“死之日家无儋石之财”。后任宰相费祎，“雅性谦素，家不积财。儿子皆令布衣素食，出入不从车骑，无异凡人”。正因为如此，在蜀国才能形成以俭为尚的良好社会风气，可以说诸葛亮起到了很好的表率作用。

漫画解读

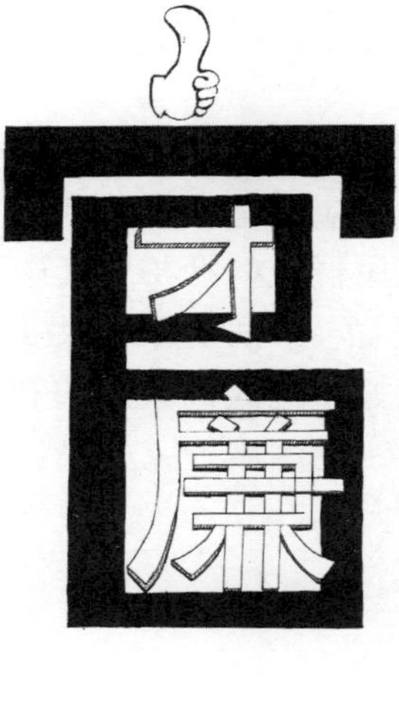

（魏秀美绘）

十九

名言警句

诗堪入画方称妙，官到能贫乃是清。

——（清）梁章钜，梁恭辰《楹联丛话全编》

观点解读

为官者只有公正无私，才能令人信服。

教育指引

古往今来，凡是要得到老百姓称赞和拥戴的官员才称得上是好官，换言之，百姓的口碑应该是检验一个领导干部官德政绩的最重要的标准。如何获得人民群众的拥护？其中最根本的就是当官者是否公正无私？是否为民做主？即是否能做到全心全意为人民服务。为官者只要心里装着百姓，把人民大众的利益放在首位，处处为民着想，见荣誉和利益让，见困难上，先民后己，这样的官自然就会得到人民群众的拥护。

典型案例

郅都公正无私、执法不阿。汉景帝七年（公元前 150 年），郅都迁升为中尉，掌管京师治安，亲领北军。他执法不阿，从不趋炎附势，或视权臣脸色行事。皇亲国戚、功臣列侯犯法，郅都不论何官何人，一律以法惩之。列侯宗室称他为“苍鹰”，喻指他执法异常凶猛。汉景帝原太子刘荣，因其母栗姬失宠被废为临江王。汉景帝中元二年（公元前 148 年），他又因侵占宗庙地修建宫室犯罪，被传到中尉府受审。郅都责讯甚严，刘荣恐惧，请求给他刀笔，欲写信直接向景帝谢罪，郅都不许，后刘荣在中尉府自杀。郅都不畏强权，对敢于违法乱纪的人，特别是豪门贵族、强势人物该出手时就出手，而且是出狠手，且自己又操守廉洁，不贪不占，严于律己，“酷”之对贪官污吏，倒让民众拍手称赞。

漫画解读

（曾小红绘）

二十

名言警句

天下唯公足以服人。

——《明史·王泷训列传》

观点解读

为官者只有公正无私，才能令人信服。

教育指引

古往今来，人们莫不以私为首恶。揽史观今，多少君主因搜刮天下以遂私欲，虐民伤财以娱己身，以至身死国亡；多少奸相佞臣以权谋私，损公肥私，以至身陷囹圄。纵览之，无不是败之于“私”。作为一名党政干部，尤其应当节制私欲，做“去私”勤廉之表率。我们要坚持以天下为公、以事业为重、以百姓为大，以公心凝民心、聚民力、集民智，形成上下同心，干群协力，克难奋进的良好局面，使“立党为公、执政为民”的要求得到充分体现。

典型案例

中国历代皆重视官吏公正问题，曾设置专门机构监察司法官。监察措施给司法官较强的威慑力，违背司法的官吏常会被监察官纠劾。如《唐会要·弹劾》中记载一例是唐高宗时期，侍御史王义方纠弹了中书侍郎李义府擅杀寺官的行为。二例是武则天时期，监察御史纪履忠弹劾御史中丞来俊臣违背司法、谋害忠良等的行为。监察御史的这种弹劾无疑加强了当时司法的清明，公正办事，维护正义。

漫画解读

（杨有龙绘）

二十一

名言警句

廉者必使民俭以丰财，才者必使民勤以厚利。举廉举才，必以丰财厚利为征。

——（清）唐甄《潜书·考功》

观点解读

廉洁的官员必须能使老百姓懂得俭朴，从而使财物丰饶；有才能的官员必须能使老百姓勤劳，从而使利润丰厚。所以荐举廉洁和有才能的官员，必须把能否使财物丰饶、经济繁荣作为一个重要标志。清代政论家唐甄认为，考核官员功绩必须看其能否养民爱民，养民爱民必须看他能否使百姓丰衣足食，主张把能否使百姓丰衣足食作为考核官员的重要标准。

教育指引

清代杰出的思想家唐甄，有一个非常精彩的思想，就是“富民”思想，集中反映在他历 30 年而成的《潜书》中。《潜书》，原名《衡书》，是作者“权衡天下”，品评世事的论著。唐甄的富民思想很有系统性，首先提出了立国之道，唯在富民的主张。他认为，“立国之道无他，惟在于富”。又提出以能否富民作为衡量官吏优劣、政治得失的标准的主张。他认为官吏如果不努力勤政富民，即使没有扰民害民的劣迹，也不是好官。因为不努力勤政富民，就会使大多数老百姓得不到温饱以至于冻饿而死，这比扰害个别老百姓的危害要大得多。

典型案例

2002年3月11日，郑培民同志因突发心肌梗塞在北京逝世，享年59岁。郑培民曾任湘潭市委书记、湘西土家族苗族自治州州委书记、湖南省副省长、湖南省委副书记等职。他在湘西任职期间，跑遍了全州218个乡镇，住过30多个乡镇。湘西是全国著名的少数民族贫困山区，每逢青黄不接时，全州有三四成百姓断粮。郑培民大力推行“双两大”地膜玉米新技术，全州的粮食开始自给。他始终坚持：“做官先做人，万事民为先。”他经常到农民家去，掀开锅盖，瞧瞧吃的什么饭；看看猪圈牛栏的家畜；撩开蚊帐摸摸农民床上的被褥。1998年7月24日晚，他统帅抗洪大军，指挥了惊心动魄的北大堤保卫战，拒千里洪峰于湖南重镇常德市之外。这一天是他的生日。

漫画解读

重在坚持 贵在为民

（李晓丹绘）

二十二

名言警句

务必使同志们继续地保持谦虚、谨慎、不骄不躁的作风，务必使同志们继续地保持艰苦奋斗的作风。

——毛泽东《毛泽东选集》

观点解读

“两个务必”是毛泽东同志在抗日战争、解放战争取得决定性胜利的情况下，向全党发出的一个警示。在伟大的胜利面前，党的骄傲情绪，以功臣自居的情绪，停顿下来不求进步的情绪，贪图享乐不愿再过艰苦生活的情绪可能滋长。为了预防这种情况的发生，毛泽东及时向全党敲响了警钟。“两个务必”凝结着兴衰存亡的深刻历史经验和教训，体现了共产党人的坚强党性和政治本色，特别是蕴涵着具有长远指导意义的治党治国之道。

教育指引

谦虚谨慎、不骄不躁、艰苦奋斗的精神，不仅是中华民族的传统美德，也是中国共产党的优良作风，已深深扎根于中华民族灵魂深处，渗透于中华民族血液之中。在建设中国特色社会主义的新时期，更要突出体现一种生活态度，一种高尚人格，一种思想境界，一种精神力量，一种崇高美德。

典型案例

1949 年 3 月，党的七届二中全会在西柏坡召开，毛泽东主持会议并作了重要报告。报告中指出在全国胜利的局面下，党的工作重点必须由乡村转移到城市。会议强调要加强党的思想建设，防止资产阶级思想的腐蚀，号召全党同志要牢固地树立无产阶级的世界观，防止骄傲自满情绪，警惕资产阶级糖衣炮弹的袭击，告诫全党要认识到夺取全国胜利，这只是万里长征走完了第一步，今后的路程更长、工作更伟大、更艰巨，必须继续保持艰苦奋斗的作风。全会根据毛泽东的建议，提出了防止资产阶级腐蚀，反对突出个人的 6 条措施：①不给党的领导祝寿；②不送礼；③少敬酒；④少拍掌；⑤不用党的领导者的名字作地名、街名和企业的名字；⑥不要把中国同志和马、恩、列、斯并列。为新民主主义向社会主义的转变，在政治上、思想上和理论上作了充分的准备。

漫画解读

（徐丽群绘）

二十三

名言警句

头脑里千万不要滋长特殊化的思想，不能骄傲，要谦虚，要尊敬老师，要向劳动人民学习，向劳动人民的子弟学习。

——周恩来《周恩来教育文选》

观点解读

周恩来对干部子弟的要求，实际上也是对党员干部的期望。各级领导干部不搞特殊化，就能始终与全体党员干部、与人民群众保持最密切的联系，始终得到广大党员、干部以及群众的支持和拥护。

教育指引

领导干部是党的事业的骨干，是人民的公仆，是党员干部中的优秀分子。人民赋予我们党执政的权力，而掌握和行使权力的主要是领导干部。这就决定了，领导干部在遵守纪律、制度方面，既与一般党员干部具有相同性、普遍性，又与一般党员干部相比较具有差异性、特殊性。

典型案例

一个政党的凝聚力、号召力，既来自政党本身的宗旨方向，更是来自党员领导干部人格和作风的力量。抗战期间，陕甘宁边区衣食难继，弹药匮乏，医疗不备，但是“到延安去”却成了无数有志人士的共同选择。其原因就是因为这里不缺理想，不缺精神，是全国思想最进步的地方。尤其是这里有被美国作家斯诺称之的“东方魔力”。这种“东方魔力”就体现在毛泽东、周恩来、彭德怀、李先念等老一辈无产阶级革命家“无论在什么情况下，从来不搞特殊化”的革命气节和人格魅力上，加深了对我们党的根本性质与宗旨的认识，进而与党同心同德，推动中国革命取得胜利。

漫画解读

（曾浩凯绘）

二十四

名言警句

以谨慎之心对待权力，以淡泊之心对待名利，以警惕之心对待诱惑，一身正气，一尘不染，始终保持共产党人的正直本色和革命气节，始终保持同人民群众的血肉联系，干干净净地为党和人民工作。

——胡锦涛《考察海南建省办经济特区20周年的讲话》

观点解读

以什么样的心态对待名利？是党员领导干部为官从政应该经常认真思考的一个重要问题。胡锦涛总书记在海南考察工作时讲话，具有很强的现实性和针对性。领导干部既要有“为官一任，造福一方”的抱负，又要有“在位一天，赶考一天”的意识。明晰法律与纪律的“高压线”，明晰公与私的“警戒线”，明晰个人与家庭的“情感线”，以平和之心对“名”，以淡泊之心对“位”，以知足之心对“利”，以敬畏之心对“权”。

教育指引

正值海南建省办经济特区20周年之际，胡锦涛总书记到海南出席“博鳌亚洲论坛”2008年年会，并对海口、三亚等地进行调研。

胡锦涛总书记的讲话，表明党中央对廉政建设和反腐斗争高度重视，腐败不仅会改变我们党的性质，会使党失去执政地位，还会使中华民族的伟大复兴化为泡影。广大党员干部应该清醒地认识到，手中的权力是党和人民赋予的，只能用来为人民谋利益；广大党员干部要自觉接受组织和群众的监督。

典型案例

刘方仁是中国改革开放后第一个走上法庭的省委书记。2004 年 6 月 29 日，贵州省原省委书记刘方仁，因犯受贿罪，被判无期徒刑，剥夺政治权利终身，对犯罪所得赃款人民币 661 万元和美元 1.99 万元予以没收，上缴国库。刘方仁情不自禁地痛哭悔罪："如果省委书记懂法，有强烈的法治意识，对一个省的民主法制建设将有很大好处，我自己也不会走上犯罪的道路。"

漫画解读

（黄敬辉绘）

第二章

廉洁从政

一

名言警句

我有三宝，持而保之。一曰慈，二曰俭，三曰不敢为天下先。

——《老子·道德经》

观点解读

在老子看来，一个人，因为慈爱所以勇敢；因为俭朴所以宽广；因为不敢自傲居天下之先所以成就大器。若是这三宝舍弃了，那就只剩下好勇、浪费和争先了，那么最终将一事无成，甚至一败涂地。

教育指引

所谓“慈”，即包含有柔和、博爱的意思。慈，是三宝的首要原则。所谓“俭”，其内涵为节俭和节制。节俭是我们中华民族的传统美德，从古到今这个美德使得我们这个民族不断克服困难，取得了一个又一个的胜利。不敢为天下先，并非保守和胆子小。其真实含义为不争、谦让、退守和居下。一个人的成长，绝不在于一时一事的得失，一城一池的拥有。真正的英雄，也是笑到最后的人。

典型案例

贞观四年（公元630年），唐太宗李世民对侍臣说：“崇饰宫宇，游赏池台，帝王之所欲，百姓之所不欲。帝王所欲者放逸，百姓所不欲者劳弊。孔子云：‘有一言可以终身行之者，其恕乎！己所不欲，勿施于人。’劳弊之事，诚不可施于百姓。朕尊为帝王，富有四海，每事由己，诚能自节，若百姓不欲，必能顺其情也。”大臣魏征说：“陛下本怜百姓，每节己以顺人。臣闻‘以欲从人者昌，以人乐己者亡’，隋炀帝志在无厌，惟好奢侈，所司每有供奉营造，小不称意，则有峻罚严刑。上之所好，下必有甚，竞为无限，遂至灭亡。”

漫画解读

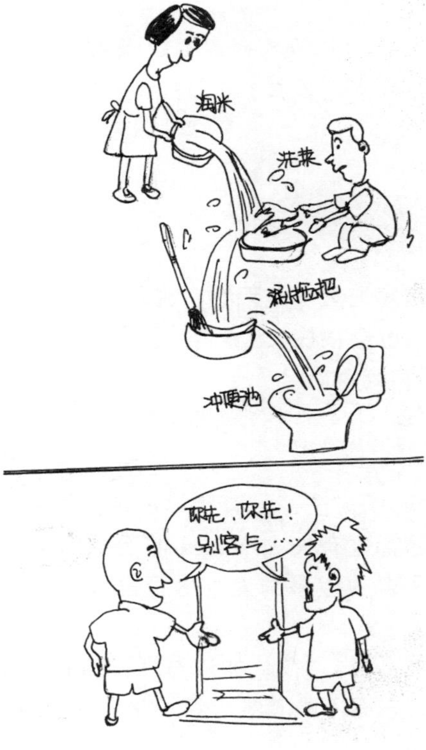

（黎伟姬绘）

二

名言警句

养心莫善于寡欲，其为人也寡欲，虽有不存焉者，寡矣，其为人也多欲，虽有存焉者，寡矣。

——《孟子·告子上》

观点解读

节制欲望，即使失去一点善心，也不会很多；如果不节制欲望，即使有一些善心，也会很快失去。

教育指引

孟子说：“养心的方法，没有比尽量减少欲望更好的了。那些平素欲望少的人，尽管也有失去本心（即天生的善性）的，但为数却是很少的；那些平素欲望多的人，尽管也有能保存本心的，但为数也是很少的。”

宋代理学家朱熹云：“欲，如口鼻耳目四肢之欲，虽人之所不能无，然多而不节，未有不失其本心者，学者所当深戒也。”

典型案例

贞观十一年（公元637年），魏征又上疏太宗皇帝说："臣闻求木之长者，必固其根本；欲流之远者，必浚其泉源；思国之安者，必积其德义。源不深而望流之远，根不固而求木之长，德不厚而思国之理，臣虽下愚，知其不可，而况于明哲乎！人君当神器之重，居域中之大，将崇极天之峻，永保无疆之休。不念居安思危，戒奢以俭，德不处其厚，情不胜其欲，斯亦伐根以求木茂，塞源而欲流长者也。"

漫画解读

（骆雅茜绘）

三

名言警句

奢则不孙，俭则固。与其不孙也，宁固。

——《论语·述而》

观点解读

一个人奢侈了就显得不谦逊，太节俭朴素就显得寒酸。与其显得不谦逊，不如宁可显得寒酸。

教育指引

贫穷不辍青云之志，谦虚是人的美好品德。孔子的话启发为官者，在贫穷和骄傲之间，宁肯守住清贫，也不过分奢侈浪费。

典型案例

孔子主张发扬俭德，为政清廉。他对当时社会权贵们豪华奢侈、铺张浪费、财大气粗、气势逼人深为不满，对子路“车马轻裘，与朋友共”的德行极为赞扬。他主张过一种勤俭朴素的生活。在他看来，勤俭朴素能看出一个人的志向和操守，也能看出其为官之德。

漫画解读

（陈俊彪绘）

四

名言警句

清者莅职之本，俭者持身之基。

——《周书·裴侠传》

观点解读

清廉是做官的根本，俭朴是立身处世的基础。

教育指引

裴侠的话虽然具有封建时代的局限性，但对于现在的党员领导干部还是很有借鉴意义的。

典型案例

南北朝时河北郡（今山西运城东南）郡守裴侠，节俭朴素，吃的只是些豆、麦、咸菜之类的食品，很受当地吏民的尊敬。裴侠的堂兄伯凤和世彦，当时都是丞相宇文泰手下的佐僚，他们讥笑裴侠说："人生做官，应当使自己的生活和功名一并好起来，像你这样的清苦，为的是什么呢?"裴侠回答说："清廉是做官的根本，俭朴是立身处世的基础。活着要受朝廷的称赞，死后要流芳于史册。我志在努力自修，害怕有辱祖先，反而被人笑话，还有什么好说的呢?”伯风等人听后很是惭愧。

漫画解读

（黎伟姬绘）

五

名言警句

可以取，可以无取，取伤廉。

——（南宋）朱熹《孟子集注·离娄下》

观点解读

可以拿取，也可以不拿取的，拿取了有损廉洁。

教育指引

“取”与“无取”的选择原则以是否伤害廉洁为准则的。这一观点与著名的“鱼与熊掌”二者必选其一的选择不同，孟子在这里摆给我们的，是一种两可之间的选择。在“取”与“不取”二者之间如何做选择，是考验一个为官者官德和思想觉悟的试金石。当然在遇到做这两个选择的时候，能够始终保持清醒的头脑，不被任何诱惑所左右，是需要为政者具备自觉的法律意识和较高的道德修养的。

典型案例

明太祖朱元璋对贪官污吏的惩治十分残酷，贪污 60 两银子以上的官员就要被剥皮，在皮囊里填草后放在衙门公座旁以警诫继任者。此法在当时收到一定效果。可是到了明朝中期，贪污已成了风气。明宣宗时，最大的贪污犯竟是经历了四代皇帝、资历高深的最高司法官左都御史刘观。刘观执法犯法，大肆贪污受贿。在他影响下，御史们个个贪婪无比。宣德三年（公元1428年）六月罢朝后，宣宗召大学士杨士奇、杨荣至文华门询问，现在朝廷里哪个官员最腐败？杨荣毫不犹豫地说是刘观。宣宗立即下诏，命刘观巡视河道，实际上把他调离了御史位置。嗅觉灵敏的御史们立即闻风而动，纷纷弹劾刘观及其子刘辐。宣宗大怒之下准备处死刘观父子，后在杨士奇等人的一再求情下，改贬二人到辽东戍边。刘观最后死在辽东。

漫画解读

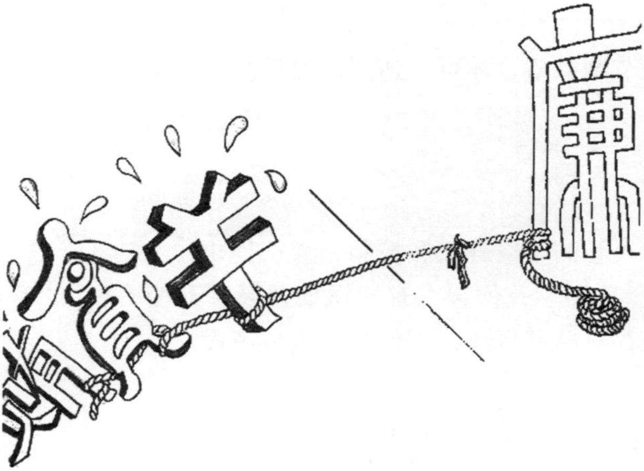

（范艳芳绘）

六

名言警句

养心莫善于寡欲。

——《孟子·尽心》

观点解读

通过节制欲望，才可以达到修身养性的目的。

教育指引

针对人心的难以驾驭和控制，孟子提出了“存心”、“养心”的著名说法。“存”是保存，有意识地把握、不使丢失。“存心”指有意识地保存自己的良心，不使之被人事淹没。

典型案例

三国时期，蜀汉大将军邓芝，赏罚明断，对士兵体恤有加，他本人也非常节俭，只依靠俸禄，没有什么个人私产，致使妻子受饥寒。据记载邓芝去世的时候，家无余财。他性格刚直不阿，不会隐藏本意，也不会与当时的官僚勾结。因此当时有人诋毁他。但邓芝为官品德高尚，流芳百世，为后人所敬仰。

漫画解读

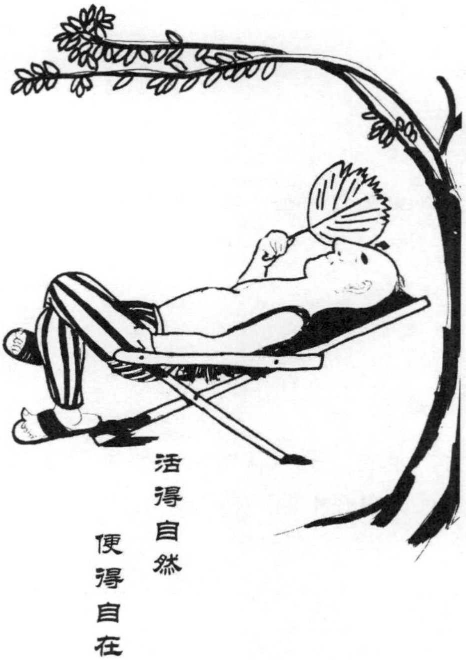

（林琪绘）

七

名言警句

所谓廉者，必生死之命也，轻恬资财也。所谓直者，义必公正，心不偏党也。

——《韩非子·解老》

观点解读

韩非子认为，廉洁，是为官之本，要做到不贪恋资财。所谓正直，必须做到公正，内心不偏向私人关系。

教育指引

清正廉洁，指的是不贪财物，立身清白。从历代思想家、政治家的言论中可见，尽管廉洁具有多方面的规定性，但核心是为官清正，不损公肥私，不贪污腐败。

典型案例

清代张作楠，任徐州知府，他的三个儿子都务农商，有人问他为何不让儿子们修习儒学，他说：“人们读书都为了求取功名，由这个目的当了官后，则容易心术不正，我不想子孙堕落。”

漫画解读

（黄超绘）

八

名言警句

俭节则昌，淫佚则亡。

——《墨子·辞过》

观点解读

节俭就能昌盛，淫逸就会灭亡。

教育指引

有相当一部分经济实力较强的人，认为铺张浪费、大吃大喝、超前消费有利于扩大内需，有利于拉动经济增长。于是，互相比富、斗富，讲排场，摆阔气，请客动辄一顿饭上千元、上万元，房子一买就是几套，甚至十几套，搁在那里闲着，等待升值。却没有看到，绝大多数人还并不富裕。我们要牢记“俭节则昌，淫佚则亡”的古训，牢记“两个务必”，保持和发扬党的优良传统和作风，坚持以最广大人民群众的根本利益为出发点，戒骄戒躁，谦虚谨慎，艰苦奋斗，使老一辈无产阶级革命家开创的社会主义事业兴旺发达，世世代代继承下去。

典型案例

《东周列国志》上有这样一个故事：吴王阖闾，征伐越国兵败，受伤致死，其太子夫差即位。夫差刚即位时，曾命令十个侍从，轮流站在庭院通道两旁，每逢夫差出入经过时，都大声直呼其姓名：“夫差！你忘越王杀尔之祖乎！”夫差总是哭着说：“不敢忘!”他用这种办法激励自己，厉兵秣马，励精图治，不到三年就灭了越国，捉住了越王勾践。可是胜利以后，他放松了对自己的要求，撤去了喊话的侍从，把恋奢亡国的教训忘得干干净净，沉湎酒色，荒淫无度，闭目塞听，刚愎自用，结果反被勾践所杀。

漫画解读

（杜素云绘）

九

名言警句

行不清白，群下荒怠，功美不有，爵禄不持，大夫之忧也！

——《庄子·渔父》

观点解读

为官的士大夫自己行为不清明，其下的众官吏必然也荒废政务，如此则无法建功立业，也必难保持官爵和俸禄，这是为官者要担忧的。

教育指引

庄子的这段话启发我们：为官者首先要对自我有所要求，要以身作则，这样才能带动下面的执行人员也保证清明廉洁。纵观古代那些最后失去职权和爵位的高级官吏，都是因为个人没有把持住自我，导致上行下效。

典型案例

清代有个叫方大湜的人，从知县升到布政使这样高的职位，但他每件事都要亲自处理，使他下边的官吏没机会贪污枉法，百姓因此爱戴他。有时候他到民间去走访，只带一个随从和一个挑夫，民众有冤情，他就在田垅间升堂办案。他到武昌走访，就住在普通百姓家，到他走访结束离开了，当地的县官还不知道他曾来走访过。

漫画解读

上行下效

（王剑超绘）

十

名言警句

若徇私贪浊，非止坏公法、损百姓，纵事未发闻，中心岂不常惧？恐惧既多，亦有因而致死。大丈夫岂得苟贪财物以害及身命，使子孙每怀愧耻耶！

——（唐）吴兢，裴汝诚等译注《贞观政要·贪鄙》

观点解读

为官者若徇私贪腐，不仅仅是触犯国家法律，损害百姓，也使得自己无法心安理得而得不到快乐。即使事情没有败露，心中怎能不常怀恐惧呢？恐惧多了，也有因此而导致死亡的。

教育指引

纵观某些贪官的成长轨迹，大凡他们在成为贪官之前，也曾是廉洁的，特别是位高权重者，否则他们也不可能通过各级组织、人事部门的考察，取得足以利用手中权力进行腐败的“位置”，可以说在此之前他们还是能择路而行的。是什么使他们没有抵御住诱惑呢？分析起来就是从小贪起，一而再，再而三地贪，在贪腐的道路上越陷越深，最终走上了一条不归之路。利益是人的一切行为的目的和动力，当管理上缺乏有效的监督，某些握有一定权力的国家公务员特别是领导干部是很难抵御来自各方面利益诱惑的，其中最直接的表现就是贪污受贿。因而通过教育，合理引导，使其不想贪；健全制度，强化管理，使其不能贪；加强监督，责任追究，使其不敢贪。建立起一道教育、制度、监督三位一体的预防和惩治腐败的体系是多么重要！

典型案例

《松窗梦语》的作者张翰（明朝）初任御史，在参见都台长官王延相时，王延相没有讲什么大道理，只讲了乘轿的见闻。他说，昨天乘轿进城遇雨，一轿夫穿了双新鞋，从灰丁到长官街时，这个轿夫还择地而行，怕弄脏了新鞋，进城后，泥水渐多，轿夫一不小心，踩进泥水之中，便不复顾惜了。由于鞋子沾的泥水过多，太湿滑，最后一不小心，竟摔死在衙门口的石阶上。王延相告诫道：“居身之道，亦犹是耳，倘一失足，将无所不至矣！最终必酿大祸。”张翰听了这些话，退而佩服公言，终身不敢忘。

漫画解读

（魏秀美绘）

十一

名言警句

以身教者从，以言教者讼。

——（北宋）范晔《后汉书·第五伦传》

观点解读

用自己的实际行动教育别人，大家就会心悦诚服；如果只用语言来空泛说教，大家就会发生争吵而无所适从。

教育指引

这句话对我们今天开展反腐倡廉建设是有启发意义的。领导干部只有在廉洁从政方面率先垂范，下级才不敢作奸犯科；如果像一些人那样，“台上讲反腐，暗地搞腐败”，不仅下级不会听，而且还会带坏一个地区、一个部门、一个单位的风气。

典型案例

第五伦，任东汉章帝时的司空，他对王公贵族骄奢淫逸、贪污腐化及世风日下深表忧虑。他多次上书倡导当权者廉政勤政，并以身作则，言传身教。

漫画解读

（肖海焕绘）

十二

名言警句

物必先腐也，而后虫生之；人必先疑也，而后谗入之。

——（北宋）苏轼《范增论》

观点解读

东西一定是自己先腐烂，蛀虫才能生出来。人一定是先产生疑心，而后谗言才能听进去。

教育指引

物体内部不腐朽，虫子就没有滋生的环境和条件；而所以生虫，必然是物体内部先变质。对人对事如果很信任，谗言就不会乘虚而入；而所以听信谗言，则必然是内心先有了怀疑。这两句通过比喻，说明要想杜绝谗言，不为谗言所惑，先要自己明智不疑。

典型案例

东汉刘宠任会稽太守时，政通人和，他要离任晋升时，五六位老乡远道前来，每人拿出百钱为他送行。对于平民百姓来说，钱不轻，仁义更重，因为这钱是血汗换来的。刘宠深知百姓辛苦，但为了满足几位老人的心意，只各取了他们的一个钱，留作纪念，余下的都谢绝了。他因此而获得“一钱太守”的美誉。

漫画解读

一面之词不可信

（李晓丹绘）

十三

名言警句

财能使人贪，色能使人嗜，名能使人矜，势能使人倚。四患既都去，岂在尘埃里？

——（宋）邵雍《男子吟》

观点解读

钱财使人贪婪，美色使人沉溺，名声使人骄傲，权势使人专横。一个须眉男子，如若能够免去财、色、名、势这四种祸患，难道他还会是世上的普通人吗？

教育指引

古人曰："自古居相位者，未闻死于冻饿。而死于财、于酒、于色、于逸乐者无代无之。"社会发展到今天，领导干部作为国家公务员，工资待遇、养老和医疗保障都会越来越好，越来越制度化，更是完全不必为此担忧。领导干部只要在位时勤政廉洁，勤勤恳恳工作，清清白白做人，退位后就能够无忧无虑，安享晚年；但如果贪图名利、利欲熏心、腐化堕落，最后的结果只有前程的毁灭、家庭的破碎、法律的严惩和人民的唾弃。

典型案例

清官们衣食住行都很简朴。唐代薛苹，官至长安令、刺史等职，任官之处，皆“廉风俗，守法度，人甚安之”，但他却“理身俭薄，尝衣一绿袍，十年不易”。

漫画解读

（廖振新绘）

十四

名言警句

能吏寻常见，公廉第一难。

——（金）元好问《元遗山集》

观点解读

元好问认为，有本事的官吏经常可以看到，但能做到公正廉明就非常难了。因为廉正是一种高尚的人生境界，也是人生价值的试金石。曾有人说廉官不等于好官，把廉政和勤政对立起来。其实“廉”本质上已经包含有勤勉从政、胜任其职的意思。“民不服我能而服我公，民不敬我威而敬我廉。”

教育指引

中国是蜚声于世的文明古国，历代王朝都重视廉政的倡导。早在《周礼·天官冢宰》中关于如何考察官吏的政绩，有六条标准：“一曰廉善，二曰廉能，三曰廉敬，四曰廉正，五曰廉法，六曰廉辨。”六条标准都离不开一个“廉”字，体现出“廉”为做官之本和考察之要的基本精神。在儒家“修身、齐家、治国、平天下”的政治理念中，“廉洁”、“廉平”、“廉正”、“廉直”、“廉谨”也是主要的道德准则。

典型案例

在严惩贪官的同时，历代王朝还非常重视表彰和重用廉吏，把他们树立为廉政的典范，作为官员学习的榜样。不少帝王也时常以“清廉”对官员进行诫勉，以康熙皇帝的话最具有代表性：“尔等为官，以清廉为第一，为清官甚乐，不但一时百姓感仰，即离任之后，百姓追思建祠以祀，岂非盛事？盖百姓虽愚，而实难欺，官员是、非、贤、不肖，人人有口，不能强之使加毁誉。尔等各宜自勉。”这种“诫勉”，事实上是在强调以“廉”为操守、为官德，鼓励官员以“廉”来获取从政的声名。

漫画解读

（徐丽群绘）

十五

名言警句

不公不明，其罪不大相远。

——（明）海瑞《海瑞集·赠恒所刘侯膺荣奖序》

观点解读

不秉公办事与不明察事理的罪错根源是十分相近的。中国自古就有礼仪之邦的美誉，廉洁自律、秉公办事是历来为人称道的美德。要廉洁自律就必须“不以善小而不为，不以恶小而为之”，不存任何侥幸心理，堂堂正正做人，踏踏实实做事。秉公办事要求真正做到“外举不避仇，内举不避亲”，无论何时何地，对何人何事都要用统一的标准和态度对待，绝不能厚此薄彼，这也是每一位公务员必备的职业道德。

教育指引

海瑞（1514—1587），字汝贤，号刚峰，海南海口人，明代著名的政治家，以刚直不阿、清正廉明著称于世，被世人誉为“海青天”。他整饬贪污贿赂的官风，“禁绝馈送，裁革奢侈”。在听讼理狱的实践中，主张“通民隐，抑强横”，准许乡里父老“指画本里利病及府县民事”。海瑞一生清贫，秉公执法，抑制豪强，安抚穷困百姓，打击奸臣污吏，因而深得民众爱戴。

典型案例

明朝嘉靖年间，社会风气腐败。达官贵人经州过县，除了酒肉招待之外，还要送上厚礼。一天，总督胡宗宪的儿子，带着一队人马来到淳安。驿站官员不知道来者是谁，接待上稍有怠慢，惹得胡公子大怒，当场命令家丁，把驿吏吊在树上，用皮鞭狠狠抽打。淳安知县海瑞赶到驿站，顿时义愤填膺。他大喝一声：“住手!”立即命令给驿吏松绑。胡公子挥着马鞭，说：“你知道大爷是谁吗?”海瑞指斥道：“不管你是谁，都不准在我管辖的地方胡作非为!”胡公子手下的家丁威吓说：“这是胡总督胡大人的公子!”海瑞心中有谱，他冷冷一笑，说：“哼，以往胡大人来此巡查，命令所有地方一律不得铺张。今天看你们如此行装威盛，胡作非为，显然不是什么胡大人的公子，定是假冒的!”海瑞挥手喝令将胡公子捉下，驱逐出境，并把他沿途勒索的金银财物统统充公。

漫画解读

（李穗娴绘）

十六

名言警句

正以处心，廉以律己。

——（明）薛宣《薛文清公从政录》

观点解读

用公正来养心，用廉洁来自律。

教育指引

薛宣是明代大臣、学者和文学家、教育家。薛宣对廉洁和公正的认识，启发我们：为官者可以将廉洁和公正内化为个人的日常生活行为准则，用其来修身养性，用其来规范自我。

典型案例

唐代贾敦颐，贞观中，历迁沧州刺史。在职清洁，每入朝，几乎也就带走了全部家当，因为他只有一辆旧车，几匹瘦马，马的缰绳有坏的，他就用绳子代替，看见这些装备，谁都想不到他贵为刺史。贾敦颐廉洁至此，是今日为官者效仿的榜样。

漫画解读

（李怡婵绘）

第四章

警钟长鸣

一

名言警句

政者，正也。子帅以正，孰敢不正？

——《论语·颜渊》

观点解读

孔子所讲的这个“政”，其含义为正直、正派。进一步说，如果为官者能够自正其身，下属们自然都会效仿，所谓上梁不正，下梁歪。“官”对“民”所起的表率作用是非常重要的，上行下效，为官者走的正和行的正，群众就会跟着学习。

教育指引

唐朝贞观初年（公元627年），太宗李世民对大臣魏征说：“为君之道，必须先存百姓。若损百姓以奉其身，犹割股以啖腹，腹饱而身毙。若安天下，必须先正其身，未有身正而影曲，上治而下乱者。朕每思伤其身者不在外物，皆由嗜欲以成其祸。若耽嗜滋味，玩悦声色，所欲既多，所损亦大，既妨政事，又扰生民……”魏征听后，回答说：“古者圣哲之主，皆亦近取诸身，故能远体诸物。昔楚聘詹何，问其治国之要，詹何对以修身之术。楚王又问治国何如，詹何曰：‘未闻身治而国乱者。’陛下所明，实同古义。”唐太宗君臣的这番对话深刻地剖析了官员的为政之道。皇帝身正，大臣们就不敢不正，以此类推，自上而下，一级对一级都会产生示范的影响。

典型案例

清人何德刚在《春明梦录》中记载了一则道光补裤的逸事。道光皇帝特别喜欢穿湖绉面料的裤子，有一回一条裤腿上破了一个洞，他不肯做新的，便命内务府拿去织补。但是他没想到，补这条裤子却花掉了三千两白银，相当于做一百条新裤子的钱。内务府官员对此的解释是："皇上所穿裤腿，系属有花湖绉，剪过几百匹，鲜有花头恰合者，是以如是其贵。"道光皇帝哑口无言。道光皇帝想要通过补裤来提倡节俭，不见得完全是沽名钓誉；内务府费银三千两补裤，也并非故意浪费。其关键是令者与行者之间，共处于一个封闭的价值体系和专制的行为规范之内，而且前者对后者拥有生杀予夺的绝对权力。即使明知皇帝补裤的花费要比缝制新裤多得多，内务府也不敢有丝毫抗辩和违拗。

漫画解读

（陈岱琳绘）

二

名言警句

其身正，不令而行；其身不正，虽令不从。

——《论语·子路》

观点解读

当管理者自身端正，作出表率时，不用下命令，被管理者也会跟着行动起来；相反，如果管理者自身不端正，而要求被管理者端正，那么，纵然三令五申，被管理者也不会服从的。

教育指引

领导者本身的行为正当，即使不定任何法令、约束，人们也会自然而然效法行为，走上正道。但是，如果领导者本身的行为不正当，胡作非为，这样，即使定下了严格的法令、法律，人们也是不会听从的。不管级别高低，每一个为官者只有作风正派、为人正直、充满正气，才能真正发挥好带头、带领、带动作用。正人先正己，风正好扬帆。尤其对于今天的各级党员领导干部来说，这一素质要求更为重要。

典型案例

诸葛亮崇尚廉洁政治，痛恨腐败作风。“蓄财无余，妾无副服”，是他一生廉洁从政的真实写照。诸葛亮不仅生前生活俭朴，至死也“内无余帛，外无赢财”。他倡导丧事从简，“遗命葬汉中定军山，因山为坟，冢足容棺，敛以时服，不须器物”，这在厚葬之风盛行的汉魏时期是难能可贵的，给后世留下了为政清廉的典范形象。身为蜀国丞相，他始终坚持以廉立身、以廉养身，“先理身，后理人”，以达到“理身则人敬”的崇高境界。他在写给其子诸葛瞻的信中说，“夫君子之行，静以修身，俭以养德，非淡泊无以明志，非宁静无以致远”。又教晚辈要“志当存高远，慕先贤，绝情欲”，廉俭之情由此可见一斑。“言行不同，竖私枉公，外相连诬，内相谤讪，有此不去，是谓败乱”，更袒露了诸葛亮对腐败的切齿之痛。

漫画解读

（肖海焕绘）

三

名言警句

不义不富，不义不贵，不义不亲，不义不近。

——《墨子·尚贤上》

观点解读

不义的人不给他厚禄，不义的人不给他高位，不义的人不和他亲密，不义的人不和他接近。

教育指引

在中国传统的道德范畴里，“义”占有极其重要的地位。无论对个人的立身处事，还是对国家的治理，“义”都事关重大。因此，墨子在《尚贤》中提出，“义”是衡量贤与不贤的标准。这个主张，对今天干部的选拔任用和领导干部的待人交友都具有借鉴意义。

典型案例

清官们以儒家思想，教育人要“遵守揖让之礼”，同时对一些恶风劣俗勇于铲除，以正压邪，教导民众基本礼仪，造福一方。高赋

“知衢州，俗尚巫鬼，民毛氏、柴氏 20 余家世蓄蛊毒，值闰岁，害人尤多，与人忿争辄毒之。赋悉擒治伏辜，蛊患遂绝”。

漫画解读

（陈乙菁绘）

四

名言警句

货财行于国，则法令毁于官；请谒得于上，则党与成于下。

——《管子·八观》

观点解读

贿赂财货风行于国内，法律政令就坏在官府；请托办事之风在上面通行，结党营私之事就在下面泛滥。

教育指引

领导干部只有以身作则，才能够政令畅通，使正气得以弘扬；才能得到下属和群众的拥护和支持。这其中的道理，确实值得每一位从政者尤其是高级领导干部深思细品。

典型案例

管子的《八观》意思是说，到一个国家要从八个方面进行调查研究，就可知道这个国家的治乱和风尚。“货财行于国”和“请谒得于上”是败坏法令、结党营私的根源，也是导致官场腐败、国家败亡的祸根。这一点，管子在《八观》中就明确指出：“此亡国弑君之所自生也。”这种观点对我们今天治理国家不无警示之义。

漫画解读

（徐金霞绘）

五

名言警句

善不积，不足以成名，恶不积，不足以灭身。

——《周易·系辞下》

观点解读

善行不积累不足以成就美名，恶行不积累不足以灭身。

教育指引

这是孔子针对小人“不耻不仁、不畏不义”而发出的感慨。“小人”把小善看成是无益的事而不屑于施行，把小恶看成是无伤大体的事而不愿除去，所以恶行积累满盈而无法掩盖，罪孽发展深重而难于解救。

典型案例

明洪武年间，王溥任广东参政，其下属官吏送他胞弟一件布袍。

王溥知道后责令归还，说："一衣虽微，不可不慎，此污行辱身之渐也。"一衣之慎，事小意赅。

漫画解读

（黎伟姬绘）

六

名言警句

德不胜其任，其祸必酷；能不称其位，其殃必大。

——（东汉）王符《潜夫论·忠贵》

观点解读

德行和他所任的职位不相称，带来的祸害一定很残酷；才能和他所任的职位不相称，带来的灾祸一定很大。

教育指引

王符这几句话颇富警醒力。无数的历史事实证明，在其位，谋其政，必修其德，养其才。无德无才而居其位，只能殃其自身，甚至祸国殃民。一个人如果对自己负责，对国家和人民负责，就要注意立身修德，不要投机钻营谋官位、不要阿谀奉承骗官位、不要重金贿赂买官位。

典型案例

东汉莱州太守杨震上任时，经过昌邑，昌邑县令王密是杨震以前举荐的官吏，他夜晚拿十斤金子来拜谢杨震。杨震对他说：“我了解你，你却不了解我，为什么呢？”王密说：“夜晚不会有人看见的。”杨震说：“天知，神知，我知，你知。怎么能说无人知道呢！”王密听后，羞愧地告辞了。

漫画解读

（李晓丹绘）

七

名言警句

欲虽不可去，求可节也。

——《荀子·正名》

观点解读

人的欲望虽然是不能消灭的，但对欲望的追求是可以节制的。

教育指引

人的自然情欲本身无所谓善恶，但不受节制的自然情欲必然导致恶果。这是荀子所谓“人之性恶”的确实内涵。荀子承认人与生俱来的欲求本能，但他认为人不应该任由欲求本能的自由发展。他认为，“恶”的成分生起于人后天的贪欲，这是自然之性导致性恶的主要论证，而“顺是”是由自然之性导致生恶的关键。荀子主张人要节制自我的欲求，启发为官者自我约束，以达到修身的目的。

典型案例

汉代巴祇为扬州刺史时，当任的时候没有将妻子和孩子接到任所，所拿俸禄也仅够他自己吃穿度日，从来不多拿。

漫画解读

（张文辉绘）

八

名言警句

上有好者，下必有甚焉者矣。

——《孟子·滕文公上》

观点解读

居上位的人有什么爱好，下面的人就会仿效，有时候甚至变本加厉。

教育指引

孟子作为先秦儒家的代表人物，基于儒家仁者爱人的思想，提出为民父母的官吏要廉洁为民，百姓才能得以安居乐业的主张，孟子认为那些身居要职的官吏，尤其要以身作则，国家的社稷才能够安稳。

典型案例

乡里无讼是历代统治者追求的理想境界。清康熙帝曾发布“圣谕十六条”，劝民“要注重乡里亲朋关系的和睦，不要争讼”。在这种倡导下，历代官吏也皆努力教化百姓和睦相处。清朝康熙年间，兄弟二人因争财到县衙打官司，知县陆陇什么都没说，只让二人相对，互相以兄弟称呼。只见这边呼唤弟弟，那边呼唤哥哥，还没到十五声，二人已经落下泪来，自愿和解，不打官司。陆陇利用兄弟间的血缘亲情平息亲缘纠纷，原因之一，即在于统治者对息讼、无讼的倡导。由此可见，统治者有怎样的统治号召，一般底层官员皆能将其贯彻执行。

漫画解读

（李晓丹绘）

九

名言警句

以私胜公，衰国之政也。

——《吕氏春秋》

观点解读

将个人利益放在国家利益之上，这是国家衰亡的政治原因。

教育指引

自古以来，“私”在中国人的心目中有着深厚的“原罪”意识，其根深植在中国传统文化的土壤中。不以“私”害“公”是传统认识的一个重要方面。启发为官者要摒除私念，以公职为要，不因私误公，也不因私害公，这样才能保证国家的长治久安。

典型案例

东汉外戚梁冀，顺帝时任大将军，专断朝政近 20 年。聚敛财富，大肆搜刮，并向求官者收取贿赂。建私家林苑，方圆近千里。

鱼肉百姓，以权谋私。桓帝时将其治罪，被迫自杀。其家产没收变卖合 30 余亿钱，相当于东汉政府一年租税收入之半。

漫画解读

（廖振新绘）

十

名言警句

顺德者昌，逆德者亡。

——（东汉）班固《汉书·高帝纪上》

观点解读

顺应道德的人才会昌盛，忤逆道德的人必然败亡。

教育指引

正是道德的这种社会功效，确定了道德在廉政中的决定性作用。古人云“礼义廉耻，国之四维，四维不张，国乃灭亡”（《管子·牧民》）。把道德上升到治乱兴衰，国家存亡的高度，由此可见一斑。历史的经验充分说明，俭约的品德是保证廉洁的重要条件。居官克俭，才能不奢侈浪费，以俭为荣、以奢为耻。尚廉即崇尚廉洁反对贪污。廉与贪是相对的。现代社会学家认为，廉与贪是社会力量对比的结果。廉者占上风，社会便廉洁，否则就腐败。由此可见，廉洁已不仅是个人道德品德问题，而且它直接关系到政治的清明。崇尚廉洁，反对贪污，已成为为官之本，为政之本。

典型案例

古代那些廉洁的官吏对家属子女要求严格，不许他们利用祖辈的地位占便宜，更不用说违法乱纪胡作非为了。唐代州级官吏潘好礼的儿子请求回到家乡参加科举考试，潘好礼认为国法要公正，你的学问如果没有那么精通，不可依靠父辈权势而违法获得科举入仕的机会，于是他亲自考查儿子的学业，果然没有精通，他非常生气，招集州里官吏，将儿子铐起来鞭打，打完了，还将儿子罚站在衙门口示众，以警醒百姓。

漫画解读

（张文辉绘）

十一

名言警句

历览前贤国与家，成由勤俭破由奢。

——（唐）李商隐《咏史》

观点解读

勤俭，还是奢侈，不只关系到一个家庭的成败，还关系到国家的兴衰存亡呢！

教育指引

这是因为勤俭的人艰苦朴素，不贪不占，靠自己的辛勤劳动，自力更生，从而改善自己的境况。俭朴自励者，往往是廉洁自律者。

典型案例

卢怀慎（？—716），滑州灵昌（今河南滑县西南）人，武则天时任监察御史，后历任侍御史、御史大夫，玄宗开元元年（公元713年）为宰相。卢怀慎自知才能不如另一宰相姚崇，因此凡事避让，在任期间的政绩只在于荐贤举能，任宰相三年后病故。卢怀慎为官廉洁，家无储蓄，门无遮帘，饮食无肉，妻儿饥寒，生活得很贫穷。他是唐代比较清廉的一位宰相。卢怀慎的儿子卢奂在广州作太守时，不为当地的奇珍异宝所动，能保持清廉节操，也受到当时人的称赞。玄宗嘉其美政，为其写有赞词：“专城之重，分陕之雄，亦既利物，内存匪躬，斯为国宝，不坠家风。”

漫画解读

（李晓丹绘）

十二

名言警句

为主贪，必丧其国；为臣贪，必亡其身。

——（唐）吴兢，裴汝诚等译注《贞观政要·贪鄙》

观点解读

君主贪财，国家一定灭亡；臣子贪财，身家性命一定难保。

教育指引

唐太宗在贞观二年（公元628年）时对身边的大臣说："我曾经说过，贪财的人并不懂得真正爱财。当今朝内五品以上官员，俸禄优厚，一年收入很多。倘接受他人贿赂不过数万钱，一旦事情败露全被没收，这难道是懂得爱财吗？这是因小失大。"唐太宗还讲了正反两个故事说明"为主贪，必丧其国；为臣贪，必亡其身"。其一是说从前鲁国宰相公仪休爱吃鱼，但他不收别人送的鱼，却长期有鱼吃；其二是说汉朝大司农田延年贪污库银三千万两，事发后无面目入牢狱，自刎而死。唐太宗因此而大发感慨："《诗经》云：'大风有隧，贪人败类'，这真是至理名言！"

贞观四年（公元630年），唐太宗又对大臣们说："朕终日孜孜，非但忧怜百姓，亦欲使卿等长守富贵。天非不高，地非不厚，朕常兢兢业业，以畏天地。卿等若能小心奉法，常如朕畏天地，非但百姓安宁，自身也常得欢乐。”作为一代封建帝王对此问题认识这么深刻，实为难能可贵，值得我们深思和借鉴。

典型案例

朱元璋对贪官的严刑峻法。在封建社会，贪污腐败现象十分严重。朱元璋建立明朝后，用严刑峻法整顿吏治。据《草木子》和《明朝小史》记载：朱元璋规定，地方官贪污钱财六十两以上的，斩首示众，还剥皮充草。朱元璋在府州县卫衙门的左面特别建立一座庙，作为剥人皮的场所，被称为“皮场庙”。在官府公座两旁，各悬挂一个填满草的人皮袋，使官吏触目惊心，有所警惕。

漫画解读

（曾剑平绘）

十三

名言警句

士大夫若爱一文，不直一文。

——（南宋）罗大经《鹤林玉露》

观点解读

罗大经认为，士大夫若贪图蝇头小利，不仅品格卑下而且毫无价值。“士大夫”，旧时指官吏或较有声望、地位的知识分子阶层。最早提出“士”的理论标准的是孔子。《论语·子路》子贡问：“何如斯可谓之士矣？”孔子答曰：“行己有耻，使于四方不辱君命，可谓士矣。”意为只有严于律己、忠君爱国的人才能称为“士”。也可以说“士”是有志于成为“君子”的人，他们的德行修养、品质气概应该被作为一种全社会的精神典范。

教育指引

罗大经（约 1196—1252），字景纶，号儒林，又号鹤林，南宋吉水人。宝庆二年（公元 1226 年）进士，历仕容州法曹、辰州判官、抚州推官。在抚州时，他同宋代许多士大夫一样，有着“皇帝与士大夫共治天下”的政治理念，关心国家政治和百姓的生活，对南宋偏安江南深为不满，对秦桧乞和误国多有抨击，对百姓疾苦表示同情，更具“以天下为己任”的忧患意识。

典型案例

罗大经写的《鹤林玉露》作为一部饶有名气的南宋笔记，许多研究宋史和研究古典文学的人对此书都颇感兴趣。其中有一则小故事发人深省：张乖崖做崇阳县令时，看见一个小吏从库房出来，鬓角边头巾下面藏着一枚钱，就责问他这钱是哪里来的？小吏回答：“是县库里的钱。”张乖崖叫衙役用木棍打他，小吏生气地说：“一枚钱有什么值得提的，你竟用木棍打我，你能打我，难道还能杀我吗？”张乖崖提起笔来判决说：“一日贪污一枚钱，一千日就是一千枚钱，时间长了，绳子能把木头锯断，水点可将石块滴穿。”于是亲自提剑走下台阶，斩了那个小吏，并禀报台府请求对自己的处罚。

漫画解读

（张奎根绘）

十四

名言警句

仕者为己，天下无善政。

——（明）钱琦《钱公良测语·规世》

观点解读

为官者如果只为自己考虑，甚至谋取私利，不把百姓的冷暖放在心上，那么国家的政治就不会清明。

教育指引

“当官不为民做主，不如回家卖红薯”，这是封建社会一个七品知县唐成说的话。这个七品芝麻官，不畏权势，与明朝大贪官严嵩等权贵作斗争，体现了七品知县大智大勇、不畏权势的勇气和作为，还体现了为官之道与其个人的人格魅力，受到广大老百姓的敬仰，使得这句名言广为流传。古往今来，为官从政者如果只顾自己的私利，心里不装着人民和国家，不但得不到百姓的拥护，反而最终会被百姓所唾弃，被历史潮流所淘汰。如果一个国家政权的官僚队伍，没有好的为政风气，吏治不清，那么这个政权自然得不到巩固，国家也不会长治久安。

典型案例

“和珅跌倒，嘉庆吃饱。”清朝乾隆中期以后，官场上下几乎人人贪污，仅一个浙江平阳知县黄梅在 8 年任期内就贪污 20 多万两白银。尤其是大学士和珅掌了大权后，一味搜刮财富，他不但接受贿赂，而且公开勒索；不但暗中贪污，而且明里掠夺。地方官员献给皇帝的贡品，都要经过和珅的手，和珅先挑最精致稀罕的留给自己，挑剩下来再送到宫里去。和珅利用他的地位权力，千方百计搜刮财富，一些朝臣和地方官员，知道他的脾气，就尽量搜刮珍贵的珠宝去讨好和珅。乾隆帝在做满 60 年皇帝后，传位给了嘉庆皇帝。嘉庆帝早知道和珅贪赃枉法的情况。过了 3 年，乾隆帝一死，嘉庆帝马上把和珅逮捕起来，令他自杀；并且派官员查抄了和珅的家产。长长的一张抄家清单里，记载着金银财宝，绫罗绸缎，稀奇古董，多得数都数不清，粗粗估算一下，大约值白银 8 亿两之多，抵得上朝廷 10 年的收入。后来听说，那查抄出来的大批财宝，都让嘉庆帝派人运到宫里去了。于是，民间就有人编了两句顺口溜讽刺说：“和珅跌倒，嘉庆吃饱。”

漫画解读

（黄超绘）

十五

名言警句

一丝一粒，我之名节；一厘一毫，民之脂膏。宽一分，民受赐不止一分；取一文，我为人不值一文。谁云交际之常，廉耻实伤。傥非不义之财，此物何来！

——（清）张伯行《正谊堂文集》

观点解读

纳贿受礼，妄取一丝线一粒米，都是有伤名节的大事。

教育指引

古代圣人先哲把思想教化放在首位，历朝历代严惩贪官污吏的同时，也积极倡导官吏的廉政教育，对官吏经常进行“仁、义、廉、耻”的品德教育。早在《尚书》中就提出：“任官惟贤才，官不必备，惟其人。”孔子强调：“道之以政，齐之以刑，民免而无耻；道之以德，齐之以礼，有耻且格。”唐太宗曾告诫群臣：“大丈夫岂得苟贪财物，以害及身命，使子孙每怀愧耻耶?”明太祖曾鼓励群臣：“以德助朕，为民造福，立名于天地之间千万年不朽，永为贤称。”康熙曾谈用人之道：“朕观人必先心术，次才学。心术不善，纵有才学何用?”这些传统伦理道德观念的精辟见解，对我们今天反腐倡廉建设依然有启迪意义。

典型案例

张伯行（1651—1725），字孝先，晚号敬庵，河南仪封（今兰考）人，素有“天下第一清官”之称。康熙二十四年（公元1685年）进士，历官二十余年，累官礼部尚书，在福建及江苏其政绩尤著。张伯行秉性耿直，从不巴结上司，他说：“我为官，誓不取民一钱，安能办此！”拒绝向上司送礼。他对腐败风气深恶痛绝，在福建巡抚任上，尽力革除地方弊病，整顿吏治，以身作则，捐献衣物钱财，赈济一些受灾的百姓，使得百姓没有因灾荒和饥饿而背井离乡。他奉旨调任江苏巡抚，福建百姓痛哭相送，如失青天。当他以优异的政绩擢升为督抚时，门生故吏，至亲好友，送礼的人纷至沓来。他依照“常规”，不纳分毫，并写此《禁止馈送檄》高悬堂上，寥寥数语，鞭挞了纳贿受礼的不义之举，反对当时盛行的“礼情”馈赠之风。康熙称赞他“真能以百姓为心者”，并赐谥“清恪”，精确地概括了张伯行的一生。

漫画解读

（林燕婷绘）

十六

名言警句

应该使一切政府工作人员明白，贪污和浪费是极大的犯罪，反对贪污和浪费的斗争，过去有些成绩，以后还应努力。

——毛泽东《毛泽东选集》

观点解读

毛泽东历来容不得官员的贪污和浪费，他把这两种行为看成是“极大的犯罪”，坚决主张给予严厉地打击。毛泽东亲自指挥“三反”运动，使其成为当时全党全国的主要政治活动。

教育指引

刘青山、张子善分别于1931年和1933年入党，都是经历过土地革命、抗日战争和解放战争的老干部。刘青山参加过1932年河北高阳、蠡县的农民暴动，曾被国民党逮捕，在敌人的严刑逼供下，坚贞不屈。张子善于1934年被国民党逮捕入狱，曾参加过狱中的绝食斗争，在敌人面前表现了共产党人的英雄气概。但是，在建国伊始，进城之后，他们却很快地沦落为人民的罪人。鉴于刘、张二人的地位和影响，以及一些干部的认识不尽一致，党中央和毛主席在考虑对他们量刑时，十分慎重。有人向毛泽东建议不要枪毙他们，而毛泽东却说，正因为两人的地位高、功劳大、影响大，所以才要下决心处决他们。只有处决他们，才可能挽救 20 个，2 000 个，20 000 个犯有各种不同程度错误的干部。毛泽东的此番言论，可谓意味深长。

典型案例

1951—1952 年在党政机关工作人员中开展了“反贪污、反浪费、反官僚主义”和在私营工商业者中开展“反行贿、反偷税漏税、反盗骗国家财产、反偷工减料、反盗窃国家经济情报”的斗争。新中国成立初期，由于有关制度的不完善，在党政军机关、人民团体和经济部门中滋长着贪污、浪费、官僚主义的现象。1952 年 1 月 4 日，中共中央发出《关于立即限期发动群众开展“三反”斗争的指示》，要求各单位立即按限期发动群众开展斗争，在全国出现了一个群众性的检查和揭发的高潮。

漫画解读

（张文辉绘）

十七

名言警句

腐败现象是侵入党和国家机关健康肌体的病毒。如果我们掉以轻心，任其泛滥，就会葬送我们的党，葬送我们的人民政权，葬送我们的社会主义现代化大业。

——江泽民《江泽民文选》（第一卷）

观点解读

党风廉政建设与反腐败斗争关系党和国家的生死存亡，在加强党风廉政建设和反腐败斗争的问题上，党中央的决心是坚定的、旗帜是鲜明的，全党同志和广大人民群众是坚决拥护和全力支持的。反腐倡廉工作具有长期性、艰巨性和复杂性的特征，必须坚持不懈地与腐败现象进行斗争，既要有持久作战的思想，又要有紧迫感。反腐倡廉是全党全社会的大事，要健全坚持党委统一领导、党政齐抓共管、纪委组织协调、部门各负其责、依靠群众支持和参与的反腐败领导体制和工作机制。

教育指引

反腐倡廉代表了最广大人民的意志，提高了党在人民群众中的威望；反腐败斗争也教育了广大党员干部，使大家从中受到警示，得到了政治考验和党性锻炼。陈毅的《感事书怀》说得好：“手莫伸，伸手必被捉。党与人民在监督，万目睽睽难逃脱。”从解放初期的刘青山、张子善到如今的陈希同、胡长青、成克杰等一批“落马”的腐败分子，都是因为乱伸手而“难逃脱”党纪国法的严惩，其结果都是落得个身败名裂、让人唾骂的可耻下场。

典型案例

2005 年 12 月 27 日，北京市第二中级人民法院，依法对国土资源部原部长田某某受贿一案作出一审判决，以受贿罪判处被告人田某某无期徒刑，剥夺政治权利终身，并处没收个人全部财产。田某某生于黑龙江，满嘴的东北土话，乡亲们形容田某某是个“土包子”，不论官做到多大，都没脱离一个“土”字。他从农民、小学教员、公社书记一直升到黑龙江省省长、国土资源部原部长。作为“中国首席土地大管家”，他在会上曾大声疾呼：“同志们呐，我们不能犯错误哇，不能在退休后让老百姓背后戳脊梁骨哇。”但他始终没有抵御住金钱的诱惑，成为“言语的巨人，行动的矮子”。他利用其职权、地位形成的便利条件，多次非法收受他人贿赂共计人民币 436 万余元，而且大部分都是他在黑龙江为官时收受的贿赂。鉴于田某某因涉嫌受贿被审查后，认罪悔罪，积极退赃，依法对其从轻处罚。

漫画解读

（陈旭文绘）

第五章

客家廉洁

一

名言警句

处屯而必行其道，居陋而不改其度。

——（唐）张九龄《宋使君写真图赞序》

观点解读

处于艰难困苦的境地，仍坚持施行自己一贯的主张；身居陋室，也绝不改变自己的精神气度。

教育指引

这两句主要强调人应该坚持真理，要能经受得住各种考验而不动摇，不应因处境的改变而放弃自己的观点，随波逐流；应该在恶劣的环境中傲然挺立，坚持真理，保持人格。

典型案例

张九龄（678—740），一名博物，字子寿，韶州曲江（今广东省韶关市）人。他是我国历史上岭南籍的第一位宰相，一生中三度入朝，在朝廷前后任职20余年。在几十年的为政生涯中，他勤政为民、务实淳朴、刚正清廉，曾为“开元之治”建立了不朽的功绩，受到了后人的肯定和推崇。

其时，唐朝处在全盛时期，但却又隐伏着种种社会危机。张九龄针对各种社会弊端，提出以“王道”替代“霸道”的从政之道，强调保民育人，反对穷兵黩武；主张省刑罚，薄征徭，扶持农桑；坚持革新吏治，选贤择能，以德才兼备之士任地方官吏。他的施政方针，缓和了社会矛盾，对巩固中央集权，维护“开元盛世”起了重要的作用，因而被后世誉为“开元之世清贞任宰相”的三杰之一。

漫画解读

（张文辉绘）

二

名言警句

忧劳可以兴国，逸豫可以亡身。

——（北宋）欧阳修《五代史伶官传序》

观点解读

“忧劳可以兴国，逸豫可以亡身”这句话是欧阳修在总结后唐庄宗既得天下，后又失天下的原因时所说。这位文豪指出，后唐庄宗是因为他的艰苦奋斗、发愤图强而成功，他的失败又是由于他居功自傲、贪图享乐而致的。可见，忧劳与逸豫对一个人，乃至一个国家社稷是多么的重要。

教育指引

欧阳修的这两句寓意深刻的话，告诫世人，若要想振兴国家，首先得做出一番事业，打出一片自己的天下。俗话说得好：“不经历风雨，怎能见彩虹。”若只图享乐，不思进取，必定会使自己一败涂地，遗臭万年。“忧劳可以兴国，逸豫可以亡身”这句至理名言，时至今日，仍有不可抹杀的现实意义。

典型案例

中国历史上所出现的盛况，如“文景之治”、“贞观之治”、“康乾盛世”等，都是由能与民同甘共苦的开明统治者开拓的，特别是清朝的康熙帝，他 8 岁即位，14 岁亲政，16 岁就智取鳌拜，接着是平定三藩，又收复宝岛台湾，还两次西征葛尔丹。他一生勤政爱民，为国操劳，是中国历史上握权最久的皇帝之一。正因为他一生为国费尽心血，才使国家进入兴盛时期。而诸如“安史之乱”等，都是由骄惰、纵欲、沉溺于歌舞升平中的昏君一手造成的。

漫画解读

（揭销凤绘）

三

名言警句

予独爱莲之出淤泥而不染，濯清涟而不妖，中通外直，不蔓不枝，香远益清，亭亭净植，可远观而不可亵玩焉！

——（北宋）周敦颐《爱莲说》

观点解读

我单单喜欢莲花，喜欢它从污泥里生出却不被沾染。在清水里洗涤过，却不显得妖媚。中间贯通，外形挺直，不牵牵连连，不枝枝节节的。香气在远处更加清幽，笔直洁净地立在那里。可在远处观赏而不可（拿在手里）玩弄。作者认为，要在污浊的社会里洁身自好，要坚贞不渝地保持自己正直的操守。

教育指引

周敦颐在《爱莲说》中托物言志——托“莲花”这个物，言“洁身自好”之志。作者赋予花以人的品格——他说花，其实是在说人；写爱莲，其实是写爱君子洁身自好，正直坚贞的节操。

典型案例

本文选自《周元公集》。作者周敦颐（1017—1073），道州人，字茂叔，谥号“元”，宋代哲学家。因他世居道县濂溪，后居庐山莲花峰前建流溪书堂讲学，峰下有溪，也命名为濂溪，世称“濂溪先生”。他是宋代理学的创始人，著有《周元公集》。他一生酷爱雅丽端庄、清幽玉洁的莲花。当年，他还在自己著书讲学的濂溪书院内建造了一座“爱莲堂”，而且造了一个“莲池”。先生讲学研读之余常漫步于堂前赏莲自吟，并写成了《爱莲说》——以莲之高洁寄托自己毕生心志。

漫画解读

（李晓丹绘）

四

名言警句

乱条犹未复初黄，倚得东风势便狂。能把飞花蒙日月，不知天地有清霜。

——（北宋）曾巩《咏柳》

观点解读

柳树在春天绿得很快，柳条似乎还没有发黄，但趁着温暖的东风，一下子变绿了。不要只看到柳絮飞扬、遮天蔽日，要知道还有清霜临降、柳叶飘零的时候啊！

教育指引

曾巩的这首《咏柳》诗，把柳絮飞花的景色写得十分生动。柳絮在东风相助之下，狂飘乱舞，铺天盖地，似乎整个世界都是它的了。本诗抓住了事物的特色，使之性格化了，让人看到一个得志便猖狂的小人形象。这里，作者以柳树隐喻奸臣和邪恶势力，形象逼真，寓意深刻，别开生面。

典型案例

曾巩（1019—1083），字子固，宋建昌南丰（今江西南丰）人，“唐宋八大家”之一。曾巩生活在11世纪20年代至80年代的北宋中期，历经真宗、仁宗、英宗、神宗四个朝代。那时北宋社会由巅峰开始下滑，出现各种衰败的现象，外患日深，疆土日蹙，官乱民贫，俗薄财穷。而朝廷上下，犹自因循苟且，泄沓成风，不思振作，应变无方，使宋王朝陷入深重的危机之中。曾巩从青年时代起便胸怀“欲挽白日之西颓”的匡世大志，意欲辅佐帝王，经纬天下。他躬耕陇亩，多识民情，久困下僚，深知弊政。他的经济论文大受推崇，神宗说他“以节用为理财之要，世之言理财者，未有及此”。对于他的《救灾议》，后人称赞：深思熟虑，为百姓长远打算，是真正经济有用之文。他的许多政治性论文，如《说官》、《请州县特举士礼子》，都是具有革新精神的。后来他步入仕途，在齐州、襄州等七个州、郡担任太守，所到之处，解决当地人民所忧所急的迫切问题，深得民心。

漫画解读

（茅灵灵绘）

五

名言警句

时穷节乃见，一一垂丹青。

——（南宋）文天祥《正气歌》

观点解读

困厄当中才显现人的节操，有气节之士的人，将一一名垂史册，流芳万代。

教育指引

《正气歌》是文天祥就义前一年所作，诗歌体现了中华民族的浩然正气，为千古名作。诗人以饱含深情的笔墨，歌颂了历来愿意舍生取义的英雄人物，包括秉笔直书的史官、刺杀暴君的勇士、宁死不向外敌屈服的将军，誓死保卫君主的忠臣等。文天祥愿意效法他们，为追求“正气”而舍生取义。文天祥这种“当其贯日月”的舍身精神，集中体现在国家生死存亡时，为了表达对国家君主的忠贞，义无反顾地献身而求永生，让一股正气长留人间的气概。

典型案例

《正气歌》为南宋名臣、民族英雄文天祥所作。宋末帝赵昺祥兴元年（公元1278年），文天祥在广东海丰兵败被俘。次年被押解至元大都（今北京）。文天祥在狱中3年，受尽各种威逼利诱，但始终坚贞不屈。1281年夏，在湿热、腐臭的牢房中，文天祥写下了与《过零丁洋》一样名垂千古的《正气歌》。他在自序中说道：

余囚北庭，坐一土室，室广八尺，深可四寻，单扉低小，白间短窄，污下而幽暗。当此夏日，诸气萃然：雨潦四集，浮动床几，时则为水气；涂泥半朝，蒸沤历澜，时则为土气；乍晴暴热，风道四塞，时则为日气；檐阴薪爨，助长炎虐，时则为火气；仓腐寄顿，陈陈逼人，时则为米气；骈肩杂沓，腥臊汗垢，时则为人气；或圊溷、或毁尸、或腐鼠，恶气杂出，时则为秽气。叠是数气，当之者鲜不为厉。而予以孱弱，俯仰其间，于兹二年矣，幸而无恙，是殆有养致然尔。然亦安知所养何哉？孟子曰："我善养吾浩然之气。"彼气有七，吾气有一，以一敌七，吾何患焉！况浩然者，乃天地之正气也，作正气歌一首。

该诗慷慨激昂，充分表现了文天祥坚贞不屈的爱国情操。

漫画解读

（张文辉绘）

六

名言警句

人生也，直即天地之性，无少回邪，行则正。

——（清）伊秉绶·来自《宁化县志》

观点解读

人生在世，为人公正刚直即符合天地万物的本性，一个人只要心中无邪念，他的行为就会堂堂正正。

教育指引

伊秉绶治理扬州有德惠政声，为清代名吏，但他从不以功自居。他把自己的居所从商富集居的“休园”，搬到名其为“湖上草堂”的平民所居的旧城“黄氏园”。他在生活上也清廉耿介，他常说：“人生也，直即天地之性，无少回邪，行则正。”因此，在日常生活中，他杜绝声色，“每食必具蔬”，“藉以清吾心耳”。他这种为官清廉，勤政爱民的做法，深得当时老百姓的爱戴，其对今天的政府官员廉洁从政也具有重要的启示。

典型案例

在江苏扬州有一座“四贤祠”，供奉欧阳修、苏轼、王士祯及福建宁化的伊秉绶。

伊秉绶（1754－1816），字组似，号墨卿，晚年又号默庵。乾隆十九年（公元1754年），伊秉绶出生于宁化城关一家书香官宦人家。其父伊朝栋是乾隆三十四年的进士，历官刑部郎中、光禄寺卿，精研程朱之学，著有《南窗丛记》、《赐研斋集》等书传世。

伊秉绶从政，清正廉洁。据《清史稿》载：伊秉绶“问民疾苦，裁汰陋规，行法不避豪右，故练刑名，大吏屡以重狱委之，多所矜恤”。嘉庆十年，扬州发生特大水灾。两江总督铁保荐举伊秉绶，前往南河、高邮、宝应勘察灾情。伊秉绶撑一条船，冒着大雨，巡察各个村庄，亲自查阅各地灾情记录。不久，伊秉绶奉命出任扬州知府。他亲自率领下属参加各地抢险赈灾。他深入民间，“饥咽脱粟饭，渴饮浊流水”，与百姓同甘共苦；并且亲自查阅赈灾账册，核发赈灾钱粮，严禁胥役克减，博得灾民的称赞。《芜城怀旧录》称赞他说：“扬州太守代有名贤，清乾嘉时，汀州伊墨卿太守为最著，风流文采，惠政及民，与欧阳永叔、苏东坡先后媲美，乡人士称道不衰，奉祀之贤祠载酒堂。”

漫画解读

（张文辉绘）

七

名言警句

要与民间验辛苦。

——（清）宋湘·来自于刘满红《奇才、清官宋湘》

观点解读

作为政府官员，要关注民生、体恤民间疾苦。

教育指引

宋湘的这一名言强调要让官员体恤民间疾苦，能与民同甘共苦。中国有一句老话："当官不为民做主，不如回家卖红薯。"为官就当"民官"，而不去做"官官"。不把人民当作自己的衣食父母，不去人民中间调查研究，不体察群众疾苦，不倾听群众呼声，不为人民利益服务，不为人民疾苦奔忙，这样的官即便一时得势，高高在上，到头来也会淹没在百姓的唾沫汇成的汪洋之中。宋湘的这种为官清廉、关注民生、体恤民情、心系百姓的优秀品质，不仅在历史中传为美谈，而且对当代的廉政建设工作具有重要的指导意义。

典型案例

宋湘（1757—1826），字焕襄，号芷湾，嘉应州（今广东梅县）人。清代中叶著名的诗人、书法家，政声廉明的清官。他出身贫寒，受家庭影响勤奋读书，于乾隆四十三年（公元1778年）考取秀才，乾隆五十一年（公元1786年）中解元，嘉庆四年（公元1799年）中进士，改翰林院庶吉士。嘉庆十八年（公元1813年），宋湘时年58岁，出任云南曲靖知府。他在云南为官13年，在任期间，常勉励自己“要与民间验辛苦”。初至曲靖，正逢当地水患之后，灾民遍地，满目疮痍，宋湘便积极带领当地民众修城治水，号召民众有钱出钱，有力出力，很快把水患制服，受灾百姓得到了安置。后到马龙州，见当地边民不会纺纱织布，穿衣无着，便将自己的俸银购新纺车500架和木棉一批，让妻子王素云教妇女纺织，所织之布为当地人民称为“宋公布”。在广南府时，见城内地高，用水困难，则捐款并亲自勘测水源，凿东、西两塘，引水至城，供百姓饮用。代迤西道尹时，所属地域饥荒、瘟疫流行，他捐俸银抚恤并组织百姓生产自救，还自购松籽三石，分发群众，指导植树造林，使原来光秃秃的点苍山成为一片翠绿。在永昌府时，见郡中书院失修，又捐俸银170两，修复书院，使文教渐兴。当地百姓极为感念宋湘的恩德，为其塑像建祠，立碑奉祀。在《云南大理图书馆记》中有这样的评价：“明清两代人至云南的外省人当中，宋湘是最受人们尊敬和称赞的一位。”

漫画解读

（张文辉绘）

八

名言警句

官须呵出，千来若处处瞻顾因循，纵免刑章终造孽；民要持平，看去使个个流离颠沛，忍将青血入私囊。

——（清）丁日昌·来自于《丰顺县志》

观点解读

这是丁日昌在任江苏巡抚时，在官衙门厅上张贴的一副楹联。这既是他对自己的廉洁自律要求，也是他对下属的要求：积极主张及时、公正地处理讼案，防止吏役从中敲诈勒索。

教育指引

这是丁日昌出身寒微，早年又长期在州县幕府做事，对百姓的疾苦和吏治腐败，深有感触。外国侵略与国内农民起义的此起彼落，使他目睹阶级矛盾激化对清政府带来的严重威胁，所以自出仕之后，他继承传统的民本主义进步思想，着力探索“察吏安民”的有效途径，并逐渐形成一套颇具特色的吏治思想。丁日昌高度重视吏治问题，认为此乃关系国家兴亡的大事。他在《自强变法条陈》中写道：“欲靖外必先治内，治内之道莫如整顿吏治。”在他看来，当时社会所有弊端皆由吏治腐败所引起，所以把吏治当成治内之道的当务之急，而其首要就是，提倡官员清廉，主张严厉打击贪官。上述楹联正是丁日昌廉洁自律、严格治吏的生动写照。

典型案例

丁日昌（1823—1882），字禹生，又作雨生，号持静。广东丰顺人。清朝洋务运动的主要人物，军事家，政治家。他一生历任琼州府学训导、江西万安知县、苏淞船政大臣、福建巡抚兼督台湾学政、总督衔会办南洋水师兼理各国事务大臣（未到职）等职。他从政期间，正是中华民族灾难深重，内忧外患频仍的年代，资本主义列强对中国的侵略欺凌，清朝政府的屈辱退让，亡国灭种之祸，迫在眉睫，从而激发了他自强爱国的思想，而发展成为清末洋务运动的开拓者之一。

丁日昌一生呕心沥血，殚精竭虑，为维护国家主权和民族振兴而努力。在整肃吏治中，丁日昌敢于惩治贪官污吏，豪绅奸胥；关心民瘼，设法救济灾民；严于律己，廉正奉公。丁日昌主政江苏两年多时间，励精图治，仅清理积案就达 27 万多宗。清王朝为之诏示各省，以丁日昌为勤政榜样。

漫画解读

“上市” 办案

（刘捷敏绘）

九

名言警句

识时贵知今，通情贵阅世。

——（清）黄遵宪《人境庐诗草·感怀》

观点解读

辨识时务重在洞察当今的情势，通晓情理重在阅历世间的事物。

教育指引

黄遵宪一生始终怀着救国救民、振兴中华的政治理想，他年轻时写的《感怀》诗就直面现实和人生，在这首诗里，黄遵宪批判了昧于大势，盲目复古、尊古的世俗儒生；主张研究现实，知今阅世，睁眼看世界。面对封建专制的黑暗的旧中国，在他的一生中（含国内与国外），始终在不停地寻求能救国救民的药方，探求一种符合中国国情的发展道路和经济、社会发展体制，体现了黄遵宪的政治抱负和理想追求。

典型案例

黄遵宪（1848—1905），字公度，清末爱国诗人，杰出的外交家、政治家、教育家。

1877 年黄遵宪应邀任参赞，随何如璋出使日本。光绪八年（公元 1883 年），黄遵宪为清政府派驻美国旧金山领事兼管加拿大卑诗省维多利亚华侨事务。他曾发动旧金山嘉应州客属人士首创“应福堂”以团结互助当地客家人为宗旨。黄遵宪在任期间，曾为加拿大侨胞向当地政府申请豁免或减轻“人头税”、颁发护照，方便侨胞自由出入国境，并继 1882 年倡导建立旧金山中华总会馆后，协助加拿大维多利亚侨胞筹建成立中华会馆，以团结全体华侨为目的。黄遵宪为维护侨胞正当权益，不遗余力，极得侨胞敬仰和爱戴。黄遵宪离职返国时，加拿大维多利亚侨胞感念其勤政爱民的恩德，特送“万人伞”及“德政匾”以作纪念，黄遵宪的政绩在加拿大卑诗省史中有详细记载。黄遵宪是一百多年来中国外交官中为美加侨胞服务成绩卓著、贡献最大的第一个客家伟大人物。

漫画解读

屏前一清官
看似两鬓斑
举头望形势
低头思国安

（刘捷敏绘）

十

名言警句

官吏，则不过为国民公仆。

——孙中山《孙中山全集·在湖北军政界代表欢迎会的演说》

观点解读

孙中山认为：国家之所以成立，建筑于“国民的合成心力”，凡共和立宪国家，“左右统治权力者，常为多数之国民”。总统、总长、官吏是什么？孙中山一言以蔽之曰：“公仆”。1906年12月，《民报》召开创立周年庆祝大会，孙中山发表演说，明确表示：“平等自由原是国民的权利，但官吏却是国民公仆。”

教育指引

孙中山是“公仆”理念提出的第一人。孙中山从担任临时大总统那一天开始，就把自己工作定在“公仆”地位。临时大总统誓词称：“巩固中华民国，图谋民生幸福，此国民之公意，文实遵之，以忠于国，为众服务。”被全国人民拥戴为国家元首的孙中山自称“公仆”，立志为众“图谋幸福”，第一次将它的“公仆”理念实践于自己及其所领导的全体官员。这不仅充分说明孙中山领导的辛亥革命与以往所有农民阶级的革命有着本质的区别，同时表明孙中山决心将新政府建设成人民“公仆”型的政府，从而真正实现“为众服务”。

典型案例

孙中山（1866—1925），广东香山（中山）人，革命家，中国国民党缔造者之一，伟大的民主革命先行者。他在出任中华民国临时大总统后，在施政中一再强调“公仆”理念。他说：“上至大总统，下至一般职员，今日便都在人民之下，皆为人民公仆也。”“至于管理政府的人，便要付之于有能的专家们。把那些专家们不要看作尊贵的总统、总长，只把他们当作赶汽车的车夫或者是当作看门的巡捕，或者是弄饭的厨子，或者是诊病的医生，或者是做屋的木匠，或者是做衣的裁缝，无论把他们看作是哪一种工人，都是可以的。人民要有这样的态度，国家才有办法，才能进步。”

漫画解读

（揭销凤绘）

十一

名言警句

余因尽瘁国事，不治家产。其所遗之书籍、衣物、住宅等，一切均付吾妻宋庆龄，以为纪念。余之儿女已长成，能自立，望各自爱，以继余志。此嘱。

——孙中山《家事遗嘱》

观点解读

孙中山的《家事遗嘱》全文只有短短54个字，道出了孙中山一生廉洁无私、清正耿介的崇高品格。孙中山甘为人民公仆，一生廉洁的光辉形象，是中国人民永享不尽的一笔精神财富。

教育指引

孙中山从投身反对清朝的民主革命到致力于中华民族的建立和发展，把自己的一生献给了中国人民的革命事业，四十年如一日，鞠躬尽瘁，死而后已，他的一生是“天下为公”的活注脚。他奋斗一生却没有为自己和子女家属留下产业，病逝后只留下自己用过的衣物、两千多本书报杂志和一幢在上海市原香山路7号的两层五室的小楼房。这幢小楼，也是旅居加拿大的华侨看到孙中山一辈子奔走革命却没有自己定居的住所而集资购买下来送给他的。这份《家事遗嘱》让我们看到了孙中山这位伟大的革命家一个光辉的侧面。

典型案例

据史料记载：孙中山任大总统期间的待遇与一般职员一样，除享受供给制以外，每月只能领到30元军用券，没有任何的特殊待遇。其间一位日本友人以为他身居大总统，必定积蓄多多，便函商应急。孙中山复函："倾其所有，只此20元奉上，愧甚。"这就是孙中山经济状况的真实写照。孙中山辞去大总统后，袁世凯曾以高官厚禄利诱他，被孙中山坚决拒绝。他说："然他人出血汗犹未得偿，我能缅颜独被优异耶?"此后孙中山又为中国革命努力奋斗了13年，依然是恪守力行，两袖清风。不仅廉洁自律，还对家属亲友严格要求，防范其凭借父兄权势或则争名夺利，或则经商敛财，以致激起公愤，大失人心。1912年元旦，孙中山就任临时大总统。广东绅商百姓联名举荐孙中山的大哥、多次捐巨款支援革命的孙眉出任广东都督。孙中山得知后，即刻致书广东各界团体予以劝阻。孙眉听从其弟的劝告，没有出任粤都督。

漫画解读

（陈乙菁绘）

十二

名言警句

人生最重是精神，精神日新德日新。

——廖仲恺《诀别诗》

观点解读

1922年6月，广东军阀陈炯明在广州发动武装叛乱，企图谋害孙中山。事前，他拘留了廖仲恺并对他进行严刑拷打。在此时，廖仲恺想起女儿廖梦醒和儿子廖承志，就提笔给他们写了这首《诀别诗》：“躯壳本是臭皮囊，百岁会当委沟壑。人生最重是精神，精神日新德日新。”强调人的精神意识及其导致的行为是万分重要的。人在一生中，要不断求进步，思想、观念，都要不断的进步。这是廖仲恺先生对自己投身中国革命追求的诠释。

教育指引

“人生最重是精神，精神日新德日新”，正是这种崇高的追求焕发和形成了廖仲恺先生的爱国富民精神、奉献牺牲精神、清正廉洁精神。廖仲恺先生以自己的言行缔造了一种高尚而伟大的精神，一种催人奋发向上的可贵精神，一种值得中国人民永远发扬光大的精神。

典型案例

廖仲恺（1877—1925），原名恩煦，国民党“左派”，广东惠阳鸭仔埗人。1902 年留学日本，1905 年参加同盟会。辛亥革命后，任广东都督府总参议兼理财政。1921 年任广东财政厅厅长。1924 年国民党改组后，被选为中央执行委员会常务委员，并先后担任广东省省长、财政部部长、军需总监等职。廖仲恺作风正派，廉洁奉公。他任财政部长时，对下属殷殷教导说：“官员不要贪财，否则人民要贫困，国家要衰败。”当时军阀专横，自行征收苛捐杂税，将人民的钱财攫为己有。广东财政经济情况一片混乱，严重影响国民革命军的军费，他就此提出要统一财政制度的主张：要求“准确统计军队人数，按武器数量计算兵员，一枪一兵，按此发放给养；各种税款的征收和全部军事费用的支出都交由财政部门统一管理；所有负责人员要大公无私，决不克扣分文归己”。统一财政制度夺去了军阀口中的肥肉，所以，他们对廖仲恺怀有极大的仇恨。

廖仲恺不仅勤奋实干，而且廉洁奉公。在他担任广东省省长和财政厅厅长、财政部次长等重要职务期间，他为政廉明，不谋私利，每次卸任移交，没有一条账目不清；牺牲时家无余财，两袖清风。

漫画解读

（徐丽群绘）

十三

名言警句

由俭入奢易，由奢入俭难，勤俭建国家，永远是真言。

——朱德《勤俭诗》

观点解读

生活环境从节衣缩食变成丰衣足食，轻而易举；若是丰衣足食变成节衣缩食，那就面有难色。勤俭节约才能建设好国家，永远是我们要遵守的真言。

教育指引

新中国成立初期，朱德说过这样一段意味深长的话："每个人都要锻炼吃苦，要有朴素作风。人们都是'从俭入奢易，由奢入俭难'。有些人本来出身很苦，但进城以后就变了，不俭朴了。我们党是真正的马克思主义政党，只有我们才能用这么大的力量和时间来改造社会，不但要改造经济，而且还要改造思想意识和道德风尚。旧习气不可能一下子除掉，沾染旧习气也很容易。如果不养成朴素、节约的习惯，生产无论怎样发展，人们的欲望也是难于满足的。"他主张艰苦朴素，不只是教育别人，他自己也身体力行。

典型案例

朱德的女儿朱敏曾回忆说："父亲始终保持着战争年代的俭朴作风。他每顿饭差不多都是一碗米饭、一小盘素菜、一小盘自己家里腌的泡菜，另一盘菜里几片肉，一小碗汤。他的衣着也很简单，几件较好的衣服只有接见外宾或外出时才穿，一回到家里就换上旧衣服。他的内衣、毛巾都破到不能再补、无法再用时才换新的。他床上铺的褥子、床单，盖的被子也都用了二三十年，上面打了不少补丁。他对我们说：'衣服被子只要整齐干净，补补能穿能盖就行，何必买新的？给国家节约一寸布也是好的。这比战争年代好多了，那时一件衣服要穿好多年。'"

漫画解读

（李晓丹绘）

十四

名言警句

行廉志洁泥无渣，一读骚经一肃然。

——叶剑英《怀屈原》

观点解读

这两句诗是在1970年端阳节期间，叶剑英在东湖之畔的行吟阁游览时，想起这里相传是屈原被流放的地方，触景生情，有感而发时所作，表达了他廉洁自律的高尚情操，以及对古代圣贤的崇敬之情。

教育指引

叶剑英一生为党和人民建立了丰功伟绩，但他从不居功自恃，从不计较个人名利地位，始终坚持以党和人民的利益为重。晚年他多次提出要退出中央领导岗位，为废除党和国家领导职务终身制作出表率。这充分体现了共产党人彻底的革命精神和宽广的胸怀。他严于律己，宽以待人，生活节俭，艰苦朴素。他住房的水电费，主动按月上缴。到人民大会堂开会时喝茶，坚持付茶水费。这些虽是生活琐事，却体现了他廉洁自律的高尚情操。

典型案例

叶剑英同志是中国人民解放军的缔造者之一、中华人民共和国的开国元勋之一，是我们党和军队的卓越领导人。他一生率先垂范，克己奉公。在工作上和生活上，不搞特殊化，不贪图物质享受，保持艰苦朴素的作风。1980 年，叶剑英回到阔别多年的故乡——广东省梅县。家乡的人们很高兴，准备好好接待这位功勋卓著的革命老帅。可是，叶帅却也早有准备。刚到广州，他就定下规矩，并叫人传达下去：一、不要惊动大家，不搞迎来送往；二、不准宴会请客，只吃三菜一汤；三、不准送礼馈赠。到了梅县，吃第一顿饭时，负责接待的同志，多安排了几个家乡菜，请他品尝。叶帅看到超过了他的规定，坚持必须把多余的菜端走，之后，他才入座就餐。回到家乡那天，叶帅事先就对工作人员交代，一定不要给群众增加负担，大家都从招待所自带干粮。中午吃饭时，叶帅决定，也请家乡的亲友吃三菜一汤。做了三个地道的客家风味菜：一盘梅菜焖猪肉，一盘酿豆腐，一盘炒番薯叶，一盆丸子汤。叶帅与亲友同坐一席，边吃边谈，亲密无间，他的随行人员，吃的都是从地委招待所自带的干粮。家乡的人民不仅目睹了元帅的英姿，更领略了老一辈无产阶级革命家质朴的风采。

漫画解读

从群众中来，到群众中去

（刘捷敏绘）

十五

名言警句

伟大的领袖是那些为国家和人民鞠躬尽瘁的人，他们从不滥用权势以自肥。只要最高领导洁身自好，他就有机会铲除制度上的贪腐。

——［新加坡］李光耀 · 摘自陆建义《向新加坡学习》

观点解读

李光耀曾经说，以他的位置，如果他要贪污，没有人能够制止得住，但后果是整个廉洁制度的崩溃。他认为反腐倡廉应该从最高层抓起，而他自身的一言一行，无疑具有标杆作用。他指出：“无论你为人民做了多少好事，如果你假公济私，为自己和家庭敛财，你就已经堕落了。你在人民心目中的地位受损，也会降低国家的信誉。这怎么行呢?”

教育指引

2000 年，总部设在柏林的国际透明机构马来西亚分部给李光耀颁发了首个“环球廉洁奖”，以表彰他在担任总理期间，在杜绝贪污方面所取得的惊人的成就。

李光耀对反贪污工作的精辟总结：“从 1959 年 6 月执政第一天起，我们就确保税收的每一块钱怎么花都要有适当的交代，到达基层受益人手上的时候，一块钱照旧是一块钱，中途没有被抽掉一部分。所以一开始，我们便特别注意过去被人利用便利行事权中饱私囊的领域，强化了能防止、发现或者制止这种枉法行径的工具。”因此，有评论家指出，李光耀最出色的政绩之一就是建立了一个廉洁、不涉及金钱的选举制度和甄选最有才干的人才加入政府，使新加坡成为亚洲最廉洁的国家。

典型案例

李光耀（1923— ），新加坡华人，祖籍为中国广东大埔县。为新加坡前任总理、前任国务资政以及现任内阁资政，被誉为“新加坡国父”。李光耀不仅是新加坡的开国元老之一，也是现今新加坡政坛极具影响力的人物之一。

权力与腐败就像孪生兄弟，总是相生并行。新加坡前总理李光耀就曾说：“没有任何政府能对腐败免疫。”在半个多世纪以前，新加坡也曾经历过腐败肆虐的日子，但如今的新加坡却能在国际组织的清廉排名中经常名列前茅，廉政建设世界闻名。

漫画解读

（陈燕婷绘）

下编 外国篇

第八章

廉政道德

一

名言警句

从事物的性质来说，要防止滥用权力，就必须以权力约束权力。

——［法］孟德斯鸠《论法的精神（上）》

观点解读

为防止滥用权力，在法律制度上明确规定权力的界限、范围等，是必要的，但是，光有制度规定仍然不够，因为纸上的东西、嘴上的东西，往往显得软弱无力，所以，为防止滥用权力，根本性的措施就是要运用强有力的硬措施来制约权力，而这种硬措施只能是权力，只有权力才能有效制约权力。

教育指引

道家老子主张“以柔克刚”。马克思则强调“批判的武器不能代替武器的批判，物质力量只能用物质力量来摧毁”。打击贪腐一定要坚决、要狠、要准。问题在于，贪腐之所以能够产生，其关键在于来自权力的支持、庇护，如果我们剥夺了支持、庇护贪腐背后的权力，那么，所谓的由于权力的滥用而衍生的贪腐不就失去了存在的基础了吗?！因此，约束权力的滥用，只能求助于更加有力的权力！在目前情况下，要加大反腐力度，应该赋予反腐、反贪、纪检机关更为强而有力的权限，以期给腐败行为以致命、摧毁性的打击。

典型案例

在辽宁沈阳查处的慕绥新案件中，竟有16个人是“第一把手”，市长、法院院长、检察院院长、财政局局长、国税局局长、土地局局长、物价局局长、烟草专卖局局长、建委主任、国资局局长等“要害部门”的“第一把手”纷纷落马。

“在位时，我做的决定，99.99%都不会有人反对，我反对的，其他人也不敢赞成。”因受贿被判刑的河南省某县原县委书记说，正是因为一把手说话太算话了，下属们都争先恐后地讨好他，光是逢年过节向他“进贡”的礼金就达100多万元人民币，目的就是希望“书记在自己工作和个人进步问题上给予关心和支持”。

由此可以得出结论：绝对权力导致绝对腐败；权力监督流于形式的现象表明，没有有效的制衡机制，不可能对一把手权力形成真正的监督。

漫画解读

（李晓丹绘）

二

名言警句

一个组织良好的社会是一个被设计来发展它的成员们的善，并由一个公开的正义观念有效调节着的社会。

——［美］约翰·罗尔斯著，何包钢等译
《正义论（下）》

观点解读

一个理想的社会，或一个组织良好的社会，至少应该包含这样一些特质：①每个社会成员或每个公民的善良的道德信念能够得到巩固和发展；②社会有着一个普遍公认的正义观念；③社会有机体遵循着这种正义观念调节着自身；④社会因充满着正义而有秩序地和谐运行。

教育指引

有一句过去的话：旧社会让人变成鬼，新社会让鬼变成人。此话虽旧，但内涵非常深邃。我们的经济、政治、文化等制度不光立意要高远，而且，同样重要的是一定要具有可操作性，这种可操作性具体表现在：①制度的宗旨与制度现实可行性要一致，不能够仅仅听起来悦耳，现实中却永远做不到；②制度的宗旨与设计，一定要让广大的民众满意，如果民众不满，就及时调整，如果民众满意，就要加以坚持、推广与巩固；③检验制度合理与否的根本标准要看是否能够实现社会公正，即是否能够公平合理地摆正各种利益关系；④制度的贯彻实施过程中，如果存在普遍的贪腐情况，这就意味着制度设计或落实过程中肯定出了大问题，一定要痛下决心加以修正、调整，否则将后患无穷。

典型案例

据《重庆商报》报道，四川省巴中市巴州区白庙乡政府公示了2010年1月份公务开支明细表，将每一笔公务花费全部公开，被网友称为“政府全裸第一例”（参阅：《四川一个乡政府公示开支明细：1月招待费占65%》见《京华时报》2010-03-15）。

然而，“全裸”乡政府的“热望”遭受上级部门、投资商人的“冷遇”，其实是财政不公开、营商环境不公平下的必然。而显然，要想结束此类“必然”，唯有以“制度设计”强力推进各级政府财政“坦诚地裸身”，实现对所有“下级部门”的一视同仁。建立和完善一整套法治、公平、公正的市场竞争机制，使任何一个企业不必对“权”表达“敬意”。到那个时候，“白庙乡”式的碰壁和困惑才会真正渐行渐远，直至消失。

漫画解读

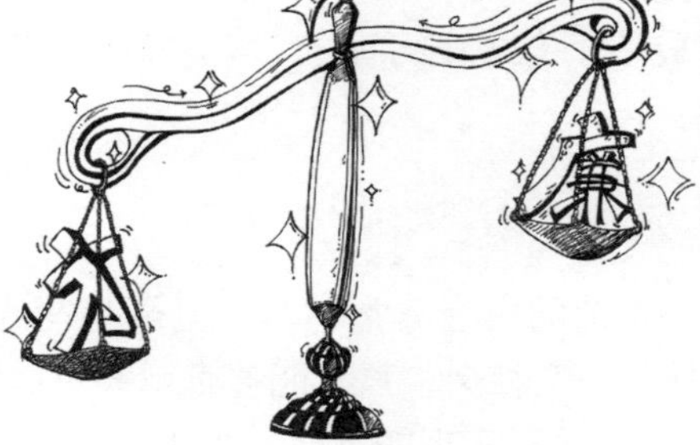

（古明新绘）

三

名言警句

公正是为政的准绳，因为实施公正可以确定是非曲直，而这就是一个政治共同体秩序的基础。

——［古希腊］亚里士多德《政治学》

观点解读

孔子云："政者，正也。"（《孔子家语·卷一·大婚解第四》）政治就是要摆正（而不是摆斜、偏袒）各种利益关系，这即是说，为政的目标、准则或准绳，就是要伸张正义、实现社会公平正义即公正。能够合乎社会正义的行为就是正确的，否则就是错误的，这便确定了社会的是非曲直的标尺，政府与民众依照这样一个行为准则行事，就能建成一个有规则可循的、有秩序的和谐社会。

教育指引

社会主义核心价值的内容非常丰富，但最基本的一条应该是：善有善报，恶有恶报。一个社会，只有能够旗帜鲜明地做到"善有善报，恶有恶报"，社会公正才有实现的可能，才能让广大民众知善识恶、才能让正气压倒邪气，人们才能真正领略到什么事该做，什么事（例如贪污）不能去做，从而和谐、有秩序的社会才有形成的可能。

典型案例

约翰·罗尔斯指出，正义是社会制度的首要德性，正像真理是思想体系的首要德性一样。一种理论，无论它多么精致和简洁，只要它不真实，就必须加以拒绝或修正；同样，某些法律和制度，不管他们如何有效率和安排得多么有序，只要它们不正义，就必须加以改造或废除。每个人都拥有一种基于正义的不可侵犯性，这种不可侵犯性即使以整个社会的福利之名也不能逾越。因此，正义否认了一些人为分享更大利益而剥夺另一些人的自由是正当的，不承认许多人享受的较大利益能绰绰有余地补偿强加于少数人的牺牲。所以，在一个正义的社会里，平等公民的各种自由是确定不移的，由正义所保障的权利绝不受制于政治的交易或社会利益的权衡。作为人类活动的首要德性，真理和正义是绝不妥协的。

漫画解读

（曾浩凯绘）

四

名言警句

无自我和去物欲的觉醒者，可达神仙不能企及的最高境界。

——［印度］瓦鲁瓦尔《古拉尔箴言·德行篇》

观点解读

“无自我”是指人的一种精神状态，指一个人并不总是以自我为中心；“去物欲”则强调人的物质生活俭朴。“神仙不能企及的最高境界”则强调了一个人如果摆脱了“物欲横流”，就过上了最洒脱的幸福生活。

教育指引

人活在世间，究竟是为自己活，还是为他人活？怎样的活法？人类的生活既有物质的也有精神的需求。利和名，这是人类追求的两种内容。那么，人活着的最高境界到底是物质第一，还是精神第一？穷人也有快乐，富人也有苦闷。一个人以物质追求为时尚，所谓“物欲横流”是不可取的；一个人不择手段去获取名利也是不可取的。显然，人的幸福与快乐与此两者的满足并不等同。俗话说：人到无求品自高。解除名利的羁绊才能让人心自由，才能过上真正的幸福生活。

典型案例

长期以来，物质财富成了从政府到个人所追求的第一目标，甚至成为一些人追求的唯一目标。他们都去追求一种满足物欲的假快乐，为了获取更大的物质利益，不择手段，不要脸面，甚至不要性命。造假者有之，贪污者有之，贩毒者有之，图财害命者亦有之，他们的目的就是获取更多的不义之财。这样的人能得到真正的幸福和快乐吗？物欲横流必然导致社会风气败坏，可怕的是，贪婪已经感染了我们的社会。

其实，人类的生活及生产活动都离不开生活资料及生产资料，衣、食、住、行及生产都需要一定的物资的支持。一个人的生活所需要的物质其实并不多，可是，人心的伸缩性却是非常大。因此，如何控制自己的过分需求其实就是对人心的控制。

漫画解读

（黎宇波绘）

五

名言警句

我们生命快乐的最重要的和最基本的因素是我们的人格。

——［德］叔本华著，李成铭译《叔本华人生哲学》

观点解读

人是什么？他本身所具有的一些特质是什么？用一个词来说，就是人格。人格所具备的一切特质是人的幸福与快乐最根本和最直接的因素。叔本华认为人格是与生俱来的，它决定着外部事物，而外部事物却只是影响它而不能决定它。对于反腐倡廉而言，我们要塑造健全的人格，用正义和法律来影响和束缚可能腐败的人，以达到减少腐败之目的。

教育指引

腐败现象是古今中外普遍存在的社会问题，这一问题的产生有其历史根源和社会因素。从个体角度来看，腐败是指腐败者违背法律和道德准则，通过不正当的方式谋取不正当的利益，以实现意志和行为上的趋利性为目的和手段的过程。在人格层面上，健全的人格为清正廉洁提供了主观约束，分裂的人格使腐败者主观上放纵自我，宗旨意识薄弱或缺失，自我私欲膨胀，把为党掌好权，为民用好权置于脑后，将权力变为谋取一己之私利的工具，并为利益最大化而不择手段地巩固和攀升权力地位，导致更大程度的腐败。

典型案例

人格本是无价的。然而在巨大的利益诱惑下，由于人生理想信念的丧失，有的人将自己的职位当作一种“有价资产”，硬是将自己的人格塞进市场，像商品一样作为交易的资本，目的是什么？就是试图满足自己各种各样的欲望：权欲、金钱欲和色欲。而这种“交易”的本质是什么？就是人格的出卖，人格的蜕变，人格的破产。中国第一号走私犯赖昌星挂在办公室的一张画，这张画上面是一只盯着水面随时准备伸长利嘴叼鱼的鸬鹚。他准备随时随地去捕捉官员人格中的弱点，时机一旦成熟就用金钱、女色去“收购”领导干部手中的权力，当然这种“收购”的结果便将领导干部的人格也一并“收购”去了，而一些领导干部呢，在出卖权力的同时，也出卖了自己的灵魂和人格。

漫画解读

不收红包从我做起　一身正气胸怀坦荡

（徐丽群绘）

六

名言警句

应该知道：浪费不如储蓄，而储蓄在于节约，除此以外，没有别的好办法；应该能够做到：自然地减少奢侈和靡费的风气，也就是说，不要再像过去那样，过分追求不义之财。

——［日］中江兆民《一年有半、续一年有半》

观点解读

明治维新之后，日本社会流行脱亚入欧论，积极引进欧美风俗和制度。在此背景下，人们以经济力量去衡量一切，搜括钱财也成了各个阶层人们的根本追求，官吏们也在对钱财的追求中丧失了自己的道德感和责任感。因此，中江兆民批判明治维新时期的社会甚至是官员都在“过分追求不义之财”。他告诫人们：“从现在起，各个阶级的人，都应该稍稍加强自己的品德修养，以求适合理义的标准。”

教育指引

君子爱财，取之有道。因而，不义之财万不可取。所谓不义之财，就是指不应该得到的或以不正当的手段所获得的钱财。在转型社会中，旧道德被打破，新道德尚未确立，这就容易导致人们价值观的混乱，不能辨别钱财来源的正义性。当一个社会缺失了基本的是非标准，当一个社会“笑贫不笑娼”的时候，钱财已经成了万能的，于是，不择手段地捞钱便难以避免。因此，在社会变革的过程中，必须树立道德的底线，良好的社会风气才是抵御金钱诱惑的最佳良药。

典型案例

中江兆民（1847—1901）是日本自由民权运动最具代表性的社会活动家和理论家，有“东洋卢梭”之称。《一年有半、续一年有半》是他的最后一部著作，也是他的代表作。他以冷峻的眼光审视明治时期的社会，并且进行了深沉的思考。他批判明治初期奢侈和靡费的社会风气，批判官员们的腐化堕落。

靠自己的辛勤劳动和汗水去获取钱财，获取钱财要遵守国法党纪，而不能利用人民所赋予的权力。遗憾的是，这种情况却时有发生。

漫画解读

爷追的就是“它”

（金海梅绘）

七

名言警句

作恶该是出于熏心的利欲，从善理应享受荣誉。任何行为举止都更有个前因后果，没有规矩不成方圆。

——［苏联］格拉宁《一幅画》

观点解读

利欲，是指对私利的欲望。一个人作恶，常常是由于其利欲熏心，财迷心窍。人总是趋利避害，但不能唯利是图、见利忘义，而应克己奉公、大公无私，“不为利欲动，不为属托屈”。人在社会中，可以追求个性的自由，但在张扬个性的同时也要学会自我约束，其行动应当遵循一定的社会规则。否则，社会就不能正常运转，也不能更好地发展与进步。

教育指引

人是社会和国家的主体，个人与社会和国家应协调发展。社会与国家的发展有其自身的规律，个人只有尊重这种规律，才能实现自己的人生目标。当然，人们遵守规矩并不等于墨守成规，而是要根据社会发展规律不断地探索和创新。在这个过程中，人不能贪求一己之私利而违反社会的整体利益，要多多行“善”。西塞罗·马库斯说：“人类的善是最高的法律。”人类社会总是褒善贬恶的，只有善行才会受到褒扬，因为它不仅符合个人的意愿和意向，还符合社会和绝大多数人的意愿和意识。

典型案例

格拉宁，苏联作家。其作品大多反映科技人员的生活。20世纪80年代初期，格拉宁的《一幅画》和艾特玛托夫的《一日长于百年》、邦达列夫的《选择》、冈察尔的《你的朝霞》，被誉为苏联文学“向更高的高峰迈进的里程碑和最近的定向坐标”。

罗素说：“在一切道德品质中，善良的本性是世界上最需要的。”（[英] 罗素《闲散颂》）个人的活动应当让他人受益而不是受损。善行应出于内心。

漫画解读

（陈育林绘）

八

名言警句

人欲善其身，须识廉耻；人欲振家声，应知谦恭。

——［印度］瓦鲁瓦尔《古拉尔箴言·政事篇》

观点解读

廉耻，即廉操与知耻；谦恭，即谦虚恭谨。廉耻和谦恭是一个人内在品德和修养的高度表现，是一个人的基本操守。它不是一种姿态，而是源自内心。因此，它不因学问博雅而骄傲自大，也不因地位显赫而处优独尊。相反，谦恭者学问愈深愈能虚心谨慎，地位愈高愈能以礼待人。

教育指引

《礼记·大学》：“欲齐其家者，先修其身。”“正心、修身、齐家、治国、平天下”是中国古代儒家的人生理想。学而优则仕，优学首先就在于个人身心的健康，在于懂得廉耻；其次，就在于能够在自我完善的基础上，学会治理家庭，进而才能去治理国家和社会。以德治国，首先就在于培养克己奉公的国家公务员，在于培养公务员的廉耻和谦恭的操守。

典型案例

官员懂廉知耻，这是国家和人民之福。中国古代非常重视个人修养。“礼、义、廉、耻，国之四维；四维不张，国乃灭亡。”中华民国国服的中山装前身的四个口袋表示国之四维（礼、义、廉、耻），服饰的设计中寓有治国的大道理。于右任说：“礼义廉耻之教，则此教育单元之中心也。”毛泽东在新中国成立初年也强调了“四维”对于惩治腐败和国家稳定的重要性。

孟子在《齐人有一妻一妾》这一文章中深刻地讽刺了那些毫无廉耻之心的小人，在《鱼我所欲也》这一文章中，他将“知耻”之心升华为舍生取义的民族气节，“知耻”从此成了区分君子与小人的重要标准。

漫画解读

（马海燕绘）

九

名言警句

妒忌、贪欲、暴怒与恶言为四邪，避而戒之者方为仁德之人。

——［印度］瓦鲁瓦尔《古拉尔箴言·德行篇》

观点解读

瓦鲁瓦尔是印度著名的哲学家，他的《古拉尔箴言》在世界史上有着重大的影响，其中关于道德的论述与中国的《论语》一样，成了指导人们生活的指针。瓦鲁瓦尔将妒忌、贪欲、暴怒与恶言称为“四邪”，邪与正气相对而言，“四邪”即四种不端正的品行。他认为，要成为“仁德之人”，必须避而戒之。

教育指引

中国传统有“人类七宗罪”之说，即傲慢、妒忌、暴怒、懒惰、贪婪、暴食及色欲。无论是“四邪”，还是“人类七宗罪”，都属于不健康的心理，但都是人的本性的表现，是人的一些恶的习性。要去除这些消极情感，需要用人的理智去控制，去寻求内心的平衡。中国古代思想家曾提出“去人欲，存天理”，曾经遭到了最大限度的批判，但是，欲望常常难以控制，不断膨胀的结果就是对一个社会的严重破坏。因此，减少自身的欲望，常常是遵守社会规则的基础。

典型案例

曾被称为“河北第一秘”的李真忏悔说：“我是被贪权、贪钱、贪色毁掉的……那威力无比的权力是一把闪着寒光的双刃剑，令人心旌摇曳的金钱是一沓沓送你上西天的纸钱，令人垂涎欲滴的美色是一把把杀人不见血的利刀……”由中纪委原副书记刘丽英作序的书《地狱门前——与李真刑前对话实录》记录了他迈进地狱之门的过程。他曾对腐败现象恨之入骨，以焦裕禄为学习榜样，却在41岁时因腐败被处以极刑。

漫画解读

（李晓丹绘）

十

名言警句

就我们的政府体制而言，浪费公共财富是对公民的一种犯罪，轻视人民日常生活的俭朴和节约会令人痛惜地削弱和销蚀我们民族的力量和优良的品质。

——［美］克利夫兰《美国总统就职演说》

观点解读

美国总统克利夫兰很早就认识到，浪费公共财富是对公民的一种犯罪。与贪污虽属不同性质、但由于活动范围的扩大、活动方式的多样化，浪费问题也愈发复杂，浪费已成为一大社会公害。浪费者麻木不仁、理所当然，旁观者漠不关心、习以为常，习惯成自然，对于浪费的认识偏差，使得浪费的危害更为严重。严重的浪费会削弱民族的团结精神和国家的统治基础，党和政府必须予以高度重视。

教育指引

“在我们现实生活当中，除了有些违法违规、贪污腐败问题外，我觉得还有一个很大的问题，就是损失浪费问题。”在国家审计署审计长李金华看来，损失浪费同贪污腐败一样可怕。李金华在接受记者专访时说："如何节省资源，以最少的资源取得最大的效果，这是摆在我们面前的一个重要任务。审计在这方面有很多工作要做。"

以前对于挥霍和浪费国家财产，使国家财产遭受重大损失的行为，以及公款吃喝玩，都是以红头文件不痛不痒地处理，没有起到实质性效果，因此现在必须对之立法并严格执法。

典型案例

一位德国学者说："中国是世界上最大的贫穷国家，也是世界上最大的浪费国家。"据中纪委、国务院研究室、监察部的调研报告显示，全国党政国家机关系统违规违纪挪用、侵占公款吃喝、休假旅游、出境出国读书、送礼、滥发奖金福利，2006 年度高达两万亿元，超过国家财政收入的 50%。

漫画解读

（徐晓慧绘）

十一

名言警句

对共产党员应比对非党人员三倍严厉地惩办，这同样是起码的常识。

——［苏联］列宁《列宁文稿》（第四卷）

观点解读

列宁主张，对腐败分子应依法实行严惩，以儆效尤。他还多次强调要正确处理党和司法机关的关系，主张党的机关和共产党员要带头支持司法机关独立审判，要努力做到党员因一般刑事案件交法庭审判时加重判罪和消除任何利用执政党地位从轻判罪的可能性。

教育指引

有效地遏制腐败的发生，必须加大打击力度，使腐败分子慑于法律的威严，不敢腐败。这几年反腐败斗争力度不断加大，一大批犯罪分子受到了法律的严惩，表明我们党和政府反腐败的决心，极大地鼓舞了人心，也震慑了腐败分子，但是我们也发现单单的刑事制裁是很难熄灭一些腐败分子的贪欲心，他们主观上都有贪财图利的动机，追求的是金钱。今后在加大刑事打击力度的同时也应加重对没收财产和罚金的适用，使腐败分子不仅要受牢狱之苦，还要让他们一无所获。

典型案例

2003年与2010年腐败高官数据对比。2003年，中纪委第一次公开报道了13名腐败高官落马。其中死刑1人、判处死缓2人、判处无期徒刑4人、判处有期徒刑15年1人、判处有期徒刑12年3人、判处有期徒刑11年1人；河北省原省委书记、省人大主任程某某开除党籍，未移送司法机关故未判刑。2003年，人均受贿贪污金额419万元；2010年人均受贿贪污金额983万元，是前者的2.35倍。这说明腐败高官犯罪金额的增幅，远高于并快于经济的增长速度。2003年13人中，判处死缓以上3人（含死刑1人），占23%；2010年11人中，判处死缓7人，占63.6%。2003年13人中，判处无期徒刑以上的有7人，占53.7%；2010年11人中，判处无期徒刑以上11人，占100%。这说明高官腐败问题的延时效应还在加长，一旦暴露，就得无期以上的徒刑伺候。2003年13人中，一把手7人，占53.7%；2010年11人中，一把手8人，占72.7%。这说明一把手越来越成为名符其实的高危岗位。

漫画解读

（陈晨枫绘）

十二

名言警句

只要有贪污受贿这种现象，只要有贪污受贿的可能，就谈不上政治。在这种情况下甚至连搞政治的门径都没有……在容许贪污受贿和此风盛行的条件下，实施法律只会产生更坏的结果。

——［苏联］列宁《列宁全集》（第 42 卷）

观点解读

十月革命后，针对苏俄党内和国家机关中出现的诸如铺张浪费、贪污受贿、追求特权等严重的腐败现象，为确保人民群众当家做主的永久性地位，防止国家公职人员由社会公仆变成社会主人，列宁在对腐败现象进行深入、系统研究的基础上，指出反腐败是政治生活的主要内容，只有在铲除腐败的基础上才能有效地实行法律。

教育指引

走向政治文明是人类社会发展的必然，是共产党人新世纪的明智选择。政治文明的要义在于政治建设的各个环节，从制度、规则、主体、过程、结果都要公开、公平、公正、亮化、透明。不论何种原因，腐败在操作层面上都是在隐蔽、黑暗、地下、幕后进行的。因而，要预防、治理、杜绝、消除腐败，建设政治文明是治本之策。

典型案例

1987 年韩国实现了政治民主化，是年总统大选，第一次和平地实行了政权更替。迄今已历四届总统。每一任总统上台无不信誓旦旦，向国民承诺铲除腐败，但结果历届总统无一善终，不得不就各种丑闻低着头向国民谢罪道歉。军人出身总统的全斗焕、卢泰愚如此，政治人物当选的总统也如此，如上任伊始便号召政界开展反腐败的“净手运动”深得民心的金泳三总统最后却因儿子腐败丢尽颜面；民主运动时期的斗士金大中总统上任后，共 12 名亲属涉嫌腐败，三个儿子均银铛入狱，令他英名毁于一旦；以“改革、道德性、国民参与政府”口号为标榜，被称作“平民总统”的卢武铉上任刚满一年就遭到国会弹劾，被迫停止行使总统职权。卢的一条主要罪状也是其多名亲信收受黑钱搞腐败，总统选举时收受了企业非法资金，从而引发了韩国政坛地震。韩国最有影响的《朝鲜日报》刊登了一幅讽刺政商勾结题为《根深蒂固》的漫画，旁边的文字写道：“每当选举结束，总会暴露出来一些官商勾结的不正之风，虽然检察机关全力以赴杜绝官商勾结，但由于根深蒂固，很难连根铲除。”

漫画解读

（陈柏余绘）

十三

名言警句

应该热心地致力于照道德行事，而不要空谈道德。

——［古希腊］德谟克利特

观点解读

道德是社会意识形态之一，是一定社会的人们之间，个人和社会之间行为关系的调节器，是一个人在某一特定的场合，对是非问题作出明确判断的发自内心的价值尺度，是一个人克己制欲的绝对命令，是使我们如何无愧于人生的行为规范。

教育指引

2010年2月24日，《中国共产党党员领导干部廉洁从政若干准则》（以下简称《廉政准则》）的颁布实施，是党中央在新的历史时期坚持党要管党、从严治党，深入开展党风廉政建设的又一重大举措，是扎实推进反腐倡廉制度建设的又一重要成果。其地位和效力仅次于《党章》的《廉政准则》，言简意赅，要求严格，明确了禁区，划定了红线。这些刚性约束，看似严厉无情，实则充满关爱，既是廉洁自律的新标杆，又是拒腐防变的安全网，是抵御腐败的一道坚固堤防。《廉政准则》既是党内的法律文件，又是要求党员领导干部普遍遵守的道德规范，它要求全体党员干部要严格遵守，坚决实施，避免空谈，重在实践。

典型案例

大多数腐败者身后都有一个“二奶”。在所查处的案件中，我们发现了大量的贪腐官员包养“二奶”、“三奶”乃至“更多奶”的现象。提到贪腐官员包养“二奶”，有必要谈一谈党员干部生活作风的问题。一提到党员干部生活作风，很多人往往会不以为然，有不少人认为这是个人私生活问题，充其量也就是个道德观的问题，没什么大不了的。这也是党员干部生活作风问题得不到少数领导干部重视的重要原因。近些年，被调查的领导干部腐败案件中，生活腐化是一个带有共性的问题。据报道，现行婚姻法修改起草专家小组主要负责人巫昌祯教授在调查中发现，官员腐败60%以上跟包“二奶”有关系，被查处贪官中95%的人有“情妇”。更为严重的是，不少官员对个人生活作风问题几乎麻木不仁，甚至还有一些人对此不以为耻，反以为荣。

漫画解读

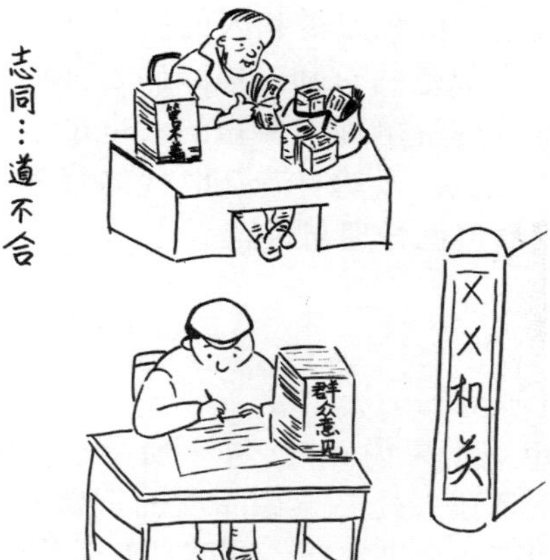

（许莎绘）

十四

名言警句

无知之极乃至不知廉耻，这是可怕之事。

——［日］福泽谕吉《启蒙穷理图解·序言》

观点解读

仁义道德，泛指旧时儒家的一整套道德规范，即封建礼教，现在多用于贬义，福泽谕吉在此所说则是褒义。道德是以善恶评价为标准，依靠社会舆论、传统习俗和人的内心信念的力量来调整人们之间相互关系的行为规范的总和。福泽谕吉强调的是：知书才能达礼，缺乏知识便难以理解事理，愚蠢的人也难以分辨对错，甚至黑白不分。他提倡的知识，显然有着新时代的背景，强调要以适应新的时代为标准去判断道德合理与否。

教育指引

法国著名思想家雨果说："多办一所学校，可少建一座监狱。"读书明理，这是一条让人提高道德品质的重要途径。社会需要仁义道德，仁义道德却需要常讲常新。道德具有时代性，必须常常创新，泥古不化和保守必将让人信守旧道德。这就需要人们主动学习，跟上时代发展，才能真正理解时代的道德。郭沫若说："韬略终须建新国，奋发还得读良书。”读书必须读“良书”，否则也是无济于事的。

典型案例

福泽谕吉是日本近代著名的启蒙思想家、明治时期杰出的教育家，被日本人称为“日本近代教育之父”、“明治时期教育的伟大功臣”，号称明治三杰之一。他毕生从事著述和教育活动，传播西方资本主义文明。他目睹欧美资本主义文明，反思东方国家封建主义，遂萌生了“脱亚入欧”的思想。他在其所著《文明论概略》中说：“如果想使日本文明进步，就必须以欧洲文明为目标，确定它为一切议论的标准，以这个标准来衡量事物的利害得失。”其所提倡之“仁义道德”，显然属于近代欧洲文明的范围。

有些人总是嘴上讲“仁义道德”，行动上却是一肚子的“男盗女娼”的情况也不少见。原广州市委宣传部长、广州日报社长黎某某是一个研究国际共产主义运动史的专家，却又是一个贪官。

漫画解读

（许莎绘）

第七章

廉政启示

一

名言警句

人一旦趋于完善就是最优良的动物，人一旦脱离了法律和公正就会堕落成最恶劣的动物。

——［古希腊］亚里士多德《政治学》

观点解读

世间有生灵无数，人为万物之灵长。人的聪明睿智，如果用对了地方，则可以使江山增色，“日月换新天”，世界变得更加美好。相反，如果人挣脱了法律的束缚，并将其聪明才智用于巧取豪夺、肆意妄为，那么，人世间必将相互倾轧、必将是“一切人对一切人的战争”或“人对人像狼”（托马斯·霍布斯语）的恐怖景象。如此，人显然就堕落成最愚昧、最丑恶、最恶劣的动物了。

教育指引

趋于完善的人是有道德、有正义感、法制观念强的人，社会的责任，乃至廉政教育或廉政文化建设的基本任务就在于：①人（包括公务人员、掌权者）必须在任何时候任何情况下都始终一贯地固守住自身的道德底线，不能动摇；②任何人都应该遵纪守法，并逐渐将遵纪守法作为一种生活习惯；③执法部门应该始终坚决地执行、捍卫国家的法律，这既是一种职业道德的内在要求，同时也是一种对同事、同胞的深沉的爱，因为唯有如此才能够最大限度地让更多的人趋于完善。

典型案例

人，“天地之性最贵者也”（参阅：许慎《说文解字》卷八释“人”）。人之所以为最贵、最优良、最完善，原因在于，人具有仁爱之心。《礼记·中庸》引孔子话说：“人者，仁也。”而法律制度的根本目的就在于，匡扶正义，使人从良，使人成为真正的人。所以，孔子指出：“人而不仁，如礼何？”（《论语·八佾》）“志士仁人，无求生以害仁。”（《论语·卫灵公》）“不知礼，无以立也。”（《论语·尧曰》）“礼”，在中国古代具有法的功能。在孔子看来，礼（法）可以引导人明辨是非、赋予人正义感、成为真正的人，一个人如果不知或不守礼（法），那简直就无法生存于世，甚至有可能堕落成毫无正义感可言的、最恶劣的动物。可见，在法律、正义与人的高尚等关系问题上，古希腊大哲学家亚里士多德与我国古代圣贤孔子“英雄所见略同”。

漫画解读

（张文辉绘）

二

名言警句

由于相互牵制，人人都不能按照自己所认可的准则行事。这是十分有利的，因为人如果能够随心所欲，就无法对付植根于每一个人内心的鄙陋和丑恶。所以，所有政体中最有用的是强制或必然性的原则，由称职的人进行统治，并且不犯错误，民众也不因此而显微末。

——［古希腊］亚里士多德《政治学》

观点解读

自由，并不是指人能够从心所欲、为所欲为。所谓自由，实际上是指人能够做法律中允许的一切事情。“人，一半是天使，一半是野兽。”（恩格斯）一个文明的社会及其制度，必须制定一定的组织机构或法律法规，以此约制、抑制或强制人的兽性的发作而能够让人从善如流。如此一来，反而能够彰显人性的光芒和人的尊严与伟大，而不至于使得人们感到自身的微不足道或渺小。

教育指引

教育的力量总是有限的，廉政建设光靠领导者个人的自觉自愿是软弱无力的。要确保好人不变坏、坏人（隐蔽的、潜藏的）难使坏，领导集团内部必须建立相互监督、相互牵制的制度，权力必须确保在阳光下运行，像北欧国家丹麦那样对腐败零容忍，只有这样，才有可能建立一个清廉的社会、廉洁的政府。

典型案例

权力如果不是相互监督，而是相互包庇、默许，那么，腐败、甚至大规模的集体性腐败的出现就在所难免。

2000 年厦门远华特大走私案，首批 25 起案件一审公开审判，14 人被判处死刑，其中有 4 名是厅级干部；有 12 人被判处无期徒刑，其中有 2 人是厅级干部；其余 58 人分别被判处有期徒刑。

2006 年湖南省郴州市腐败窝案，市委书记、市纪委书记、市委宣传部部长、市国土矿管局党组书记及 20 多名民营企业家相继被查，该案波及当地党政干部、商界人士 158 人。

2006 年上海市社保案，涉及上海市委书记陈良宇、社保局局长、宝山区区长、国企董事长等政界、商界几十人。

集体腐败是既有一把手撑腰、班子成员合谋，又有下面的人配合，在一定组织的权力参与下完成的，其利益的获取是以损害公共利益为代价的。

漫画解读

（赖思敏绘）

三

名言警句

如果同一个人或是由重要人物、贵族或平民组成的同一个机关行使立法权、行政权、司法权这三种权力，即制定法律权、执行公共决议权和裁判私人犯罪或争讼权，则一切都完了。

——［法］孟德斯鸠《论法的精神（上）》

观点解读

一般人的自然秉性往往是朝有利于自己的利益最大化的方向去行为处事，这似乎是本能，其本身无可厚非。但是，如果权力过于集中在某一个人身上，例如将立法权、行政权、司法权这三种权力让同一个人掌控，那么最后只能是走向专断独裁，而与专断独裁相伴而生的必然是贪得无厌和权力的腐败。因此，权力过分集中，必然导致腐败。

教育指引

我国一些地方一些领域出现的一些腐败现象，根源之一就是部门的第一把手或主要领导人的权力太大、权力过于集中，由于存在或变相存在自己制定“游戏”规则、自己监督自己、自己“既是运动员又是裁判员”的情况，致使一些掌权者无止境地滥用权力、最终步入贪腐的深渊而难以自拔。因此，我们必须在党的领导下，接受人民群众的有效的广泛监督，真正落实民主集中制的原则，权力腐化问题才能逐步解决。

典型案例

中国人民大学教授毛昭晖认为："集体腐败的主体，是为基本一致的政治、经济或其他利益冲动所驱使而自然联合起来执掌公权力的群体，并且他们的利益获取是以损害公共利益为代价的。"

对集体腐败现象，可归纳出如下几个特征或属性：

"组织性"，一般由一级组织做出决定，或经过代表组织权力的"一把手"默认、暗示，也就是说，是在一定组织的权力参与下完成的。

"整体性"，所有参与者在共同意志的支配下形成一个整体，既有一把手撑腰、班子成员合谋，又有下面的人配合，上下联手，整体协作。

"公共性"，腐败的主体是执掌公共权力的群体，其利益的获取是以损害公共利益为代价，是对公共利益的转移和切换。

本该是相互约束的权力，但由于各个掌权者或各个权力小集团为了获取共同的非法利益而抱成一团、结成一伙、组成"攻守同盟"，这样一来，相互约束的权力就演变成共同贪腐的特权了。这一点是时下贪腐的一个新特点，不能不引起人们的高度警惕。

漫画解读

（吴培雄绘）

四

名言警句

一切有权力的人都容易滥用权力，这是万古不移的一条经验。

——［法］孟德斯鸠《论法的精神（上）》

观点解读

我们必须面对这样一个现实，即一般人的自然秉性往往是朝有利于自己利益最大化的方向去行为处事。有权力的人也是人，当他有权力或行使权力的时候，他在一般情况下，往往首先考虑的是自己，而过于考虑自己的结果，常常是容易忽视、漠视、无视整体或公共的利益，于是，权力的滥用便在所难免。

教育指引

对于公务人员或领导者的权限和权力的行使，应给予明确、清晰的规定，不能有丝毫的含糊，一旦发现越权、滥用权力、以权谋私、营私舞弊或权力寻租等情况，有关方面就必须迅速介入调查，一旦结果确定，就应该给予严肃、果断的处理。

典型案例

埃及前总统穆罕默德·胡斯尼·穆巴拉克本来是整个阿拉伯人心目中的民族英雄，据说从幼年就表现出豪放、果敢、心地善良和心胸宽阔的品德。而就是这样一个人，在掌握国家政权以后，逐渐走向专断、以权谋私并导致整个家族贪腐，最终，穆巴拉克也不得不在人民的强烈不满和抗议声中黯然辞职并落得个禁止离开埃及的下场。

因此，不管什么出身，无论是否曾经有过功绩，也不管权力有多大，都应该同样接受法律的约束、人民的有效监督。否则，法律面前人人平等的原则就得不到切实的落实，权力贪腐便不能有效得到遏止。

漫画解读

（曾浩凯绘）

五

名言警句

有权力的人们使用权力一直到遇有界限的地方才休止。

——［法］孟德斯鸠《论法的精神（上）》

观点解读

由于有权力的人都容易滥用权力，所以，为防止滥用权力，有效措施之一是要在法律制度上明文规定权力行使的区域、对象、时间、程序等，以此明确什么是掌权者分内的事情，什么是法律所允许的、能够去做的事情；什么是分外的事情，什么是法律所禁止的、不能去做的事情。

教育指引

廉政建设，不能仅仅将希望寄托于我们的干部自身的觉悟、自觉性，只有通过严格的同行监督、舆论监督、群众监督、定期或不定期工作考核、政务公开制度等，才能确保干部特别是主要领导干部保持持久的忠于职守、廉洁奉公的工作作风。目前存在的一些突出情况是，一些干部特别是主要领导干部不愿意接受群众监督、尤其是不愿意接受舆论（传统媒体和非主流媒体）监督，致使模糊了权力的界限而不自知，存在的问题越来越严重，在错误的道路上越走越远。所以，必须动用全社会方方面面的力量，必须开拓更多的渠道，这样，廉政建设一定能够向前推进一大步。

典型案例

“59 岁现象”大量存在于当今社会生活中。在政治领域里的“59 岁现象”又称“最后捞一把”现象，是指领导干部在即将离退休前夕，认为“有权不用，过期作废”，大肆贪污受贿的现象。

之所以会出现这种现象，就犯罪主体而言，至少主要基于以下原因：首先，存在着“权力即是金钱”的心理；其次，“有权不用，过期作废”；再次，侥幸心理；最后，对于权力的留恋与错误的权力透支。

漫画解读

（古巧婕绘）

六

名言警句

如果掌握权威的人超越了法律所授予他的权力，利用他所能支配的权力强迫臣民接受违法行为，他就不再是一个官长；未经授权的行为可以像权力侵犯另一个人的权利的人那样遭受反抗。

——［英］洛克《论政府（下篇）》

观点解读

掌握权威的人挣脱了法律制度的界限、超越了法律所授予他的权力范围，即是权力的滥用，而这种被滥用的权力显然是一种非法的权力，行使非法权力的官员当然是已经失去合法性或正当性的官员。一个非法的权力行使行为，招致来的是民众的抵制、抗拒，乃至民众合法的暴力的反抗，因为公民法律权利的维护乃是法律所许可的自卫的行为，是天经地义的。

教育指引

掌权者的权力来自于党和人民。如果掌权者滥用手中的权力，那么，党和人民就有权将其权力收回。就目前的一些情况看，有些地方对于权力的滥用者的违法违纪行为，往往以所谓维稳为名，姑息迁就，给国家造成巨大的经济和政治损失。

典型案例

2011 年 1 月 14 日，早在 1987 年就成为突尼斯总统的本·阿里在国内大规模骚乱的压力下，被迫携家人离开突尼斯。

中国社会科学院非洲研究室主任贺文萍向记者分析，本·阿里已经执政了 23 年，突尼斯这些年来政治体制僵化，2002 年推动了所谓的宪法修正案，在他长期个人执政下，突尼斯的个人自由和新闻封锁也比较严重。在突尼斯，名义上允许反对党存在，但实际上是本·阿里长期执政。

“他任人唯亲的现象比较严重，其女婿在国内的口碑就非常不好。”贺文萍说，“人民生活还很艰难的时候，经常大搞宴会，腐败严重。”

当掌权者滥用权力，其实就意味着，其行使的权力已经超出了人民的授权范围，在这个时候，人民完全有权力收回曾经授予掌权者的权力。这是万古不变的真理。

漫画解读

（陈稀绘）

七

名言警句

肚子——这就是手铐和脚镣。肚子的奴隶永远是奴隶。你要想自由，首先就要把自己从肚子里解放出来，要与它斗争。

——［俄］列夫·托尔斯泰《生活之路》

观点解读

人的贪欲简直是万恶之源，也是人走向奴役、堕落，乃至死亡的最为便捷的入口。因此，人要求得解放、获得自由，就必须与自身的贪欲作坚决的斗争，而这种斗争最基本的办法就是淡化对物质或虚荣的追逐，崇尚高尚的心灵、纯洁的道德或审美的生活，继而从中获得莫大的乐趣乃至持久的幸福。

教育指引

有人说，人之初，性本贪。我们也许不能完全赞同，但是，我们在进行制度设计的时候，应该尽量把情况想得更为严重些、权力约束机制更为周全些，对贪腐惩治更为严厉些，这样反而可以减少贪腐、反而可以挽救不少干部、反而可以被认为是对我们的干部的关怀和关心，乃至被认为是对领导干部最为深沉的爱。

典型案例

金钱诱惑致国土官员权力失控。受到土地官员手握行政审批、执法、大额度资金的管理和支配等巨大权力的吸引，江西省查处的一系列国土腐败官员背后，房地产商的身影总是相伴相随。接连不断的金钱诱惑导致手中的权力失控，成为腐败土地官员们的共同特征。

据查办此案的抚州市人民检察院透露，南昌市国土资源局原局长周某某收受他人贿赂大多发生在节假日前后，一些地产商老板打着春节拜年的名义，排着队向周某某送礼，办案人员搜查其办公室发现，房间内堆放的名贵礼品琳琅满目，仅用于装钱的信封就有40多个，共计人民币300多万元。“送礼的人太多，有的放下就走了，连人都不认识，根本记不清哪笔钱是谁送的。”周某某说。

漫画解读

（赖思敏绘）

八

名言警句

贪这种罪孽指的是无餍足地攫取他人所需的钱物，把这些钱物置于自己的控制之下，以便按照自己的愿望去利用他人的劳动。

——［俄］列夫·托尔斯泰《生活之路》

观点解读

俗话说，人心不足，蛇吞象。贪婪就是在自己基本需要满足以后，仍然没完没了、最大限度地去占有更多的稀缺的自然资源或社会资源，并且再利用这些既得的资源进一步去控制他人，以使这些人为满足自己的贪欲服务。然而，欲壑难填，这些贪婪的人们实际上已经成为了无限膨胀的欲望的奴隶而永世不能翻身。

教育指引

缺乏崇高理想、毫无高尚的精神追求，这样的人几近于动物，非常可怕；这样的人如果得志，如果掌权，那么必然滥用权力而极尽贪腐之能事。这就是小人得志，小人得志异常可怕。有鉴于此，我们在考察干部、重用干部的时候，一定要注意听取群众的意见，群众的意见应该成为提拔、重用干部的根本依据，因为广大人民群众最了解情况，群众的眼睛是雪亮的。

典型案例

2010年4月，恰逢吉尔吉斯斯坦“郁金香革命”5周年，反对势力利用这一时机再闹“革命”，重演当年历史性变革的一幕。然而，这次被逐出政治舞台的主角巴基耶夫，正是当年领导“郁金香革命”的领军人物，正是他把吉国独立后连任15年之久的总统阿卡耶夫赶下了台。当年巴基耶夫领导推翻政府运动的最重要理由，就是政府贪污腐败、任人唯亲太过严重。而这一次反对派推翻巴基耶夫政府原因又如出一辙，贪污腐败加上经济严重衰退，令他无法坐定江山，面对被反对党赶下台的同样命运。

最令人不解的是，为清除腐败，该国曾先后通过60多个法律、法规。就在“郁金香革命”后不久的2005年6月，该国政府还通过了《国家反腐败战略及其落实纲要》，首次将反腐败从一般性犯罪定性为亟待解决的国家战略问题，并将所有以权谋私的犯罪活动都列入这个纲要。但所有这些都如同虚设，吉国腐败问题不仅没有得到遏制，反而却变本加厉。

漫画解读

（古巧婕绘）

九

名言警句

人乐于自己富有远超乎获得文化的兴趣，虽然人的文化对幸福的影响远超过财富对幸福的影响，人还是不断的追求财富。

——［德］叔本华著，李成铭译《叔本华人生哲学》

观点解读

叔本华认为一个人的精神享受要重于物质享受。一个精神丰富的人在独处的时候，沉浸于自己的精神世界，自得其乐；但对于一个冥顽不灵的人，接连不断地聚会、看戏、出游消遣都无法驱走那折磨人的无聊。一个善良、温和、节制的人在困境中不失其乐；但贪婪、妒忌、卑劣的人尽管坐拥万千财富都难以心满意足。

教育指引

身心和谐的人生观即物质生活与精神生活相和谐的人生观。社会是由个人所组成的，个人物质生活与精神生活的和谐是和谐社会的基础之一。社会主义市场经济的发展提高了中国人民的物质生活水平，但同时拜金主义和享乐主义也蔓延滋长了。一些人贪污腐败，违法犯罪，很重要的原因是过分追求物质生活享受。在人生观上强调物质生活与精神生活相和谐，一方面有利于提高人的素质，减少影响社会和谐稳定的贪污腐败、违法犯罪等行为，另一方面也有利于人与自然的和谐。因为现代人对物质生活的强烈追求，使消费主义抬头，加大了人类对自然界的压力。物质生活与精神生活相和谐的人生观引导人们在享受经济发展的成果时，重视人的精神文化生活，从而更好地实现人的全面发展、社会主义和谐社会的构建。

典型案例

抚顺“土地奶奶”——罗亚平。罗亚平，1960 年 12 月出生在抚顺郊区，1979 年高中毕业后进入抚顺市郊区政府（现顺城区政府）城建局团委做通讯员。1987 年，罗亚平调往顺城区国土部门并很快成为抚顺市国土资源局顺城分局局长。这位女贪官被中纪委称为“三最女贪”，即“级别最低、数额最大、手段最恶劣”的女贪官。她在担任抚顺市国土资源局顺城分局负责人期间，利用职务之便涉嫌贪污、受贿 3 000 余万人民币，另有 2 800 余万人民币、69 万余美元财产不能说明其合法来源，涉案金额共计人民币 6 000 余万元，并在单位私设小金库，掌控赃款多达人民币 1. 45 亿元。2010 年 12 月 20 日被沈阳市中级人民法院判处死刑。

漫画解读

（刑先锋绘）

十

名言警句

无论学者、博士、圣徒，也无论圣明雄辩的人物，只要他一旦羡慕浮世的荣华，便是跌在蜜里的苍蝇，永难自拔。

——［波斯］萨迪著，水建馥译《蔷薇园》

观点解读

萨迪的这段话反映了人们面对物欲诱惑的心态，也体现了人们对幸福的理解。幸福生活既有物质的需要，也有精神的需要，当然幸福是建立在一定物质基础之上的，但两者不可偏废。若一味地强调精神享受，幸福将是空中楼阁；若偏执的追求物质享受，将与动物无异。尤其是权力的拥有者，若利用自己手中的权力非法获取不当利益，势必受到法律的制裁。

教育指引

幸福并不全然是虚无缥渺的感觉，幸福的感觉当然来自于实实在在的生活。然而，可悲的是，如果把物欲的满足当成了幸福的惟一指标，于是，为了一点小利益都可以铤而走险，则一旦得手后往往有两种情况，一是疯狂挥霍，一是如守财奴式地守着，而结局当然都一样，于是所谓幸福，其实只不过是一时感官的刺激而已。

典型案例

《蔷薇园》的作者为波斯著名诗人萨迪（1209—1290）。成书于1258年。作者在卷首云：“我在这本书里写了各地奇闻、圣人训谕、故事诗歌、帝王言行，以及我本人部分宝贵的生活经验。这就是我写作《蔷薇园》的缘起。”

《蔷薇园》数百年来广传于世界各地，不仅作为学习波斯语的范本，而且成为穆斯林修身养性的必读著作。中国清真寺的经堂教育中将波斯文《蔷薇园》作为必读本之一。1943年王静斋阿訇据波斯文本将其译为汉文刊行，取名《真境花园》。1980年水建馥依据英译本转译为汉文，由人民文学出版社出版。

漫画解读

（魏倩琼绘）

十一

名言警句

按照哲学家的学说，国家是永恒的真理和正义所借以实现或应当借以实现的场所。由此就产生了对国家以及一切有关国家的事物的崇拜，由于人们从小就习惯于认为全社会的公共事业和公共利益只能用旧的方法来处理和保护，即通过国家及其收入极多的官吏来处理和保护，这种崇拜就更容易生根。

——［德］马克思，恩格斯《马克思恩格斯选集》第二卷

观点解读

一目了然，首先应端正对国家的认识，破除对国家的迷信，树立正确的国家观。在《哥达纲领批判》中，马克思在批判拉萨尔派的“自由国家论”时说，自由就在于把国家由一个站在社会之上的机关变成一个完全服从这个社会的机关；而且就在今天，各种国家形式比较自由或比较不自由，也取决于这些国家形式把“国家的自由”限制到什么程度。

教育指引

国家的“自由”与社会的自由成反比；社会、民众的自由就在

于使国家服从于社会。许多原本扑朔迷离的现象因为这句话的烛照而豁然开朗。过去，形形色色的国家无不把国家“神圣化”，无不强制社会绝对服从国家，而决不允许社会的制约，这正是国家权力为所欲为、自由地贪污腐败的终极根源。

典型案例

在《法兰西内战》（1891 年版）导言中，恩格斯写道：为了防止国家和国家机关由社会公仆变为社会主人——这种现象在至今所有国家中都是不可避免的——公社采取了两个正确的办法。第一，它把行政、司法和国民教育方面的一切职位交给由普选选出的人来担任，而且规定选举者可以随时撤换被选举者。第二，它对所有公职人员，不论职位高低，都只付给跟其他工人同样的工资……这样，即使公社没有另外给各代议机构的代表规定限权委托书，也能可靠地防止人们去追求升官发财了。

漫画解读

（李佳伟绘）

十二

名言警句

诚实，像我们所有的情操一样，应当分成消极的与积极的两类。消极的诚实在没有发财的机会时，是诚实的。积极的诚实是每天受着诱惑而毫无动心的。

——［法］巴尔扎克《邦斯舅舅》

观点解读

诚实是一种美德，是执政为民的基石。诚实，即忠诚老实，就是忠于事物的本来面貌，不隐瞒自己的真实思想，不掩饰自己的真实感情，不说谎，不作假，不为不可告人的目的而欺瞒别人。消极的诚实是指在没有任何发财机会的情况下是诚实的，一旦有了发财的机会就会动心，就不诚实了。所有的人都喜欢积极的诚实，面对各种诱惑而能保持真我。

教育指引

当前社会，诱惑太多。各种各样的诱惑，犹如一个个或明或暗的陷阱，每个廉政的领导干部都必须警惕诱惑，抵制诱惑，并且能够战胜诱惑。腐败犯罪为人民群众深恶痛绝，其严重损害社会的公平正义。廉政干部需战胜“四大诱惑关”：美女主动投怀送抱关；吃喝玩乐打开“豁口”关；节庆礼包红包“笑纳”关；“关系网”沦为“腐败网”关。

典型案例

小鱼问大鱼：“妈妈，我的朋友告诉我，钓饵上的东西是最美的，可就是有一点危险。怎样才能不仅能尝到这种美味而且又能保证安全?”

“我的孩子”，大鱼说，“这两者是不能并存的，最安全的办法就是绝不去吃它。”

“可它们说，那是最便宜的，因为它不需要付出任何代价。”小鱼说。

“这可完全错了”，大鱼说，“最便宜的很可能是最贵的，因为它希图别人付出的代价是整个生命。你知道吗，它里面裹着一只钩钩?”

“要判断里面有没有钩钩，必须掌握什么样的原则呢?”小鱼问。

“那原则就是你刚才说的”，大鱼说，“一种东西，味道最美，又便宜，似乎不用付出代价，但鱼钩可能就藏在里面。”

漫画解读

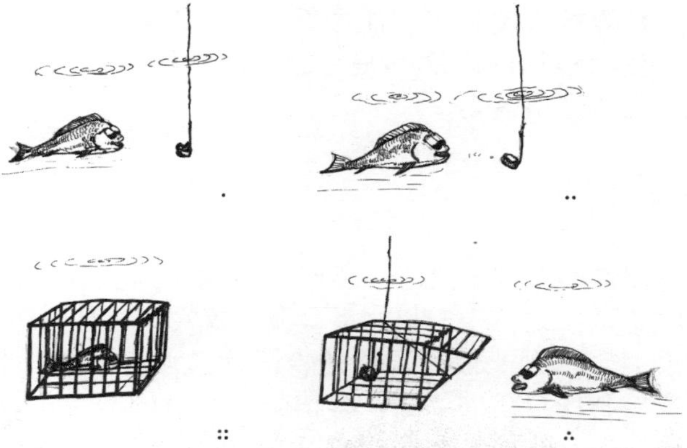

（陈柏余绘）

十三

名言警句

作恶该是出于熏心的利欲，从善理应享受荣誉，任何行为举止都更有个前因后果，没有规矩不成方圆。

——［苏联］格拉宁《一幅画》

观点解读

苏联著名作家格拉宁的小说《一幅画》是一幅“美”的艺术画，它形象地阐释了作家对美的建构历程和对美的本质的理解，探讨了文化艺术美与精神道德美等精神家园问题，呈现出作家追求崇高完美精神境界的人类意识。他告诉人们，人都要有道德修养，依规矩行事；任何事情的出现都是有缘由的，作恶的人要受到处罚，做善事的人则要受到褒奖。

教育指引

对党纪国法要有敬畏之心。要时刻用党纪国法约束自己，从思想上绷紧“廉洁”之弦。千里之堤，溃于蚁穴。时时刻刻警醒自己，一日三省吾身，慎独、慎欲、慎微、慎始。独自一人，管好自己，正人君子要控制住自己的欲望，哪怕是一丁点的邪念，都要提高警惕。有了第一次，就可能有第二次，手一伸，就不可收拾，就有可能滑向深渊。控制好自己，防微杜渐，才能少犯或不犯错误。

典型案例

《七古·手莫伸》

——陈毅

手莫伸，伸手必被捉。
党与人民在监督，万目睽睽难逃脱。
汝言惧捉手不伸，他道不伸能自觉，
其实想伸不敢伸，人民咫尺手自缩。
岂不爱权位，权位高高耸山岳。
岂不爱粉黛，爱河饮尽犹饥渴。
岂不爱拥戴，颂歌盈耳神仙乐。
第一想到不忘本，来自人民莫作恶。
第二想到党培养，无党岂能有所作？
第三想到衣食住，若无人民岂能活？
第四想到虽有功，岂无过失应惭怍？
吁嗟乎，九牛一毫莫自夸，骄傲自满必翻车。
历览古今多少事，成由谦逊败由奢。

漫画解读

（冯桔绘）

十四

名言警句

执著于自我和物欲者，逃不脱无边的苦海。

——［印度］瓦鲁瓦尔《古拉尔箴言·德行篇》

观点解读

人是有欲望的，人人都有七情六欲，这是人类基本的生理要求和心理动态，是人性的基础，是人人皆有的本性，也是人间生活的最基本色调。物欲只是人们众多欲望中的一种，对物欲的追求是无可指责的，但若以自我为中心过于执著的追求，必然会造成严重后果。

教育指引

1400多年前，唐太宗李世民有一句话："以铜为镜，可以正衣冠；以古为镜，可以见兴替；以人为镜，可以明得失。"这句话一语道出了镜子的真正价值。在如今这个物欲横流的时代，我们每个人都需要有一面镜子，既让人看清自己，也让人明白社会。把个人放在镜子面前，能照出行为的正斜、品格的高下；把社会放在镜子的面前，能照出公德的存废、世俗的清浊。

典型案例

在已查处的腐败案件中，对物欲的贪婪追求是众多贪官犯案的重要原因之一。2010 年 8 月份是一个可载入中国史册的月份。在短短不到一个月的时间里，中国诞生了 3 名贪腐金额在 1 亿元以上的大贪官。他们分别是：山东日照官员李华森贪污 1.6 亿元；辽宁抚顺官员罗亚平贪污 1.45 亿元；海军副司令员王守业贪污 1.6 亿元。在此之前的两三年时间里，大贪官们的涉案金额多在 3 000 万元人民币左右。

这三个贪官，王守业来自军界，是目前军方已公布涉及赃款数额最高、职务最高的将军（军衔中将）。罗亚平来自土地部门，是个典型的靠地吃地的“土地奶奶”，只是级别最低。李华森来自要害部门——出入境检验检疫局，官职是原党组书记、局长。两男一女，一个共同特点就是他们贪腐数额基本保持在一个水平上，平均贪污数额在 1.5 亿元以上。

1999 年中国从乌克兰手里购买瓦良格航母的时候，才花了 2 000 万美元（按今天的汇率计算是 1.35 亿元）。也就是说，这三个家伙，每人贪污的巨款可以买一艘“航空母舰”。如果不落马，他们家里藏着一艘航空母舰的财产。

漫画解读

（陈乙菁绘）

十五

名言警句

世上没有为恶而作恶的人，有的都是企图从恶中取得利益、快乐、名誉而为之的。

——［英］培根《随笔集》

观点解读

培根先生认为做坏事的人，不是为做坏事而做坏事，就是说做坏事不是目的而是手段，是想通过作恶获得利益、快乐和名誉。

教育指引

在已查处的领导干部腐败案件中，大都是为了追求腐化堕落的生活而不择手段的大肆贪污受贿。目前，领导干部腐败的手段有不断升级的趋势，表现为：部分潜规则上升为显规则、官场腐败向社会腐败蔓延、腐败案件数量总体下降但高层腐败案件的比率明显上升；新的腐败形式不断出现，传统的贪污挪用腐败案件有所减少，斡旋受贿案件和集体腐败案件有所增多。因此，无论是什么样的腐败，只要危害了党和国家的利益，都要坚决打击。

典型案例

重庆市司法局原局长文强的腐败案件就是一桩较典型的不择手段的腐败案。

2010 年 4 月 14 日，重庆市五中院大法庭内，重庆市司法局原局长文强一审被判处死刑。

检察机关指控文强犯受贿罪，包庇、纵容黑社会性质组织罪，巨额财产来源不明罪，强奸罪四宗罪，法院数罪并罚，一审判处文强死刑，剥夺政治权利终身，并处没收个人全部财产。同时，文强之妻周晓亚，以及手下“三大金刚”黄代强、赵利明、陈涛一审分别被判处 8 年至 20 年不等的有期徒刑。

2010 年 5 月 21 日上午，重庆市高级人民法院对文强案二审公开宣判，依法驳回文强、周晓亚、黄代强、赵利明、陈涛的上诉，维持一审法院的判决。

漫画解读

（周妍溪绘）

十六

名言警句

权力会减轻人们说谎时的压力，并提高他们欺骗别人的能力。

——葛仲君、周佳蕾编译《权力与撒谎》

观点解读

美国哥伦比亚大学副教授 DanaCarney 说，所谓权力大小是一种相对概念。权力越大的人，撒谎的心态越冷静，越能做到若无其事。而没有权力的雇员，则是小人物，心态就显得很自卑，很容易显出自己是弱势人群的特点。所以，权力与撒谎是正比关系！强权者比弱势群体更会撒谎！

教育指引

对权力和权威的限制是一个社会能否公平运转的基础。缺乏对权力和权威的限制必然导致效率低下，导致政府并不代表人民利益。掌握政府权力的公务员与老百姓之间、富人与穷人之间如果要保持一种基本的平等，首先需要解决对政府权力的约束问题，领导要自觉提醒自己尊重权力，弱势者亦不能畏惧权力。当公权力和财富并不形成一种居高临下的态势时，社会离和谐也就不远了。当前政治改革的深层次命题的重点是公开，核心则应是限权。

典型案例

早在古希腊和古罗马就已经有了权力制约思想的萌芽。英国启蒙思想家洛克（1632—1704）也非常重视这一点，法国的孟德斯鸠（1689—1755）最终建立起完整的理论体系，提出了“三权分立”的典型模式。孟德斯鸠的名言：“政治上的自由是公共自由，要保障公共自由，就应该避免把权力单独委托给一个人、几个人或少数人，因为一切有权力的人都容易滥用权力，这是万古不易的一条经验。为此，提出一条原则，要防止滥用权力，就必须用权力来约束权力，形成一种能联合各种权力的机制，其中各种权力既调节配合，又相互制约，即权力要分开掌握和使用。”

中共十六届四中全会通过的《中共中央关于加强党的执政能力建设的决定》中指出：加强对权力运行的制约和监督，保证把人民赋予的权力用来为人民谋利益。各级党组织和干部要自觉接受党员和人民群众监督，拓宽和健全监督渠道，把权力运行置于人民的有效制约和监督之下。

漫画解读

（莫锦平绘）

十七

名言警句

我们将提防所有想把国家的任务和需要，转变成私利，或用于建立个人权力的人。

——［美］威尔逊《威尔逊总统连任就职演说》

观点解读

国家机关及其工作人员常常会由于私心而假借公务，或者利用职务之便，或者借公务之便而顺手牵羊，为自己捞取好处；也有的利用政府机构和权力而建立个人权力。任何国家权力都是人民给予的，要为人民服务，公务员就是要为国家和人民而工作，任何假公济私的行为都是不被允许的，也是不可饶恕的。但是，假公济私的情况却总是容易发生，因此要时刻提防。

教育指引

私利，即个人的利益。私利属于个人的行为，公权力当然不能谋求私利。作为国家官员，他必须时刻严于律己，老百姓当然有理由相信他们，并对他们充满期待，却不能不加以防范，也不要被他们的表面行为甚至语言所迷惑。绝大多数贪官，事发前都不像贪官。直到被抓了，老百姓才发现，他的两袖清风只不过是个假象。这就需要完善政治制度的设计，以有效监督政府权力，必须建设真正的法治政府，以保障公民权利。政府官员也必须提高职业道德，以为人民服务为基本信条。

典型案例

张维迎说："政府权力几乎都是通过危机来扩张的，每次经济危机都能创造机会给政府提供理由去扩张自己的权力。政府的权力一旦上去就下不来，因为政府权力背后的既得利益一旦获得，没人愿意放弃，总有人去游说维护自己的权力。打着国家利益旗号的背后，基本上都是私利。"（石剑峰《张维迎：打着国家利益旗号的基本上都是私利》见《东方早报》2010－09－08）。

原湖南省高级人民法院院长吴某某说："当院长，需要操心、担心的事情太多，而最难办的、忧虑最多的，一是案子，二是队伍。我现在经常晚上睡不着觉，时时都有如履薄冰的感觉。"可是，他在担任省高院院长期间，利用职务之便，通过干预案件诉讼、插手基建工程，为他人谋取利益，个人或伙同亲属收受贿赂共计人民币305万元。有许多政府机关也常常以统一形象为名搞福利，实则是假公济私，捞好处的借口。

漫画解读

（黎宇波绘）

十八

名言警句

他（苏拉）既然使士兵们腐化，士兵们后来也就腐化了他们的将领。

——［法］孟德斯鸠《罗马盛衰原因论》

观点解读

苏拉（约前138—前78），古罗马统帅，独裁者。腐化，借喻思想蜕化变质和生活堕落。作为一个统帅，他必须坚持原则去统率部下和约束士兵，否则就缺乏必要的制度规范，部下和士兵将会因此而受到腐化。反过来，士兵们的腐化又会影响其首领。作为一个领导，必须坚持原则和操守，否则他的部下也必将会丧失职业道德；如果普通职员不能坚守职业道德，那么他的领导也将会被腐化。因此，一个组织和团体必须坚持正确的原则和方向，领导与部下的关系必须保持正常。

教育指引

子曰："其身正，不令而行；其身不正，虽令不从。"领导人首先要自身端正，作出表率，以身为部属作则。俗话说，上梁不正，下梁歪。领导人的行为不正，下属必然也跟着做坏事。只有严于律己，才能让下属明白领导的正气，而不敢胡作非为。因此，既要建立合理的管理制度，以法纪约束国家机关人员，又要严格管理领导，要让领导作出表率，这样才能形成风清气正的工作环境，才能使国家机关真正团结一致，为人民服务，创造出辉煌的业绩。要严格监管官员，不仅要监管其上班时的工作，还要将其许多私生活置于阳光下，以防止其腐化而危害其家庭和社会。

典型案例

18 世纪法国启蒙运动的杰出思想家孟德斯鸠认为，古罗马的兴盛在于其共和制度的设立、开明的法律及贤智的统治者和纯朴善良的人民，其衰亡则在于君主政体的施行、对外的掠夺政策以及民风败坏，等等。古罗马官员在任一年收入 100 万却自诩是廉洁奉公，西塞罗做了行省长官后，一年的收入就接近 100 万，而他还自封为廉洁奉公之人：他赚的仅是一笔小钱。

官员的腐化堕落常常源于其生活腐化。据现行婚姻法修改起草专家小组主要负责人巫昌祯教授调研，官员腐败 60% 以上跟包“二奶”有关系，被查处贪官中 95% 的人有“情妇”。

漫画解读

（林琪绘）

十九

名言警句

不知人权、忽视人权和轻视人权是公众不幸和政府腐败的唯一原因。

——法国《人权和公民权宣言·序言》

观点解读

人权是指“人，因其为人而应享有的权利”，是与生俱来的，是“自然的、不可剥夺的和神圣的”，其最基本的内容包括生命权、自由权、财产权、尊严权、获助权、公正权。政府之权力来源于公民的赋予，因而必须为公民办事。然而，公民只有真正意识到自己的“天赋”人权，并且能够掌握这种权力，才能够时刻监督政府，才能使政府权力实实在在地为公民服务，政府才不致于腐败。

教育指引

维护和保障人权是当今社会的一项基本道义原则，也是衡量一个政府是否合格的基本标准。在实践中，一些公民却常常由于忽视自己的“天赋”人权而导致对政治的冷漠，导致了对政府权力监管之缺失。真正的合格公民应该具有清醒的人权意识，对政府机关及其公务员破坏甚至践踏人权的行为坚决地进行斗争。国家法律和政策的制定也同样要有积极的人权意识，要确保人权的实现。政府缺乏人权意识就不能正确行使权力，公民没有人权意识就不能正确维护自己的权利。

典型案例

《人权宣言》是法国大革命的纲领性文件。它宣布自由、财产、安全和反抗压迫是天赋不可剥夺的人权，“主权在民”，主张人民有反抗政府压迫或侵犯人民的权利。中国的历史学教材非常重视《人权宣言》，但宣言的序言似乎受到了忽略，许多教辅资料摘引其 17 条文，却总是忽略其序言。

1948 年 12 月 10 日，第三届联合国大会通过了《世界人权宣言》，这是国际社会第一次就人权作出的世界性宣言，对于全人类的人权事业有着极其重要的指导和促进作用。1950 年，联合国大会将每年的 12 月 10 日定为“世界人权日”。

生命和人身安全是人权中最基本、最重要的部分。中国发生的许多矿难皆源于某些地方政府和某些企业、甚至工人对人权的漠视和麻木不仁。

漫画解读

（张少娜绘）

后　记

2011年1月10日，胡锦涛总书记在第十七届中央纪委第六次全会上发表重要讲话强调：深入贯彻落实以人为本执政为民理念，扎实开展党风廉政建设和反腐败斗争，指出，必须清醒地看到，党风廉政建设和反腐败斗争仍然面临一些突出问题，反腐败斗争形势依然严峻、任务依然艰巨。

2010年8月27日，温家宝总理在国务院召开的全国依法行政工作会议上指出，在和平建设时期，执政党的最大危险是腐败。2011年全国“两会”之前，温总理在与新华网友在线交流时再次指出：“当前，我以为最大的危险在于腐败。”贪污腐败问题可以危及社会的稳定以至政权的巩固。胡总书记在第十七届中央纪委第六次全会上的讲话和温总理在两个重要公开场合关于“腐败问题与执政党、政权的关系”的讲话，振聋发聩，彰显出中央对腐败问题危害性的清醒认识和在反腐败方面的坚定决心。

我们认为，当前高校廉政研究中心的重要使命和根本任务就是深入研究贪污腐败问题，通过学术研究为执政党提供反腐倡廉和反腐败斗争的决策参考和依据。

我们一直在思考如何才能够坚决惩治腐败、有效预防腐败，进一步提高反腐倡廉建设科学化水平？如何才能够营造廉荣贪耻、风清气正的良好社会环境？如何才能够提高公民法治观念、廉洁意识和反腐倡廉思想？铲除贪污腐败，反腐倡廉方面的法制建设，依法治国、按章办事固然十分重要，但是，人的思想和文化教育，还是起根本性的作用。毫无疑问，加强对党员干部和公民思想中的廉政文化教育对反腐倡廉建设工程具有极为重要的作用和功效。

从2010年10月开始，我们以嘉应学院廉政研究中心为平台，发挥专家、教授云集的优势，思考和策划组织、编写、出版一部廉政文化方面的普及读物，继承中华民族的优秀传统廉政文化，汲取古今中外廉政文化建设方面的经验，发挥廉政文化普及化教育作用，推进我国廉政文化建设与教育的时代化、大众化、区域化。在学校党委和纪委的大力支持下，我们决定在2009年编写《新时期廉政文化建设研究》的基础上，编写《廉政文化名言警句精选解读》。该书精选了古今中外廉政文化建设中的名言警句，分为上编（中国篇）和下编（外国篇）。每篇的名言警句，采用群众喜闻乐见的编写手法，逐条进行了详细解读，分五个部分：名言警句、观点解读、教育指引、典型案例和漫画解读。各个部分之间互相衔接，层层深入，逻辑严密，重点突出，特色明显。读后，让人记忆深刻，颇受启迪和教育。

本书由邱国锋（嘉应学院党委副书记、校长、教授）担任顾问；罗任权（嘉应学院纪委书记、嘉应学院廉政研究中心主任）担任主编；索光举（嘉应学院廉政研究中心常务副主任、副教授）、王和平（嘉应学院廉政研究中心副主任、编审）担任副主编。上编的编著者为王海燕（嘉应学院廉政研究中心副主任、教授、博士）、顾红祥（嘉应学院审计处处长、副研究员）、顾丽华（嘉应学院政法学院副教授、博士）、张文峰（嘉应学院社会科学部副主任、副教授、硕士）；下编的编著者为索光举（嘉应学院廉政研究中心常务副主任、副教授）、魏明枢（嘉应学院政法学院教授、硕士）、徐春根（嘉应学院政法学院副教授、硕士）。本书漫画由嘉应学院美术学院学生张文辉、李晓丹、许莎、陈乙菁、徐丽群、黎伟姬等66位同学创作。

《廉政文化名言警句精选解读》的编写出版，得到了广东省纪委副书记丘海同志的悉心指导和广东省教育纪工委领导的大力支持，广东省教育纪工委书记、监察专员赵康同志多次过问、指导本书的编写工作，亲自为《廉政文化名言警句精选解读》作序，在此表示由衷的敬意和衷心的感谢！该书在较短的时间内，能够编写出版，要特别感谢嘉应学院廉政研究中心9位专家、教授和美术学院66位学生的通力合作，他们不仅极快地编写出了文稿和创作了漫画，而且进行了4次修改，确保了该书的质量和水平；衷心感谢嘉应学院党委和嘉应学院校长邱国锋同志的大力支持；感谢暨南大学出版社的通力合作与支持，使本书得以按照计划出版发行。

由于编写时间仓促，书中难免存在一些不足和需要改进的地方，敬请各位尊敬的读者批评指正。

2011年4月3日于梅州

罗任权：嘉应学院纪委书记、嘉应学院廉政研究中心主任

跨文化视域下的外语教学

Kuawenhua Shiyu Xia
de Waiyu Jiaoxue

肖仕琼　著

暨南大学出版社
JINAN UNIVERSITY PRESS
中国·广州

图书在版编目（CIP）数据

跨文化视域下的外语教学/肖仕琼著．—广州：暨南大学出版社，2010.12

ISBN 978－7－81135－701－1

Ⅰ.①跨…　Ⅱ.①肖…　Ⅲ.①外语教学—研究　Ⅳ.①H09

中国版本图书馆CIP数据核字（2010）第230541号

出版发行：暨南大学出版社

地　址：中国广州暨南大学
电　话：总编室（8620）85221601
营销部（8620）85225284　85228291　85228292（邮购）
传　真：（8620）85221583（办公室）　85223774（营销部）
邮　编：510630
网　址：http：//www.jnupress.com　http：//press.jnu.edu.cn

排　版：暨南大学出版社照排中心
印　刷：佛山市浩文彩色印刷有限公司

开　本：890mm×1240mm　1/32
印　张：9.5
字　数：256千
版　次：2010年12月第1版
印　次：2010年12月第1次

定　价：20.00元

前言

随着奥运会和世博会在中国相继举办，中国再次成为世界瞩目的中心，中国和世界各方面的交流（其中包括文化交流）较以前更加频繁，不同国家的文化在交流中互相碰撞、互相冲突，又互相渗透、互相融合。这就给我们外语教学界提出了新的课题：如何处理语言教学与文化教学之间的关系？如何提高外语学习者的跨文化交际能力？如何在跨文化语境中进行有效的交流？怎样才能培养跨文化的人？所有这些问题促使我们的外语教学要进行历史性的变革。

多年以来，我国的外语教学都是以传统的纯语言教学性质的外语教学模式为主导，以培养学生的语言技能、语言知识（如语音、词汇、语法等）和同目的语文化的人进行有效交际的能力作为最主要的目标，而把文化教学作为语言教学的副产品，将其列为听、说、读、写等语言技能之后的第五技能。但是，随着教育改革的不断深入，我国各级各类教育都把培养学生的综合语言应用能力作为总体目标，即注重学生的素质教育，培养全面发展的人。2001 年颁布的《全日制义务教育、普通高级中学英语课程标准（实验稿）》明确指出：基础教育阶段英语课程的总体目标是培养学生的综合语言运用能力，即语言技能、语言知识、情感态度、学习策略和文化意识等素养的整体发展。新课标首次提出了注重学生文化意识的培养，即培养跨文化的人。2000 年 5 月，《高等学校英语专业英语教学大纲》在教学原则中首次提出了“注重培养跨文化交际能力”的内容，要求教师在专业课的教学过程中注重培养学生对文化差异的敏感性、宽容性及处理文化差异的灵活性。2007 年教育部颁布的《大学英语课程教学要求》在教学性质和目标以及教学要求中也涉及跨文化交际方面的内容。也就是说，在过去几十年的英语教学中，教学目标已经从“语言能力”扩展到“交际能力”（communicative competence），又扩展到“跨文化交际能力”（intercultural communication competence）。

中国各级各类外语教学大纲在教育目标的陈述部分都提到外语教学应该肩负培养学生文化素养和提高学生综合素质的任务，但是在具体实施的细则方面没有对外语教学的社会人文目标进行描述。因为无纲可循，在外语教学中提高学生的文化素养和综合素质就成了一句空话，无法落到实处。因此，我们有必要进行彻底的外语教学改革。

本书要解决的问题之一就是论述外语教学中“为什么要进行文化教学”、“文化教学的内容是什么”、“文化教学的方法有哪些”。

第一章阐述了跨文化交际学这门新兴学科在国内外的研究现状，为后面的论述作了铺垫，说明跨文化交际学的研究成果应该成为现代英语教学的理论基础；第二章主要阐述国内外有关文化教学的研究成果，总结前人的经验，为下一步的研究奠定基础；第三章从外语教学本身出发，论述语言教学和文化教学结合的必要性，即对文化教学的必要性进行阐释，从语音、句法、词汇、语用、语篇的角度来论述在进行语言教学的同时开展文化教学的必然性；第四章从宏观和微观两个方面来论述进行文化教学的内容，宏观方面包含价值观和思维方式，微观方面包括语言交际和非语言交际；第五章在分析与文化教学相关变量的基础上，结合跨文化交际理论，进行文化教学方法的探讨。

本书要解决的问题之二是探讨如何构建适合时代需求、实现外语教学最终培养目标的跨文化交际能力模式。

第六章主要论述跨文化交际学与外语教学的密切关系。通过对交际能力和跨文化交际能力的相关阐述，来构建适合教学情境下的跨文化交际能力模式，提出跨文化交际外语教学的教学目标和教学内容。

本书要解决的问题之三是明确在外语教学改革中，教师、学生、社会所扮演的角色与应承担的任务。

第七章主要分析当前英语教学存在的问题，比如“费时低效”、缺乏思辨能力、缺乏批判意识等，并提出相应的解决措施。第八章主要就“新形势下，教师如何调整自身的角色以适应改革的需要”、“新形势下，如何促进英语教师专业发展”两大问题进行探究。

本书得到漳州师范学院学术专著出版基金的资助，特此致谢。同时，还要感谢漳州师范学院外语系领导对我的研究的支持。特别感谢我的妻子和女儿，她们给了我莫大的鼓励和支持，使我能一心研究。因本人水平有限，书中定有不妥和疏漏之处，敬请各位专家、同行指正。

肖仕琼

2010 年 8 月

于漳州师范学院

目　录

1 文化、交际与跨文化交际学

随着世界朝着全球化、多元化方向的加速发展，跨文化交际学已经成为一门新兴的且极富发展潜力的学科，跨文化视野已成为各社会科学研究的一大趋势，外语教学也不例外。实践证明，语言、文化和交际之间“三位一体”的密切关系将跨文化交际学和外语教学紧密联系在一起。因此，本章首先将对跨文化交际学的两大基本概念“文化”与“交际”进行阐释，其次将介绍 Hofstede 的文化价值维度理论和 Hall 的高低语境理论，最后简要回顾中美跨文化交际学研究的历史、内容和方法。

1.1 文 化

1.1.1 文化的定义

20 世纪 80 年代以来，“文化热”席卷中国大地，“文化”一词在学术界和教育界（尤其是外语教学中）的使用频率迅速增加。正是由于“文化”一词使用频率之高、使用范围之广，才导致“文化”内涵的复杂性、多面性、模糊性和不确定性，界定它的定义也就变得比较困难。为了界定“文化”的定义，中外学者从不同的角度、不同的层面、不同的时间和空间尺度对“文化”作了极为细致深入的探讨。尽管如此，关于“文化”本身的界定并未形成公认的、一致的意见，不同学者探讨文化问题的视角、层面相差很大。如传播学学者强调传播是文化的本质；文化人类学学者关注的是文化集体、共享的一面，以及各个群体文化的构成和一种文化区别于其他文化的特点。然而，本节的目的并不是在批判现有定义的基础上提出一个新的定义，而是对现有定义进行初步的分类与归纳，以期真正理解文化教学中“文化”的含义，给“文化”一个合理、全面的解释和定位，改变当今外语教学中“语言”和“文化”割裂的现象，为文化教学与语言教学的有机结合奠定坚实的基础。因此，本节将在探讨“文化”一词渊源的基础上，从行为主义、功能主义、认知主义、符号学的角度（Robinson，1985，见张红玲，2007）来全面理解文化的本质特点。

首先，阐释一下“文化”一词的渊源。据专家考证，“文化”是中国语言系统中古已有之的词汇。“文”的本义指色彩交错的纹理。如《礼记·乐记》中的“五色成文而不乱”和《说文解字》中的“文，错画也，象交文”均指此义。“化”的本义为改易、生成、造化、变化、化育等，如《庄子·逍遥游》中的“化而为鸟，其名曰鹏”、《黄帝内经·素问》中的“化不可代，时不可违”和《礼记·中庸》中的“可以赞天地之化育”等。西汉以后，“文”与“化”才合成一个词使用，本义为文治和教化，如西汉刘向《说苑·指武》中的“圣人之治天下也，先文德而后武力。凡武之兴，为不服也。文化不改，然后加诛”，又如《文选·补亡诗·由仪》中的“文化内辑，武功外悠”。英语中的 culture（文化）一词来源于拉丁语的 cultura，是一个表示过程的名词，指农作物或动物等的耕种、培育。这一含义在一些现代英语词汇中仍保留着，如 agriculture（农业）、horticulture（园艺）以及 cultured pearls（人工养殖的珍珠）。16 世纪时，culture 开始指对人身的训练和培育，随后又用于指对人非身体方面的培养。此外，在古希腊罗马时代，culture 指的是“人参与社会文化的活动”。古罗马雄辩家西赛罗采用了“cultura mentis”（耕耘智慧）的说法，赋予 cultura 一词以喻义。类似的用法 16 世纪初开始出现在英语中，如“the culture of the arts（工艺的改进）”、“mental culture”（精神耕耘）和“intellectual culture”（智力耕耘）。因此，本义是土地开垦、植物栽培的“culture”一词被引申为对人的身体和精神的开发和培养，进而泛指人们的生活方式、思维方式及人们在征服自然和自我发展中创造的物质财富及精神财富。

其次，让我们看看 Tylor、Malinowski、Goodenough 和 Kluckhohn 等学者关于“文化”的定义。1871 年，英国人类学家 Tylor 在其代表作《原始文化》中第一次给“文化”下了定义——所谓“文化”乃是知识、信仰、艺术、道德、法律、习俗以及包括作为社会成员的个人获得的其他任何能力、习惯在内的一种综合体（胡文仲等，1997：3）。此定义具有无所不包的概括性，它把文化视为知识、习俗、能力、习惯等的综合体，而不是零碎、分散的习俗惯例。此外，它强调文化的行为模式，在这点上与行为主义所倡导的文化观——“文化由互不相关的行为或行为组构成，如传统、习惯和诸如结婚、闲暇等习俗。文化是能够观察得到的、人们共享的东西”（Robinson，1985：8）是一致的。但是，此定义忽略了文化在物质方面的要素。研究表明，长期以来外语教学中的文化教学都受这种文化观的影响，通过对一系列文化信息和行为的描述，让学生了解目的语文化的一些事实。但是由于这种文化观只关心行为本身，并没有涉及行为产生的根源和环境，因此学习者了解的只是肤浅片面、缺乏系统的文化事实。

功能派的人类学家 Malinowski 则从文化功能的角度来定义文化。他认为文化包括一套工具及风俗——人体的或心灵的习惯，它们直接地或间接地满足人类的需要。一切文化要素都在活动着，发生作用，而且是有效的（胡文仲等，1997：5）。这种文化观强调文化的功能——满足人类的生存和发展需要。与行为主义文化观不同的是，它既注重行为的描述，也注重对导致行为发生的动因和规则的解释，有利于我们了解文化和行为之间的相互作用。但是其所强调的功能和规则都无法直接观察，只能从行为中推断出来，所以有经验主义之嫌。

以上定义注重的是对文化外显性的阐释，而忽略了对文化内隐性的揭示。鉴于这种现象，认知派的人类学家 Goodenough 从认知心理的角度来解释文化，认为文化不是由事件、人、行为和情感构成的，而是人们心里所想事情的形式，是他们感知、叙述和阐释这些事情的模式（Goodenough，1964）。概括地说，文化就是世界观，是人们所思、所言、所觉的总和。此类文化观强调文化是对信息输入进行组织的机制，是一个群体共享的认知过程，也是人们的经历得以组织、分类和理解的过程。然而，认知理论常用于阐释人们处理信息和认知世界的方式，对外国文化教学的作用并不明显。

此外，Kroeber 和 Kluckhohn（1952）还从符号学的角度对文化下定义，他们指出："文化由外显的和内隐的行为模式构成。这种行为模式通过象征符号来获取和传递，它代表了人类群体的显著成就，包括他们在人造器物中的体现。文化的核心部分是传统的（即历史地获得和选择）价值观念。文化体系一方面可以看作是活动的产物，另一方面则是进一步活动的决定因素。"他们将文化视为一个符号意义系统，认为其是个人内部意义系统与外部文化体验相互作用的产物。他们的文化观给我们一个启示：在进行文化学习和教学时，不仅要囊括目的语文化知识和母语文化知识，还要意识到学习者个性特点对文化学习和教学的影响。

文化的定义往往因学者的专业角度不同而有所差异，因此难以一一列举。综合上述学者的观点，我们认为文化应包含三个层面：认知、行为和情感。它是一个群体共享的思想、信仰、情感和行为的方式。

1.1.2 文化的分类

由于文化一词具有复杂性、多面性、模糊性和不确定性，下面我们将介绍几种文化的"层次观"，对"文化"这一复杂整体进行梳理，使其显得更有条理性。有学者（于靖，1987）把文化分为三个层次：第一个层次是物质文化（表层文化），它经人的主观意志加工改造过；第二个层次是制度文化（中层文化），主要包括政治及经济制度、法律、文艺作品、人际关系、习惯行为等；第三个层次是观念文化（深层文化），包括人的价值观念、思维方式、审美情趣、道德情操、宗教感情和民族心理等。也有学者（Hendon，1980：191）把文化分为大写C文化（culture with a capital C）和小写c文化（culture with a small c）。前者包括人类社会文明的各个方面，如政治、经济、文学、艺术、音乐、建筑、哲学、科技等；后者指的是一个民族的生活方式、风俗习惯、行为准则、社会传统等。还有学者（张占一，1994）从跨文化交际和外语教学的角度把文化分为“知识文化”和“交际文化”。知识文化对跨文化交际不会产生直接影响，而交际文化对跨文化交际会产生直接的影响。具体来说，交际文化指的是两个文化背景不同的人进行交际时，直接影响信息准确传递的语言、非语言的文化因素。

1.1.3 文化的特征

通过对文化定义的分类和归纳，并结合外语教学中文化教学的需要，我们认为文化具有传承性、民族性、多样性与普遍性以及动态性与渗透性等特征。

1.1.3.1 传承性

文化是社会遗产，不是生理遗产。文化演变的历史告诉我们，一切文化创造之蓝本和灵感，都来自既有文化积淀的借鉴与启发。没有文化成果代代相承的保存与延续，一切创造都将是无米之炊，一切创造灵感都无法迸绽。失去传承特征的文化，势将如沙漠中的河流，随现随逝、蹇滞断续、生机孱弱，永难化育为渐宏渐厚的汤汤巨流。许多动物并非仅依靠“条件反射”的本能生存，它们也不同程度地具备创造实用工具甚至符号工具的能力，因此人与动物之别其实并不在能否创造，而在于动物无法将其创造的“文化”进行代际传承，总得一代代地从头做起，又一代代将其丢掉，不能像人类那样将一点一滴的创造汇聚起来，利用各种符号将其一代代地传递，使涓滴之创造积淀为文化之巨川。正是由于没有保存创造成果，动物至今只能以遗传本能适应环境，并因环境的多变而穷于应付，而人类对创造成果无间断的保存与传承能力，是其本能之外的生存武器，帮助其成功适应地球上多样且多变的环境。

1.1.3.2 民族性

一般说来，民族具有四大特征：共同的语言、共同的地域、共同的经济生活以及表现于共同的文化特点上的共同的心理素质（吴克礼，2002：60）。因此，民族文化是民族的表现形式之一，是各民族在长期的历史发展过程中自己创造和发展起来的，是具有本民族特色的文化。而文化的民族性主要通过其“世界观”来反映，人类观察事物的角度、思维方式和价值观念因民族而异，如美国人崇尚独立性和自主能力，中国人重视“人伦”的传统、重视亲情和“关系”。下面这个例子就是以上差异很好的举证：

在美国留学的中国学生晓华在回家的路上看到一位70多岁的美国老太太抱着一个大纸袋从超市出来，颤巍巍地要过马路。那里不是十字路口，没有红绿灯，但来往穿梭的人和汽车很多，晓华看老太太很吃力，就主动上前问道：“我能帮忙吗？”说着就要伸手接她手里的纸袋。老太太看着他，笑着摇了摇头：“不用了，谢谢。”晓华想，老人太客气了，就又坚持道：“让我来帮你。”一边说，一边再次伸手去接那个装满蔬菜和水果的牛皮纸袋。老太太用手护住纸袋，说：“我行。”晓华见老太太不让自己拿纸袋，便一手搀住她的肩膀，一手搂住她的腰，试图搀扶她过马路，没想到老太太费力地腾出一只手来，拨开晓华的手臂，加重语气严肃地说：“我告诉你，我行！”晓华愣了，心想这个老太太真是不识好歹，把我的好心当成驴肝肺，只好悻悻地走开了（胡文仲等，1997：177～178）。

1.1.3.3 多样性与普遍性

文化都是具体的、特殊的，无论从纵向历史的角度看，还是从横向空间的角度看，世界各个时期、各个地域和民族的文化都是不同的。中国古代妇女以缠足为美，所以用一个美好的词汇——“金莲”来称呼它，现在“金莲”已成为历史陈迹，这就是中国古代文化与现代文化的不同点之一。太平洋中某些岛屿的民族在不太久远的过去有吃人的习俗，在别的民族看来这样做是惨无人道的。人类学家和社会学家记载了大量世界各地的特殊文化，充分说明文化的多样性。不承认文化的多样性，就会走向种族中心主义，并总用自己民族的价值标准判断别的民族中发生的事件和现象。种族中心主义发展到极端就会产生民族沙文主义，认为自己的民族是优等民族，鄙视和仇恨别的民族。

为了避免种族中心主义的错误，人类学家采取了一种客观的态度，对人的行为的判断不是根据某种外部的标准，而是根据人们所在社会或群体的内部标准来判断是非，这就是所谓的“文化相对论”观点，它避免了种族中心主义的主观性，因此成了现代人类学和社会学的主导思想。但是文化相对论发展到极端，就会放弃任何共同的是非标准，此亦是非，彼亦是非。文化相对论走到极端就否定了人类文化的共同性，而文化的共同性是寓于特殊性和多样性之中的，是客观存在的。美国学者默达克在《社会结构》一书中归纳了不同民族的70余种共同点，它们是存在于各种文化之中的。例如求爱、男女分工、睦邻友好、控制大小便、乱伦禁忌等。虽然在具体形式上有区别，但这些原则在不同民族文化之间是共同的。由于文化具有共性，所以世界各种文化之间才可以交流，才能沟通，才能促进本民族文化的发展。

1.1.3.4 动态性与渗透性

文化就其本质而言是不断变化的，是动态的而非静态的。研究进化论的学者认为，人类文化是由低级向高级、由简单向复杂不断进化的。也就是说，我们进行文化研究要注意文化的历时性和共时性，要用历史的、动态的、发展的眼光去看待它。例如，电子计算机的发明和研制得到了社会的普遍认同和广泛利用，从而开创了20世纪下半叶的新局面，成为新时代的标志。此外，文化是相互影响、相互渗透的。人际交流的过程其实也是文化交流的过程。如今日的弓弦乐器取法于远古射猎的弓弩，今日的航空器取法于古代的风筝，今日的自动售货机设计原理来自古代捕兽机。又比如，佛教起源于印度，历经数个朝代而传入中国并被本土文化所吸收，成为中国文化有机体的一部分。后来佛教文化又经中国传到日本等国，并同时被本土化，因而，佛教文化成为东方文化的重要组成部分。

1.1.4 文化理论

鉴于文化具有鲜明的民族性，为了更好地理解母语文化和目的语文化，在文化教学中采用“比较法”是常用的教学方法（Byram et al.，1994）。因此，我们将介绍两种常用于文化比较的理论——Hofstede的“文化价值维度理论”和Hall的“高低语境理论”以及这两种理论在外语教学中的应用。

1.1.4.1 Hofstede的文化价值维度理论

20世纪70年代末至80年代初，荷兰马斯特里赫特大学教授Hofstede对某跨国公司在72个国家的分公司和机构进行了调查，发放了11.6万份问卷（每份问卷大约有50个问题，涉及价值观、知觉和满足等），并对搜集的大量材料、数据进行了统计分析，总结出价值观念对比的五个维度，即“权力距离”（power distance）、“个体主义—集体主义”（individualism - collectivism）、“不确定性回避”（uncertainty avoidance）和“男性气质—女性气质”（masculinity - femininity）、“长期取向—短期取向”（long-term - short-term orientation）。根据统计结果，Hofstede将被调查的国家和地区在每一个文化维度方面的情况用数字标出（见表1-1），目的是探索存在于50多个现代国家国民之间的思维方式和社会行为的差异。自问世以来，其理论一直是海外学者进行跨文化研究的主要工具之一，是研究跨文化环境下的管理和组织行为的标准理论，为定量研究跨文化差异提供了可操作的变量，对跨文化研究产生了巨大的影响。

表1－1　十个国家和地区的分析结果

	power distance	individualism – collectivism	masculinity – femininity	uncertainty avoidance	long-term – short-term orientation
USA	40L	91H	62H	46L	29L
Germany	35L	67H	66H	65M	31M
Japan	54M	46M	95H	92H	80H
France	68H	71H	43M	86H	30*L
Netherlands	38L	80H	14L	53M	44M
Hong Kong	68H	25L	57H	29L	96H
West Africa	77H	20L	46M	54M	16L
Russia	95*H	50*M	40*L	90*H	10*L
China	80*H	20*L	50*M	60*M	118H

Note：H = top third，M = medium third，L = bottom third（among 53 countries and regions for the first four dimensions；among 23 countries for the fifth）* estimated.

引自：Hofstede，G. 1993. Cultural Constraints in Management Theories. *Academy of Management Executive*，7，p. 9.

a. 个体主义—集体主义（individualism – collectivism）

社会行为的文化差异最集中地表现在个体主义—集体主义这一层面上。在个体主义思想占主导地位的文化中（如美国），人际关系松散，人人各自照顾自己和自己的家庭；而在集体主义思想占主导地位的文化中（如中国），人们从一出生开始就与强大而具有凝聚力的内部集团结合在一起，这种内部集团又为这些忠诚的成员提供终生的保护（Hofstede，1991：51）。这一维度描述的是某一特定社会中个人和集体之间的关系，这主要反映在人们聚居的生活方式上，如核心家庭、大家庭、部族等。因此，此维度是衡量个人与集体联系是松散还是紧密的一个尺度。通过这一维度，我们可以获得对人们价值观和行为的许多认识（见表1-2）。个体主义文化强调的是自我和个人的成就，与集体、社会的关系松散，社会成员相互依赖程度低，主张独立自强、个人奋斗，强调平等和权利；而集体主义文化强调社区或群体的和谐，与集体、社会联系紧密，社会成员相互依赖程度高，且为了集体的和谐和共同的利益，往往压抑自己的情感，谦虚谨慎，不愿锋芒毕露。在家庭模式上，个体主义文化里核心家庭（nuclear family）比较普遍，而集体主义文化中大家庭（extended family）更多。

表1-2　个体主义和集体主义的行为差异

在集体主义社会中	在个人主义社会中
·小孩学会用“我们”来思维	·小孩学会用“我”来思维
·人们永远保持和睦、避免正面冲突	·诚实的人有什么说什么
·人们用高语境的方式进行交流	·人们用低语境的方式进行交流
·教育的目的是学会如何做	·教育的目的是学会如何学习
·文凭为进入上流社会铺平道路	·文凭提供经济方面的价值或自尊
·老板和员工的关系是道义上的、家庭式的关系	·老板和员工的关系是互利的合同关系
·管理是对群体的管理	·管理是对个人的管理
·关系比工作重要	·工作比关系重要

此外，“个体主义—集体主义”维度对中西方学生的课堂表现也有所影响。在中国，在外语课堂上主动发言、提问的学生不多，其原因有二：一是怕说错了会在同学、老师面前“丢面子”；二是怕被别人认为“爱出风头”而影响同学关系，也就是说，中国的课堂还是处于集体主义文化氛围中，学生更愿意采用稳妥、隐蔽的课堂参与

方式，既不丢面子，也不做“出头鸟”。而在西方国家，由于受到个体主义的影响，西方人所提倡的是独立性，他们关注的是自己的行为自由，因此学生能对老师提出的问题主动发表观点和意见。

b. 权力距离（power distance）

权力距离涉及一个基本问题——人类社会的不平等。这种不平等表现为名望、财富、权力等方面的不平等。对此，不同社会采取了不同的应对策略，对于在这些领域保持地位上的稳固性有着不同的重视程度。具体说来，权力距离是指在一个国家的机构和组织中（包括家庭、学校和社区），掌握权力较少的那部分成员对于权力分配不平衡这一现象能够接受的程度（Hofstede，1991：28）。

由于各个国家对权力赋予的意义不完全相同，因此这个维度的文化间存在着很大的差异。有的文化比较重视权威、地位、资历、年龄等，而在有的文化中它们的重要性相对较低。在高权力距离的社会，也可称之为“差序格局社会”（如中国），人们接受不平等权力分布，认为社会等级结构的存在很自然。在家里，孝敬父母、听父母话的小孩被认为是好孩子，同时父母会给孩子无微不至的照顾，帮孩子拿主意、想办法，因此孩子对父母非常依赖。在学校，学生尊敬老师，认为老师是智慧的象征、知识的源泉，对老师言听计从，很少与老师争论。而低权力距离的社会，即“平行格局社会”（如美国），人们接受较弱的等级制，力求打破权力分布的不平等。具体表现为：在家里，父母和子女之间通常是平等的、朋友式的关系，彼此之间没有很多的义务，孩子不依赖父母，父母也不必为孩子一辈子操劳；而在学校，教师不是权威。霍氏研究表明，在权力距离不同的国家，人们的行为方式表现出很大的差异（见表1－3）。

表 1-3　权力距离不同的社会的行为差异

在权力距离小的国家和地区中	在权力距离大的国家和地区中
· 人们之间的不平等应该减少	· 人们之间应该存在着不平等
· 父母和儿女平等相待	· 父母教育儿女学会服从
· 教师希望学生发挥主动性	· 教师自己发挥主动性
· 教师应该是传授客观真理的专家	· 教师应该是传授个人智慧的导师
· 学生与老师平等相处	· 学生尊重老师
· 上级向下属征求意见	· 下级照章办事
· 工资差别小	· 工资差别大

“权力距离”维度对学生在课堂上的表现也有很大的影响。受高权力距离文化的影响，我国的教师和学生之间通常存在较大的权力距离，师生关系是儒家思想所提倡的等级关系。教师是鲜明的榜样和权威，对课堂的教学内容和教学进程有较大的决定权。而学生有义务去维护教师的权威。学生在师生的交往中多处于服从的地位，学生在课堂上就应该听讲，接受老师传授的知识，打断老师的思路提出自己的问题和想法是对老师的不尊重。而在美国，教师不一定是绝对的权威，在课堂上，学生可以和老师讨论甚至是争论。

c. 男性气质—女性气质（masculinity – femininity）

该维度指的是性别间情感角色的分布，这也是任何一个社会中都有的基本问题，各种文化处理方式各有不同。男性“强悍”气质占主导的社会推崇男子气概，性别角色区分明显，男性通常占支配地位，凡事拥有决定权，一般认为工作责任比其他责任（如家庭责任）更重要，注重工作绩效，看重进步、成功和金钱，社会竞争意识强烈，且强调公平竞争，仿佛“活着就是为了工作”。在这种社会中，社会分工比较明确，男人在社会上拼搏，挣钱养家；女人在家相夫教子，承担家务。而在女性“温柔”气质占主导的社会，性别角色没有非常明显的区分，人们谦虚、温和且有教养，注重保持良好的人际关系，强调平等、团结和心灵的沟通，关心生活品质，仿佛“工作是为了活着”，强调工作保障，对弱者有较多的关怀。在这种社会中，男女基本平等，角色分工不明显，教育孩子和操持家务是夫妻双方共同承担的责任，女性也可以从事富有挑战性的工作，也可以做强人。

表 1－4　男性气质与女性气质社会的行为差异

在高男性度社会中	在高女性度社会中
·金钱和物质很重要 ·男人应该自信，有抱负，而且坚毅 ·活着是为了工作 ·崇拜强者	·和谐的人际关系很重要 ·人人应该谦虚 ·工作是为了活着 ·同情弱者

d. 不确定性回避（uncertainty avoidance）

该维度指的是特定文化中的成员在那些新奇的、未知的、异常的和令人吃惊的情境中感觉舒服（或不舒服）的程度。其中涉及的基本问题是社会常识对不可控情况进行控制的程度。所谓不确定性回避，就是文化成员对于不确定的或是未知的情况所感觉到的恐慌程度。这种不确定性给人们造成的恐慌表现为精神紧张或期盼未来的可预见性（Hofstede，1991：113）。

不同国家的文化在这一维度上有强弱之分。具有较强不确定性回避倾向的文化更注重寻求有序的社会系统，总是设法通过种种手段来减少不确定性因素，相对于创新和变革来说则更强调连续性和稳定性。受这种文化的影响，人们喜欢有规则、标准和程式来指导自己的言行，凡事喜欢按计划进行，珍惜时间，强调精确、准时，不喜欢异常的观点和行为。而具有较弱不确定性回避倾向的文化对不确定情况具有较高的容忍度及较强的适应力，灵活性较大，相信一切自有上帝的安排，顺其自然，所以通常欢迎变化和新事物的出现，愿意面对来自未知领域的风险和挑战。在避免不确定性程度高的文化成员看来“不同的东西是危险的”，而在避免不确定性程度低的文化成员看来“不同的东西是有趣的”。不同程度的不确定性回避的行为差异见表 1-5。

表 1-5 不确定性回避程度不同的社会的行为差异

在不确定性回避程度低的国家和地区中	在不确定性回避程度高的国家和地区中
·不确定性是人生的特点	·人生中的不确定性被认为是威胁
·低压力，有主观的幸福感	·高压力，有主观的忧虑感
·对于不明确的环境和不熟悉的风险感觉到自在	·害怕不明确的环境和不熟悉的风险
·对儿童接触不健康或有禁忌的东西持宽容原则	·对儿童接触不健康或有禁忌的东西持不宽容原则
·对于差异表示出好奇	·认为差异代表着危险
·教师可以说“我不知道”	·教师应该无所不知

按照表 1-1，我国文化属于不确定性回避倾向强的文化。在这种文化的影响下，学生习惯于按照老师传授的模式按部就班地学习，教师被当作知识的源泉，一切有章可循。他们习惯于先预习要学的书面材料，对于教师过多地脱离教材上课感到不习惯，甚至会感到不舒服或紧张。此外，他们还非常注重对词汇、语法的准确解释，对语言细节和准确性过于执著，总想知道“为什么”而忽视“怎么做”。之所以中国学生参与课堂教学的积极性不高，正因为不确定性因素会带给学生诸多疑虑和不安。

e. 长期取向—短期取向（long-term - short-term orientation）

该维度指的是特定文化中的成员对延迟期物质、情感、社会需求的满足所能接受的程度。这是反映东方视角的或者说儒家思想的文化尺度。有着长期取向的社会着眼于未来，强调长期性的承诺，尊重传统，推崇节俭和持久力，对社会关系和等级关系敏感；对待事物以动态的观点去考察；做任何事情均留有余地；重实效的传统和准则以适应现代关系；接受缓慢的结果；倾向于作长期规划和投入，相信这样虽有风险但最终会带来丰厚的回报。短期取向的文化则更关心眼前利益，追求立竿见影的成效，对未来的关注和计划只局限于可预见的时段。在 Hofstede 看来，中国、日本等东方国家明显注重长期方面；美、德、法等西方国家对长期方面的重视程度明显低于东方国家。典型的长期取向社会和短期取向社会的行为差异见表 1－6。

表 1－6 长期取向社会和短期取向社会的行为差异

在长期取向社会中	在短期取向社会中
· 着眼未来投资 · 节俭和储蓄丰裕是很重要的 · 注重传统和准则以适应现代关系 · 以动态的观点考察事物	· 注重眼前利益 · 急功近利，此时的利润最重要 · 尊重传统，承担社会责任和义务 · 以静态的观点考察事物

虽然 Hofstede 的理论自问世以来，就一直是各国学者进行跨文化研究的主要基础之一，且衍生出了许多新兴的研究成果，但是，它的问卷设计主要基于西方文化的价值观，很少涉及其他文化的价值观。也就是说，他的研究在设计上存在着文化偏见，研究视角主要是西方的，还不是完全跨文化的。

1.1.4.2 Hall 的高低语境理论

对于意义和语境之间不可分割的关系，“美国跨文化交际学之父”Hall（1976：81～83）曾经作过精辟的阐释。他认为，“倘若没有语境，符号是不完全的，因为它只包含信息的一部分……语境是从来没有具体意义的，但交流的意义常常依赖于语境……意义与语境无法分割地相互纠结在一起”（许力生，2006：21）。但是，语境对意义的影响程度会因文化不同而不同。因此，为了区别不同文化中交际对语境的依赖程度，Hall 认为文化可以分为高语境（high context）文化和低语境（low context）文化。

根据 Hall 的观点，在高语境文化中，人们在交际时绝大部分信息或者蕴涵在物质环境中，或者内化于交际者个人心中，很少出现在编码清晰的信息里。交际中的大部分信息都是由身体语言、环境语言，或人的内在素质来传递的。这就意味着，在高语境文化中，很多信息不是通过语言清楚地传递，人们常常将信息置于交际环境之中，让对方自己去揣摩其中的含义，也就是我们常说的“一切尽在不言中”。低语境文化则刚好相反，大量信息都要靠编码清晰的信息来传递，只有少量的信息蕴涵在隐性的环境中。换句话说，在低语境中的人们习惯依靠语言本身来达到交际目的，说话直截了当不绕弯子。根据霍尔的观点，大部分亚洲文化、拉美文化、非洲文化属于高语境文化；而美国、德国、瑞士以及多数北欧文化则属于低语境文化。这两种文化在人际关系、交际方式、时间观念等方面都存在着明显的差异（见表 1－7）。

表 1－7　高语境文化与低语境文化之比较（贾玉新，1997：34～35）

高语境文化	低语境文化
·内隐，含蓄	·外显，明了
·暗码信息	·明码信息
·较多的非言语编码	·较多的言语编码
·反应很少外露	·反应外露
·（圈）内（圈）外有别	·（圈）内（圈）外灵活
·人际关系密切	·人际关系不密切
·高承诺	·低承诺
·时间处理高度灵活	·时间高度组织化

首先，在人际关系和交际方式上二者有明显的差别。在中国等高语境文化中，由于受集体主义文化的影响，人际关系密切，互相

依赖程度高，共知信息多。因此，人们之间的交际含蓄、委婉，重“意会”，信息的传递通常通过手势、眼神、体距甚至沉默来完成。而在英美等低语境文化中，由于受到个体主义文化的影响，人际关系较为松散，强调个性与独立，共知信息较少，人们之间的交际往往依赖清晰明确的语言信息，重“言传”。

下面这个例子就是“意会”与“言传”天壤之别的真实写照。

一位台湾老太太到定居瑞典的儿子家做客，一天无意中听见儿子和瑞典籍儿媳之间的对话：

儿媳：How long is your mum going to stay?

儿子：I don’t know. Why do you ask?

儿媳：I just want to know.

老太太把儿媳的话当成“逐客令”遂回台湾，儿媳也不知婆婆怎么这么快就回台湾了。这正是由高语境文化与低语境文化之间的差异所造成的误解。瑞典属于低语境文化，重“言传”，而台湾属于高语境文化，重“意会”，婆婆当然不能理解儿媳的本意了。

其次，在处理朋友关系方面两种语境也存在着差异。高语境文化讲究“内外有别”、“一朝为友，终生为友”以及“君子一言，驷马难追”。朋友有圈内与圈外之分，一些肺腑之言只能和知心朋友说；朋友圈相对来说比较固定，且相互依赖。而在低语境文化中，朋友会随着工作地点和居住地的改变而改变，朋友之间也不再相互依赖。

再次，二者在时间观念上也存在着差异。高语境文化中的人们具有高度灵活的时间概念。如，在中国，开会迟到五分钟是很平常的事情，一般没有人会责备迟到者；生活中还经常听到“不见不散”的约定。而在低语境文化中，如果迟到超过五分钟，迟到者须向对方道歉，说明原因；任何邀请都必须提前一周左右的时间通知对方，否则对方会认为你不懂礼貌，或者因有其他活动而不能赴约。

当然，这样的比较是相对的，高低语境并非绝对清晰的两个不相交叠的对立体。在低语境文化中经常有高语境交际的出现，反之亦然。如果交际双方来自不同的语境文化，交际环境的高低一般取决于占主导地位的交际者的语境文化背景。需要说明的是，当我们说东方文化属于高语境文化，西方文化属于低语境文化的时候，我们指的是东西方的主流文化。实际上，东方文化里也有需要语言明确表达的场合和喜欢采用低语境文化交流模式的人，如教师在课堂上传授知识。在西方文化里亦如此，也有喜欢采用高语境文化交流模式的人。如当人们向别人开口借钱时或者有不好的信息需要传递的时候往往都会使用委婉含蓄的语言而不是直接明确的语言。因此，对高低语境的划分不能绝对化。随着全球化进程不断加速，世界文化的格局也正在发生变化。目前，中国的高语境文化正在经历着向低语境文化演变的过程。越来越多的中国人不再注重口头承诺而是寻求白纸黑字的合同证明以尽量减少口说无凭的麻烦。所签的合同、单位的各项规章制度、奖惩条例等也比以前详细、细致，吸取了以往中国人的合同太笼统的教训（如中国古代的各类契约、现代的一些合同等的行文都比较粗放，留有许多想当然的意味成分，远没有西方的合同来得细致）。

1.2 交 际

1.2.1 交际的定义和本质

“交际”（communicate）与“共同”（commonality）有密切关系，它来源于拉丁语 commonis 一词，而 commonis 是 common 的意思。显然，“交际”与“共同”（commonness）密切相关，“共同”或“共享”是交际的前提；只有共享同一文化的人们才能进行有效的交际。总之，“共同”的内涵与“交际”和“文化”的内涵是一致的。由于交际行为本身所具有的复杂性，学者们从不同角度对“交际”这一概念进行了阐释。据 Dance 和 Larson 统计，人们对

communication 下的定义已达 126 种之多。Samovar 等（2000：F17）曾对“交际”作如下定义：交际是人类在相互交往中使用符号创造意义和反射意义的动态、系统的过程。该定义揭示了交际的本质：

第一，符号是人们交际时使用的主要手段。研究表明，任何符号都可以用来进行交际。这里所说的符号既包括言语符号，也包括非言语符号。此外，符号所指的行为既可以是有意识的也可以是无意识的；既可以是有目的的（intentional）也可以是无目的的（unintentional）。事实上，我们很多行为是在不知不觉中学会的，也可能是在不知不觉中发生的，比如脸红、微笑、皱眉等非言语行为都会无意识地发生。当这些行为被观察或注意到时，就传递了信息，交际就发生了。因此，Samovar 等人坚持认为，不管一个人的行为是有目的的还是无目的的，有意识的还是无意识的，只要被人接受，交际就算成立了。

第二，交际是一个编码和译码的过程。编码是一项把思想、感情、意念等编成诸如言语或非言语行为以及书面语符号的过程。而译码则是一个对从外界接收的符号或信息赋予意义或进行解释的过程。值得注意的是，只有发出信息的人和接收信息的人共享统一或接近的语码系统，才能保证编码和译码过程的有效实施，进而实现有效交际。

第三，交际是一个动态发展的过程。交际是一个连续的不断变化的活动，而不是静止不变的。交际就像是一部动画，而不是一幅图片。交际中人们说出的话语和作出的行为很快会被其他的话语和行为所取代。在交际中，人们不断受到彼此发出的信息的影响，而且在交际过程中交际的各个构成要素之间彼此作用，所以交际处于不断的变化之中。

第四，交际行为具有系统性。交际行为是文化和社会行为，它不可能孤立地发生，而必然处于一个庞大的系统——社会之中，并受到社会中众多因素的影响和制约。影响交际的众多因素包括：宽泛的交际环境和文化环境。此外，交际发生的场景或语境决定了人们可能发生的语言和行为以及符号代表的意义。例如，即使天气很热，男士在参加重要会议时，还是要穿西装、打领带。此外，交际发生的场所某种程度上也对人们的交际行为作出规定。在礼堂、饭店或是学校，交际行为会呈现不同的特点。

第五，交际具有交互性。交际的交互性体现在交际中所有的参与者共同发挥作用，共同创造和保持意义。交际中，每时每刻人们都在同时发送和接收着信息。交际有过去发生的、现在发生的和将来发生的区别。人们对某一情景的反应受到人们自身经验、情绪和期待的影响。如当我们很了解某人时，我们会根据过去的认识和经验对将要发生的交际作出预测。

1.2.2　交际的构成要素

贾玉新（1997：13～15）将交际这一过程概括为以下几个环节，即交际至少涉及以下因素：

（1）信息源。信息源是指具有交际需要和愿望的具体的人，是消息的制造者、发话人。因为交际过程通常由一人以上参与，所以交际中通常多个信息源共同存在。

（2）编码。编码是一种心理活动，是一个依据社会、文化和交往规则，语言本体的词法、句法等规则对语码进行选择、组合和创造信息的过程。

（3）信息。信息是编码的结果，它是信息源（即发话者）内心所思的具体表现，是交际个体通过语言或非语言符号形式对在时空中某一特定时刻的心态进行的具体写照。

（4）渠道。渠道是让信息得以传递的物理手段或媒介。信息传递的手段多种多样：可以是书面形式的，如书信往来、书刊、报纸、告示等；可以是电子形式的，如电话、电视等；还可以是声波和光波形式的，如广播、录音、图片等。

（5）信息接收者。信息接收者是接收并注意信息的人。信息接收者可以是有意图地接收信息者，如他就是信息源意欲交际的对象；也可以是无意图的，如他恰巧听到了某个信息。交际通常是一个连续不断的、反复的过程，因此，交际中人们通常既是信息源又是信息接收者。

（6）译码。把外界的刺激转化为有意义的经验就是译码，它是信息接收者对发话者的信息进行解析的内心活动。

（7）反应。反应指信息接收者在解码后的行为。信息接收者的反应可以是信息源所期待的行为，也可以是对信息源的行为听而不闻，视而不见，不采取任何行动，甚至可以是信息源不希望看到的行为。

（8）反馈。反馈是信息接收者反应的一部分，是被信息源接收到，并且被赋予含义的信息接收者的反应。反馈对交际有十分重要的意义，交际者可以通过反馈来检验是否有效地传达和分享了信息，以便及时对自己的行为作出调整。一般来说，面对面的交谈中，交际者得到反馈的机会最多。

1.3 语言、交际与文化的关系

在论述三者关系之前，我们先列举部分人类学家对文化下的定义。Bates 和 Plog（1990：7）曾把文化视为“信仰、价值观、习俗和行为举止的一个共享体系，人们用其与他人和世界交流，并通过学习的方式将其传承”。这就说明，文化由共享的行为模式（交际）和意义系统（语言）组成。而 Ferraro（1995：17）则认为文化包括物质实体、价值观、行为模式等要素。文化“是一个社会成员共同拥有、所思考和所做的一切”。以上定义说明语言和交际是文化的一部分，即语言、交际和文化是不可分割的一个整体。

1.3.1 语言和文化的关系

"语言与文化的关系"引发了学者不同的争论。有学者认为语言决定文化（即"语言决定论"）；有学者强调文化对语言的影响和制约作用（即"文化决定论"）；有些学者则采取折中的态度，认为语言反映文化，文化同时也影响和制约语言（即"语言文化双向影响制约论"）。

1.3.1.1 语言决定论

Sapir（1929）与 Whorf（1956）是语言决定论的代表人物。Sapir 阐述了他的语言文化观：人类生活的社会受到人们所说的语言操纵和控制；说两种不同语言的人生活在截然不同的世界里。而 Whorf 在其老师 Sapir 思想的基础上提出了"语言决定论"（linguistic determinism）和"语言相对论"（linguistic relativism），二者合称为"Sapir - Whorf Hypothesis"。与 Sapir 的观点相比，Whorf 的说法非常极端，如："The background linguistic system（in other words, the grammar）of each language is not merely a reproducing instrument for voicing ideas but rather is itself the shaper of ideas, the program and guide for the individual's mental activity, for his analysis of impressions, for his synthesis of his mental stock in trade..." 在 Whorf 看来，语言系统本身造就了我们的思想。总之，Sapir 和 Whorf 都强调语言在文化整体性的建立过程中扮演着相当重要的角色：语言不仅反映与传达文化，更是人类思想、信仰及态度行为的塑造者；语言的差异决定思维的差异，语言不同的人思维也不同。

1.3.1.2 文化决定论

有些学者则认为文化决定语言，Boas 的语言文化关系理论就是一种典型的"文化决定论"（顾嘉祖等，2000：253～264）。在为《美洲印第安语手册》（*Handbook of American Indian Language*）第一卷撰写的序言中，Boas 对当时语言学界流行的观点"一个民族思想的简洁明了在很大程度上依赖于该民族的语言”进行了驳斥。他认为之所以“印第安语里缺乏表达具体事物性质和状态的词语”，是因为他们的生活方式并不需要这类表达，如果一旦有这种需要，他们就会很快发展这类词语。在 Boas 看来，语言表达同人们生活方式的需要有着密切的联系，生活方式决定言语形式，即文化决定语言，思维决定语言。

1.3.1.3 语言文化双向影响制约论

首先，一个社会的语言是该社会文化的一个方面，语言和文化是部分与整体的关系，语言作为文化的组成部分，是学习文化的主要工具。因此，我们认为语言是文化的载体，是文化存在的物质表现形式，文化的形成和表达离不开语言。语言中存储了前人的全部劳动和生活经验，一个民族的文化是该民族人们长期创造积淀的结果。此外，民族文化是通过各种形式一代代继承发展到今天的，其中最重要的手段就是利用语言，即语言记录并保存了民族文化。

其次，美国语言教育家 Kramsch（1998：3）曾把语言和文化的关系归纳为“语言表达文化现实；语言体现文化现实；语言象征文化现实”。这就意味着语言能够反映社会文化现实，是文化的镜像折射，是传播文化的主要途径。语言是一个民族或群体区别于其他民族或群体的主要标志，通过人们使用的语言以及使用语言的方式可以区分不同的社会团体。亚洲人（尤其是东亚人）说话喜欢绕弯子(间接表达方式)，这实际上是集体主义文化价值观的体现，和他们的高语境文化有着密切的关系。又比如，中国清代，皇帝后宫里有佳丽三千，妻妾等级分明，汉语中有关宫女名称的词汇丰富多彩，如皇后、皇贵妃、妃、嫔、贵人等，这是中国清代宫廷文化的一个侧面写照；英国是一个君主制国家，贵族内由君主封给的爵位等级十分严明，和这种爵位文化密切相关的则是英语中的爵位名称，如公爵、侯爵、伯爵、子爵以及男爵等。

再次，文化是语言形成和发展的基础，文化的发展变化是语言形成和发展的原动力。英国著名语言学家 John Lyons（1981）认为，语言系统受两种结构的制约：一种是“底层结构”（substructure），即人类共同的生理特征和世界的原有结构，这种结构使语言趋向一致；另一种结构是“超结构”或“上层结构”（superstructure），即各个民族不同的文化结构，它导致各民族的语言在表现形式上呈现出各种各样的差异。每一种语言都与某一特定的文化相对应，该语言的语言结构、语言交际模式、篇章修辞原则等都在很大程度上受到作为该语言上层文化观念的影响甚至制约。就“打招呼”而言，不同语言就差别很大。日本人会一边鞠躬一边说“Ohayou gozaimasu”，中国人会一边和你握手一边说“您好”，澳大利亚人则会满面微笑地对你说“G'day”（good day/how are you）。

综观以上三种“语言—文化观”，我们认为，语言和文化之间是一种相互依赖、相互影响、相互制约的关系。没有语言的人类文化不可思议。同样，离开了文化，语言也不可能存在。

1.3.2 交际与文化的关系

文化与交际就像连体婴一样，两者不可分割。有学者（Hall，1959：169）就用“文化即交际，交际即文化”来概括文化与交际的内在关系。一方面，文化决定交际。首先，文化是交际的基础。如果交际双方没有共享的文化知识，不能互相理解对方文化的话，交际就无从谈起。其次，文化决定交际行为。交际是一种受文化规约所制约的行为。说什么，和谁说，什么时候说，怎么说都受到文化的制约。另一方面，文化的传播与发展又取决于交际。人们是通过社会交际活动才习得语言和文化能力的。狼孩的故事说明缺少了必要的社会交际活动，即使具备语言习得机制，也不可能掌握语言知识，成为一个社会的人。也就是说，交际活动使文化得以通过语言为人们所共享，使文化的纽带作用得以体现。

总之，语言的使用反映了人们的价值观念、生活方式和思维习惯，而社会文化的发展变化是语言赖以生存和发展的基础，交际则是联系语言和文化的纽带。因此，语言、文化与交际之间是一种水乳交融、不可分割的关系，正是这种“三位一体”的关系使人们意识到了什么才是真正意义上的语言教学。长期以来，由于文化教学游离于语言教学之外，学习者虽然能熟练地掌握一门外语的语言体系，但是不懂得语言所蕴涵的社会文化内容，不理解目的语文化的价值观念，无法使用目的语同该语言群体的人进行有效的交际，我们可以将这种学习者称为“口齿伶俐的傻瓜”。为了避免培养这类学习者，在外语教学中，我们一定要把文化教学置于与语言教学同等重要的地位，既关注语言符号和语言形式，又注重语言使用中的文化内容。只有这样才能做到语言教学与文化教学的有机结合，体现“语言教学就是文化教学”的思想。

1.4 跨文化交际学

1.4.1 跨文化交际学在美国

跨文化交际学之所以诞生于美国，是和当时的国际国内背景分不开的。首先，因种族数量多、分布范围广、流动性大，美国被称为“大熔炉”。此外，美国在国际舞台上扮演着非常重要的角色，国际交往日益频繁，跨文化冲突不时发生。也就是说，美国人不管在国内还是在国外，跨文化交际愈来愈频繁。为了适应这种形势，一些美国有识之士意识到，要使美国人在跨文化交际中获得成功，就有必要开展跨文化交际研究。下面，我们将简要介绍该学科产生的背景。

1.4.1.1 学科产生的背景

首先，从国际背景来看，其根本原因是随着科技发展、世界经济全球化、广泛的移民潮以及多元文化主义的发展，邦国概念日益模糊，整个世界成为一个越来越相互依赖的“地球村”，来自不同文化背景的人们之间的交际越来越频繁，跨文化冲突不时发生。比如，曾有一批美国和平队队员前往菲律宾，两年后，4 人辞职，26 人被送回国，据分析是因为无法忍受文化隔阂造成的心理负担（胡文仲，1985：45）。其次，从国内背景来看，为了使美国人在国外能更有效地从事国际交往，帮助外国留学生适应美国的生活和学习环境，处理好各种族和各民族之间的关系，跨文化交际学这门学科就应运而生。总的说来，面对全新的国际形势，美国政府和一些有识之士认识到，研究跨文化交际活动，能让美国的多元社会更加和谐地发展，能让美国人与其他文化的人更好地进行交往，是美国实现其雄心抱负的前提条件。

1.4.1.2　*发展历程*

根据跨文化交际学研究的内容来看，美国的跨文化交际学研究经历了四个阶段：萌芽期（1959 年之前），基础期（1960—1969 年），巩固期（1970—1979 年）以及开花期（1980 年至今）（陈国明，2009：6 ~9）。

（1）萌芽期：20 世纪 50 年代是跨文化交际研究的萌芽阶段。1959 年美国文化人类学家 Edward T. Hall 出版的 *The Silent Language* 首次使用了 intercultural communication 这个概念，标志着跨文化交际学的诞生。在书中，Hall 把传统人类学单一文化研究拓展为文化的比较研究，尤其着重来自不同文化的人们互动的关系，而分析和比较不同文化的异同仍是目前跨文化交际研究的核心内容之一。此外，他还把文化的概念，从宏观分析的角度转移到微观分析，并延伸到传播学的研究，认为全盘了解互动对方文化不是跨文化交际的必要条件（陈国明，2009：6 ~7）。

（2）基础期（或称为初步发展阶段）：20 世纪 60 年代，跨文化交际研究得到了初步发展，更为直接地探讨文化与交际的关系的跨文化交际著作陆续出现，如 Oliver 的《文化传播》（*Culture and Communication*）和 Smith 的《传播与文化》（*Communication and Cul-*

ture)。此外，美国一些大学相继开设了跨文化交际学课程，相应的教材也随之出现。1966年，匹兹堡大学开始开设跨文化交际学课程，并成为美国第一所开设跨文化交际学课程的学校。

（3）巩固期：20世纪70年代是跨文化交际研究飞速发展的时期。此阶段，有关跨文化交际的著作如雨后春笋般发行，如 Samovar 和 Porter 的 *Intercultural Communication*：*A Reader*，Prosser 的 *Intercommunication among Nations and People*，Dodd 的 *Perspectives on Cross-cultural Communication* 等。此外，一些跨文化交际的重要组织也相继成立（林大津，1996：39）。1970年对于跨文化交际研究来说是个转折点。这一年，国际交际协会（The International Communication Association）正式承认跨文化交际学这一研究领域，并在协会下面成立了跨文化交际分支（Division of Intercultural Communication），每年该分支的主要成果都发表于 *Communication Yearbook*。同年，言语交际协会（The Speech Communication Association）也在协会之下成立了跨国与跨文化交际委员会（The Commission for International and Intercultural Communication），并确定1970年为跨文化与跨国言语交际年，从1974年开始，该委员会每年都会出版年刊 *International and Intercultural Communication Annual*。1972年，第一届国际跨文化交际研讨会在日本东京召开。1974年，跨文化教育训练和研究学会（The International Society for Intercultural Education，Training and Research，简称 SIETAR）于美国成立。1977年由该学会创办的季刊——跨文化交际学最主要的期刊 *The International Journal of Intercultural Relations*（IJIR）开始发行。同时，此阶段美国开设跨文化交际学课程的学校越来越多，教材建设也迅速发展。

（4）开花期（或称为飞速发展阶段）：理论的建立和方法的探索是这个时期的特色，跨文化交际学也在20世纪90年代后期成为一门成熟的学科（陈国明，2009：8~9）。Leeds-Hurwitz 认为1983年 Gudyknust 的 *Intercultural Communication Theory*：*Current Perspectives*

一书的出版标志着跨文化交际学作为一门独立学科的建立，从此，跨文化交际学成为争相趋骛的热门学科，进入全面深入的研究阶段。在这一阶段的头十年，即20世纪80年代，跨文化研究大多是对原有交际理论的检验和扩展，集中探讨抽象的文化和交际理论，属于“理论与研究学派的跨文化研究”。焦虑/不确定性协调理论、跨文化调适理论是这一时期影响较大的两种理论。之所以称之为“抽象的”，是因为研究者采取的是以理论构建为目的的etic和culture-general的研究方法，然而研究者并没有对世界各个国家、地区的文化以及各个亚文化群体进行实证研究，因此这些理论只能是抽象的，可靠性也令人怀疑。而到了20世纪90年代，研究者采取emic和culture-specific研究方法，开始重视对不同文化（既包括美洲和欧洲发达国家的文化，也包括拉丁美洲、非洲、亚洲和中东地区的文化）进行具体、客观、描述性的实证研究，属于“理论到实践学派”的跨文化交际研究（张红玲，2007：21~23）。总之，此阶段跨文化交际研究逐渐走向研究理论和研究方法的多元化，并开始关注同文化内各种共存文化的研究，这就促使跨文化交际的学科建设和理论研究逐渐走向成熟。

1.4.2 跨文化交际学在中国

我国自20世纪80年代初期从国外引进跨文化交际学以来，经过外语界、传播界和心理学界广大学者的努力取得了令人瞩目的成绩。据中国期刊全文数据库统计，从1982年到2009年3月，跨文化交际方面的文章总数达到11 312篇。国家图书馆馆藏图书中涉及跨文化交际的专著、论文集和硕士、博士论文共有220种，其中专著和编著104部，硕士论文108篇，博士和博士后论文6篇，电子资源2部（贾玉新等，2009：序言）。

学术界一般认为，许国璋于1980年在《现代外语》第4期上发表的题为“Culturally-loaded Words and English Language Teaching”一

文，标志着跨文化交际学在中国的诞生。1983 年，何道宽在他的《介绍一门新兴学科——跨文化的交际》（《外国语文教学》1983 年第 2 期）一文中，率先将跨文化交际作为一门学科向国内学者进行介绍，探讨了这门新兴学科的基本内容、理论及其研究成果。此外，我国学者相继出版多部“跨文化交际学”专著和论文集，为推广跨文化交际学作出了巨大的贡献。如胡文仲先后主编的《跨文化交际与英语学习》（上海译文出版社，1988）、《跨文化交际学选读》（湖南教育出版社，1990）、《文化与交际》（外语教学与研究出版社，1994）和《跨文化交际学概论》（外语教学与研究出版社，1999）等专著和论文集，关世杰的《跨文化交流学——提高涉外交流能力的学问》（北京大学出版社，1995），王宏印的《跨文化传通——如何与外国人交往》（北京语言学院出版社，1996），林大津的《跨文化交际研究——与英美人交往指南》（福建人民出版社，1996）和《跨文化交际学：理论与实践》（福建人民出版社，2005），贾玉新的《跨文化交际学》（上海外语教育出版社，1997）等。除了出版专著外，我国还通过翻译外国跨文化交际学名著、引进外国英文原著的方式来促进跨文化交际学在我国的传播与发展。如 Samovar 等著的《跨文化传通》（陈南等译，三联书店，1988）、跨文化交际学的奠基人 Hall 的《无声的语言》（刘建荣译，上海人民出版社，1991）、Mortenson 的《跨文化传播学：东方的视角》（关世杰等译，中国社会科学出版社，1999）等。外语教学与研究出版社、上海外语教育出版社相继引进一些英文原版著作，尤其是后者推出了“外教社跨文化交际丛书”。丛书既引进了 10 部国外权威力作，也出版了我国学者的著述，还有中外专家的合力之作。

再者，第一届中国跨文化交际国际学术研讨会 1995 年在哈尔滨举行，标志着中国跨文化交际学会（CAFIC）正式成立。在学会的领导下，每两年召开一次全国性的研讨会，迄今为止已经成功召开了八届。从 20 世纪 80 年代中叶开始，我国一些大学相继设立跨文化交际学课程。如北京外国语大学、黑龙江大学、哈尔滨工业大学、福建师范大学、云南大学等（胡文仲，1999：17）。此后开设跨文化交际学的院校迅速增加，跨文化交际学也已成为外语类硕士层次的学习课程。

尽管我国在跨文化交际学研究方面取得了令人瞩目的成绩，但同美国相比，无论在研究内容上还是研究方法上都有很大的差距。首先，在理论研究方面，我国基本上只“收集采购”国外理论，而没有将其“提炼转化”成具有中国文化特色的跨文化交际学理论。自20世纪80年代初，跨文化交际学作为一门学科引入我国之后，我国学术界就在不断地探索如何构建适合中国国情的跨文化交际学理论。哈尔滨工业大学贾玉新教授和北京语言大学王振亚教授就是其中两位典型代表。前者在其专著《跨文化交际学》（1997）中提出了自己的跨文化交际学理论框架。后者在《以跨文化交往为目的的外语教学》一书中，总结了他对跨文化交际理论的探索和认识，提出了根据由跨文化交际行为构成的话语场、话语意志和话语方式，来选择文化教学内容和语言教学内容的教学思想框架。但是，与社会语言学及语用学相比，跨文化交际学的理论构建显得异常单薄，这也直接导致其在研究内容和研究方法上存在着不足。

其次，在研究内容方面，我国的跨文化交际学研究主要还是偏重于语言教学，或者说只是侧重于对跨文化交际中的文化差异进行静态的对比和分析，呈现出单一学科参与的特点，主要涉及跨文化交际与外语教学、跨文化交际与对外汉语教学、跨文化交际能力的培养、跨文化交际与翻译、跨文化交际中的语用失误、非语言交际、词汇的文化内涵、跨文化交际与修辞、经贸领域的跨文化交际等。这与跨文化交际学本身所具有的跨学科特点是不相符的。众所周知，跨文化交际学作为研究多元文化环境下各种人际与社会行为的一门综合学科，其主要的理论与概念基础源于传播学、人类学和社会心理学。这就决定了它自成为一门学科那天开始就具备了多学科和跨学科的特点。因此，它绝不仅限于外语教学界司空见惯的、讨论得最多的交际范畴。它必须涵盖当今跨文化对话所涉及的一切领域，包括环境问题、国际合作问题、人口问题、战争与和平问题等。只有这样才能帮助我们发现跨文化环境下人际行为的种种新特点和规律，解决跨文化环境下出现的种种问题，最重要的是可以为理论研究提供应用成果转化的机会。

最后，在研究方法上，我国的跨文化交际学研究缺乏实证研究的研究成果。调查结果指出了我国跨文化交际学研究方法上存在的缺陷：演绎性、思辨性的文章居多数，系统收集数据作出分析研究的文章为数很少。众所周知，跨文化交际行为主要指的是发生在不同文化集团成员之间的交际行为，它有语言行为和非语言行为之分，此外，交际行为又同语境有着密切关系，交际行为既可以发生在商业环境中，也可以发生在冲突管理的过程中，还可以发生在谈判过程中，这就使得跨文化交际学自然而然地具备了跨学科的特点。如果我们将文化差异当成是跨文化交际过程中的一个变量，那这一变量与其他相关学科的变量之间存在的各种可能的关系就使得跨文化交际行为变得更加复杂了。要彻底了解跨文化交际行为或其过程中各种变量之间的关系，我们就一定要采用实证方式来进行研究，只有这样，才能缩小我们同美国在跨文化交际学研究中的差距。

1.4.3 跨文化交际学研究内容和方法

综观中美跨文化交际学研究的发展历程，各自的跨文化交际学都包括两个侧重点有所不同的研究领域：跨文化对比研究（cross-cultural communication）和跨文化交际过程研究（intercultural communication）（Chen & Starosta，2007：ii）。前者主要沿用文化人类学的研究方法来探讨不同文化交际过程中所涉及的各种文化要素，研究来自不同文化集团的成员在相互交流的时候各自的文化价值与人际间行为的各种关系，也就是侧重于对跨文化交际中的文化差异进行静态的对比和分析，如对比价值观的差异、非语言行为的差异、思维模式的差异、会话策略的差异等。在这方面，Hall 和 Hofstede 为跨文化交际学研究作出了卓越的贡献。他们提出的高低语境理论和文化价值维度理论为文化研究和文化比较提供了一个基本框架，为文化比较研究打开了方便之门。后者主要借助传播学的研究方法来讨论跨文化交际过程所涉及的各个交际环节及其所表现出来的特征，探索各种文化因素变量与交际行为变量之间的关系，研究的重点是解释跨文化交际过程的动态变化，比如跨文化交际过程如何减少不确定性、如何构筑意义和身份、如何适应异文化、如何处理跨文化冲突等，即它的侧重点在于交际过程的动态构建。在这方面，Ting-Toomey、Gudykunst、Kim 都作出了巨大的贡献，他们提出的面子观——协商理论、文化—种族认同协商理论、焦虑/不确定性协商理论、跨文化调适理论得到了广泛的应用。

在研究方法方面，跨文化交际学与社会心理学和传播学等学科的紧密关系，使得跨文化交际这一学科具有很强的实证性。实证研究方法便成为国际主流学者们主要的研究方法。而实证研究通常包括两类，即定性研究和定量研究，在这里我们借助 Martin 等（1998）提出的“解释性研究”和“社会科学研究”来对定性研究和定量研究进行说明。解释性研究就是把跨文化交际看作是一个整体过程，研究者通过深入所研究的文化群体，运用参与性的观察和人物采访等方法来收集资料，从而发现该文化群体的交际规则。由于没有对跨文化交际中的各种变体加以研究，因此它属于一种主观的、质化的定性研究方法。而社会科学研究方法是在以往的研究和现有理论的基础上，对拟研究的课题进行假设，然后通过问卷调查、观察或测试的方法来证实或推翻假设。与解释性研究方法不同，社会科学研究方法将跨文化交际看作是由不同层面和变体构成的人类活动，它通过对问卷和测试调查所收集的数据进行统计和分析，揭示来自不同文化、有着不同身份和角色的个人在交际行为上所表现出的语言和非语言差异，因此它属于一种客观的定量研究法。

1.5　小　结

本章通过对跨文化交际学两大基本概念“文化”和“交际”的阐释以及对跨文化交际学研究的历史进行梳理，得出以下结论：①语言、文化与交际之间是一种水乳交融、不可分割的关系，这种“三位一体”的关系是实现语言教学与文化教学有机结合的前提，也是联系跨文化交际学与外语教学的纽带。②在研究内容上，跨文化交际包括两个侧重点有所不同的研究领域：跨文化对比研究和跨文化交际过程研究。③在研究方法上，实证研究方法成为跨文化交际学的主要研究方法。④同美国相比，我国的跨文化交际学研究在理论构建、研究内容和研究方法上都有很大的差距。为了提高我国跨文化交际学研究的水平，我们必须熟悉国际主流的研究方向和最新的研究成果，并在此基础上创建自己的跨文化交际学理论。

2 国内外文化教学的沿革

在外语教学中进行文化教学已经有很长的历史了，但是文化教学的形式、内容和作用在历史发展的各阶段有着明显的差异。最初人们是通过文学作品将文化引入外语课堂教学的，通过阅读文学作品学习者可以了解目的语的文化信息。一是因为当时的外语教学是精英教学，是为了满足少数精英人士阅读和翻译外国文学作品和宗教书籍的需要；二是由于文学作品蕴涵丰富的文化内容，是反映文化现实的最佳途径。到了20世纪七八十年代，受Hymes等人的交际能力观的影响，外语教学的目的发展成为如何提高学习者的交际能力，并明确地把文化列为教学内容。在这两个阶段文化都被视为一成不变的文化事实即“知识”，文化教学总处于次要、附属甚至是可有可无的地位。随着跨文化交际学的兴起，外语教学的目的转变为如何提高学习者的跨文化交际能力，人们开始意识到文化的动态发展特点和文化学习的情感和行为层面，意识到语言教学必须和文化教学有机结合。因此，本章将对国内外文化教学的沿革进行简要回顾，总结一些先进经验来指导我们的文化教学实践。

2.1 国外语言文化教学研究

随着外语教学目的的转变，即语言技能→交际能力→跨文化交际能力，文化在外语教学中的地位和作用也随之发生变化，即完全忽略文化教学→文化教学依附于语言教学→文化教学与语言教学全面结合。依据文化在外语教学中的地位和作用的演变，我们认为西方文化教学大致经历了以下三个阶段：分割阶段、依附阶段以及有机结合阶段。

2.1.1 分割的语言教学与文化教学

根据文献记载，欧洲的文化教学早于美国。Kelly 认为文化教学最早出现于中世纪早期，那时传统的古典文献课不仅系统介绍罗马帝国的历史和地理，而且也介绍人们的日常生活（胡文仲等，1997：30）。1880 年，法国教育家 Gouin 在他的著作 *The Art of Teaching and Studying Language*（《语言教学与学习的艺术》）中讨论了文化的重要性（胡文仲等，1997：30）。两年后，该书的英文版问世，并迅速在英美两国推广。在书中，Gouin 除了指出语言教学中文化的重要性之外，还给读者传递了一个信息：文化教学可以通过使用合适的教学方法在常规课程中得以实施。这是西方国家第一部阐述文化教学重要性的理论著作。

到了 20 世纪初，语言教学界的一些有识之士开始著书立说，阐释文化因素对语言教学的重要性。1900 年美国现代语言学会起草的一份题为"Report of the Committee of Twelve"的报告，第一次提出欧洲文化应作为语言教学的一部分（陈申，1999：9）。1918 年，一个由首相指定的英国国家委员会起草了一份题为"现代学习"(Modern Studies）的报告，该报告对文化因素尤其强调，建议将语言学习置于文化情境中（胡文仲等，1997：30）。在两次世界大战之间，作为语言教学项目一部分的 Kulturkunde（文化学习）在德国迅速发展起来。有的教师为了扩大语言教学的范围，注重与德国语言文化相对应的外国语言文化，将外国语言文化与外国文学、历史、地理联系起来；有的教师将 Kulturkunde 看作外国的思想史；还有一些教师努力寻找异民族隐藏的"心理结构"，并在此原则指导下研究该民族的历史事件、社会现实以及文学艺术。但是，受到德国纳粹主义的影响，语言教学中的外国文化介绍完全成为一种陪衬，目的是使学生认同德国文化，形成其"德国意识和德国价值观"（胡文仲等，1997：30）。

综上所述，在文化教学的萌芽阶段，文化有两个层面的意义：一是个人的高水平心智，这种能力是通过语言学习获得的，包括推理能力、智力、想象力和艺术能力；二是异民族的历史和制度、人们的心理以及理想和价值标准。此外，还包括该民族对于人类文明的贡献。值得注意的是，当时的外语教学以文学欣赏为主要目的，学习者通过学习文学作品来了解目的语文化的历史、制度和习俗，以及他们对人类文明的贡献，也就是我们常说的大写 C 文化，而且这些文化知识通常与课文的语言重点没有任何关系，只是作为文化背景知识介绍给学生，便于他们理解文学原著。因此，在这个阶段，语言和文化不是一个不可分割的整体，文化教学完全脱离了语言教学，这就导致文化教学在整个语言教学中不占主要地位，它只是对外语教育的一种补充，或者说是外语教育的手段之一。

2.1.2 文化教学依附于语言教学

第二次世界大战后，人类学和社会学的一些成果被应用到语言教学和研究之中，语言教学和文化教学相结合的思想逐渐被提上议事日程。1972 年和 1988 年美国东北外语教学会议（The Northeast Conference on the Teaching of Foreign Languages，NECTFL）举行了两次以文化教学为主题的研讨会，会议就文化教学对于外语教学和外语学习者的重要意义达成了共识。此外，鉴于文化教学的多面性和复杂性，会议还着重讨论了语言和文化如何在课堂教学中有机结合的问题（张红玲，2007：161）。越来越多的外语教学界人士认为了解外国文化和进行文化比较是语言教学必不可少的一部分，并从不同角度对文化教学进行探讨，其中具有代表性的研究者包括 Robert Lado（1957），Edward T. Hall（1959，1966，1976），Nelson Brooks（1968），Howard L. Nostrand（1977）等。在人类学和社会学，尤其是 Hymes 等人的交际能力观的影响下，此阶段的文化教学无论在内容上还是方法上，都较前阶段有了进步。

首先，由于受人类学的影响，文化的内涵发生了转变，文化教学的内容也随之改变。在人类学家看来，文化长期以来代表了一个民族的生活方式以及他们习得的行为模式、态度和品质。在《无声的语言》（*The Silent Language*）一书中，Hall 指出了此定义的缺陷，认为“他们的研究往往致使某些人迷恋于从构成人生的许多事件中寻找单一类型的事件，并倾向于视其为一切文化的本质”（刘建荣译，1991：22）。为了更为全面而准确地理解文化的本质，Hall 将文化视为“交流”（大多数人在彼此相处时所遇及的困难可追溯到交流中的误解）、“监狱”（文化用许多人所不知的方式束缚了人类，它所施加的限制是一套习惯和常规）、“人类”（人类相互交往所需手段之间的联结）。此外，为了阐释语言和文化的关系，Hall 把 10 种独立的人的活动称为“基本信息系统”，包括：互动（interaction）、联合（association）、生存（subsistence）、两性（bisexuality）、时间（temporality）、领土（territoriality）、学习（learning）、消遣（play）、防卫（defense）和利用（exploitation）（刘建荣译，1991：41～62）。由于这些系统交织在一起，所以研究文化可以将任一系统作为起点，最终展示出一幅完整的图景。在 Hall 看来，文化不是一种事物，而是多方面相互联结的一系列复杂的活动，它既浸透了情感，又弥漫着理智。更为重要的是，语言和文化是密不可分的，“发达的语言和技术与现今的人类有着某种紧密的联系，尽管人们对这种联系如何形成还不甚明了。如果没有被低级有机体构造的高度发展的亚文化系统，这些都绝不可能出现”。他使人们意识到了在外语教学中进行文化教学的必要性。

Hall 对“文化”所作的阐释揭示了语言与文化之间密不可分的关系，但是他的定义似乎与外语教学没有直接的联系。而 Brooks（1968）是最早区分大写 C 文化和小写 c 文化并阐释两者关系的学者（陈申，1999：56），也是最早对外语教学环境下的文化定义进行阐释的研究者之一（张红玲，2007：162）。首先，在 Brooks 看来，文化包含五层定义：个人成长（biological growth）、个人修养（personal refinement）、文学与艺术（literature and fine art）、生活模式（patterns of living）、生活方式的总和（the sum total of a way of life）。根据第一章对大写 C 文化和小写 c 文化的阐述，我们认为 Brooks 提出的“五层文化定义”实际上就是对大写 C 文化和小写 c 文化进行的区分。其次，考虑到教学的可行性，Brooks 认为在课堂教学中外语教育者是不可能把关于文化的方方面面知识传授给学习者的，因此要有取舍，要注重对“生活模式”（即小写 c 文化）的教学。再次，在分析了大写 C 文化和小写 c 文化两者区别的基础上，Brooks 指出了文化最突出、最重要的特点是它与个人紧密相连的关系，这种关系表现在三方面：人们的思想和言行要受到文化模式的制约；文化是人与世界、人与社会和谐关系的保障，也就是说，文化决定人们理解世界的方式；人与人之间需要相互交流（见张红玲，2007：162）。此定义剖析了人与文化的复杂关系，说明了语言交际与文化之间相互依存的关系，明确了文化教学的重点——传授小写 c 文化（如人们的风俗习惯、生活方式、行为准则、社会组织、相互关系等），因此与外语教学有着紧密的联系。

此外，为了全面透彻地分析文化所包含的内容，Nostrand（1977）对原本无序且难以把握的文化内容进行了梳理和分类，并提出了“Emergent Model”的文化分析模式。在此模式中，社会文化系统被分为 4 大子系统、32 小项：一是文化（包含价值观、气质、艺术、语言、非语言等），二是社会（包含家庭、宗教、经济、职业、政治、教育、交际、社会行为规范、冲突等），三是个人（包含性格、年龄、人际关系、性别等），四是生态（包含对自然的态度、对自然的开发、对自然资源的利用、技术、交通等）。此模式使外语教师对文化有了更清楚的认识，使外语教学中的文化内容变得易于控制和操作，因此被广泛应用到外语课堂教学中。

综上所述，在教学内容上，此阶段的文化教学从以前的“文化修养”和“艺术努力”拓展到“特定群体整个的生活方式”，也就是说，从大写 C 文化变成了小写 c 文化，解决了文化教学中“教什么”的问题。

其次，从 20 世纪五六十年代开始，国与国之间、民族与民族之间的交流日益频繁，由于文化差异所产生的误解不断增加。人们开始意识到要彻底掌握一门语言，光有熟练的语言知识和技能是不够的，还要有了解目的语的文化规约，提高学习者的交际能力。正如 Fries 所说：“为了实现交际，彻底掌握一门语言，并做到真正理解，需要对各种句子的使用场合的许多特点作系统的观察和记录。这种系统的观察和记录必须细致入微和富有同情心，其目的既不是为了以自己的做法为依据来衡量对方，也不是为了发现‘奇特的’人们的风俗，而是为了尽可能充分地理解、感受和体验。”（胡文仲等，1997：32）

为了加深对目的语文化的理解，有学者（Lado，1957）提出在文化教学中，应注意亚文化和个体差异，并避免价值判断，还应注重对母语文化和目的语文化进行对比。他在《跨文化的语言学》（*Linguistics Across Cultures*）一书中明确指出，教师通过在准备教学素材的过程中对母语文化和目的语文化进行对比，可以发现文化学习的难点并在教学中加以克服。具体来说，通过比较行为模式在两种文化中的形式、意义和分布（form，meaning and distribution）的差异，可以帮助教师预知文化学习的难点，进而采取行之有效的教学方法；同时，还可以让学生了解本族语文化的伟大成就，增强学生的本族文化意识。此外，他曾建议对语言进行三种意义上的比较：一是形式相同，意义不同；二是意义相同，形式不同；三是形式相同，意义相同，分布不同。而两种文化行为在形式、意义和分布上的差异是产生误解的根本原因，也是文化学习的困难所在（Lado，1957：114～120）。然而，由于受到结构主义语言学的影响，Lado 的文化比较模式只对人们的行为层面进行了比较，而忽视了对世界观、价值观等深层文化成分的比较。

此外，Brooks 还提出了循序渐进的文化教学原则，对不同的学习阶段教什么与如何教作出了阐释。在他看来，在文化学习的初级阶段，教师可以利用图片、地图和实物建立“文化岛”，让学习者接受相关文化的教育，与此同时，还应该通过语言学习和实践让学习者了解目的语和本族语之间的表层文化差异；第二阶段，应该让学习者理解和探索文学艺术作品所包含的文化内涵；第三阶段，应该对学习者进行系统而全面的文化教学，通过通读大量的经典文学作品，让学生了解目的语中象征、价值观、秩序、仪式、友爱、荣誉、幽默、美丽和精神的内涵，提高他们的语言技能，培养其对目的语群体生活方式的意识、洞察力和同情心（张红玲，2007：162～163）。他的这些观点，对于解决文化教学中“教什么、如何教”的问题，起到了很大的借鉴作用。但是，这些理论概念能否运用到课堂教学中成了一个很实际的问题，而且 Brooks 的理论有过于简单之嫌。

综上所述，由于受到 Hymes 等人的交际能力观（此专题将在后面的章节进行专门阐述）的影响，人们不仅注重言语行为的语法性，而且更注重言语行为的得体性。这导致了文化教学内容从“大写 C 文化”转变为“小写 c 文化”，文化教学目标从“语言技能为中心”转变为“交际能力为中心”，并明确地把文化列为教学内容。因此，我们可以说此阶段的文化教学相对上一阶段来说进了一大步。但是，这两个阶段都把文化作为知识来处理，把文化看作是相对固定不变的可积累、可分类、可观察、可教和可学的“事实”，把文化知识的学习作为语言学习的手段。这样做可以减少学生在接触外国文化的学习过程中有可能出现的困惑和误解，还有利于建立一个教学框架，使各种各样教授文化知识的方法与技巧能够得到发挥。然而，此阶段的研究者“只注重表层文化行为，而忽视了深层的价值取向和文化变体的存在，忽略了个人在文化创造中的参与作用以及语言和文化意义形成中的相互作用”（张红玲，2007：164）。此外，此阶段的教学理念没有把语言和文化视为一个不可分割、相互依赖、相互影响的整体，使得语言知识和文化知识是泾渭分明的两种不同知识，而且一种知识的获得未必依赖于另一种知识。也就是说，文化教学只是依附于语言教学，没有确立自己的独立地位。因此，我们也把此阶段的文化教学视为“依附阶段”的文化教学。

2.1.3 语言教学与文化教学有机结合

随着英语被越来越广泛地使用，并呈现出世界性、国际性通用语言的特征，美国学者 Larry Smith 主张用“EIL”（English as an International Language）来取代过去的“ESL”和“EFL”两个概念。在“EIL”的提倡者看来，英语不仅属于英美等将英语作为母语的国家，而且也属于印度、菲律宾等将英语作为群体内部交际工具之一的国家，甚至属于任何讲英语的人。这就意味着，英语所代表的不再是狭隘的英美文化，它可以用来表达任何一种文化的观念。此外，随着跨文化交际学在美国的兴起，越来越多的研究者意识到文化不是一成不变的事实，而是一个动态发展的过程。他们认为，文化在不断地变化着，其成员为了满足不同场合的交际需要，掌握了一套形形色色的行为方式，并对引导行为的价值取向表现出不同程度的关注。因此，这就给当时的文化教学提出了新的要求，教师必须重新调整教学视角以及文化教学的目标，选择合适的教学方法。就以上问题 Kramsch 和 Byram 提出了自己独到的见解。

第一，在这一阶段，学者们（如 Kramsch，1998）一致认为文化教学应该与语言教学处于同等重要的地位。结合语言大师 Halliday 的观点，Kramsch（1998：3）将语言和文化的关系归纳为：语言表达文化现实；语言体现文化现实；语言象征文化现实。她认为在语言文化教学中应采用完整的“多元合一”眼光去看待语言和文化这

“一个硬币的两个侧面”，使之有机地融合为一体，才更有利于把握语言文化教学。因此，她认为不能将文化简单地看作信息或事实，也不应当把外语教学中的文化视为附加在听、说、读、写之后的第五种技能。在她看来，语言是一种社会实践，文化是语言教学的核心，语言教学不是四种技能加上文化，文化意识的培养应被视为语言能力的促进和对语言能力思考的结果。

第二，在教学视角方面，此阶段呈现出多元和对话的特征。众所周知，后结构主义反对固定的模式，提倡冲破结构框架的束缚，强调世界的多元性，怀疑所谓绝对真理的存在，从而促进人们思想上的解放。正是受这种思想的影响，Kramsch（1998：23～24）对以往语言教学中的文化教学进行了批判性的总结并提出了新的文化教学视角。她认为语言教学中的文化教学长期以来主要有两种做法，一是注重提供相关文化信息，介绍目的语文化的方方面面，但是这种以提供有关事实为主的做法不利于学习者深刻理解目的语文化的价值观；另一种是将文化置于一个解释框架内，从跨文化心理学和文化人类学的角度对种种文化差异的事实作出某种阐释。然而无论是哪种做法，学习者都是被动的知识接收者，它们也都没有涉及文化差异使学习者所遭遇的冲突和困境。因此，她认为应该有也正在出现第三种做法，那就是文化不仅被看作是事实和意义，还被视为目的语意义和本族语意义相斗争的场地。针对以往“将语言学习视为手段和工具，视为训练”的错误做法，Kramsch 认为，在外语教学中，教师不仅要向学习者传授语言知识，还要告诉他们如何使用语言，更为重要的是，教师还要给学习者一个制造自己意义的空间，实现学习者和本族语者（即目的语及目的语文化）之间的对话。通过对话，学习者可以发现在说话和思维的哪些方式上他们和别人共享，哪些方式则属于他们自己独有。在这种情况下，外语学习者才能以他们自己本来的身份而不是以有着这样那样缺陷的非本族语使用者身份来使用所学的外语。因此，教师不仅仅要教给学习者语言技能和文化知识，还要使语言学习变成真正意义上的教育。

为了给学习者一个制造自己意义的空间，Kramsch（1993：225）指出，外语学习是一个打破“界限”（boundary）的过程，学习者通过学习认识到同一事物可以用不同的参考框架来表示。这样的学习不是去单纯模仿和迁就目的语文化，而是在超越本族语文化和目的语文化的同时，达到“第三位置”（the third place）。这个“第三位置”显然既不同于学习者的目的语文化，又不同于其本族语文化，而是一种学习者特有的、与前两种文化有联系的文化系统，我们可以把它称为“中介文化”。值得注意的是，因为外语学习是一个不断打破“界限”的过程，所以中介文化总处于不断演变的状态。不难看出，Kramsch 所说的“多元文化”实质上包含了三个方面的内容：学习者的目的语文化，学习者的本族语文化，学习者的“中介文化”。

此外，依据 text 和 context 的相互依赖关系，即“话语是意义的载体与反映，它具有表达双重声音（double voice）的作用，即表达说话者的个人思想和意愿（text），又代表说话人所属言语社团的期望（context），两者相互依存”（Kramsch，1993：10），Kramsch 主张采用一种“对话”途径来组织文化教学，主张在语言文化教学中持有“多元共生”的立场，不能一味地追求“一致”而避免“冲突”。因此，我们在文化教学中应该鼓励文化互动，而不是避免冲突。在理解冲突、化解冲突的过程中学习者可以实现母语文化和目的语文化的互动。此外，还要鼓励学习者用目的语来表达自己母语文化中独有的思想和现象。这种双向文化互动的教学模式，突破了以目的语文化知识为载体，以目的语社团的交际行为为标准的单向文化教学的局限。总之，从单纯的目的语“文化导入”到母语和目的语并举的“双向互动”，不仅拓宽了文化教学的视野，而且通过比较两种文化，不断地反思本族文化，加深了学习者对本族文化的理解和热爱。同时，双向文化互动的教学模式纠正了以往“重文化教学内容、轻文化教学过程”的倾向。

第三，长期以来，功能学派以及社会语言学派认为，外语教学的主要目标是培养学习者的交际能力，即语法性、适合性、得体性和实际操作性。研究表明，培养学习者的交际能力其实就是母语文化对目的语文化的被动的单向适应，长此以往，学习者在交际中就会失去应有的文化身份和文化主动权。正如 Kramsch（1998：80 ~ 81）所说“本族语者在外语教学中的权威性与身份都受到置疑”。另外，就目的语语言与文化的真实性问题和目的语使用中的得体性问题，Kramsch 有了新的认识。她指出，交际能力不应当仅仅是处理信息的能力，而应当是了解与开创新世界的能力。为了弥补交际能力的缺陷，学者们（Kramsch，1998；Byram，1997）一致认为，“学习者通过某一具体文化的学习，并在此基础上，了解更多的文化群体，掌握文化和跨文化交际的普遍规律，增强跨文化意识，提高跨文化交际能力，力争成为一个跨文化的人”是文化教学乃至是整个外语教学的最终目标。跨文化的人了解多种文化知识，具有一种或多种文化身份，具有开放和灵活的世界观，“在一定的社会环境中能够灵活选用准确、恰当的形式，而不是根据某一个社会群体的学术规范和社交礼节去说和写”（Kramsch，1998：27）。总之，“知识”（knowledge）、“态度”（attitude）、“行为”（behavior）和“学会学习”（how to learn）是成为跨文化的人的必备要素，也是文化教学的内容选择、方法设计和教学测试与评估的基础。

第四，在欧盟委员会的倡导和委托下，英国的 Byram 教授和法国的 Zarate 教授主持了一项名为“欧洲公民的语言学习”（Language Learning for European Citizenship）的现代语言计划，目的是建立一套关于语言学习、教学和测试的欧洲共同体框架，研究重点是探讨如何在外语教学中提高学习者的社会文化能力和跨文化交际能力。进行文化教学研究的主题包括：文化教学在语言教学和中学整体课程中的作用和价值；适合于学习者心理、认知和情感发展的文化教学框架及其与外语学习其他层面的关系；文化教学的方法和手段；文化教学评估和学习测试（张红玲，2007：171）。Byram 等人在调查了欧洲各国语言文化教学的现状后，以欧洲跨文化交际的需要为前提，提出了一个将语言和文化相结合的综合教学模式。在这个教学模式中，他们对文化教学的方法、文化教学应遵循的原则、文化教学的内容以及文化教学的评估方法进行了系统的阐述。

在教学方法方面，Byram 等人开始意识到文化比较和文化传授的局限性：文化知识是无穷无尽的，文化比较无法脱离特定的视角；信息和角度的选择都会受到限制。为此 Byram 和 Morgan（1994）借鉴社会人类学和人种学的观察、访谈以及报告撰写技巧，创建了一个新的文化教学方法——田野调查法。该方法将学生自己的亲身经历作为他们学习的出发点和与他们所学文化进行比较的基础。通过调查访谈，学生不仅可以获得文化意识，也可以获得文化体验，还能学会独立学习。在教学原则方面，Byram 和 Morgan（1994）主张旨在帮助学生学会独立学习的“循序渐进原则”和“授之以渔原则”；在教学内容方面，主张让学生掌握特定国家（目的语国家）内部各社会群体及其社会认同，社会交往习俗，信仰和行为模式，社会政治制度，社会化和生活范围，国家的历史、地理、文化遗产，文化自定型以及民族归属等知识（胡文仲等，1997：38）。但是，以 Byram 为代表的欧洲文化教学研究存在着明显的不足。由于在研究过程中以欧洲大陆和英国文化为研究对象，很少涉及世界其他地区的语言和文化，其研究不具备开放性、包容性和全球性的特征，使得教师和学生对全球化和跨文化交际产生一种片面和狭隘的理解。

总之，由于人们把文化学习视为一个动态的认知、情感和行为的变化过程，这一阶段文化教学的地位和作用发生了显著的变化。学习者通过文化学习，不仅可以提高交际能力，还可以在了解外国文化的基础上反省本族文化，开阔视野，增强跨文化意识，提高跨文化交际能力，进而实现个人的全面发展。这一阶段文化教学与语言教学处于同等重要的地位，文化教学与语言教学一样，既是教学手段又是教学目的，两者实现了有机结合。因此，我们也把此阶段称为“有机结合阶段”。

综上所述，在人类学、社会学、跨文化交际学等学科的影响下，国外语言文化教学取得了巨大的成绩，人们对文化教学日益重视。教学目的从单纯的语言技能训练转为跨文化的人的培养；教学内容从一成不变的信息或事实转为群体生活方式的总和；教学方法从文化比较、知识传授转为文化体验；教学视角从单向的目的语文化转为母语文化和目的语文化的互动。

2.2 国内语言文化教学研究

中国外语教学界在外语教学必须关注文化教学方面早已达成一致的看法。但是，受到特殊的政治、历史和文化背景的影响，“在中国历史上，外语教育中的文化教学经历了‘禁’、‘代’、‘选’，并在这三者之间钟摆式地左右徘徊”（陈申，1999：IX）。我们认为，由于受到一些政治因素和教学方法的影响，我国的语言文化教学经历了从萌芽到兴起再到迅猛发展的阶段。从新中国成立到20世纪80年代，在语言教学中，我国长期注重的是语言结构，强调语法规则的强记以及外语词与母语词的对应，而忽略了语言的文化内容和语言形式在文化内涵上的差异。20世纪80年代后，随着社会语言学、跨文化交际学、语用学等学科引入我国，我国对语言文化的讨论更加系统和深入，语言文化教学的研究也日益受到重视，并且得到了迅速的发展。

2.2.1 萌芽期：我国的语言文化教学呈现出“禁”和“代”的特征

在新中国成立初期，我国许多方面，如政治体制、政府机构、教育等都采取苏联模式。当时，我国的外语教学深受自觉对比法（the conscious-comparative method）的影响。这种方法强调语法、翻译以及外语与母语之间的对比，对课文中的语言点的解析是这种方法的核心。其实，这同我国长期盛行的语法翻译法类似，后者以语言的结构形式为中心，以翻译特别是文学语句的翻译能力为目标。除了教学方法之外，当时的俄语教材也基本从苏联引进，书中包括大量有关苏联文化的介绍，如马列主义、政治制度、科技成就以及苏联人民的生活方式。就连当时的英语教材也是从苏联引进的，书中并没有反映英语国家的一些文化信息，取而代之的是对苏联文化进行介绍。显而易见，这一时期无论是俄语教学还是英语教学，学习者所能接触的只有一种文化，即苏联的文化模式，当时外语教育中的文化教学呈现出“代”的特征。这种教学模式忽视对学习者本族语文化意识的培养，导致学习者丧失了自身文化身份。

随着中苏关系的破裂，1958 年，中央提出了“教育为无产阶级政治服务、教育与生产劳动相结合”的教育方针，接着开始了“教育大革命”。“教育大革命”力图破除陈旧的教育思想、旧的体制、旧的教材、旧的教学方法、旧的教学秩序，很多是破得对的，但在“左”的思想影响下也有些破得不对或过了头（付克，1986：74）。当时的语言文化教学走向了“代”的另一极端，也就是用中国文化取代苏联文化。然而由于过分强调“政治”和“现实”，当时的教材中反映中国现实的政治性文章占了主要地位，翻译文章占了极大的比重，原著占的比例极小，导致学生学到的外语不够地道。总之，从新中国成立到 20 世纪 60 年代，我国的语言教学与文化教学是脱节的，不管是“知识文化”还是“交际文化”，学习者都触及不到。

1960 年后，我国的外语教学进入了一个新的发展时期。在教材编写方面，许国璋教授主编的《英语》教材及其他语种的新教材相继问世，这对提高这些语种的教学质量是大有好处的。在教学法方面，“听说法”（the audio-lingual method）传入我国，初步改变了

“聋子英语”、“哑巴英语”的现象。1964年10月，教育部会同中央有关部门制定了《外语教育七年规划纲要》（以下简称《纲要》）。《纲要》对外语院系的课程设置和教学内容提出了一些建设性的意见。比如：应根据培养目标的要求，贯彻学以致用和少而精的原则，改变过去普遍选读大量古典文学作品和学习过多的语音、语法、词汇理论的缺点，减少课程门类，精简内容，加强基本训练，扩大知识面，使学生既有实用的知识与技能，又有较高的文化素养。值得注意的是，《纲要》对教学内容作了具体的规定：注意反映我国的革命经验和建设成就，适当联系学生生活的实际，但必须注意充分反映外国情况，包括外国人的思维表达方法、民族特点、历史传统、地理条件以及生活习惯；为了熟悉外国情况和学习地道的外语，必须选用足够数量的原文，高年级一般应以原文为主；根据教学需要，可以对原文作品作必要的删节和压缩，但不要篡改以免使原文失去本来面貌（付克，1986：81～82）。根据《纲要》的要求，一些高校外语系陆续开设了英美文学史、文学选读、英美国家概况等课程，来传授有关英国的历史、社会、风俗习惯以及人们的心态等方面的“知识文化”。总体来说，当时的外语教学涉及的文化面较窄，大多是书本知识，“交际文化”基本上没有触及（胡文仲等，1997：45）。然而，令人感到欣慰的是，我国的外语教育者开始认识到了解外国文化是学习地道外语的必要条件之一。

“文革”期间，外语教学受到很大冲击。英语等语种一度被当做“帝国主义”的语言。外语教材编写通常都从语言学习的规律服从于“思想性”出发，为了保证思想性，往往以外语的语音、语法和词汇加上中国的题材和内容，学生了解不到目的语国家的任何情况。西方文化被视为洪水猛兽，偶尔有些关于西方国家的课文也都须经过一再的审查，唯恐有“毒害”学生的内容。其结果是无论教师或学生都对外国文化根本不了解，或者是只有错误的了解。例如：在中美建交两年后，一个美国语言学家代表团访问中国，在访问途中遇见一些英语专业的中国大学生。美国客人对中国大学生的语法能力和标准的语音语调印象颇深。然而，代表团成员也对中国大学生的无知感到惊奇。有位大学生对一位代表的一头金发表示好奇，甚至冒昧地问那位代表是不是由于年老或者是生病才导致一头金发（陈申，1999：38）。用胡文仲教授的话来说，“那个时期的外语教学是有文化内容的，但并不是目的语本身所包含的文化，而是生搬人家的语言，来表现自己的政治文化”（胡文仲等，1997：46）。

1978 年，我国开始实行“改革开放”的政策，开始大规模引入外国文化，尤其是西方文化。在这一阶段，我国的语言文化教学发生了巨大的变化。首先，为了了解英美等西方国家日常生活的各个侧面，我国一些大学开始引进大量的外国教材，如 *New Concept English*，*Kernel Lesson Plus*，*English for Today*，*Question and Answer*，*Success with English*，*Listen to This*，*English 900* 等。这些教材介绍了西方的文化，如西方国家人们的生活起居、工作学习、闲暇度假、家庭关系、风俗习惯等。除此之外，我国的外语教育者开始意识到外语学习可以结合外国的日常生活来进行，外语学习可以既学语言又学文化（胡文仲等，1997：46～47）。此外，为了提高我国的外语教育水平，我国派了大批外语教师到西方国家学习社会语言学、国情语言学、跨文化交际学等新的学科。与此同时，大量外国教师来华任教。其次，在 20 世纪 70 年代末、80 年代初，交际法开始引入我国，促进了我国教学主导思想方面的变化。在改革开放之后，我们在外语教学中主要通过英美概况、文学选读等课程对目的语国家的历史、政治、经济和文学进行介绍。越来越多的外语教师开始意识到，教语言不仅仅是教授语言结构形式，还要注重语言意义的教学，注重对目的语国家的文化习俗、交际规范、生活方式、价值观念等知识的传授。也就是从那个时期起，文化成为外语教学中一个重要组成部分。

2.2.2 文化教学的兴起和发展

我国语言学界在20世纪80年代以前偏重于美国的结构主义和生成语法，很少考虑语用、文化、社会习惯等问题，因此有学者（许国璋，1988：72~82）呼吁，在我国的英语教学中，对词义的解释不能仅限于英语教学环境中的意义，还应充分注意英语国家的文化和母语文化，注意训练学生操练英语语言形式的能力和发展学生的智力。

80年代初，随着改革开放的步伐日益加快，我国逐渐掀起一股“文化热”。从那时候起，一些文章、专著与论文集陆续发表、出版，对语言文化进行了系统和深入的探讨。笔者在中国期刊网检索页面中以“文化教学—英语教学”为主题，查询结果为1980—2009年，我国各类期刊中有关“英语语言文化教学”的文章有2 083篇，博士论文2篇，硕士论文409篇。主要专著与论文集有胡文仲先后出版的《跨文化交际与外语学习》（上海译文出版社，1988）、《文化与交际》（外语教学与研究出版社，1994）等论文集，邓炎昌、刘润清的《语言与文化：英汉语言文化对比》（外语教学与研究出版社，1989），胡文仲、高一虹的《外语教学与文化》（湖南教育出版社，1997），赵爱国、姜雅明的《应用语言文化学概论》（上海外语教育出版社，2003），王振亚的《以跨文化交往为目的的外语教学：系统功能语法与外语教学》（北京语言文化大学出版社，2005），陈俊森、樊葳葳、钟华的《跨文化交际与外语教育》（华中科技大学出版社，2006），张红玲的《跨文化外语教学》（上海外语教育出版社，2007），毕继万的《跨文化交际与第二语言教学》（北京语言学院出版社，2009）等。

总的说来，我国语言文化教学研究呈现出以下特征：①研究内容主要包括“教不教，教什么，如何教”；②研究对象、研究人员由单语种、单学科的研究向多语种、多学科发展；③研究方法由思辨型逐渐向实证型过渡。

2.2.2.1 研究内容主要包括“教不教，教什么，如何教”

在英语语言教学界，语言教学中对文化教学的探讨主要涉及三方面的内容，即“教不教，教什么，如何教”（曹文，1998：10）。首先，1980年许国璋在《现代外语》第四期上发表了题为“Culturally Loaded Words and English Language Teaching”（词语的文化内涵与英语教学）的英语文章。在文中，许教授认为在英语教学中，对词义的解释不能仅限于英语教学环境中的意义，还应充分重视词语的文化内涵意义。从此，国内学者开始对英语教学中的文化因素予以重视，同时也从不同的角度对文化教学的必要性（即“教不教”）进行阐释。综观学者们的文章，有的通过阐释语言与文化的关系来论证文化教学的必要性。如束定芳在《语言与文化的关系以及外语基础阶段教学中的文化导入问题》（《外语界》1996年第一期）和谢之君在《文化中的语言与语言中的文化——试论“文化”在外语教学中的定位》（《外语界》1999年第一期）等也先后对语言和文化的关系进行阐释，二者一致认为语言与文化关系密切，可以用“文化中的语言”（即语言是文化的一部分）和“语言中的文化”（即语言是文化的载体）来描述之。此外，每一种语言都与某一特定的文化相对应，该语言的语言结构、语言交际模式、篇章修辞原则等都在很大程度上受到该语言上层文化观念的影响甚至制约。而有的学者则通过阐释语言形式的文化内涵来论证文化教学的必要性。如唐祥金在《文化内涵词析义》（《外语与外语教学》2000年第九期）一文中从世界观、文化心理、价值观念、宗教和神话渊源、习语和俗语的习惯用法诸多方面探讨了《英语精读》教学中一些最为常见的文化内涵词的词义信息，以说明词汇与文化之间的关系：词汇特别是文化内涵词最能反映一个民族深层的文化底蕴。还有的学者通过探讨语用与文化的关系来阐释文化教学的必要性。如何自然（1988）从日常谈话的角度，对比分析了英汉两种语言在打招呼、道别、赞扬、道谢、邀请、致歉等方面的差异，并指出了文化因素在其中所发挥的作用。

其次，综观我国学者对英语教学中文化教学内容（即“教什么”）的探讨，有的强调文化教学的内容要以目的语文化为主，认为外语教学的最终目的在于使学生学到地道的语言，并能结合目的语国家的文化规约准确得体地言语，进行交际。如胡文仲在《文化差异与外语教学》（1994：80）中曾指出，“不了解英美文化，要学好英语是不可能的。反过来说，越深刻细致地了解所学语言国家的历史、文化、传统、风俗习惯、生活方式以至生活细节，就越能正确地理解和准确地使用这一语言”。然而，片面强调目的语文化知识的传授显然是不能适应当今时代发展的需求的。随着英语作为国际通用语（EIL）地位的确立，在全球化和多元化的时代背景下，我国与国际社会之间的交流日趋频繁，我们不仅需要以英语为媒介同以英语为母语的人（如英国人和美国人）进行交流，还要同英语为非母语的人（如印度人和菲律宾人）交流。因此，保留和传播本国文化、尊重和接纳异国文化也成为国际交往中的重要组成和难以回避的内容。这就意味着，文化教学的内容不仅应该包括目的语文化，还应该包括母语文化。为此，国内许多学者主张文化教学的内容不仅应该包括目的语文化，还应该包括母语文化，并且强调目的语文化和母语文化之间的互动。如曹文在《英语文化教学的两个层次》（《外语教学与研究》1998 年第三期）一文中总结分析了我国英语教学中文化教学的两个层次，即文化知识层和文化理解层，指出我国高校专业英语教学中的文化教学应该以文化理解为目标。为了达到文化理解，文化教学的内容就不应局限于目的语文化，还应该包括母语文化以及其他文化的内容。此外，张伊娜的《外语教育中跨文化教学的重点及其内涵》（《国外外语教学》2000 年第三期）和刘长江的《谈外语教育中目的语文化和本族语文化的兼容并举》（《外语界》2003 年第四期）等也一致认为，学习外语不只是为了单向学习吸收目的语文化，还为了实现“双语文化的交叉交际”，“跨文化教学的最高境界应是帮助学生形成对待世界各民族文化的正确态度和信念”。高一虹（1994）通过调查提出“生产性双语学习模式”，即理想的外语学习并非简单地用目的语替代母语、用目的语文化归属替代母语文化归属，而是通过两种语言和文化价值系统之间的积极互动，达到通过目的语水平的提高来带动母语水平之功效，同时加深对两种语言文化的理解。

综上所述，在文化教学中片面地强调目的语文化的导入，只是对学习者特定文化的交际能力的培养，用高一虹（2002：27）的话来说，这只是文化的“跨越”，即最直接、表层的跨文化交际能力。因此，在文化教学中不应局限于目的语文化，还应该包括母语文化和其他文化的内容。只有这样才能实现文化的“超越”，即深层的、终极的跨文化交际能力。

再次，我们可以把国内学者对文化教学策略（即“如何教”）的研究概括为两个方面：教学原则和教学方法。束定芳（1996）提出了在外语基础阶段教学中对文化内容的导入必须遵循“实用性原则”、“阶段性原则”和“适合性原则”。实用性原则要求选择与学生所学的语言内容密切相关，与日常交际所涉及的主要方面密切相关的文化内容。阶段性原则要求根据学生的语言水平、接受能力和领悟能力，确定文化教学的内容。适合性原则要求选择目的语文化中有代表性的主流文化作为文化教学的内容。此后，其他学者也撰文对文化教学的原则作了探讨。如鲍志坤的《也论外语教学中的文化导入》（《外语界》1997年第一期），苗丽霞的《论英语教学中文化导入的原则》（《天津外国语学院学报》2003年第四期），赵厚宪、赵霞的《论文化教学原则》（《外语教学》2002年第五期）等。

综观我国学者对英语教学中文化教学方法的探讨，有的侧重于文化知识的传授，如束定芳（1996）提出的注解法、融合法、实践法、比较法和专门讲解法，胡文仲等（1997）提出的文化渗透、文化旁白、文学作品分析、文化片断、文化包、文化丛，王英鹏在《对在大学英语教学中培养学生社会文化能力的几点思考》（《外语界》1999 年第一期）一文中提出的直接阐释法、比较学习法和案例分析法。还有的强调跨文化交际技能的训练，如胡文仲等（1997）提出的文化多棱镜和人种学训练方法，蒋红和樊葳葳在《大学英语限选课“英美文化”教学模式初探》（《外语界》2002 年第一期）一文中借鉴国内外的一些教学理论和教学法初步提出的以综合技能训练为基础（skills-based）、以“文化包（culture capsules）”或“文化丛（culture clusters）”为核心、以实践为导向（practice-oriented）的大学英语限选课“英美文化”的 SCCP 教学模式，以培养学生的跨文化交际意识和提高他们的跨文化交际能力。

2.2.2.2 研究对象、研究人员由单语种、单学科的研究向多语种、多学科发展

有学者（胡文仲等，1997：48）认为讨论文化与外语教学的关系最早是从英语开始的，之后发展到法语教学、日语教学、俄语教学、对外汉语教学。

在法语教学界，具有代表性的文章有张以群的《语言、文化与外语教学》（《现代外语》1981 年第三期）、司徒双的《社会文化因素与外语教学》（《外语教学与研究》1985 年第三期）、谢咏的《交际文化与法语基础教学》（《现代外语》1991 年第一期）、郭玉梅的《浅论法语教学中的法国文化因素》（《天津外国语学院学报》1998 年第四期）。他们一致认为，在法语教学中，我们不仅要注重“五会”（听、说、读、写、译）训练，还必须充分考虑到法语教学中的文化因素，重视文化知识，尤其是交际文化知识的传授，把文化教学贯穿于法语教学的整个过程，以培养学生根据不同场合、不同对象、不同需要，用合适的语言进行交际的能力。

在日语教学界，具有代表性的文章有刘丽的《民族文化、思维特征对语言交流的影响——在日语教学中融进文化对比的几点体会》

（《现代外语》1993 年第四期），陈岩的《谈日语教学的文化导入》（《外语与外语教学》1997 年第四期），罗传伟、庄琰的《日语教学中导入日本文化教育势在必行》（《外语教学》1998 年第三期）以及詹建红的《从中日文化差异谈日语教学》（《外语教学》2000 年第三期）。他们一致对我国日语学习者在交际时常犯的一些错误进行分析之后发现，此类错误并不是学习者在语言层面上不懂，而是对日本人的表达、想法不理解。因此，我们在日语教学中必须引入文化内容，注意融汇一些民族文化的思维方式和价值观念，找出不同民族之间的差异。此外，还应注意中日两种语言在词语运用、语言习惯和行为方式之间的差异。只有这样做才能使学习者在提高语言能力的同时提高文化能力，进而克服交际中的文化障碍。

在俄语教学界，季元龙撰文《一门新兴的语言学科——俄语语言国情学》（《外语界》1985 年第三期）扼要阐述了俄语语言国情学的产生过程、研究对象、在教学中的地位、语言国情学与苏联概况的区别等。这是我国第一篇介绍苏联语言国情学的文章。此后的数年中，有关语言国情学的介绍不断涌现。例如，1991 年，顾亦瑾、吴国华编著了我国第一部介绍俄语国情语言学的著作《语言与文化：俄语语言国情学概论》。此外，王德春主编的《国俗语义词典》、吴国华主编的《俄语文化背景知识词典》相继出版（胡文仲等，1997：52～53）。随着俄语语言与文化研究的进一步深入，有研究者（如赵爱国，2003）建议用“应用语言文化学”来取代“语言国情学”，一是源于该学科研究的广度和深度都超越了原语言国情学理论所涉指的范围，二是以示其与汉语的文化语言学和英语的跨文化交际学等相近学科的区别。从研究内容来看，俄语的语言文化研究大多局限于词语文化的狭窄范畴，即集中在词汇、成语的民族文化特点研究之上。如吴国华的《俄汉文化伴随意义词汇对比研究》（《中国俄语教学》1989 年第二期）和《析谈俄语词的文化伴随意义特点》（《解放军外语学院学报》1991 年第六期），丁昕、李桂芬的《俄语成语的民族文化特征》（《解放军外语学院学报》1995 年第一期），一致认为词语的文化伴随意义同民族心理、民族审美观、价值观及时空观、自然环境、飞禽走兽、宗教信仰、风尚习俗、民间传说、神话故事等方面有着密切的联系。除此之外，我国学者对语法与篇章中的民族文化、非言语交际文化以及语言的世界图景进行了研究。例如，李向东的《论民族文化特点与外语篇章的语义理解》（《解放军外语学院学报》1993 年第五期）将篇章放在语际交流中，分析了民族文化特点与外语篇章的关系。周小成的《浅议俄汉文化背景下的非言语交际行为》（《外语研究》1997 年第四期）则指出，非言语交际行为是指包括人体动作的手势、身势、姿势和表情、界域及体触等表达感情和心理状态并具有信息意义的各种综合手段。在实际交际过程中，这些手段应用的范围和频率由人们的动作传统和文化传统决定。杨仕章的《“语言的世界图景”刍议》（吴友富主编：《外语与文化研究》，2000 年）论述了俄语语言的世界图景的一个片断——数的模式，指出“数”的历史性、“数”的言语修辞功能、“数”的相对性特点、“数”所蕴涵的民族特点及对个体言行的影响。然而，由于语言国情学在学科背景和研究对象上都较单纯，因此该学科所涉及的文化层面较浅，注重的是对零散的、具体的文化事实的介绍，而不是对价值观念或语言文化系统的理论阐释。

中国对外汉语教学界也积极投身于文化教学研究，除了关注具体的教学实践之外，还注重理论和概念的探讨。他们的研究范围比较广，涉及文化的定义与分类研究、文化大纲研究、文化教学的原则和方法研究、对外汉语教学的教师角色和文化定位研究、跨文化交际与对外汉语教学研究等。

第一，张占一、周思源、陈申等学者先后对文化的定义与分类发表自己的观点。张占一在《谈汉语个别教学及其教材》（《语言教学与研究》1984 年第三期）中提出把语言教学中的文化背景区分为“知识文化”和“交际文化”两种，并把对外汉语教学中的“文化”

界定为“交际文化”。而后在《试议交际文化和知识文化》(《语言教学与研究》1990 年第三期) 一文中，他对“交际文化”定义作了补充，加上了非语言文化因素，即“所谓交际文化，指的是那种两个文化背景不同的人进行交际时，直接影响信息准确传递的语言和非语言的文化因素”。对此胡文仲、高一虹予以了肯定，认为“把文化分为知识文化与交际文化的文化观对于对外汉语教学尤为适用”(胡文仲等，1997：8)。然而，周思源（1997：45）对“交际文化”和“知识文化”分法的科学性提出质疑，认为“实际教学中两者无法科学地分开，只能由教学者主观地决定”，因此，对外汉语教学“宜建立一种比较宽泛的文化观念，以适应对文化的多方面需求”。对此，有学者（陈申，2001：8）指出，对文化本质的解释不应当限制在知识、行为的两分对立上，而应像国外语言教学界那样把文化作为“意义”和“话语”来理解。

第二，在文化大纲和教材研究方面，对外汉语界走在了英语教学界的前面。陈光磊的《从“文化测试”说到“文化大纲”》(《世界汉语教学》1994 年第一期)、林国立的《构建对外汉语教学的文化因素体系——研制文化大纲之我见》(《语言教学与研究》1997 年第一期)、张英的《对外汉语文化教材研究——兼论对外汉语文化教学等级大纲建设》(《汉语学习》2004 年第一期) 和《“对外汉语文化大纲”基础研究》(《汉语学习》2009 年第五期) 都对大纲的制定提出了许多建设性的建议。他们认为，文化大纲的着眼点是语言课中所包含的“文化”，即语构文化、语义文化和语用文化，它的基本内容应该包括中国人的思想观念、中国人的心理特征以及中国人的生活方式和风俗习惯三大方面。因此，在拟制文化大纲时，可以借助意念—功能项目对语言课中所要求的“文化”在内容上分项列目，如分为时间、方位、数量、颜色、姓名、称呼、招呼、问候、邀请、询问、道谢、致歉、告别等，以构建对外汉语教学中的文化因素体系。此外，为了满足初、中阶段培养“语言技能”、“交际能力”、“跨文化交际能力”的需求，我们还可制定一个“结构—功能—文化”三位一体的“文化教学大纲”。张英在《对外汉语文化教材研究——兼论对外汉语文化教学等级大纲建设》一文中，针对目前对外汉语文化教材存在的一些问题，如“文化和文化教材的界定不清；对外汉语教学中的文化教学和对外汉语文化教学相混淆；对文化教材的内容和体例缺乏共识”，指出在建立对外汉语文化教材体系的时候，必须考虑对外汉语文化教学的目标和教学对象的语言接受能力，并根据两者的最佳结合点来进行取舍。

第三，在文化教学的原则和方法研究方面，赵贤州在《文化差异与文化导入论略》（《语言教学与研究》1989 年第一期）一文中提出文化导入必须遵循“阶段性、适度性、规范性和科学性”的原则，开创了“导入说”先河。然而，“导入说”的前提是语言文化的相互分离。因此，张德鑫（1996：42）提出把语言教学和文化教学紧密结合起来的“语言文化一体化”教学模式，即将文化教学渗透、融合在语言教学之中。

第四，在教师角色和文化定位研究方面，对外汉语界一致认为对外汉语教学包括语言教学与文化教学两大部分，两者应是一个整体。许嘉璐院长在北师大汉语文化学院成立时作的关于“语言与文化”的讲演中明确指出：（汉语文化）学院的方向应该是以语言教学为基础，建成语言和文化并重的教学与研究基地……语言与文化是全院的方向。为了做到语言教学与文化教学的全面结合，教师也要转变自身的角色，即教师不仅仅是“传道、授业、解惑者”，更重要的是，还应该是“多元文化的理解者、所有学生的关怀者、本土知识的专家和传授者、多元文化教育环境的创设者、行动研究者”。

第五，跨文化交际研究，尤其是非语言交际研究在对外汉语界成果颇丰（胡文仲等，1997：54）。其中，熊文华先生的《非语言交际理论在对外汉语教学中的指导作用》（《语言教学与研究》1986 年第一期）一文最早将“非语言交际理论”引入汉语学界。通过论述非语言交际行为和文化之间的关系，介绍两类身势动作（信息传递动作和非信息传递动作）、四个接触范围（亲密区、亲近区、社交区和公共区）和教师教态，他认为在进行语言研究和语言教学时不能忽略非语言交际行为的重要性。耿二岭所著的《体态语概说》（北京语言学院出版社，1987）是国内第一本有关非语言交际手段的论著。此外，在跨文化交际研究方面取得突出成绩的还有毕继万先生，他发表了《跨文化非语言交际研究及其与对外汉语教学之间关系》等多篇论文，译介 Leger Brosnahan 的《中国和英语国家非语言交际对比》（北京语言学院出版社，1991），还著有《跨文化非语言交际》(外语教学与研究出版社，1999）一书，此书是对外汉语教学界唯一一部研究文化理论的专著。针对我国对外交往和外语教学的需要，书中介绍了英语国家的体态语、副语言、客体语和环境语以及在这些方面的中英文化差异和文化冲突所在，讨论了非语言交际礼俗规范的中英文化差异与文化冲突，探讨了非语言交际在跨文化交际和外语教学中的作用。

随着语用学、社会语言学、心理语言学、认知语言学和跨文化交际学等新兴学科相继引入我国，语言教育中文化的概念日益宽泛，英语教学界的学者也从不同的角度对英语教学中的文化教学进行探讨。

有的学者从认知的角度对文化教学进行阐释。如刘振前、时小英在《隐喻的文化认知本质与外语教学》（《外语与外语教学》2002年第二期）一文中通过阐释隐喻的性质——隐喻既是一种语言现象，也是一种文化现象，来揭示隐喻同文化的关系——对隐喻的理解在很大程度上决定于对目的语文化的理解与把握，进而指出在外语教学中必须将文化教学提高到应有的地位。又如何高大在《英语教学中体验文化观的认知阐释》（《外语教学》2006 年第三期）一文中运用 Piaget 和 Vygotsky 的认知心理学理论来阐释英语教学中的跨文化导入的观点，探讨英语教学中文化导入研究的理论架构，即重视培养学习者的“体验文化适应观”，让学习者在真实的语言环境中去体验、调整、适应不同文化的观点。

还有的学者运用语用学的理论来指导文化教学。如徐盛桓在《常规关系和文化教学》（《外语与外语教学》1996 年第一期）一文中在新格赖斯会话含义理论基础上提出了外语教学中的一个文化教学模式，即“常规关系模式”：语言表达要有以“文化”为核心内容的推理过程的参与才能顺利实现，要以“常规关系”作为连接语言和文化的中介。在文中，他为解决语言教学与文化教学的结合提出了一条新的思路。根据徐教授的阐述，从本体论角度来说，常规关系是事物间自身的关系，不以说话人的意志为转移，但说话者可以利用话语来表达；从认识论范畴来说，常规关系形成的常规范型是人类集体意识的存在形式和传播媒介；从语言运用的角度来说，常规关系为语言表达中的可交际单位或推导话语含义的符号。因此，“语言运用中所用到的常规关系，是语言系统同知识系统相结合的产物；这一结合，可能为语言和文化的沟通提供一种沟通的渠道，进而为语言教学同文化教学的沟通提供一种渠道”。而后，许其潮在《常规关系意识：文化教学的关键》（《外语与外语教学》1998 年第三期）一文中提出，常规关系模式在某种程度上能更好地解决语言教学和文化教学结合的理论指导问题，文化教学的关键在于培养学习者的常规关系意识，它对外语各学科的文化教学有着普遍性的指导意义；常规关系的培养包括一个目的、二个原则、三个层次、四方面的文化内容、五种方法。

此外，在跨文化交际理论、结构功能主义理论以及 Byram 语言文化教学的“四部曲”模式的基础上，韩炜在《多元互动习得模式研究与目的语文化意识的培养》（《四川外语学院学报》2004 年第五期）一文中提出了多元互动语言文化模式，即提倡通过多维的教学手段将学习者的本民族文化带进学习外国语言文化的课堂，创造互动的局面，进一步提高学习者的目的语文化意识和交际能力。

尤其值得注意的是，张红玲博士所著的《跨文化外语教学》在跨文化交际学和外语教学研究的基础上，首次提出了一门全新的学科——“跨文化外语教学”。她从英语教学的时代背景出发，阐明了在英语发展成为国际通用语的形势下英语教学的最终目的是培养具有跨文化交际能力的外语人才的思想。这不仅仅是一个术语上的创新，而且是尝试把跨文化交际学和外语教学紧密结合、创立有中国特色外语教学理论的一次新的探索。

2.2.2.3 研究方法由思辨型逐渐向实证型过渡

有学者（文秋芳，2001：89～93）将研究方法分为非实证研究（non-empirical studies）和实证研究（empirical studies）两大类。非实证研究指不以系统采集的材料为基础的研究，包括思辨型（个人教学体会、个人经验谈）、介绍型（教材、大纲、理论介绍）以及理论型（教学法理论假设）。与非实证研究相反，实证研究以系统的、有计划的材料采集和分析为特点，包括定量研究、定性研究以及定量与定性相结合的研究。

调查表明，我国有关语言文化教学的文章大部分属于非实证研究，但已有学者开始使用实证研究的方法来进行语言文化教学的研究。例如，陈冰冰在《高校英语文化教学及其变量研究》（《西安外国语学院学报》2004年第三期）中通过对高校英语文化教学现状的调查与分析，发现大多数教师尽管主观上认识到文化教学的重要性，但实际上对如何有效地把文化教学融入他们的课堂缺乏充分的理解。针对这个问题，陈文从文化教学相关变量（环境、教师、学习者、教学法、教材、测试）方面进行了剖析，找出原因，并提出了一些改进建议：利用多媒体和网络的虚拟真实环境（virtual reality environment）来弥补教室环境文化真实性的不足；改善教师的知识结构，改变教师对文化和文化教学既成的态度和偏见；给学习者开设专题入门培训（induction training），介绍正确的语言学习观和语言学习策略，明确语言与文化的关系，纠正以往错误的观念和学习方式；

通过跨文化路径（the intercultural approach）来组织文化教学；此外，要采取形成性的（formative）、行为性的（behavioral）并兼具认知性的（cognitive）测试形式。此外，张蓓、马兰在《关于大学英语教材的文化内容的调查研究》（《外语界》2004 年第四期）中运用实证研究的方法来探讨大学英语教材的文化内容。她们以英语作为国际语言的英语教学理念为理论基础，通过问卷调查和有关中美文化节日习俗的个人访谈，研究了我国高校 EFL 学生对英语教材文化内容的要求，探讨了文化素养与语言能力的关系，提出了 EFL 学生的大学英语教材不仅应当包括目的语文化还应当包括本土文化，并应在不同层次上使用英语的各国文化；同时，要重视培养学生用英语表达本土文化的能力，从而提高他们的跨文化比较能力和沟通能力。王斌华在《“第二文化习得”理论与跨文化的外语教学观》（《山东外语教学》2006 年第六期）中则通过对“跨文化能力”和它的两个相关变量（外语技能水平、第二文化习得情况）的调查分析，发现外语学习者的跨文化能力不一定会随着外语技能水平的提高而自然而然地提高。因此，作为外语教学的基本目标，跨文化能力的培养在外语教学中需要作特别的处理，而不能只作为语言教学的一个附属产品。

因此，我们在做任何研究之前，都必须认真地查阅相关文献，了解研究背景，这将决定我们可以进行什么样的实证研究。实证研究评估方法一般包括对某一项研究假设的探索性研究、验证假设中变量的关系的描述性研究以及验证变量之间因果关系的实验研究。由于国内关于文化教学研究的理论基础还非常薄弱，我们首先必须加强这方面的探索性研究，也就是说求证外语教学中文化输入是否提高学生的文化敏感性，是否有助于学生学习成绩的提高。我们可以采取问卷与笔试的方法来分析文化测试成绩是否与语言测试成绩相关。除此之外，我们还可以采取访谈形式，了解研究对象对文化输入这一形式的态度、文化敏感性的提高以及对英语语言本身的认识所发生的变化。其次，我们还应该在探索性研究的基础上进行描述性研究：对影响文化教学的变量进行分析。在这项研究中我们可以采取观察法、访谈法、问卷调查法等量化与质化相结合的研究方法，来收集研究对象的数据，然后对数据进行反复的观察、分析，归纳出类别，并作进一步的观察，验证这样分类是否合理，探查出影响文化教学的各种变量，并通过实验研究探究出变量之间的关系。只有经过一系列的实证研究，我们才能真正解决文化教学中“教什么”、“如何教”的问题。

综上所述，我国语言教学界的语言文化研究从20世纪80年代以来有了长足的发展，进入90年代形势更加喜人（胡文仲等，1997：61）。但是，有关文化导入的讨论和实践，目前只处在起步和试验阶段，文化导入在外语教学中仍没有形成系统。此外，虽然能注重目的语文化和母语文化的互动，但是在理论创建和研究方法方面我们还比较落后，我们的教学模式还停留在“重结果、轻方法或过程”的层面。因此有关文化教学的研究在今后很长一段时间内还必须继续深入下去。在英语日趋国际化和国际交流日趋多元化的今天，为了使我国的英语教学保持平衡，使其既能追随英语的国际化脚步，又能真正地服务于本民族的经济文化建设，我们必须做到以下两点：一是文化教学中的“文化”日益多元化和复杂化；二是文化教学的主要目标日趋本土化。

2.3 小 结

近年来国外语言文化教学取得了巨大的成绩。其大致经历了以下三个阶段：分割阶段、依附阶段和有机结合阶段，并呈现出以下特征：教学目的从单纯的语言技能训练转为跨文化的人的培养；教学内容从一成不变的信息或事实转为群体生活方式的总和；教学方法从文化比较、知识传授转为文化体验；教学视角从单向的目的语文化转为母语文化和目的语文化的互动。

由于受到一些政治因素和教学方法的影响，我国的语言文化教学经历了从无到有的过程，即从萌芽到兴起再到迅猛发展。从20世纪80年代至今，我国语言文化教学研究呈现出以下特征：①研究内容涉及“教不教，教什么，如何教”；②研究对象、研究人员由单语种、单学科的研究向多语种、多学科发展；③研究方法由思辨型逐渐向实证型过渡，但实证型文章所占的比重偏小。总之，我们在进行文化教学时，应尽量使“文化”多元化，并使文化教学的主要目标本土化。

3 文化教学的必要性研究

语言是一个由语音、语法和词汇构成的符号系统，这个系统是由符号与符号之间的关系、符号与其所指的关系和符号与语言使用者之间的关系组成的（Brooks，1968：204～217）。这些符号本身并无意义，它们与意义之间只是一种任意的、约定俗成的关系。但是这种以任意性为基础的命名一旦被使用它的语言社团成员所了解和接受，规约性和社会性也就紧随而至，也就有了不同的语言形式和思维方式。同时，语言形式和思维方式又是民族文化的一部分。因此我们可以把语言看作打开民族文化的钥匙，通过语言我们可以了解、认识和分析各种文化现象，如文学、哲学、宗教、历史、地理、法律、风俗以及物质行为、社会制度、思维方式、民族性格等。研究一个民族的语言，首先要研究该民族的文化；而研究一个民族的文化，就必须对他们所使用的语言进行研究。概括地说，语言的文化功能具体体现在语音、句法、语义和语用等几个层面上（张红玲，2007：91）。因此，本章将从语音、句法、词汇、语用和语篇等方面来论述语言的文化价值，阐释在语言教学中进行文化教学的必要性。

3.1 语音与文化

目前，学界对于语言与文化关系的研究多局限于词汇方面，而对语音系统与文化的关系，关注得不太多。然而，语音系统本身也是客观世界的缩影，民族文化的缩影。语音是语言的物质外壳，是语言的物理和生理基础。音素的选择和组合反映了人们对客观世界的适应和感受，一个民族的语音特点与这个民族的文化气质存在一种深层的同构关系，语音的变化与文化的演变也存在着同步关系。此外，语音的重叠、辅音和元音的变换、韵律、轻重音、音量、音势、音高等，也都体现出它的文化意义。如汉乐府和律诗、欧洲语言的十四行诗，都与语言特点相关（张公谨等，2004：42）。

首先，语音具有鲜明的个性，不同语言的语音具有不同的文化气质。一个民族对语音的选择，犹如对一种生产能力、一种文化精神的选择一样，一旦成为传统，就无法摆脱。比如恩格斯在给他妹妹玛丽的信中写过一段话，他说自己写的是多种语言的信，并对这些语言作了风趣的描写：意大利语像和风一样清新而舒畅，意大利语的词汇犹如最美丽的花园里盛开的百花；西班牙语像林间的清风；葡萄牙语宛如满是芳草鲜花的海边的浪涛声；法语像小河一样发出淙淙的流水声；荷兰语如同烟斗里冒出的一缕浓烟，给人以舒适安逸的感觉。此外，美国英语虽来源于英国英语，但美国英语有许多地方不同于英国英语的民族发音特色。比如：在［s］、［f］、［ə］等清辅音前的长元音［a:］（如 fast，bath）在美国英语中读为短元音［æ］；单音节词如 cod，box，hot 中的短元音［ɔ］在美国英语中读为长元音的缩短形式［ʌ］。在辅音上，door，flower，harmony 等一类词中，长元音后都保留有［r］音；两个元音之间的清辅音［t］浊化（如 metal，little 和 matter 听起来像是 medal，liddle 和 madder）。以上这些发音特点说明美国人不像英国中上层和上层社会那样极力推崇标准语，不把语音当作区分人们社会地位高低的标志之一，酷爱平等自由的美国人甚至“有意识地使用非标准的英语”（侯维瑞，1992：126）。美国海纳百川的独特历史文化和民族精神中的实用主义观念使美国英语具有轻视陈规、善于借鉴和富于创造性的特点，同英国英语的正统和煞有其事相比，美国英语显得粗放、无拘无束，对语法细节漫不经心，这说明了美国英语的口语化特点。

其次，语音结构与文化现象之间具有同构性。罗常培在《汉语音韵学导论》中说：“然自宋元而后，等韵之书逢出。类别声母，定名纷歧。或以宫商角徵羽配合喉牙舌齿唇；或以五行、五方、五色、五脏比附字母。”根据罗先生的意思，古代汉语辅音分为五音（喉、牙、舌、齿、唇），与之相配的有五声（宫、商、角、徵、羽）、五行（木、火、土、金、水）、五方（东、南、西、北、中）、五色（青、赤、黄、白、黑）、五脏（心、肝、脾、肺、肾）。而五声、五行、五方、五色、五脏是中国传统思维对大小空间单元的五分法，这说明了语音结构与文化现象之间具有同构性。

再次，语音结构体系与思维方式也有着密切的联系（戴昭铭，1996：124~127）。以汉语为例，汉语开头部分一般是辅音（声母），辅音之后是元音或元音同某个鼻/塞辅音的组合（韵母），声母、韵母的拼合情况显示出严整的规则性，且每个音节都有由音高形成的声调变化，声调有区别意义的作用，各种语音范畴在构成聚合类的同时又表现出对称性的对立。也就是说，汉语语音体系具有明显的对立齐整性且又有转化机制，这种特征反映了我国上古时代“凡物皆分阴阳，阴阳交感，产生万物”的世界观，反映了我国古人经验综合型的辩证思维。然而，日语语音缺乏汉语语音在整齐中求变化、既对立又能转化的内在机制。它呈现出单调、刻板的整齐划一性，以一些辅音同五个基本元音相拼，一律形成辅音在前元音在后的开音节（只有一个拨音ん可用于音节末尾），这反映了古代日本民族“单纯、机械、刻板”的收敛式思维。与以上两种语言明显不同的印欧语系有着很不规则的语音组合。例如：元音和辅音在音节中没有相对固定的位置；复辅音位置不固定；某些音节可以没有元音而独立成词；音节的长度差别较大，显示出参差不齐的特点。这些特点同西方人的发散式思维特点是相吻合的。

3.2 句法与文化

关于语言同思维的关系，很多学者作了精辟的阐释。有学者认为，“语言结构反映经验结构（世界结构），包括说话人强加给世界的观点”。还有学者则认为语法比语言的任何其他部分都更隐蔽地存在于说话者的思维方式之中。这就说明了语言和思维是互相作用、关系紧密的统一体。一般说来，一个民族的哲学思想孕育了该民族的思维模式，一个民族的思维模式塑造了该民族语言的语法形态，一个民族语言的语法形态特征规范着该民族的语言表达法，一个民族的思维方式、思维特征和思维风格通常具有深厚的民族文化渊源。也就是说，语法系统和规则会受到该语言群体的思维和文化特点的影响，带有一定的文化成分，因此不同语言组词造句的规则不尽相同。下面我们通过“萨丕尔—沃尔夫假说”和英汉在语言结构上的区别来说明语言结构同思维模式的关系。

Whorf（1956）在调查美洲印第安语言时发现，许多印第安语与以英语为代表的印欧语言在结构上有着根本的区别，这些区别对应于看待世界的不同方式，而世界观的差异并非从自然中客观抽象出来的，而是不同的语言预先规定好的；语言不同，所看到的世界也不同，即语言决定思维。后人把他这种思想称为“萨丕尔—沃尔夫假说”。他指出，英语句子在结构上分为主谓两大部分，一切事物的表达都被分为“主体”和“动作或行为”两大块，而一些印第安语如“霍皮语”（Hopi）则并不区分主语和谓语，动词可以脱离主语而存在。他举了一个例子：

英　语：A light flashed.（一个亮光闪了一下。）

霍皮语：rehpi［相当于英语 flash（occurred）］（闪光出现）

显然，英语注重的是动作，而霍皮语注重的是事态。

此外，英语和霍皮语两种语言在感知时间和数目上也存在着很大的差别，而这些概念往往对世界观和宇宙观的形成至关重要。霍皮语强调流动性、循环性和强化型，而以英语为代表的印欧语言重视事物的界限和客观性。如英语用名词“morning”、“summer”等来表示时间的循环流动，而霍皮语则将时间段作为流动的事件来对待，他们没有早上、夏天这样的名词，而是用“while morning phase is continuing”这样的方式来表达同样的时间概念。

英、汉两种语言在语言结构上的区别也说明了语言结构同思维模式的关系。Nida（1982：16）认为从语言学角度来说，英、汉语言之间最重要的区别特征莫过于形合（hypotaxis）与意合（parataxis）的区分。英语是一种以形合特征为主的语言，汉语是一种以意合特征为主的语言。所谓“形合”，是指句子中的词语或分句之间借助语言形式手段（如关联词）连接起来，表达语法意义和逻辑关系。所谓“意合”，是指句子中的词语或分句之间不借助语言形式手段而借助其所含意义的逻辑联系来实现它们之间的连接，句子中的语法意义和逻辑关系通过词语或分句的含义来表达。英语句子重形合，采用的是焦点句法，造句注重显性接应（overt cohesion），要求句法结构完整，句子以形寓意，以法摄神，因而严密规范；汉语句子重意合，采用的是散点句法，造句注重隐性连贯（covert coherence），不求结构整齐，句子以意役形，以神统法，因而流泻铺排（连淑能，1993：48～58）。

第一，英汉形合和意合最明显的区别表现在语序上。首先，以事件发生的时间先后顺序为标准，Osgood 区分出语言中有两种语序——自然语序和特异语序。自然语序依照时间发生顺序叙事；特异语序则不依照时序组句，往往负载着说话人的句义重点、兴趣所在、语气轻重等信息。由于英语中有丰富的时态以及各类连接词语来表示动作发生的时间，因而其时序与句序没有严格的规定性，两种语序兼而用之。而汉语主要是自然语序，即先发生的动作先讲，后发生的后讲，时序与句序有较高的对应性（王寅，1990：39）。例如：

他 <u>从上海</u> <u>坐火车</u> <u>经过南京</u> <u>来到济南</u>。

①　②　③　④

汉语是按照事情发生的顺序（即自然语序）来组句的，而英语则不依这种语序组句：He came to Jinan through Shanghai by train。

其次，在空间描述上，以自然语序为主的汉语句式遵循由远而近的规则，而靠形合手段组句的英语却可以是由近及远。例如：

He had been engaged in a construction job, and after he completed it, he went to Georgia to spend his vacation basking in the Caucasian sun, and flew back just the day before.

He had flown in just the day before from Georgia where he had spent his vacation basking in the Caucasian sun after the completion of the construction job he had been engaged in in the south.

两句话最明显的区别是：第一句话严格按照事件发生的先后顺序来组句，而第二句话则没有。虽然第一句话从语法角度来看，没有任何毛病，但是它不符合英国人的思维特征，显得“洋味”不足。

再次，在叙述和说明事物时，英语一般遵循从小到大、从特殊到一般、从个体到整体的语序。汉语则相反。比如：

The train started back to London at eight o'clock(①) on the morning(②) of July 4(③).

七月四日(③) 上午(②) 八点钟(①)火车开始返回伦敦。

此外，英语句子中若同时有方式、地点和时间等多种状语，一般是方式状语在地点状语之前，地点状语又在时间状语之前；汉语则与此相反。例如：

He reads newspaper carefully(①) in the office(②) every morning(③).

他每天早上(③)都在办公室(②)里仔细(①)看报纸。

最后，英语是先表态后叙事，先结论后分析，先假设后前提，先果后因的语言；而汉语则正好相反。例如：

We all rejoiced(①) to hear of your success(②).

听说你们成功了我们都很高兴。

②　①

He realized that she was crying because of what he had said.

①　②

他认识到了由于自己的一番话她哭了。

②　①

第二，英汉形合和意合的另一个差别就是名词化与动词化，英语中常用名词表示动作概念，而汉语多用动词表示名词概念。也就是说，英语偏好名词，有变具体的动态为抽象的静态的倾向；而汉语偏好动词，注重具体的动态是情感思维的具体体现。例如：

If you walk a few steps forward, you'll get to the laboratory.（汉语思维特征）

A few steps will bring you to the laboratory.（英语思维特征）

Because I had some business, I went to the town.（汉语思维特征）

Business took me to the town.（英语思维特征）

因此，在英汉互译时我们应注意两种语言的名词和动词的互相转化。例如：

His telephone conversation seemed endless.

他在电话中讲起来没完没了。

Poor planning wasted all his money。

由于计划不周，他把钱都浪费了。

第三，英汉形合和意合的第三个区别是英语采用焦点句法，造句注重显性接应，要求句法结构完整；汉语采用散点句法，造句注重隐性连贯，不求结构整齐。例如：

The birthday cake is very important. It can be single and small, or it can be large and highly decorated. But it must always be brought into the room with lighted candles in it.

生日蛋糕很重要，可以小一点，粗糙一点，也可以很大，很精致。但总要在室内准备一份，并点上蜡烛。

通过上面的例子，我们发现英语句子一般都有主语，而汉语没有主语很常见。此句体现了英语造句注重显性接应的特征，即三个 it 与 the birthday cake 在形式上相互照应，使三个句子形成一个整体。而汉语句子的内在联系则通过上下文语境来维持，呈现出隐性连贯的特征。

英汉显性接应和隐性连贯还体现在被动句式上，即英语主语的主动与被动“身份”明确，而汉语无标志受事者的语句可以是常态句式。如：

The criminal was executed.

罪犯被枪毙了。

通过以上对英汉形合和意合的分析，我们认为一个民族的价值取向和哲学理念将最终决定这一民族语言的形态特征，这与 Whorf 所主张的“语言决定思维”正好相反。汉语重意会、轻形式、形散神聚的风格，是与以儒家“天人合一”思想为主导的中国传统文化分不开的，反映了汉民族重体悟的心理态势以及重神轻形的民族审美观，符合汉民族模糊思维方式的惯性，从而使汉语灵活而简约，呈现浓郁的意合特征。正如贾玉新教授所言，汉民族“在中国天人合一的思想指导和影响下，在思想意识、思维模式以及言语观方面都倾向于求整体、求笼统、求综合和知觉上重直觉，迥异于美国人或西方人的思维方式和言语观”（贾玉新，1997：60）。而西方传统文化是以希腊和圣经文化的“天人相分”思想为核心的，认为世界上的万物都是对立的，人是自然界的主人，人能够通过斗争征服自然、改造自然，这种天人相分的思想促使人们不屈不挠地去征服自然、改造自然。在征服自然和改造自然的过程中，西方人讲究尊重客观规律和符合客观事物的逻辑，从而形成一种重分析、求思辨的思维习惯和求实与理性的文化心态。“天人相分”的哲学思想把统一的世界分成两个截然不同的世界，决定了西方人以一分为二、重形式分析和逻辑推理的思维方式对待事物，而且注重内在的差别和对立，进行非此即彼式的推理判断，造成了他们在形式上追求精确的语言观。

总之，在思维方式上，西方人总体上使用由外向内的演绎法思维，逻辑性实证能力比较强，表现在句法上就是词汇形态特征明显，有利于在造句时使用形态标记保持句子成分之间的逻辑关系。而中国人总体上是由内向外的归纳法思维，注重整体把握和意念体悟，逻辑实证性比较差，表现在句法上就是词汇没有明显的形态特征，靠意义的理解而非形态标记保持句子成分之间的逻辑关系，因而在造句时使用流水小句，句子短小精悍。

综上所述，句法同人们的思维方式息息相关，其包含着丰富的文化内容，也是人们表达内心感情世界的一种手段。因此，我们用英语进行书面语交际，仅仅做到不犯语法错误是远远不够的，句子结构、词类的选用都要力求符合英美人的心理定式和思维习惯。只有这样，才能达到比较完美的交际效果。

3.3 词汇与文化

在语言的诸要素中，词汇与文化的关系最为紧密，它“是语言中最活跃、最有弹性的成分，也是文化载荷量最大的成分”（胡文仲等，1997：93）。各民族文化的个性特征，经过历史的积淀而结晶在词汇层面上，一个民族语言的词汇系统能够最直接最敏感地反映出该民族的文化价值取向。我们可以说，“学习一种民族语言的词汇，实际上是在学习一种民族的文化”（常敬宇，1995：2）。因此，通过语言研究文化一般要从词汇入手。

目前，国内外许多学者从跨文化的视野对词汇进行分类。如常敬宇（1995）将词汇分为文化词汇和一般词汇。文化词汇是指特定文化范畴的词汇，特别是包含在习语、谚语、俚语和歇后语里的词汇，它是民族文化在词汇中直接或间接的反映，蕴涵着某一民族或社会团体所固有的或特定的传统和思想特征，是各民族之间传达信息或表达思想的媒介，因此具有浓重的民族性和强烈的时代性。而一般词汇不具有文化词汇的特点，只有表层的概念含义。贾玉新（1997：234～235）从词义入手，将词汇意义划分为“指示意义”与“文化意义”或“联想意义”。英国著名语言学家 Leech 在《语义学》一书中主张把词义的研究置于整个社会背景中，以突出交际功能，重视整体交际效果。为此，他把词义分为七个层面：①概念意义（conceptual meaning）；②内涵意义（connotative meaning）；③风格意义（stylistic meaning）；④情感意义（affective meaning）；⑤反映意义（reflected meaning）；⑥搭配意义（collocative meaning）；⑦主题意义（thematic meaning）。进而他又将内涵、风格、情感、反映和搭配等五种意义统称为联想意义。

此外，还有许多语言学家对词汇的文化差异和词汇学习的内容标准提出了自己的看法。例如，美国语言学家 Richards 在“The Role of Vocabulary Teaching”一文中提出了词汇学习的内容标准，他认为认识一个单词意味着：知道功能和语境的时间、社会和地理因素随词汇所产生的限定作用；掌握该词与其他词汇之间的联系的知识；知道该词的语义价值（指示意义和隐含意义）；知道与该词相关的许多不同意义。我国学者王德春则提出了“国俗语义”这个概念。他认为“国俗语义是语义民族性的一种表现，它反映使用该语言的国家的历史文化和民情风俗，具有民族文化特色。也就是说，语义在反映概念的基础上增添了附加的民族文化色彩，离开民族文化背景，难以理解语言单位的含义”。

因此，在英语词汇学习中，我们不仅要让学生掌握作为一个符号的词汇所指代的具体意义，即字面意义（denotation），而且还要使之了解词语字面意思以外的意义，即暗含或内涵意义（connotation）。因为词语的暗含意义代表了词汇所在文化中的文化意义、社会意义、情景意义、历史意义，充分体现了这个语言群体的文化环境、价值观念和生活习惯。此外，在语言教学中引入国俗语义教学，学习者可增加对目的语民族文化差异的敏感性，减少信息差误，避免在跨文化交际中对某些语言的误解或语用失误，从而提高跨文化交际能力。因此，我们将从地理环境、文学与历史、隐喻、习语、宗教信仰、民族心理等方面探讨词汇的内涵意义。

3.3.1 从地理环境的角度看词语的文化内涵

每个民族都在一定的自然环境中生存繁衍，自然环境对一个民族文化模式的形成、发展和嬗变有着重大的影响。一个语言群体的词汇通常能反映他们所处的地理环境以及相关的生产方式。在人类语言中有些词汇与地理环境密不可分。如爱斯基摩人丰富的表示“雪”的词汇与其寒冷的地理环境密不可分；阿拉伯人表示“骆驼”的词汇之多与其干旱少水的地理环境密不可分；日本人表示各种时期的“鱼”的词汇与其海洋岛国的地理环境密不可分。

3.3.1.1 汉语的“东风”与英语的“west wind”

首先，由于两国的地理位置不同，“西风”（west wind）在英、汉语中的联想意义大相径庭。英国地处西半球，西临大西洋，西风从大西洋徐徐吹来，给英伦三岛送去春天，故有西风报春之说。英国许多作家不惜笔墨歌颂西风，如乔叟、雪莱、梅斯菲尔德等。英国著名诗人雪莱在《西风颂》（*Ode to the West Wind*）这首抒情诗中，把“西风”比作“自由”、“力量”和“希望”，讴歌了预示革命风暴即将到来的西风，表现出人们对美好未来的向往。此外，希腊神话还把西风比作 Zephyrus，他的妻子是花之女神，他的儿子是果实之神，从这点也可以看出“在西方文化中，西风是和春天、生命紧紧联系在一起的”。如乔叟在《坎特伯雷故事集》（*The Canterbury Tales*）的引子中说：“When the sweet showers of April fall and shout.../From which there springs the engendering of the flower, /when also Zephyrus with his sweet breath/Exhales an air in every grove and health. / Upon the tender shoots, and the young sun”（贾玉新，1997：238）。而中国东濒太平洋，西部为亚洲腹地，西风往往干燥、凛冽，而且其来时正值深秋或隆冬，天气变冷，树木凋零。“西风”因而也就成了“肃杀”、“萧瑟”、“凄凉”的代名词。如马致远《天净沙·秋思》的“古道西风瘦马，夕阳西下，断肠人在天涯”，李白《忆秋娥》的“咸阳古道音尘绝，音尘绝，西风残照，汉家陵阙”，描述的就是一幅幅苍凉的画面。由于我国东边濒临太平洋，暖湿气流从那而起，因此，“东风”指春风，喻指革命的力量，象征着新的生机和希望。如朱熹《春日》的“等闲识得东风面，万紫千红总是春”；辛弃疾《浣溪沙》的“东风吹雨细于尘”。

3.3.1.2 汉语的“竹子”和英语的“mushroom”

由于地理环境和气候条件的不同，不同地域的植物种类和数量相差甚远，人们对花草树木的认识和感受也大不相同。因此，植物所象征的文化意义具有鲜明的民族性和区域性，不同文化语境下的人们，都用自己独特的花木词汇来表现自己的民族文化内涵。

中国江南气候温和湿润，大部分地区适合竹子生长。自古以来，竹子是文人墨客和画家描绘的对象，竹子和中国传统文化有千丝万缕的联系，“竹、梅、菊、兰”统称为“四君子”，“松、竹、梅”被称为“岁寒三友”。在汉语中有许多关于竹子的成语，如“势如破竹”、“功垂竹帛”、“胸有成竹”、“青梅竹马”等。清人郑板桥《咏竹》诗云：“新竹高于旧竹枝，全凭老杖为扶持。明年再有新生者，十丈龙孙绕风池。”人们常用此诗抒发学生对师长栽培的感激。在中国传统文化中，竹有“高风亮节”之义，常用来比喻“具有坚定、正直性格的人”。“青竹”则比喻坚贞，如李和《赋得竹箭有筠》的“常爱凌寒竹，坚贞可喻人”，邵渴《金古园怀古》的“竹死不变节，花落有余香”。此外，由于竹子生命力顽强，往往在春天经雨水滋润长出很多新芽，于是中国人用“雨后春笋”来形容新生事物的大量出现。然而，竹子并不是在英国土生土长的，甚至连 bamboo 一词也是从其他语言借过来的，于是英语 bamboo 一词也就缺乏丰富的文化内涵了。相反，由于英国气候湿润，蘑菇可得到迅速的生长，于是英美人就从身边常见的蘑菇引发出其相似的联想意义，以表达和汉语“雨后春笋”相同的思想，所以汉语中的“笋”就只能译成 bamboo-shoots，而英国人一般爱用 mushroom 来形容事物发展迅速或蓬勃兴旺之状，如 spring up like mushrooms（雨后蘑菇）表示“雨后春笋”之意。

此外，我们也要注意一些植物词在英语中有丰富的联想意义而在汉语中却没有。如“daffodil”的汉语意思是“黄水仙”，仅仅是一种花而已。但是通过莎士比亚的《冬之歌》中的诗句：“When daffodils begin to peer/with heigh，the doxy over the dale！/Why，then comes in the sweet o'the year...”，我们发现 daffodil 可以用来描写春天以及春天所带来的欢愉心情。在汉语中，由于“柳”与“留”谐音，因此“柳树”在汉语中常被赋予分离、思念的意思，诗人一般借柳树来抒发离别思念之情。如李白《忆秦娥》中的“秦楼月，年年柳色，灞陵伤别”，温庭筠《河转》中的“若耶溪，溪水西，柳堤不闻郎马嘶”。而 willow（柳树）在英语中却有着不同的文化内涵，它常使人联想起失去心爱的人的悲哀与忧愁。如其在 Dryden 所写的 *Secret Love* 中就象征着悲哀：If you had not forsaken me，I had you：so the willows may flourish for any branches I shall rob'em of.

3.3.1.3 汉语中的“大米”与英语中的“bread”

我国大部分地区（特别是南方）属亚热带，气候温暖湿润，适合栽种水稻，所以，中国南方大米是主食，俗谚说“秦岭山脉一条线，南吃大米北吃面”。因此，在汉语中有关大米的词汇特别丰富，如“稻子”、“谷子”、“大米”和“米饭”，英语中只有一个 rice 来表示，这就出现了词汇概念意义的空缺。汉语俗话有“民以食为天，食以味为先”，由此可见，米饭在中国人的生活中是多么重要。在中国文化中，“吃饭了没有”成为一句问候语，“饭碗”比喻职业，没有“饭碗”的人就是“讨米佬”（乞丐），没有了工作叫做“丢了饭碗”；没有本事的人被称为“饭桶”或“酒囊饭袋”；事情办得不尴不尬叫做“夹生饭”。此外，汉语中有关“米”的俗语还有“生米煮成熟饭”、“巧妇难为无米之炊”、“偷鸡不成蚀把米”、“谁知盘中餐，粒粒皆辛苦”等。

而英国地理上位于地球北温带，农作物主要是小麦，因此，英国人的主食是面包，英语中有关面包和小麦的词汇有很多，如 wheat，cereal，oat，flour dough，bread，crust，loaf 等，英国人把“饭碗”叫做 bread and butter，把“夹生饭”叫做 half-baked，他们把家里的顶梁柱叫做 bread-winner，他们把衣食无忧的生活叫做 always keep bread on the table and roof over head。他们把“丢了饭碗”叫做 out of bread，在英语俚语中，bread 和 dough 都可代表钱，可见 bread 在英语国家的分量。

3.3.2 从文学与历史的角度看词语的文化内涵

文学是一种以语言为媒介的艺术形式，它所塑造的形象往往比其他艺术形式更具感染力，更能打动人的心灵，也更容易影响词语的联想意义。诗歌、小说、戏剧等文学作品为语言提供了许许多多联想意义丰富的词汇。如曹雪芹笔下的“贾宝玉”已成为软弱多情男子的代名词，“林黛玉”已成为多愁善感、弱不禁风一类女子的同义语，鲁迅笔下的“阿 Q”已演变出具有“自欺欺人”、“自我嘲解”等特指意义的“阿 Q 精神”。哈姆雷特是莎士比亚悲剧《哈姆雷特》中的主人公。在为父复仇问题上，哈姆雷特忧虑重重，既怕泄密，又怕鬼魂是假的，还怕落入坏人圈套，因此终日心烦意乱，忧郁寡欢，只好装疯卖傻。现在人们把“哈姆雷特”用来喻指“优柔寡断、犹豫不决的人或行为”。又如蟋蟀在汉族人心中是秋虫，许多中国古代文学作品常用它来描绘萧瑟、凄清的景象，于是它便成了表示忧伤、哀怨的固定形象。欧阳修《秋声赋》中的“但闻四壁虫唧唧，如助余之叹息”，宋玉《九辨》中的“独申旦而不寐兮，哀蟋蟀之宵征”即为此证。然而，英美文学作品里的蟋蟀大多给人带来宁静、舒适甚至幸福的感觉，如 J. Milton 的 *Penseroso II* 中的“Far from all resort of mirth，/save the cricket on the hearth. . . ”，英语里还有个来自莎士比亚的习语是“像蟋蟀一样快活”（as merry as a cricket）。

此外，语言还承载历史。在不少语言中，许多词汇本身就是其所属民族重大历史事件的浓缩和忠实的写照。“Watergate”使人想起尼克松政府的丑闻，“gate”因而被赋予“丑闻”的文化内涵。由于1815 年拿破仑在 Waterloo 惨败而改变了整个战局，从此 to meet one’s Waterloo 就有了“遭到决定性失败”的意思。1940 年，英国军队被德国打败后从 Dunkirk（敦刻尔克）撤退，以后 Dunkirk 便有了“仓促撤退”、“困难局面”的意思。同样，在中国也有许多同历史息息相关的词汇，倘若不了解相关的历史事件，也就无法理解这些词汇的深刻内涵，如“文革”、“下岗工人”等。

3.3.3 从隐喻的角度看词汇的文化内涵

传统的隐喻理论普遍认为，隐喻是一种语言现象、一种修辞手段，主要用在文学作品中。而 Lakoff 和 Johnson（1980）首次构建起概念隐喻理论的框架，该理论认为隐喻不仅是语言的表达手段，更是一种独具魅力、以一种事物理解和体验另一相关事物的思维方式。这标志着隐喻研究摆脱了以文学和修辞学为本的传统隐喻理论的束缚，进入到崭新的认知科学领域。许多学者认为，隐喻理论对语言教学（尤其是词汇教学）具有积极的指导作用。他们一致认为，隐喻是词义产生的主要理据，也是认同和多义的来源，还是强烈情感的释放口；掌握词汇的隐喻扩展意义是填补词汇缺口的方法。因此，语言教师可以利用隐喻理论来解释语言意义的变化发展过程，解释词汇意义之间的相互关系，同时，还可以利用概念隐喻理论来解释语言中各种不同形式的隐喻之间的系统性和相互关系。

如上所述，隐喻是人类重要的认知工具，是外语学习者了解目的语民族认知方式及文化的一个重要手段。首先，作为重要的认知手段，隐喻体现了人类思维的共性，如：把狐狸比喻成狡猾的人，用绵羊比喻温顺的人，用 spring（春天）比喻“精力旺盛时期，青春年华”。其次，作为语言现象，隐喻是储藏、传承、发展文化的载体，蕴涵着丰富的民族文化。因此，隐喻也具有民族性和约定性，体现着文化的冲突和差异。不同的民族文化沉淀在隐喻中必然留下截然不同的深刻痕迹。人们写文章对某一问题展开辩论，汉语曰“笔战”，英语称“纸战”，而俄语却说“用墨水作战”。又如 dog 在英美文化中常作褒义词，是“忠诚的人类朋友”的同义语。由于英美人对狗有好感，因此英语中有关狗的隐喻大都是褒义的，如 work like a dog（拼命工作），be top dog（身居要位），a lucky dog（幸运的人），love me love my dog（爱屋及乌）。在英美文化中，如果说某人是 old dog，是称赞他为行家里手；而在中国文化中，“老狗”却是相当厉害的骂人话，因为在汉民族的传统心理中，狗是一种贱物，凡是以狗作喻体形成的隐喻，往往具有贬义。

下面一段文字摘自《经济日报》，谈论的是市场经济下政府与企业的关系：“可以说婆婆还是婆婆，不过是一种崭新意义上的婆婆。婆婆不再颐指气使，指手画脚，媳妇也不再唯唯诺诺，言听计从，而是媳妇在市场里奋力拼搏，婆婆在家里帮着带孩子，做做饭——政府成为为企业服务的婆婆。”对于熟悉中国文化的读者来说，这种比喻通俗易懂，充分说明了我们的传统文化是一种高权力距离（high power distance）的文化，即受传统的儒家思想的影响，强调等级关系，对于年长的、地位高的和有权势的人应该表示尊重。上文婆婆和媳妇的关系就是这种价值观的真实写照。而这段文字把计划经济下政府与企业之间的关系比作这种婆媳关系来论述，确实恰到好处，但对于家庭结构、成员关系完全不同的英美读者来说，却是难以理解的。

3.3.4 习语的文化内涵意义

习语包括成语（idioms）、谚语（proverbs）、箴言（mottoes）、俗语（colloquialisms）、俚语（slangs）以及典故（allusions）等。它是民族文化最集中、最敏感的印记，是民族风格的提炼与升华，是语言实践的集中体现与结晶。一个民族的价值观念、社会习俗、思维方式无不在习语中得到淋漓尽致的体现。因此，学习、比较和研究英汉习语，犹如翻开一幅幅色彩斑斓的画卷，使我们能尽情地领略不同民族文化的风采。

3.3.4.1 习语与地理环境

在地理位置方面，英国是一个四面环海的岛国，渔业资源丰富，捕鱼业在英国的经济中占有相当重要的地位，航海业也曾一度领先于世界。因此，英语中有许多与海洋、捕鱼、航海等有关的习语。如 hang in the wind（在风中摇摆不定），表示帆船在风向改变时，往往摇摆不定，难以确定航线，现在这一习语用来表示“犹豫不决”的意思。又如 all at sea（全在海里），表示船在海上迷失方向，随风漂流，以至船上的人都不知身在何方，现在这一习语表示“不知所措”的意思。而 like a fish out of water（像离水之鱼），表示鱼儿离开了水，浑身不自在，感到难以生存，这条习语比喻“处在陌生的环境中，不自在”的意思。此外，英语中有许多关于“fish”的谚语：

The great fish eat up the small.

大鱼吃小鱼：弱肉强食。

He who would catch fish must not mind getting wet.

要想抓鱼就不要怕弄湿自己：不入虎穴，焉得虎子。

Never offer to teach fish to swim.

不要教鱼游泳：班门弄斧。

There is as good fish in the sea as ever came out of it.

有水何患无鱼：留得青山在，不怕没柴烧。

Give me a fish and I will eat today; teach me to fish and I will eat all my life.

授人以鱼，不如授人以渔也。

而我国除东临太平洋之外，西边是巍巍高原，南边是崇山峻岭，北面是茫茫大漠，自古以来就是以农业为主的国家，因此，汉语中就产生了许多与河流、土地、农业有关的习语。如“瓜田李下”、“笔耕舌耨”、“斩草除根”、“拔苗助长”、“种瓜得瓜，种豆得豆”、“见风使舵”、“过河拆桥”、“隔岸观火”等。此外，在汉语中还有许多强调农业的重要性或以农业为题材的谚语。如“良种准备好，收成少不了”，“宁种四月干，不种五月湿”，“轮作轮种，防病防虫”，“积肥如积粮，粮在肥中藏”。

此外，上文所讨论的英汉语关于“东风”与“西风”内涵意义的区别也体现在习语方面。由于地理位置的差异，来自太平洋温暖的东风吹至我国大陆，春雨绵绵，春回大地，万物复苏，正如黄庶《探春》中描绘的那样：“东风便试新刀尺，万叶千花一手裁。”我国的西风来自寒冷的西伯利亚，秋后刮来，寒风瑟瑟，万物凋零，鸿雁哀叫。这类谚语如：“春发东风连夜雨”，“立夏起东风，田禾收割丰”，“久晴东风雨，久雨西风晴”。

英国的东风和西风与我国相反，东风是从欧洲大陆吹过去的寒风，西风是从大西洋吹过去的温暖湿润的风。因此，英国人民对东西风的喜恶与我国正好相反。例如：

When the wind is in the east, it's neither good for man or beast.

风起东方，人畜不安。

When the wind is in the west, the weather's at the best.

风起西方，气候最佳。

3.3.4.2 习语与民族心理

习语能体现一个民族的心理特征。所谓民族心理是一个民族在其历史发展过程中保持本民族形象和全民共识的心理基础，民族语言则是这种民族心理的具体体现。

以两个民族对待动物“狗”的态度为例。在汉语中，与“狗”有关的习语大多含有贬义，如“狗嘴里吐不出象牙”，“狗眼看人低”，“狗咬吕洞宾，不识好人心”，“狗改不了吃屎”等。“狗”的这种用法表现了中国传统文化的大一统（集中统一）心理。《礼记》、《礼运》中的“以天下为一家，从中国为一人”正是大一统观念的真实写照。此外，我们还可以从汉字的“独”字造字特点来分析汉语中与“狗”有关的习语大多含有贬义的原因。“独”以“犭（犬）”为形符，《说文解字》说：“独，犬相得而斗也”。狗咬狗的结果是败者落荒而逃，群狗四散，离散了也就“独”了，这就违背了以“合”为标志的大一统的价值要求。所以《说文解字》“独”字条后接着说“羊为群，犬为独”。“群”、“独”成了一对分别代表统一与离散的对立概念。褒羊贬狗的民俗文化心理就是在这种大一统观念的支配下逐渐形成的。

然而，对于古代游牧狩猎的西方人而言，狗既可以看门、打猎，也可以视作人类的宠物、朋友或伴侣。因此，英语中有关狗的习语绝大多数没有贬义，在西方人的价值观念中，“狗”是一种为人所钟爱的动物，是“忠实”的象征。例如：

Love me love my dog.

爱屋及乌。

Every dog has his day.

凡人都有得意时。

此外，习语还可反映一个民族的历史文化特征。习语以其精练的形式、简洁的语言记录了许多历史事件。例如，“成也萧何，败也萧何”表示“好也是他，坏也是他，事情都由他一人所为”的意思。这个谚语由汉代名将韩信与名相萧何之间的交往故事概括而成。“蜀中无大将，廖化当先锋”意思为“没有英才只好用平庸的人出任要职”。这是由三国时代蜀国的一段历史事实概括而成的：三国时代后期，蜀国名将英才均已相继故去，无奈只好用廖化这样平庸之人充当大将出征。同样，英语中也有许多反映历史事件的习语。例如“All roads lead to Rome（条条道路通罗马）”，“When in Rome do as the Romans do（入乡随俗）”反映了英格兰被罗马征服的历史。

3.3.4.3　习语与宗教信仰

英汉两个民族有着各自的宗教信仰。因此，不同的宗教文化就潜移默化地融入了英汉两种语言中，于是有了反映宗教文化的习语。中华民族的宗教文化主要是佛教（Buddhism）文化。佛教传入我国已有近两千年的历史，人们相信人世间的一切都由“佛祖”左右。因此，汉语中有许多习语是和“佛”、“庙”、“和尚”有联系的。如“借花献佛”、“立地成佛”、“闲时不烧香，临时抱佛脚”、“跑了和尚跑不了庙”等。此外，道教是我国土生土长的宗教，其形成与发展源远流长，在我国历史上曾几度盛行，对我国的传统文化也产生了深刻的影响。与之相应，汉语中不乏来自道教的习语，大量像“鬼”、“道”、“仙”等与道教文化密切相关的词语出现在习语中。如：“八仙过海，各显其能”、“一人得道，鸡犬升天”、“道高一尺，魔高一丈”。

而在西方文化里，特别是在英美等国，影响最大的要数基督教（Christianity）文化了。因此，英语中有不少与God，Devil，Hell，Church等单词有关的习语。如“God helps those who help themselves（自助者，天助也）”；“Man proposes，God disposes（谋事在人，成事在天）”；“The devil take the hindmost（落后者遭殃）”等。在基督教的影响下，“上帝”、“恶魔”、“地狱”、“教堂”等概念和词语可以说是家喻户晓，人人皆知。在这种情况下，以“上帝”和“魔鬼”为素材或以它们作喻体就再正常不过了。此外，英语中有的谚语还直接来自《圣经》。例如：

Cast pearls before swine.

明珠暗投。

这句谚语来自《圣经·马太福音》：Give not that which is holy unto the dog，neither cast your pearls before swine，lest they trample them under their feet，and turn against and rend you.

不要把圣物给狗，也不要把你们的珍珠丢在猪的面前，恐怕它踩坏了珍珠反过来又咬你们。

Forbidden fruit is sweet.

禁果分外甜。

这条谚语出自《圣经·创世纪》。它使我们联想到夏娃在伊甸园偷吃了智慧果的典故。

此外，在古希腊和古罗马神话中，龙（dragon）被视为硕大、凶残的古怪野兽，不仅无端吞食人类和动物，而且制造水火灾害，危及人类生存。英语中有"to sow dragon's teeth"之说。相传底比斯国王卡德摩斯（Cadmus）将自己亲手杀死的一条龙的牙齿种在地里，不久这些龙牙一个个从地里冒出来，成了全副武装的士兵，意欲杀了他。此习语比喻"埋下祸根"。然而，在中国人看来，"龙"是能兴风作雨、飞天潜渊的神异动物，是华夏民族的图腾象征意象，因此在汉语中"龙"被赋予神圣、至尊、吉祥、非凡等意义。例如："龙凤呈祥"表示对和美生活的祈盼，"龙飞凤舞"比喻书法活泼刚劲，"龙跃凤鸣"比喻才华出众。

通过以上多角度的对词汇文化内涵的探讨，我们可以将英汉词汇在文化内涵上的差异归纳为以下两种类型：①概念意义相同，联想意义不同；②概念意义相同，联系意义空缺。然而还有一些类型，即词汇缺项，值得我们注意。它指的是各自文化所特有的词汇，即A语言有而B语言却找不到相应的词汇。由于价值观念存在着差异，汉语中的"阴阳"、"枪打出头鸟"、"知足常乐"等词语在英语里就没有合适的对应词，因此很难确切地译成英语，即使译成英语，对西方人来说有时却不知所云。同样，hippie，punk，cowboy 虽然可被译成汉语，但是不了解西方文化的人并不能确切知道它们到底表示什么。

综上所述，一个民族特有的物质环境、社会结构、精神信仰等都可以通过词汇的文化意蕴表现出来，认识和掌握这些词汇的文化意蕴，能够提高学习者的阅读能力和翻译水平，还能提高学习者的跨文化交际能力。但是，高一虹（2000）通过先后两次调查（1988 年的调查对象包括中国学生和以英语为母语的外国留学生、教师，1991 年的调查对象全是中国学生）发现，汉语中的“同志”、“个人主义”与其英语对应词“comrade”、“individualism”之间存在显著的语义差异。值得注意的是，1988 年和 1991 年两组中国学生对“同志”、“个人主义”的理解，也有显著的差异。这就说明，“从横的、跨文化的角度来看，语义的差异反映了不同价值观念的差异；从纵的、历史的角度来看，语义的演变与文化的沿革息息相关”（高一虹，2000：22）。同时也说明了“语言与文化共变”的现象，即任何文化的发展过程都同时具有新观念的输入和传统观念的重构这两方面，而与此紧密联系的语义系统演变过程也同时具有输入和重构两个方面。

3.4 语用与文化

人类生活的方方面面无不受制于文化，并因文化的变化而变化，日常生活中人们司空见惯的言语交际也不例外。在具体的言语交际中，人们总是根据各自文化的规约采用一定的说话方式，其言语行为要受到语用规约的支配与制约。正因为如此，我们会感觉到不同文化背景的人说话方式有很大的差别，其实造成这种差别的原因并不仅仅是他们所使用的语音、语法以及词汇等有所不同，更为重要的是他们对语言的使用方式有很大的区别。为了避免交际失败，语言学家开始重新研究人们日常交谈的规则，并提出了一系列的语用学理论，如 Austin、Searle 的言语行为理论，Grice 的会话合作原则，Brown 和 Levinson 的面子理论以及 Leech 的礼貌原则。这些语用学理论让人觉得，人们似乎应该以固定的方式进行交际。但是，他们这种以牺牲文化差异为代价，寻求普遍性的原则存在很大的缺陷。有学者（何兆熊，2000：246）就质疑“这样的一些理论究竟在多大的程度上具有普遍性”。因此，本节将从语用规约的文化差异性、合作原则的文化差异性、礼貌原则的文化差异性等视角来论述语用的文化功能。

3.4.1 语用规约的文化差异性

如上文所述，人们的言语交际行为要受到各自的文化规约所支配和制约。这意味着，在交际的过程中，我们不仅要知道什么是符合语言的形式规则（即“合乎语法性”），更为重要的是，需要知道什么是符合文化规约的，要知道“什么时候该说话，什么时候不说话，说的时候说什么，对谁说，什么时候、什么场合、以什么方式说”。有些学者把这些规约称为社会语言规则或语用规约。语用规约是不成文的语言使用法则，是一个社会或群体共享知识的一部分，也可以说是语用信息的内在化、模块化。因为受到社会制度、社会心理、文化价值观、传统习俗、生活方式等的影响和作用，语用规约的差异也就成了文化差异的反映和折射（许力生，2006：56）。

文化不同，有关言语交际的语用规约自然各不相同。而这些特定的语用规约是由属于特定文化群体的人们自孩提时代无意识习得的，人们遵循这些规则也往往是无意识的。由于人们在跨文化交际时缺乏对社会语言差异的敏感性，又无意识地进行语用迁移，交际时直接把自己的话语翻译成目标语，而不考虑这些话语应该遵循的交际规范，语用失误（pragmatic failure）就难免发生。这种无意识的错误很可能造成比违反语法规则严重得多的后果。因为语法、语音或词汇方面的错误，一般不会触怒对方，别人会以为这些错误是语言学习过程中的必然产物。然而，语言使用规则一旦出错，就可能被当成没有修养的表现，或被认为是不诚实、不友好的行为。比如，一位在美国访问的中国学者接受导师的邀请赴其家宴时，在电话里不停地说“thank you”，还加上一句“all right，I'll try to come”，导师着急起来，干脆问他“yes or no”，遗憾的是那位学者长时间反应不过来，仍然不断说“thank you”和“I'll try”。他不知道，如果收到对方邀请，最重要的是明确自己接受或不接受，说明自己一定按时赴会或不能赴会。又比如，中国人在拒绝别人要求时不直接说“No”，而是拐弯抹角地说“让我们再考虑一下”、“再研究研究”，这种回答在中国文化中是一种托词，但对“直言快语”的美国人来说，可能意味着他们的要求很可能会被满足，不然还考虑什么、研究什么？

鉴于语用规约在交际中的重要性，下面我们从说话的场合、话题的选择、说话的方式和话语量的多少等方面简要介绍一下语用规约的文化差异。首先，在交际过程中，什么时候该说话，什么时候不该说话，不同的文化往往有不同的规约。例如，在英语国家只要听清了对方的提问，就必须予以回答，否则就是严重的失礼。然而，在中国文化环境中，却时常允许保持沉默，一般认为沉默比回答不正确使自己丢脸或让对方难堪要好得多。在中国的学校里，教师在授课过程中一般不允许学生随便插话。相反，在美国学校中似乎没有这种限制，学生说话比较自由。此外，处于不同文化群体的人对待沉默无语的态度也是不同的。由于西方的文化传统提倡雄辩，对说话和说话的能力特别看重，因此，美国人特别爱说话，对于他们来说，与人交往就是不停地说话，沉默往往意味着无所事事、无话可说，是交际中消极的、最不理想的状态。而在一些高语境文化中，沉默往往是人们可以营造的，是积极的，说话则有可能是迫不得已的行为，这就是我们常说的“此时无声胜有声”。值得注意的是，“无间隙，无重叠”是一般西方社会（如美国白人中产阶级）的话语规则，即交谈过程中任何时候都要有人说话，但也只要其中一个人说话；然而安提瓜人的话语规则就不包括“无重叠”这一条；对拉普人来说，他们则没有“无间隙”这样一条话语规则（王得杏，1998：100～101）。

其次，人们在话题内容的选择上，也要受到文化的支配和制约。在一种文化中人们交际的习惯话题，可能是另一文化中人们交际时设法回避的话题；一种文化中人们常常涉及的内容，在另一种文化中可能构成对隐私的侵犯。例如，在中国文化中人们可以相互谈论各自的收入、宗教信仰、婚姻状况等话题，以示对别人的关心。但是，英语国家的人不大可能和初识的人谈论各自的年龄、收入、政治态度、宗教信仰、婚姻状况等，天气、工作、业余爱好、地方和全国性事件则是英语国家的人经常谈论的话题。又如，英语国家的人可以自由地、公开地谈论女性的身孕，甚至怀孕女性本人也向异性直言其事；而在中国人看来，这样做就不太合适了，不可随便和人（尤其是异性）议论此类事情。而在马来西亚涉及性的话题属于禁忌，几乎在任何情况下都不可与人谈论。再比如，在美国文化中，和朋友、熟人交谈时，人们常向人夸奖自己的丈夫、妻子和儿女，称颂他们的长处或成就；可是，对泰国人来说，这样做是不行的，不可以当众称赞自家人。

再次，在说话方式上，文化与文化之间的差异更为明显。经过调查发现，日本倾向于用间接的方式，进入正题前常常要寒暄一番，说些似乎不太相干的话，谈话中比较迁就对方，很少正面顶撞；相反，西方人则喜欢开门见山，直接而明确地表达自己的想法。此外，西方人一般先说明自己的主张，然后再陈述其理由；而日本人却常常先说一通理由，最后才说出自己的主张。又比如，韩国人在作否定回答时，不直接说“不”、“我不同意你的看法”或“我不能这样做”之类的话，而更喜欢说“我原则上同意你的看法”或“我很同情你”等。也就是说，由于价值取向的不同（东亚国家属于集体主义，而美国属于个体主义），美国人习惯于直截了当地拒绝和否定；而东亚人则喜欢绕弯子，用不置可否、模棱两可的话来应付，有时甚至空口允诺或肯定。

最后，话语量的多少也会受到文化的影响和制约。例如，中国人请客吃饭，主人往往要再三劝说客人多吃多喝，只有在客人多次谢绝后，主人才会罢休。然而，在英语国家，劝客人多吃多喝的话主人最多只会说上两次。而据 Gudykunst 和 Ting-Toomey 的调查，阿拉伯人的话显得太多，亚洲许多地方的人和北美印第安人则话太少。

综上所述，语用规约实际上就是言语交际中语言运用的得体性问题，它与语言运用的社会文化环境是密不可分的。而文化群体之间的社会文化环境是存在差异的，从这个角度看，世界上没有普遍的、一致的得体性。因此，从下一小节开始将分析“似乎被认为具有相当的普遍性”的语用学理论——合作原则、礼貌原则的文化差异性。

3.4.2　会话合作原则的文化差异性

美国哲学家 Grice 提出，和从事其他社会活动一样，在所有的言语交际活动中为了达到特定的目标，说话人和听话人之间应该存在着一种默契，一种双方都应该遵守的原则，他称这种原则为会话的合作原则（cooperative principle，简称 CP）。具体地说，合作原则就是要求每一个交谈参与者在整个交谈过程中所说的话都符合这一次交谈的目标或方向。正是这种合作使交际能够持续进行，否则就会导致交际中断。合作原则包括以下四条准则（maxims）：①数量准则（quantity maxim）：a. 使自己所说的话达到现时交际目的所要求的详尽程度。b. 不能使说的话比所要求的更详尽。②质量准则（quality maxim）：a. 不要说自己认为不真实的话；b. 不要说自己认为没有足够证据的话。③关联准则（或关系准则）（relation maxim）：说话要相关、贴切。④方式准则（manner maxim）：a. 避免含糊其辞；b. 避免歧义；c. 说话要简练；d. 说话要有条理（Grice，1975：307 ~ 308）。

可以看出以上四条准则中前三条处理的是人们在交谈时“说什么”的问题，第四条处理的是“怎么说”的问题（何兆熊，2000：155）。如果在交谈过程中，人人都能遵守这些准则，那么就是最合理、最有效率的言语交际了。但是，实践证明合作原则理论只是空想，仅仅描述了“哲学家的天堂”，与现实生活相距甚远。实际上人们之间的交谈并不总是按照这些准则来进行的，而是经常违反这些准则。如果在言语交际中有一方表面违反了合作原则，那么他必定是要表达某种超越字面意义的隐含意义，或曰会话含义（conversational implicature）。正是由于这些超越字面意义的隐含意义用传统的语义理论无法解释，人们才借助违反合作原则来讨论和说明会话含义。实际上，它的一系列准则是建立在欧美文化的基础上的，以欧美言语交际通行的模式为标准，然而不同的社会在文化取向、价值体系、生活方式以及语用规约上都存在着差异，正是由于文化之间的差异性让学者们纷纷质疑合作原则的普遍适用性，也就是说这些准则在多大程度上适用于其他文化是值得进一步研究和探讨的。因此，本小节将介绍会话合作原则的文化差异性。

就数量准则而言，它可能因社会文化环境的不同而迥异。Keenan（1976：10）在对 Malagasy（马尔加什）的语言使用情况进行考察后，指出 Grice 的数量准则不适用于那里的社会。在那里，人们为了维护自己的地位与威严而对新的信息秘而不宣，并认为对信息垄断越多，就越享有众望。按照会话合作原则，马尔加什人说话时提供的信息远未达到“使自己所说的话达到现时交际目的所要求的详尽程度”的要求。难道我们能说马尔加什人的这种言语行为违反了“数量准则”？同样 Grice 的数量准则也不适用于东亚（如中国）和南亚（如印度）的部分国家。根据 Hall 的高低语境理论，我国传统文化属于高语境文化，言语行为对环境有高度的依赖性，“意会”是人们信息解码的重要手段，这与西方人所提倡的“言传”形成很大的反差。因此“只可意会不可言传”的言语交际行为与 Grice 的数量准则是背道而驰的。另外根据 Hymes 的调查，印度南部的一个社会把产生极少量的言语视作美德，人们在交谈时既不合作也不竞争，人到四十岁就几乎停止了谈话。与之相反，美国人却把“夸夸其谈”当作很大的乐趣，把言语能力缺乏看作是无能的表现。因此，他们可以消磨时间地闲聊，而又无穷无尽地争执、议论和巧辩，即使在礼节场合也会滔滔不绝地措辞角逐。

此外，Grice 的方式准则和质量准则也不适合于很多的社团和社会。Dodd（2006：92～93）认为集体主义文化价值取向的人（如中国人）比个体主义文化价值取向的人（如美国人）更倾向于间接表达。因此，受传统文化的影响，我国是一个“和合社会”，为了不伤和气，为了维持人与人之间的和谐关系，中国人很少直接、明确地拒绝别人的要求，常采用简洁、迂回和委婉的表达方式。因此，他们所遵循的质量准则和方式准则肯定与西方人有很大的差异。下面笔者借用戴炜栋、张红玲在《外语交际中的文化迁移及其对外语教改的启示》（《外语界》2000 年第二期）一文中的一个例子来说明这个问题：

Saturday Shift

Mr. Jones：It looks like we're going to have to keep the production line running on Saturday.

Mr. Wu：I see.

Mr. Jones：Can you come in on Saturday?

Mr. Wu：Yes，I think so.

Mr. Jones：That'll be a great help.

Mr. Wu：Saturday's a special day，did you know?

Mr. Jones: How do you mean?

Mr. Wu: It's my son's birthday.

Mr. Jones: How nice. I hope you all enjoy it very much.

Mr. Wu: Thank you. I appreciate your understanding.

由于吴先生和琼斯先生来自不同文化背景，他们都按照各自的社会文化价值观念和思维方式行事，这就不可避免地会产生误解。对话一开始，琼斯先生提出了让吴先生加班的要求，英美文化使他设想吴先生会遵守合作原则中的关系准则和质量准则，因此吴先生的回答使琼斯先生深信不疑。但是，吴先生为了保全对方的面子，被迫牺牲了合作原则中的质量准则，违心地以“yes”作答。

实际上，在几乎所有的文化中都能找到违反质量准则的例子。如，阿拉伯人在说“是”时，意思可能是“也许”，当他们说“也许”的时候，意思可能是“不”，他们很少说“不”字来回答对方，因为这是不礼貌的行为。此外，如果有人问路，墨西哥人即使自己根本不知道路径，也常常会以一副满有把握的样子告诉别人该怎么走。

3.4.3 礼貌原则的文化差异性

如上所述，合作原则解释了话语的字面意义和实际意义之间的关系，解释了会话含义是怎样产生和理解的，但它却没有解释人们为什么要违反会话准则而含蓄地、间接地表达自己的想法。为了说明人们违反会话准则产生会话含义大多是出于礼貌的需要，Leech（1983）提出了礼貌原则，作为对合作原则的弥补和拯救。例如：

Parent: Someone's eaten the icing off the cake.

Child: It wasn't me. （Leech，1983：80）

以上是典型的家长和子女之间的对话，家长对于谁吃了蛋糕上的糖粉应该说是心中有数的，但他并没有直接责备孩子，而是用了一个不定代词 someone，仅仅说是“有人”吃了糖粉，从而违反了数量原则，目的是为了维护礼貌原则。

“礼貌”是日常生活行为中具有道德或伦理意义的一项行为准则，包括人们为维护和谐的人际关系所作出的种种努力，它是人类文明的标志，是人类社会活动的一条重要准绳。此外，礼貌还是人类语言的重要组成部分，很多语言成分（包括词、短语、语句和语篇）都具有程度不同的礼貌特征。概括地说，礼貌就是一方对另一方的态度，必然会影响交际双方的关系，甚至会向在场或不在场的第三者表示礼貌。由于指令和承诺这两类言外行为涉及“惠”（benefit）和“损”（cost）这两个因素，因此礼貌在本质上是非对称性的。也就是说，礼貌就是尽量让他人受惠，尽量使自己受损，由此形成使别人受惠和使自己受损的正比关系。越是有益于听话人的行为，其语句的礼貌程度就越高；相反，越是有损于听话人的行为，其语句的礼貌程度就越低（Leech，1983：107）。

基于以上观点，尤其是“惠”和“损”的关系，Leech（1983：132）提出了自己的礼貌原则（principles of politeness），其包含六条准则（maxims）：①得体准则：使他人受损最小，使他人受惠最大；②宽宏准则：使自己受惠最小，使自己受损最大；③赞扬准则：尽量缩小对他人的贬损，尽量夸大对他人的赞扬；④谦虚准则：尽量缩小对自己的赞扬，尽量夸大对自己的贬损；⑤赞同准则：尽量缩小自己与他人的分歧，尽量夸大自己与他人的一致；⑥同情准则：尽量缩小自己对他人的厌恶，尽量增加自己对他人的同情。在Leech看来，尽管礼貌原则的各准则（除了量的差异）在不同文化中所处的地位不同，但是它们是具有普遍适用性的。和合作原则一样，它也是基于西方的价值观而制定的，也有“西方文化中心主义”之嫌。

礼貌是各社会各群体共有的普遍现象，是维系人们正常有效交往的重要前提，但世界上各民族都有其独特的原则或准则，各有各的讲究。在不同的文化中表示礼貌的方式方法以及人们用以判断礼貌的标准具有差异性。这种差异性是和在不同文化中礼貌的不同起源以及长期历史过程中受社会、历史、地理等一系列文化因素影响而形成的文化价值观分不开的。有鉴于此，顾曰国（1992：10~17）根据汉文化的德、言、行的礼貌要求，吸收和借鉴 Leech 的六条礼貌准则，并追溯了现代礼貌概念的历史渊源，提出了不同于西方学者的礼貌准则。第一是贬己尊人准则：称谓自己或与自己相关的事物时要“贬”，要“谦”；称谓听者或与听者有关联的事物时要“抬”，要“尊”。第二是称呼准则：人们出自礼貌，在相互称呼时仍采用“上下、贵贱、长幼”有别的传统来体现人与人之间的一种社会关系。第三是文雅准则：出言高雅、文质彬彬往往被人认为是懂礼貌，“有教养”。文雅准则的重要内容仍然是“先用雅言，禁用秽语；多用委婉语，少用直言”。第四是求同准则：这与“脸”、“面子”有关，所谓求同，就是注意人的身份和社会地位要保持相称，说话双方力求和谐一致。第五是德、言、行准则：在行为动机上尽量减少他人付出的代价，尽量增大他人的益处；在言辞上尽量夸大别人给自己的好处，尽量把自己付出的代价说得小一些。

下面，我们将从礼貌原则的侧重点、谦虚准则的差异两方面来分析礼貌原则的文化差异性。首先，在不同的文化中，礼貌原则中的各项准则，其重要性是不尽相同的。东方有些文化团体（如中国和日本）比西方国家有更重视谦虚准则的倾向，说英语的文化团体（尤其是英国）更重视策略准则（即得体准则）和反语准则（Leech，1983：150）。不同社会对不同准则的侧重点源于其不同的文化取向和价值观（关于价值观我们将在后面的章节作详细的阐释）。中国的“礼貌”可以追溯到古书中所说之“礼”。在古代，“礼”具有不同的社会功能。它曾经是平乱获治之本：“天地者，生之始也；礼义者，治之始也”（《荀子·王制》）；它还是维护现行社会等差的行为法则：“上下有义，贵贱有分，长幼有等，贫富有度，凡此八者，礼之经也”（《竹子·五辅》），上下、贵贱、长幼、贫富之别（即等级关系）是“礼”的根本。这种等级关系又是通过语言来实现的，如《论语·子路》中便有“名不正则言不顺，言不顺则事不成，事不成则礼乐不兴”。由此可见，中国文化中的“礼”是建立在等级差异基础上的，只有在等级差别建立之后，人们才能按其固定的社会身份行事，才能建立和维持和合的社会秩序，即中国社会属于“高权力距离”、“差序格局”的社会。此外，中国社会还属于他人取向的集体主义社会，集体利益高于一切，为了集体，为了他人，个人利益可以忽略。总之，由于受传统的等级观念和他人取向的集体主义的影响，中国人在日常交际中强调“贬己尊人”的谦虚准则，中国人的礼貌系统侧重于尊敬礼貌系统（deference system）和等级礼貌系统（hierarchy system）。然而，西方社会是一个平行格局、自我取向的社会。在西方人眼中，人生来便是平等的，并无贵贱、长幼之别，素有“人各有身，身各自由，为上者不能压抑之，束缚之”的说法。因此，在向别人实施“指示性”言语行为时，人们必须遵循得体准则以减少对别人的冒犯，尽量减少语力之强迫性。为了体现平等，西方人的礼貌用语多采用一致性（solidarity）原则，拉近说话人和受话人的关系。因此，西方人侧重一致性礼貌系统（solidarity system）。

其次，由于价值观的差异，中国人遵循的是“贬己尊人”的谦虚准则，而西方人遵循的则是“尊人不贬己”的谦虚准则。当人们受到赞扬时，西方人一般都说“thank you”以表示接受，他们认为，欣然接受对方的赞扬可以避免损害对方的积极性，因而是礼貌的。而中国人一般竭力贬低自己，否定赞语的真实性，以示谦虚。中国主人虽然准备了丰盛的饭菜请别人吃饭，仍然会说“没什么菜招待”、“不会烧菜”之类的客套话，真正把对自身的贬损夸大到了最大程度，以此来表示礼貌。我们在日常交际中还经常能听到下面的对话：

“你家的客厅真气派呀。”——“不怎么样。”“你这几年混得不错呀。”——“不不，你也不错。”“你老婆真漂亮。”——“不不不，过得去吧。”

综上所述，礼貌是历史文化的积淀，是特定社会文化群体价值观的体现，一成不变、普遍适用性的礼貌准则是不存在的，因此只有根据具体的语境才能判断言语行为的礼貌性。

3.5 语篇与文化

语篇（discourse）一般用来指文章、会话、面谈等比句子更大的语言单位（a unit of language above sentence），是使用中的语言（language in use）。它是特定语境和社会文化中语言运用的产物，语篇的形成和样式反映了意义交流时的社会文化语境。语篇与文化有着密切的联系，不同文化的人所使用的、制造的语篇是不同的，不同的语篇也会建构不同的个人经验和社会现实。

如上所述，在语篇结构和语言风格方面，不同文化之间存在着差异，而这正是“对比修辞学”所研究的主要课题。美国的 Robert Kaplan 大概可算这一领域的始祖，1966 年他在“Cultural Thought Patterns in Inter-cultural Education”（跨文化教育的文化思维模式）一文中对他从 1963 年到 1965 年收集到的大约 600 份外国学生用英语写的作文，从文章段落的组织结构的角度进行了比较。经过对比研究，Kaplan（1966）发现来自不同文化背景的学生，由于受文化思维模式的负迁移的影响，在英语写作时所使用的书面话语模式是不同的。此外，他根据学生的文化思维模式，归纳出了五种不同的段落发展类型，提出了著名的不同语言文化思维图式的假设。下面我们将对 Kaplan 的假设以及学者们对假设的看法进行阐释。

3.5.1 Kaplan 之不同语言文化思维图式的假设

Kaplan（1966）认为，英语语篇的组织具有“直线型”的特点，即英语段落通常以主题句开头，以接一些自然衔接的例证句将其充分展开、说明，最后收尾。闪族语（如阿拉伯语）语篇的发展呈“平行对仗型”，即篇章组织采用一系列复杂的平行发展结构。东方语言（包括汉语）的语篇行文方式呈现出“螺旋型”特征，即不直接论证段落主题，而是拐弯抹角地从各种外围角度间接论证主题，这种行文方式使母语为英语的读者深感困惑。而罗曼语系（如法语、西班牙语）的语言与俄语有些类似，其语篇模式都倾向于“迂回转折型”，在语篇发展过程中会包括一些偏离主题的内容，只是俄语在专题和分岔时更加自由。

Kaplan 的这一假设一经提出，立刻受到了广泛的重视，并引发了不少争论。有一些学者通过进一步的研究和考证发现 Kaplan 假设是不成立的。如有学者（Leki，1991：127）就曾批评 Kaplan 的概括“仅仅是个人的直觉判断，过于简单化，缺乏足够的科学依据”。因为“‘直线型’是 20 世纪 60 年代美国英语写作教科书中的理想规定，而实际英语文章存在着各种各样的语篇结构”。还有学者（Mohan & Lo，1985：517）则认为，我们不能把学生用第二语言写出来的作文不符合英文作文规范的原因归结于受思维模式负迁移的影响，它也有可能是由学生的英文程度不高引起的。因此，学生的第二语言作文的篇章模式未必会反映他们的母语思维模式。此外，Mohan & Lo（1985：519 ~ 520）还从“中国学生所熟悉的古代汉语说明文”中挑了两段实例，用以证明即使古汉语也有与典型英语“直线型”并无两样的语段。此外，他们还从现代汉语写作教材中发现，中国人也同样推崇“直线型”的行文模式，并不总是提倡拐弯抹角的“螺旋型”语篇模式。

然而大多数学者进行了进一步的研究和考证，其研究成果不同程度地支持了 Kaplan 的假设。为了证实 Kaplan 假设是否成立，Coe 和胡曙中（1989：40 ~ 46）曾对一些汉语和英语的段落（均选自学术性的哲学杂志）作过比较分析。他们发现汉语中基本上有两种段落结构：一种结构类似于归纳性的英语段落，另一种结构类似于

Kaplan 命名的那种“东方语言中特有的螺旋型”段落，除此之外还发现有若干段落具有非英语式的修辞模式。此外，他们还发现从修辞结构上看，英语本族语作者用英语写的语篇和中国作者用汉语写的语篇存在着明显的差别，且中国作者用英语写的语篇既不完全像英语本族语作者写的英语语篇，也不完全像中国作者写的汉语语篇，它们似乎介于两者之间。

这一争议颇大的问题，显然很有继续深入探索的必要。然而我们也要清醒地认识到，虽然对比修辞研究已经进行了很多，近些年来也有较大发展，但就语言中的每种具体体裁类型而言，专门的研究仍嫌不足。在汉英对比方面，情况就更是如此了。为进一步检验 Kaplan 有关“直线型”与“螺旋型”的论断，许力生等（2002：56~64）进行了一项汉语和英语论说文语篇修辞模式的对比研究。该研究从书籍教材及报纸杂志中随机地选取了千字左右的汉英论说文各八篇，按文章的话题相似性分成八组，对其主位推进程序、语义衔接、语段发展方式等一一进行了对比分析。研究结果显示，汉语和英语论说文语篇在上述方面都存在着程度不同的差异，但似乎也不像 Kaplan 所认为的那么迥然相异。就拿当代汉语来说，在语篇修辞模式方面，其既包括直线型也包括非直线型，只不过是迂回的、间接的表述方式在总体上可能略占优势。

3.5.2 Kaplan 假设之缺陷

虽然 Kaplan（1988：285）将“对比修辞”笼统地诠释为“跨语言、跨文化之对比”，并且在对比中把语篇模式与思维模式联合起来考虑，但是他以东方、西方或不同民族为单位所划分的文化群体过于庞大，并且他只以主流文化为研究对象，忽略了其他与主流文化存在差异的非主流文化，这就有“以偏概全、以点代面的过度概括”之嫌。而这种“二元对立”、“非此即彼”的过度概括，有可能把本来复杂的情况简单化。Coe 和胡曙光（1989）以及许力生等

(2002)的研究结果说明两种语言中(尤其是汉语中)修辞模式的状况比 Kaplan 所认为的更复杂、多样。然而，在西方语言学界，对不同语言语篇修辞模式进行简单的“二元对立”划分的学者远不止 Kaplan 一人。Scollon 等人(1995：74~80)认为，英汉语篇之间的差异主要源于两种语言分别倾向于采用演绎式和归纳式的话语模式。归纳就是先提出次要论据然后再从中推出主要论点。说话者在得出某个特定结论之前要充分说明多方面的原因，并通过详述论据来试探听话者对话题的潜在接受程度，直到认为合适的时候才引入话题。而演绎是先提出主要论点，然后提供次要论点，说话之初就引入话题是为了使后面的一系列支撑论据显现出清晰的关联性(许力生，2006：155)。此外，Leki(1991：132)还提出了“作者责任型”和“读者责任型”的概念。“作者责任型”的语言考虑到读者对文章中的各个命题缺乏了解，因此行文中明确表明各命题间承上启下的相互联系。与此相反，“读者责任型”的文章主要靠读者自己去理清上下文之间的联系，靠语境判断各命题的意义联系。Hinds(1987：141~152)曾提出用读者责任型语言—作者责任型语言的观点来解释东方语言与英语在语篇模式上的差异，即英语属于作者责任型语言，日语属于读者责任型语言，而古代汉语是典型的读者责任型语言，当代汉语正处于“读者责任型”向“作者责任型”过渡的阶段。

除了有“过度概括”之嫌外，Kaplan 假设还将语篇对比的基础建立在语言差异的基础上，简单地把语篇和所使用的语言等同起来，认为一种语言中必有一种固定不变的主流语篇模式。也就是说，他忽略了语篇模式的选取与语言所使用的社会文化环境之间的关系，没有意识到是社会文化环境而不是特定语言决定语篇构建的方式和类型。因此，我们只有从文化的角度来分析不同语言的语篇修辞模式，才能真正理清语篇与思维模式的关系，正如 Scollon 等人(1995)所提出的那样，东西方人在修辞策略方面的差异与各自的文化价值取向有着密切的关系。东方人基本上持群体取向，凡事以家庭、社会和国家利益为重，个人利益在必要时可以忽略、可以牺牲，强调压缩自我、安于现状，习惯于避免“锋芒毕露”，注重人际关系，万事以和为贵，看重面子和面子功夫，因此倾向于采取相对比较“安全”且不容易得罪人的归纳修辞策略和间接的表达方式。而西方人主要持个体取向，凡事以“我”为中心，强调个人的自主和独立，习惯于“自我表现”，崇尚自由表达、直截了当，因此多采取演绎策略和直接的表达方式。此外，Hofstede 认为文化价值维度之一的权力距离也会影响语篇结构，即间接、“绕弯子”的表达方式是等级观念强（高权力距离文化的表现）的结果和反映，而直截了当的表达方式则和强调人人平等（即低权力距离文化的表现）的社会文化环境密不可分。根据以上这两方面，我们还可以解释为什么中国人喜欢在语篇中引用经典、引用成语名言，依赖历史、传统和权威来阐述意见和观点。

此外，针对 Kaplan 所提出的“在阅读古汉语时不禁为之愕然：作者几乎没有尽到把自己要表达的意思说明白的责任，而当代汉语似乎正朝着作者责任型发展”，Young（1994）就提出，英美人时常认为中国人讲话不着边际、不可理喻，其实是他们不了解东方人的思辨方式。诚然，从语言本身，我们无法解释为什么当代汉语会从读者责任型向作者责任型过渡，我们只有从文化差异方面（使用语言的社会文化环境）来对此现象进行阐释。根据 Hall 提出的高低语境理论，我国的传统文化属于高语境文化，更多地依靠语境来对信息进行解码，重“意会”，因此古代汉语就属于“读者责任型”语言。而在低语境文化中，意义是通过语码来传达的，重“言传”。也就是说，之所以当代汉语从读者责任型过渡到作者责任型，并不是汉语本身发生了什么变化，而是因为当代中国社会正在从高语境文化向低语境文化过渡。值得注意的是，Kaplan 还有“民族中心主义”的倾向，即在语篇对比中，不是跨文化和跨语言地互为参照，而总是以英语主流文化的语篇模式为标准来审视和评判其他语言，这样就未必能真正地反映语言的本质特征。李战子（2002：331～339）就曾经撰文对 Kaplan 的“Cultural Thought Patterns in Inter-cultural Education”一文进行剖析，发现了 Kaplan 在讨论语篇差异时所带有的偏见与偏见中所蕴涵的价值取向，即总是认为英语修辞模式优于其他语言修辞模式。

因此，我们认为决定语篇修辞模式的因素并不是语言本身而是语言所使用的社会文化环境（即语境），也就是我们在本节开头所说的，语篇是特定语境和社会文化中语言运用的产物，语篇的形成和样式反映了意义交流时的社会文化语境，不同语篇建构的是不同的个人经验和社会文化现实。

3.6 小　结

通过本章论述，我们认识到了：①语音、句法、语义、语用和语篇等语言形式蕴涵丰富的文化含义；②语言的使用离不开社会文化环境。更为重要的是，通过以上两方面的阐释，说明了在语言教学中进行文化教学的必要性，即语言教学要与文化教学有机结合；此外，还说明通过学习语言来学习文化是有效途径，在外语教学中进行跨文化培训也是切实可行的。

4 文化教学的内容研究

随着改革开放的不断深入，我国同世界各国的交流（尤其是中西文化交流）日益频繁，其规模之大、范围之广、速度之快及影响之深是任何时代所无法比拟的。由于“不同文化在文化取向、生活方式、价值观念、思维方式、时间取向、社会规范等方面差异的存在”（贾玉新，1997：55），因此在多元文化的碰撞与融合中，我们应该保持辨明优劣、区别真伪的心态，既不能极度崇尚外来文化，也不能绝对维护传统观念。在外语教学中，注重文化知识（既包括母语文化也包括目的语文化及其他国家文化）传授的必要性已成为人们的共识。与此同时，人们已意识到在外语教学中应重视培养学生的跨文化意识和跨文化交际能力。有鉴于此，本章我们将从价值观、思维方式、语言交际、非语言交际等四方面对文化教学的内容进行探讨，旨在克服文化学习中见树不见林的弊端，以引导学生言语得体。

4.1 价值观

有学者（胡文仲等，1997：147）认为“价值观是文化的核心”。每一个社会都有其独特的价值观念体系，这套体系直接影响人们的思维方式、行为规则、认知准绳、处世哲学、演绎推理模式、评价事物的规范、道德标准。概括地说，一种价值观就是一个概念，它或外显的，或内潜的；它或是指某一个体的特点，或是说明某一群体的特征；它是可能的、影响着对有效的行为的形式、方法和完结之选择的东西（见胡文仲等，1997：147）。本节将从“世界观”、

“人际关系取向”、“时间取向”、“活动取向”等方面来描述中西方文化在价值观方面的差异。

4.1.1 世界观：“天人合一”与“天人相分”

中国传统的世界观是天人合一，注重二元的依存和统一，即人与自然、精神与物质、主体与客体、凡与神均合二为一，环抱涵容。而西方则是天人相分，强调二元的并存与对立，即人与自然、精神与物质、主体与客体、凡与神均一分为二，界线分明（左飚，2001：68～69）。

“天人合一”的思想源于儒家。如殷周《易经》“一阴一阳之谓道”的观念中，阴阳依存，统一为道，即太极。春秋战国时期的老子继承了这一“阴阳合一说”。《老子》四十二章说：“道生一，一生二，二生三，三生万物。万物负阴而抱阳，冲气以为和。”而汉代董仲舒的“天人之际，合而为一”、“以类合之，天人一也”初步总结了儒家“天人合一”思想。“天人合一”的命题则是宋代理学家张载第一次明确提出来的：“儒者则因明致诚，因诚致明，故天人合一，致学而可以成圣，得天而未始遗人（《易说·系辞下》）。”

“天人合一”强调人与自然的统一，人的行为与自然的协调，道德理性与自然理性的一致，充分显示了中国古代思想家对于主客体之间、主观能动性与客观规律性之间关系的辩证思考。根据这种思想，人不能违背自然，不能超越自然界的承受力去改造自然、征服自然、破坏自然，只能在顺从自然规律的条件下去利用自然、调整自然，使之更符合人类的需要，也使自然界的万物都能生长发展。汉语中有很多成语反映了这种态度，如“天从人愿”、“天理人情”、“天怒人怨”、“吉人天相”等。这种思想同样也能在文学作品中觅其踪迹，如：“花迎喜气皆知笑，鸟识欢心亦解歌”（王维《奉简新除使君等诸公》）；“人生有情泪沾臆，江水江花岂终极”（杜甫《哀江头》）；“高树多悲风，海水扬其波”（曹植《野田黄雀行》）。读者能通过大自然中的花、鸟、树、风、江花、海水等感应喜、怒、哀、乐等各种思想感情，做到“天人感应”。在“天人合一”思想指导和影响下，中国人在思想意识、思维模式以及言语观方面都倾向于求整体、求笼统、求综合、重知觉，迥异于西方人的思维方式和语言观。

西方“天人相分”的世界观将世界看成由众多各自独立的物体机械结合而成，每个物体都可以脱离整体和其他物体而独立存在。许多哲学家的理论都体现了这种“天人相分、二元对立”的世界观，他们把灵魂、精神、上帝等与现实的客观世界区分开来，把人与自然、主体与客体对立起来。如古希腊哲人泰勒斯、赫拉克利特等把统一的世界划分为“元素”和“灵魂”两个世界；柏拉图的“理念”高于“现实”；亚里士多德区分“形式因”及“质料因”；基督教认为上帝创造人间世界；笛卡儿提出“物质”与“心灵”两种实体论；黑格尔提出“绝对精神”决定“现实事物”的学说等。希腊著名的物理学家阿基米得曾说的“给我一个支点，我可以撬起整个地球”，谚语“上帝创造一切，人改造一切”都说明在西方人眼里，人是高于自然的、是自然的主人，人是超然于自然界之外的，对自然界有绝对的支配和统治力量。因此，西方文化强调人要凭借自身的智慧和科学的力量征服自然、改造自然。他们不相信天命，重竞争求创新。在“天人相分”思想的指导和影响下，西方人倾向于一切二分，习惯以分析的思想方式和重逻辑的思维方式对待事物以及求“精确”的言语观。

4.1.2　人际关系取向：集体主义与个体主义

中西文化中人际关系取向是由不同的哲学思想决定的。在中国，人与人的关系表现为群体取向和他人取向，人伦、人情与人缘三位一体，凡事以家庭、社会和国家利益为重，个体的价值只能依存于群体去实现。个人在群体的关系中是依存的一分子，几乎没有“自我”的空间和余地，其行为是由行动者知觉到这个关系中的其他人的思想、情感和行动所决定的。古代所谓“修身、齐家、治国、平天下”，修身是手段，目的是为了实现“家”、“国”、“天下”的和谐，追求整体的利益，这源于统治中国文化的儒家思想——“仁”和“礼”。“仁”是儒家思想的核心，是做人的标准，要达到“仁”，必须纳入大家，融入集体，凡事要以集体为重，以他人利益为重，万事以和为贵，国外学者称这种思想为“无我文化”。而“礼”强调的是等级差别，突出的是等级下的个人权利和义务，强调每个社会成员在社会交往中的一言一行要符合自己的身份。从古至今，这一价值取向引导中国人重视国家、民族和社会利益，形成了中华一体的凝聚精神，铸就了中华民族为国为民、舍生取义、天下为公的民族精神。但是这种取向也有其消极的一面，它会使人们缺乏个人进取精神，缺乏竞争意识，过分看重“关系”，且“从众”心理严重。“先天下之忧而忧，后天下之乐而乐”、“人贵有自知之明”、“枪打出头鸟”等都是这种价值取向的真实写照。此外，这种以家、国、天下利益为重的群体价值取向还能从古人的一些文学作品中体现出来。比如：“风声、雨声、读书声，声声入耳；家事、国事、天下事，事事关心”（顾宪成《题东林书院联》）；“位卑未敢忘忧国”（陆游《病起抒怀》）；“保天下者，匹夫之贱，与有责焉耳矣”（顾炎武《日知录》）。

与中国文化相反，西方文化提倡个体主义，崇尚个人与自我是西方文化价值观的一个基本取向。罗伯特·林德曾经把“个体主义”比拟为适者生存的自然法则，个人只有通过自身的努力，发挥自己的潜在能力，维护自己的权益，才能在社会上立足。在西方文化中，个体总是要使自己独立于他人，自我独立、自我表达和自我实现被认为是最重要的，自我目标的实现主要参照自己的内在思想、情感和意志。因而我们可以把西方的价值观称为“重个人”的价值观。文艺复兴运动之后，崇尚自我的价值取向更加鲜明地突现出来：塑造独立的人格，直接表达自我，诚实坦率，在学习、工作和社会生活中追求与众不同，标新立异，寻求各种机会充分展现自己，实现自身的潜能。在美国，崇拜个体主义、主张个性自由的态度到了极端的地步，在英语词典中，仅以“self”为前缀的词就有 100 多个。美国总统本杰明·富兰克林也把个人主义在其著作中具体化，指出“上帝帮助自助者”（God helps those who help themselves）。崇尚自我的价值观有利于培养健全的人格和开放的个性，这是开发一个人创造力的前提和源泉。

4.1.3 时间取向：圆式时间观念与线式时间观念

时间是一种无声的语言。它蕴涵着丰富的文化内涵，具有特定的顺序、结构和意义。不同的民族由于受到不同的时间规范的支配，对时间有着不同的理解和看法，有着不同的时间取向。

有学者（Hall，1959：1 ~ 20）认为，东方人的时间观念属于圆式时间观念，而西方人则属于线式时间观念。

中国的圆式时间观念深受儒家思想的影响，儒家思想主张回归自然，回归过去。此外，由于一直受儒家思想的影响，中国又是一个传统导向的社会，即传统的思想延续至今，为大家所认同，规范人们的行为。因此，中国是个以过去取向为主的社会，人们常常向后看，立足于过去。中国文化的圆式时间观也常见于文学作品之中，如“日月光华，旦复旦兮。春与秋其代序”（屈原《离骚》），“代序”即时序环转替换。中国人虽然也叹息“岁月不待人”（陶渊明《杂诗十二首》），“但悲时易失”（韩愈《幽怀》），然而中国是农业文化，时间显得十分充足，做事慢慢来是一种主要倾向。人们相信失去的东西还有时间补救，所谓“失之东隅，收之桑榆”（《后汉书·冯异传》）讲的就是这个道理。人们对“时过境迁”有心理准备，并慢慢地期待着“时来运转”。中国人常把“你着什么急”挂在嘴边，还经常可以看到藤架下的品茶者、晨练太极的老者，这些都说明中国人不像西方人（尤其是美国人）那样有强烈的时间紧缺意识，而是觉得时间非常充足。人们在日记中记下的往往是已经发生了的事情。人们修身养性，重在回顾往日的言行。“吾日三省吾身”（《论语·学而》），意在反省自己过去是否有“不忠”、“不信”、“不习”的过失。这就使得历史的传统观念在这些文化中显得至关重要，人们做决定或判断真理往往要参照过去；循规蹈矩成为一种社会典范；人们崇敬祖宗，敬老尊师，重经验，重年龄。此外，传统的“知天命”、“畏天命”、“生死有命，富贵在天”的“信天由命”的人生观也与过去取向的时间观密切相关。

受线式时间观念的影响，西方人一切着眼于未来，未来取向是他们的重要价值观念。在西方文化中，“时间好比一条直线，是一种线性的单向持续运动。时间是‘行进、流逝、飞行；是河流、大江、瀑布’。而且根据犹太—基督教的传说，时间不是圆式的周而复始的运动，它是有始有终的”（贾玉新，1997：71～72）。文学家们把时间比作“一切事物的吞食者”（奥维特）、“偷走青春的神秘窃贼”（弥尔顿）和“急驰而来的带翼飞车”（马维尔）。莎士比亚认为时间的“步伐轻快得令人眼花缭乱”。民间谚语“岁月不待人”也说明，线式时间观念使西方人总是觉得时间一去不复返，因而其有着强烈的紧缺意识。这就促使西方人凡事向前看，一切着眼于未来，并期待将来比现在更美好，将来才是幸福的所在；他们往往很乐观，重视革新和变化，不墨守成规。因此，他们在日记中喜欢记下对未来事情的安排，把精力和努力都放在实现近期规划方面。

4.1.4 活动取向：“求稳”与“求变”

中国封建社会的一体化政治结构，要求社会和个人的信仰及观念一元化、一体化、同步化，造就了传统文化的“大一统”思想。受这种思想的影响，人们希望社会稳定，国泰民安；希望家庭稳定，生活平静，实现“安居乐业”，并能“知足常乐”。在“忠恕”和

“仁爱”的中庸哲学指导下，中国人很少有激进的行动，基本上是“温和”与“缓进”的，强调顺其自然。“统一”和“稳定”是社会发展的保证，这当然包括家族、家庭、社会和国家乃至个人的社会地位、地域、社会关系等方面的稳定。中国社会在稳定中求发展，使得几千年的文化得以延续和保存完整。这种价值观与儒家、道家思想以及佛教有关。儒家倡导三纲五常，宣扬礼乐教化，“礼”要求社会秩序化，“仁”要求人伦关系规范化。道家倡导“无为”。而佛教主张通过冥想和反省来获得自我认识、拯救及内心的平静。稳定价值观的积极性在于，促使社会和谐，家庭和睦，人的内心平静，生活恬淡。消极性在于，中国人安于现状，不求进取，缺乏创新精神，社会发展缓慢。

变化是西方人（尤其是美国人）所追求的。他们喜欢独辟蹊径，标新立异，并且不断创新，小到个人服装各异、家居和建筑各具风格，大到科技创新，无不体现变化的真谛。在他们心目中，变化体现出不断打破常规、不断创新的精神，而且是永无停顿的创新。他们不执著于传统的秩序，不甘受制于家庭、经济、教育乃至个人能力等条件。这种变化还表现在不同形态的流动方面，如地域、职业及社会地位等方面的流动，就在这种变化过程中给人们带来了更多的机遇、财富。变化这种价值观与海洋文化有直接的关系。海洋文化的实质就是征服自然，从而获得个性解放，这个过程本身是运动变化的过程。此外，西方人“求变”也同其求异性思维有着密切的联系。求异性思维使西方人形成个体主义，勇于探索，敢于挑战甚至否定前人、别人、智者、权威的名言、结论，不随意苟同他人而喜欢各抒己见，思维方式趋于多元化，注重多思路、多角度、多侧面、多层次、多方法，寻求新的方面、新的途径和新的办法，重视追根穷源，不断处在“为什么”→“是什么”→“为什么”这种无限的反复推进的过程，具有发散性、开放性，而非收敛性、封闭性，因而有利于发挥创造精神。变化这种价值的优点是：人们具有冒险精神、竞争意识和极强的创造力，因此社会进步快；缺点是：人际关系冷漠，家庭易出现危机，社会易出现暂时不和谐。

4.2 思维方式

任何一种类型的思维方式都是在一定的自然环境、生产环境和社会组织环境中，经过人们思维活动的逐步演变和长期积淀而形成的。由于不同的地理环境、历史背景、政治制度、经济体制、风俗习惯、宗教信仰以及不同的哲学观、伦理观、价值观、审美观、时空观等因素，东方（以中国为代表）和西方（古代以希腊、罗马为代表，现代以西欧与北美为代表）的思维方式从总体上看具有不同的特征，东方人偏重人文，注重伦理道德，西方人偏重自然，注重科学技术；东方人重悟性、直觉、意象，西方人重理性、逻辑、实证；东方人好静、内向、守旧，西方人好动、外向、开放；东方人求同、求稳，重和谐，西方人求异、求变，重竞争（连淑能，2002：40）。

4.2.1 “重人伦”与“重科学”

中国半封闭的大陆型地理环境和小农经济哺育了儒家思想。在《中国思想通史》（第一卷）中，侯外庐先生指出，周朝以后中国人“以伦常治道的人生智慧为唯一关心的问题，而无暇论究好像不着实际、不合实用的希腊智者所醉心的宇宙根源问题，以及认识自然与一般知识技能问题”。侯先生的观点和“天道远，人道迩，非所及也，何以知之”（《左传·昭公十八年》）的意义是一致的。即天道是彼岸世界的事，不可及亦不可知，人际关系（人道）则现实得多，于是成为人们注视的中心。这种以人道、伦常为视觉焦点，轻自然、重伦常，反天道、重人道，且具有致思倾向的思维方式，就成了儒家学说的基础。这种思维的中心在于伦常治道，在于确立和论证君臣之义、父子之亲、夫妇之别、长幼之序、朋友之信的人伦关系，在于维护君臣关系和封建专制，在于安邦治国。因此，我们可以说儒家学说是伦理哲学和政治哲学，是致意于明智做人之学。它以维护封建宗法制的伦理道德为评判标准，以“仁”、“礼”为中心，主张“仁、义、礼、智、信”，“诚意、正心、修身、齐家、治国、平天下”，倡导听天由命，顺应自然，体认天道，以天道为人道，以立己为起点，以平天下为归宿，重伦理纲常，重道德修养，重人际关系，重社会秩序，重安定和谐，重现实，重致用，轻自然，轻功利，对探索自然奥秘缺乏兴趣（连淑能，2002：42）。在这种学说的影响下，人们关心的是人道，而非天道；是人生之理，而非自然之性。这也导致了中国传统的思维方式具有“重人伦”的典型特征。

然而，西方文化的发源地希腊半岛及其附近沿海地区的开放性，海洋型地理环境和手工业、商业、航海业的发展，引起了古希腊哲学家对天文、气象、物理和数学的浓厚兴趣，逐渐形成了西方注重探索自然奥秘的科学传统。与中国古代人不同的是，西方人大都是为了追求知识而去探索自然的奥秘，自然界就成了西方传统思维方式的视觉焦点。西方哲学是求知识的学问，主体是自然哲学、科学哲学，注重对宇宙、自然的探索和认识。哲学家爱智慧、崇理性、尚思辨，以认知自然为视觉焦点，崇尚自然，认识自然，探索自然，最终征服自然。他们追究宇宙起源，探索万物本质，分析自然构造，寻求物质元素，诘问人生目的，重视本体论、认识论和方法论（连淑能，2004：42）。由于西方哲学与科学密切相关，身兼自然科学家的哲学家自古以来比比皆是。如“英国唯物主义和整个现代实验科学的真正始祖”培根就发展了崇尚自然、以自然为研究对象的思维传统。他认为自然才是至高无上的，人不能驾驭其上，人只有认识自然，才能掌握自然。他相信“知识就是力量”，人可以用知识战胜自然。此外，笛卡儿、莱布尼兹、洛克、康德、罗素、维特根斯坦、马赫、皮亚杰、爱因斯坦等既是自然科学家又是哲学家，而这种情况在中国是极少有的。崇尚自然、研究自然的致思倾向，极大地促进了自然科学的发展。随着自然科学的发展，西方人对自然的研究也从“分门别类地孤立研究”到“各学科互相渗透地研究”，以自然界本身的原因说明自然现象，从物质的内在结构说明其种种属性，从而产生了以实验为基础的逐层深入的逻辑分析方法和种种推断、证明、解释的思维形式，形成了西方“重科学”的思维方式。正如马克思所说“新的自然观的基本点是完备了：一切僵硬的东西溶化了，一切固定的东西消散了，一切被当作永久存在的特殊的东西变成了转瞬即逝的东西，整个自然界被证明是在永恒的流动和循环中运动着”（《马克思恩格斯全集》第20卷，第370页）。

4.2.2 直觉经验性与理性实证性

中国传统思维具有内倾性特征，内倾性强调向内寻找，如“反求诸己”、‘反身而诚”、“反求自识”等，这种内省的方式往往不能用明确的言语表达，人们也就只能靠感觉、体验、意会、领悟来把握它，而无须理性的、逻辑思维的成分。而直觉思维就是一种超越感性和理性的与内倾性密切相关的内心直觉方法。它通过直觉、灵感、顿悟，而非逻辑推理，直接而快速地把握事物的内在本质和规律；以悟性为核心，重直观内省，轻实测论证，重内心体验，轻实验实证，重直觉领悟，轻理论分析。这种思维在中国传统文化的“儒、道、佛”中都有所体现。如孔子认为“内省不疚”，孟子主张“尽其心者，知其性也，知其性则知天矣”（《孟子·尽心》），都意味着其认同由心的内省以领会宇宙的根本规律。李翱提出“感而遂通天下”、“不应于物”、“我以心通”、“其心昭昭然”，强调“人心”具有直观的特殊灵感和最高的智慧，不需要接触外界事物，便能无所不知，无所不通。庄子认为“道不可言，言而非道”，主张以无知无欲无思之心去直觉体悟宇宙本体。中国的禅宗，极力主张“顿悟”说，认为人人自心本有佛性，不需诵经坐禅和累世修行，提出“一闻言下便悟，顿见真如本性”（《六组坛经》），强调“不立文字”，“直指人心”，提倡“心净自悟，顿悟成佛”，力求排除语言文字对思维的束缚，在超时空、非逻辑的精神状态下实现绝对超越，进入佛性本体境界，这也是意会体悟的直觉主义思维方式的体现。

如前所述，西方人的视觉焦点在自然界，他们有崇尚自然的致思倾向。这种致思倾向有力地促进了西方近代自然科学的发展，同时使思维方式又有很强的实证性特征。与古代科学以经验为主不同，近代科学以理性为主，十分重视科学方法对科学发展的作用。英国近代实验科学的始祖弗兰西斯·培根在亚里士多德的逻辑著作《工具论》的基础上完成了《新工具》的创作，系统阐述了归纳法，强调观察、经验、事实、实验、例证、分析、实证，主张用归纳的、理性的方法去整理感性材料，把个别的现象上升到一般的理论。培根重视观察和实验、重视例证和归纳的科学方法论的思想是西方思维方式的主流，受这一思想的影响，西方注重实证的特点经久不衰。法国哲学家孔德在19世纪三四十年代创立了实证主义，认为科学的使命是发现经验世界的规律，这只有靠观察和实验才能做到，这样取得的知识是实证的知识，只有被实证科学所证实的知识才能成功地运用到人类实践的各个领域。奥地利物理学家马赫和法国哲学家阿芬那留斯创立了第二代实证主义“马赫主义”。到了20世纪20年代，德国哲学家石里克等创立了第三代实证主义，即逻辑实证主义，直接把实证和逻辑连成有机的一体，把“直接证实”改为“间接证实”和语言表述的证实（约定主义），用或然性的经验基础代替确实无误的经验基础，用概率的假说来代替证明的知识，实证性成了西方思维方式的一大特征。

此外，逻辑性也是西方思维方式的一大特征，他们通过逻辑论证和推理认识事物的本质和规律。古希腊哲学家亚里士多德开创的形式逻辑使西方思维方式具有理性、分析性、实证性、精确性和系统性等一系列特征。17世纪，英国哲学家培根发展了逻辑学，创建了归纳法，强调观察、经验、事实、实验和实证。此后，穆勒等人将归纳法与演绎法相结合，创立了现在通常所说的形式逻辑。17 世纪 60 年代，德国的莱布尼兹将数学方法引入逻辑学，提出了数理逻辑的思想。18 世纪末至 19 世纪初，德国的黑格尔提出了辩证逻辑，马克思、恩格斯则以唯物主义改造了辩证逻辑。总之，西方思维的公理化、形式化和符号化是和逻辑思维的发展密不可分的。正如爱因斯坦所说，“西方科学的发展是以两个伟大的成就为基础的，那就是：希腊哲学家发明的形式逻辑体系（在欧几里得几何学中）以及通过系统的实验发现有可能找出的因果关系（在文艺复兴时期），而中国的贤哲却没有走上这两步”（连淑能，2002：44）。

4.2.3　整体性与局部性

在中国，由于自然科学没有发展成为近代形态，没有一个分门别类地精确研究的阶段，进入近代之后，中国自然科学业基本上是古代科学的延续，表现在思维方式上，就是一直保持整体性思维特征。“天人合一”、“知行合一”、“情景合一”正是中国整体性思维方式的浓缩。“天人合一”视天道与人道为一体，天中有人，人中有天；“知行合一”强调认知与行为的一致；“情景合一”将主体意向、个人情感与描写客体融合为一。整体性思维把人与自然、人间秩序与宇宙秩序、个体与社会看作一个不可分割、互相影响、互相对应的有机整体。在这个整体结构中，身心合一，形神合一，精神与物质、思维与存在、主体与客体合一。“道”、“气”、“太极”、“理”是整体的基本范畴，阴阳、五行、八卦是整体的基本要素。它不以自然作为认识对象，不把认识自然作为目的，而是以主客一体实现“尽善尽美”的整体和谐境界为目标。它注重自然和谐，习惯于融会贯通地把握事物，而不主张从局部和细节上把握事物；注重整体的关联性，而非把整体分解为部分加以逐一分析研究；注重结构、功能，而非实体、元素；注重用辩证的方法去认识多样性的和谐和对立面的统一。因此，整体性思维对世界的把握是笼统的而不是精细的，世界在本质上是某种从混沌中产生出来的东西，它一产生便是一个整体，一个不断变化、不断流转的过程。如张载的“元气说”就是以用“气”（或“理”）解释万事万物，把人同自然界结合为一体，人参与到自然界中，自然界渗透于人的“心”中。总之，中国传统的整体性思维追求和谐和辩证，追求公允协调、互补和自行协调，以此达到事物的平衡和稳定，而非极端。

在西方，柏拉图首先提出了“主客二分”的思想。15 世纪下半叶到 18 世纪末是西方自然科学分门别类地搜集材料和整理材料的时期，也是自然科学取得长足进步的时期。这一时期主要采用以观察和实验为基础的归纳法和数学演绎法，从定性走向定量，从宏观走向微观，以孤立、静止、片面的观点考察和分析事物，于是形而上学的思维方式占主导地位。正如恩格斯所说，“把自然界分解为各个部分，把自然界的各种过程和事物分成一定的门类，对有机体的内部按其各种各样的解剖形态进行研究，这是最近 400 年来在认识自然界方面获得巨大进展的基本条件”。如在数学方面，耐普尔创立了对数，笛卡儿创立了解析几何，莱布尼兹和牛顿分别创立了微积分；在天文学方面，哥白尼创立的“日心说”开创了一个新时代，开普勒发现了行星运动三大规律，成为天体力学的真正奠基人，伽利略制造出第一架天文望远镜，发现了“新宇宙”，牛顿在前人研究的基础上发现了万有引力定律，作出了划时代的贡献；在化学方面，波义耳批判了“四元素说”和炼金术的种种谬误，确立了比较科学的化学元素概念；在生物学方面，哈维确立了血液循环学说，林耐创立了生物分类法，确立了生物界的秩序。然而，所有这些学科都是孤立地、静止地进行研究的，每个学科只看到自己领域里的局部材料，没有把自然界的事物视为运动着的有联系的整体，自然科学发展的这种状况深刻地影响着人们的思维方式，使得西方人的思维方式呈现出典型的解析性特征。解析性思维明确区分主体与客体、人与自然、精神与物质、思维与存在、灵魂与肉体、现象与本质，并把两者分离、对立起来，分别对这个二元世界作深入的分析研究，主张通过对事物整体的逻辑分析来把握事物的本质和规律，因此它就具有孤立、静止、片面即形而上学的特征。

4.2.4 模糊性与精确性

由于没有关于细节的精确研究，中国传统思维的模糊特征得到充分的发展。在古代，人们把宇宙看作混沌的整体，因此思维对象是模糊的，思维主体也是模糊的，人们只能以模糊的思维去认识模糊的整体，也就难以准确认识事物的本质。这种模糊性的思维方式，重视对事物作质的判断，而忽视作量的分析；描述事物重求其似、其“神”，不甚求其真、其实，不甚求其精确、清晰，往往带有朦胧的猜测成分；其思维范畴往往具有不确定性和多义性；在方法上，讲究“设象喻理”、“刻意神似”，“只可意会，不可言传”，疏于分析实证，重视直觉体悟，缺乏逻辑推理，这种思维方式只能给人们提供关于事物的模糊整体图景（连淑能，2002：45）。如关于宇宙起源问题，《老子》曰“有物混成，先天地生”，周敦颐则认为“乾坤二气交感，化生万物，万物生生而变化无穷焉”。这种关于宇宙生成的模糊图景，无科学依据可言，只是臆想和猜测的结论。此外，关于具体问题的论述也用“设象喻理”的方法。如关于形神关系的论述问题，嵇康说“精神之于形骸，犹国之有君也”；范缜则以利刃比喻神形，以“国君”、“利刃”喻神形，形象而易解，通俗而不失机智。但这样的说理终究只是比附，理论本身并不明确清晰，缺乏令人信服的逻辑力量，而且用整体、联系、发展的而非片面、孤立、静止的观点考察事物，事物的界限不易分清。

相比之下，由于西方近代实验科学注重对事物分门别类、分析解剖，重视定量分析和精确计算，因而促使数学、力学、天文学、生物学、化学、物理学等学科确立与发展，使得精确性成为西方近代思维方式的一大特征。近代数学的巨大发展，正是近代自然科学对精确性要求的结果，数学不仅是知识，也是思维的工具，逻辑和数学汇合成数理逻辑，使思维更趋精确。如天文学的发展，有赖于大量的天文观测，如果观测结果不精确，就缺乏可信的依据。丹麦著名的天文学家第谷，在20多年的天文观测中，取得了比前人准确50倍的结果，几乎达到肉眼观测精确度的极限，他所做的是望远镜发明以前最卓越的天文观测工作。此外，西方人的推理一般是命题型的：从某个初始命题出发，按照一定的规则，依次推出一系列的命题系统。如古希腊德谟克利特从“原子是不可分割的最小微粒”推出古代原子论。这种推理要求初始命题十分明确，推理程序非常严密，因而显得精确。总之，西方人崇尚科学和理性，注重思维活动的严格性、明晰性和确定性，注重思维程式的数学化、形式化、公理化、符号化和语言的逻辑性，思维方式必然带有精确性。

综上所述，中国先哲的思维沿着政治伦理的方向发展，而西方智者的思维却沿着科学认知的方向前进。中国思维具有阴柔偏向，含有艺术家的素质，力图求善；西方思维具有阳刚偏向，含有科学家的素质，力图求真。

4.3 非语言交际

非语言交际指的是在一定交际环境中语言因素以外的，对输出者或接收者含有信息价值的那些因素。这些因素既可人为地生成，也可由环境造就（Samovar et al.，1981：156）。我们日常生活当中有许多非语言交际的实例，如中医看病讲究“望、闻、问、切”，其实就是利用非语言交际对患者进行观察；京剧演员强调“唱、念、做、打”，其中“唱、念”是言语艺术，“做、打”是非言语表演艺术（林大津，1996：222）。

作为交际行为，语言交际在表达思想内容方面的作用非常突出，非语言交际则可以对语言交际行为表达的意义进行重复、否定、代替、补充、强调、调节，特别是可以适宜地传达不宜用语言直接表达的隐含信息。人类学家 Birdwhistell 曾对同一文化的人在对话中的语言行为和非语言行为作了一个量的估计，认为语言交际最多只占整个交际行为的 30% 左右。对于非语言交际的重要性，萨莫瓦等人（Samovar et al.，1981：155）明确指出："绝大多数研究专家认为，在面对面的交际中，信息的社交内容只有 35% 左右是语言行为，其他都是通过非语言行为传递的。" 此外，有研究表明在课堂教学中课堂教学效果 82% 是通过教师的表情、举止等非语言手段实现的，而只有 18% 的信息是通过语言行为达到的。

非语言行为是一种传递信息、交流思想的方式，是一种社会现象，同时也是一种文化形态，各民族文化的非语言交际行为既有共性，又有独特性。无论哪一个民族，手碰到火会本能地往回缩，高兴时会自然地露出笑容，这就是民族间非语言交际行为的共性。然而，由于不少非语言行为是人们在特定的环境下习得的，民族间的非语言交际行为也有着巨大的差异。如果不了解非语言交际行为的文化差异，就可能出现交际障碍，甚至会导致严重的冲突。例如，美国前总统尼克松有一次去巴西访问，下飞机时举手做出 "OK" 的动作，惹恼了巴西全国，因为这一手势在巴西被视为下流的动作。结果，美国人向巴西人道歉（孟小平等译，1991：338）。一般来说，非语言交际的研究内容包括三个方面：体距学（proxemics），身势学（kinesics）和副语言（paralanguage）。因此，我们将从体距和体触行为、体态语、面部表情、目光语等方面来探究非语言交际行为的文化差异。需要说明的是，非语言交际具有多种手段的协调配合性，如目光可能与手势或头部动作相配合来表示某种意义。因此，分类只是一种人为的实用手段，并非彼此绝对独立的现实存在。

4.3.1 体距和体触行为

体距学（proxemics）这个术语是由 Hall（1966）首先提出的。它研究人们在交际时保持相互间身体的距离并由此而体现出来的特定的含义。他在研究人如何利用空间和距离来表达思想和传递信息时把人际距离划分为四个区域：①亲密距离（intimate distance）：大致从实际接触到18英寸之间。这个距离是亲密朋友、家庭成员、莫逆之交等关系最为密切的人的交际距离。在这一区域内，交际双方可以进行身体接触，如接吻、拥抱、贴身等，说话的声调一般也比较低而轻柔。②个人距离（personal distance）：约在18英寸至4英尺之间。老同学、老同事、关系融洽的邻居、师生之间交际时所保持的距离属于这个区域。③社交距离（social distance）：约在4英尺至12英尺之间。进入这个区域的人彼此相识，但并不熟悉，他们因为这样那样的原因而交际。如家庭主妇与请来的清洁工之间谈话的距离大约为4英尺。④公众距离（public distance）：在12英尺至视觉和听觉的有效距离之间，如演讲、集会、报告会等场合。

一般说来，人们交际中的体距会受到文化因素的影响，人们对待体距的态度反映了不同的社会价值观念、传统习俗和生活方式。美国伊利诺州立大学 Brosnahan 教授将中国和英语国家非语言交际的差异概括为“聚拢型”和“离散型”，即中国人更具有“接触文化”的特征，英语国家更具有“非接触文化”的特征（毕继万译，1991）。首先，美国人具有很强的“privacy”意识，同时他们的空间领域感亦很强烈。“Good fences make good neighbors”就反映了美国人往往通过设置障碍物的方式来防止受到他人的无端干涉的心态。在家里，如果可能的话，每个孩子都拥有自己的卧室，一个仅属于自己的天地，没有孩子的许可，即便是父母也不能随便进入。美国孩子都明白“Knock before you enter”这一处世规则，这既是对个人行为的约束，同时也使他们学会了尊重别人的隐私。在公共场所，他们经常用墙、门及夹板把个人工作或生活的地域与他人隔离开，学校图书馆的书桌以及教授、律师、公司职员的办公场所都有各种不同形式的地域划分。因此，到美国人家里做客，客人一般只能在客厅里活动，除非主人邀请，客人绝不能出于好奇提出参观卧室、厨房等要求，否则就会被视为无礼。然而，受传统文化、家庭结构、人口密度、集体主义思想教育等多重因素的影响，中国人的空间领域感不像美国人那样强烈。比如，在拥挤的公共汽车上脚被踩了，中国人一般不会作出强烈的反应。在影院、剧场把头倚在前排的靠背上并不鲜见。在长途汽车或火车上，打瞌睡的人把头靠在邻位之人的肩上，甚至会受到保护而不被打扰；自然地凑过头去看他人正在看的报纸，看他人正在写什么、做什么也不足为奇；在公园里打牌下棋的桌子周围围观，更是屡见不鲜。

其次，我们还要注意中西方人在空间利用方面也存在着差异。例如，英美人交谈时喜欢面对面，这样有利于坦诚相见，不断地交流目光；而中国人倾向于并排而坐，这样有利于“促膝谈心”，而且还可以避免面对面可能给人带来的“受审”式的感觉。又如，英语国家的人用餐一般用长方形的桌子，男女主人分坐在长桌两端；中国人习惯用圆桌，男女主人坐在一起。在英语国家的餐桌上，最显贵的位置是女主人右侧的男主宾位和男主人右侧的女主宾位，第二等座位是女主人左侧的男宾位置以及男主人左侧的女宾位置；中国餐桌最显贵的位置往往是面向餐食正门的座位，第二等座位是主宾的右侧靠近面向门的座位，然后依次围桌排列（林大津，1996：240）。

再次，中国和英美国家在体触行为方面有很大的差异。中国人见到婴儿或很小的孩子，总想摸摸、拍拍、搂搂或亲亲他们，以示亲近和爱抚，而西方人却会感到别扭甚至反感。因为在他们自己的文化中，这种触摸动作被认为是无礼的，是对个人的不尊重。此外，在中国同性别的青年间相互搂抱肩膀和腰是友好的表示，并无不纯洁之意，异性之间的接触则较为谨慎和含蓄。而在英语国家刚好相反，异性之间的接触比较自由，不必回避他人，而同性之间的勾肩搭背甚至手拉手则要遭人白眼，被认为有同性恋之嫌。另外，当通过拥挤的人群时，英语国家的人多用双手触碰别人的身、手、肘或肩部，分开一条路。他们认为中国人不用手分路，而用身体躯干挤过人群的行为是不礼貌的。最后，在排队时或人群拥挤的地方，英语国家的人对相互碰撞或距离过近都极为敏感，万一碰撞了他人则一定要表示歉意（毕继万，1999：43～44）。

4.3.2 体态语

在讨论中西方体态语的文化差异之前，我们有必要对有关“体态语”的术语进行梳理。很长一段时间，人们对“体态语”的一些术语混淆不清。如英语中有 body language，body movements，gesture，body behavior，kinesics 等；汉语有体态语、身体语言、态势语、手势语、体语、体语学、身势学、身动学等。针对以上现象，毕继万（1999：13）认为：“有关体态语的术语可分为两类，一类是体语（body language），包括英语中的 gesture，body movements，body behavior 和汉语中的身体语言、手势语、态势语和体语；另一类是身势学或体语学（kinesics）”。Fast 在《体态语》（*Body Language*）一书中对体态语进行了解释，认为体态语是用以同外界交流感情的全身或部分身体的反射性或非反射性动作（Fast，1970）。而 kinesics 是 Birdwhistell 创造的一个词，指研究体语的学科。他认为在意义和情感的表达手段中，有 65% 以上是靠面部表情、动作、手势、姿势等身势语完成的，光人的脸就能做出大约 250 000 种表情（贾玉新，1997：456）。

体态语和有声语言一样，也是文化的载体。相同的体态语行为在不同的文化中可能表示不同的含义，完成不同的社会功能，这就容易引起误解，给跨文化交际造成困难。就走姿而言，美国伊利诺州立大学 Brosnahan 教授在中国调查发现，中国人普遍感到英语国家的人走路时“傲气十足”。Brosnahan 问一名中国学生，他对英语国家的人行为举止最反感的是什么，这位中国学生冲动地说道，他最为气愤的是英语国家的人走路时胸腹高挺，大摇大摆，“好像整个世界都归他所有一样”。在 Brosnahan 看来，英语国家人的标准走姿是军人武士式的，中国人是文人雅士式的。他说：“在中国人看来，英语国家的人自由自在地行走时，神气活现，贪得无厌、垄断独霸、专横跋扈，盛气凌人。”英语国家的人则“可能将中国人的走路姿势看成是畏畏缩缩，羞羞答答，或者怕出风头”（毕继万译，1991：81～82）。此外，在交际中“谁站谁坐”，中西方也存在差异。一般说来，在西方站立者通常是在职位、年龄或地位上长于坐者，在交谈中扮演主导角色。因此，交谈一方采取站立姿势或来回走动，意味着他位尊职高，有权决定谈话过程的进度。而在中国，情况正好相反。一般而言，晚辈或地位较低者以站示礼，倾听意见，处于被动地位；长辈或位尊者常坐着，处于支配地位。

就坐姿而言，不同文化之间也有差异。英语国家的坐姿比较随便，美国人最为突出。他们习惯将一只脚踝压在另一条大腿上，也就是我们常说的架“4 字腿”，甚至其会将双脚翘到桌面上。Jensen 对此作了说明：“美国人双脚翘到桌面上，是一种轻松自在、不拘礼节的表示，往往还是对对方的一种敬意。但对一些拉丁美洲以及亚洲人来说，这种行为是粗鲁无礼或自命不凡的表现。”（胡文仲，1988：131）在开罗曾发生过这样一件事情：一位英国教授上课时身体往椅子背上一靠，双脚翘起朝向学生，这种行为激怒了埃及学生，学生们示威游行强烈要求开除这位英国教授，因为这种行为是对穆斯林传统的侮辱。而中国人传统的坐姿是“正襟危坐”：上身与大腿、大腿与小腿这两处的角度形成直角，挺直腰杆，收紧膝盖。

就点头而言，大部分国家用点头表示同意，用摇头表示不同意，但在爱斯基摩人那里，情况则完全相反（胡文仲等，1997：123）。

此外，锡族人用两种不同的形式表示“yes”这一概念。他们对事实性的问题（如“Are you a student?”）用点头表示“yes”；但当他们对别人的看法表示同意时（如“Will you go with me?”）则用摇头表示。希腊人用“摇头”表示“yes”，但表示“no”时则用面部向前、头部后仰的动作来表示。据说有一次一个英国人准备在港口乘船去一个小岛，他问一个希腊人去小岛的船是否已经离开，这位希腊人摇了摇头（意思是“离开了”），但这位英国人理解为“还没有离开”，为此他在那里等了几个小时（贾玉新，1997：458）。

就手势而言，民族与民族之间的差异非常明显。如美国人用大拇指和食指做成一个圆圈来表示 OK；在日本它是代表钱的符号；在法国是表示零的符号；在马耳他、土耳其和希腊，则代表与男同性恋者相关的一些意义；对阿拉伯人就意味着极度的敌意；对意大利人来说其有极其下流的意思（胡文仲等，1997：123）。在向欢迎群众致意的手势方面，中国和英语国家也是有差别的。中国人在向欢迎群众表示感谢时，往往双臂高举，两手在头上方相握向群众前后摇动。而在英语国家，这一动作是优胜者高兴的表示，来源于拳击比赛中裁判握住优胜者的手高高举起的动作，现已成为运动员取得冠军称号后向观众表示胜利的习惯手势。据说，前苏联领导人赫鲁晓夫访美时，在飞机舷梯上向前来欢迎的美国人曾做这一动作，结果激怒了美国人，他们以为赫鲁晓夫有意向美国人示威。英国前首相丘吉尔也犯过类似的错误。众所周知，掌心朝外的 V 手势代表着“胜利”。在第二次世界大战期间，丘吉尔在检阅时，本想祝愿英军取得胜利，可无意间作了一个掌心朝内的 V 手势（这是一种下流的、猥亵性的动作）。此外，在马路上要求搭便车时，中国人和英语国家人的手势也是不一样的：中国人伸出一只手臂，手掌向来车张开，作拦车状；美、英、加等国人面对开过来的车辆，右手握拳，拇指翘起向右肩后晃动；但在澳大利亚和新西兰，这一动作被看作淫荡之举。值得注意的是，在叫人的动作上，中英之间往往也会产生误解。叫人过来时，英语国家有两个常用动作：一是食指朝上向里勾动，在中国，这一动作却给人以不正派之感；二是用手掌向上或向左朝自己方向招动的方式招呼成年人过来，对幼儿和动物则手掌朝下向自己方向招动。中国人正好相反，即招呼成年人时手心向下，招呼幼儿和动物时手心向上。

4.3.3 目光语

中国古代许多成语都与眼和眉有关。如扬眉吐气、眉飞色舞、目瞪口呆、暗送秋波、画龙点睛等。此外，从莎士比亚的“仿佛他眼睛里锁藏着整个的灵魂”，到音乐歌谣的“不要说，你的眼睛已经告诉了我”，都说明目光语在人际交往中有着重要的功能。

目光的礼节、各种凝视行为及目光在交际中的功能反映出不同的文化背景及不同的民族文化心理。首先，不同文化的目光接触方式和规则并不完全相同。Fast 教授曾讲过这么一件事：有一次他和朋友乘电梯下楼，途中进来一位漂亮的少女。教授的朋友上下打量着她，那位少女的脸越来越红。当电梯门开时，那位少女一边跨出电梯一边回过头来对教授的朋友吼道：“你没见过女人吗？你这个老色鬼！”望着气呼呼走出电梯的少女，他不解而狼狈地问 Fast：“我到底做错了什么？”他错就错在“贪看”——紧盯着别人看意味着在用目光“抚摸”对方的身体，从而触犯了非语言交际中最重要的规矩（Fast，1970）。又如两个阿拉伯人在一起交谈时会用非常热情的目光凝视对方，因为他们认为双目是个人存在的钥匙。如果从美国文化角度来看，这种目光是不适用于两个男人之间的，这种长时间的凝视常常是同性恋的亚文化群使用的非言语代码的一部分。有教养的英国男子认为直接注视与之交往的人的眼睛是一种绅士风度。法国人则特别欣赏一种鉴赏似的注视，这种眼光看人时传达了一种非言语信号：虽然我不认识你，但我从心底里欣赏你的美，所以法国男子在公共场合对女士的凝视是人们公认的一种文化准则。中国人则把紧盯着自己看的目光当成不怀好意或一种明显的挑衅。

其次，不同文化的沉淀造成的视向差异同样不容忽视。南美印第安人维图托部族和博罗罗部族的人讲话时习惯用眼睛看着不同的方向。黑人、奇卡诺人、美洲土著人和波多黎各人的另一种常见的眼睛动作就是避免目光接触，以此作为承认和尊重主从关系的非言语表示（Samovar et al.，2004：181～184）。如有一位 15 岁的波多黎各少女在纽约一所中学念书，一天，因被怀疑在洗浴室抽烟被人抓住。尽管这女孩品行一直不错，但校长与她谈话时，她老是低头看着地板，没有正视校长。所以校长认定她是因为触犯了校规而心虚，于是勒令她退学。多亏该校有一位教西班牙文学的教师对波多黎各文化有所了解，他向校长解释说：在波多黎各，好女孩是出于尊重和服从才“不向大人正视”的。

再者，在目光交流的时间方面，各民族之间也是不同的。英语国家的人比中国人目光交流的时间长而且更为频繁。他们认为缺乏目光交流就是缺乏诚意、为人不诚实或者逃避推托，也可能表示羞怯。英美人有格言：Never trust a person who can’t look you in the eyes。(不要相信不敢直视你的人)。中国人却为了表示礼貌、尊敬或服从而避免一直直视对方。在中英交往中，英语国家的人会为中国人回看时间过短而反感，认为他们看不起自己，或者认为中国人表情羞羞答答，目光躲躲闪闪；中国人却感到英语国家的人在交谈过程中总爱死盯着人，中国青年女子对于英语国家的男子这种盯视有时就极为反感。此外，在终止回顾目光的方式方面，中国人和英语国家的人也大不相同。英语国家的人（特别是女子），习惯于眼睛旁顾，给中国人的感觉是态度冷淡、漠不关心或心中不满，因为中国未成年子女对父母的批评不服时就是头偏向一边，目光旁顾。中国人（特别是女子）却习惯于目光下垂，并且其他人在长者或上级面前也有这种表现。这是一种谦逊、遵从或恭敬的态度。英语国家的人感到难以理解。英语国家的男子认为中国女子目光下垂“是中国大男子主义文化的间接凭证”（毕继万译，1991：160～161）。

4.3.4 面部表情

人类的感情或欲望，在无意识中形成身体行为的变化而表现出来，而利用面部作出的变化更是难计其数。白居易的名句“回眸一笑百媚生，六宫粉黛无颜色”，写出了最微妙的表情效果。水门事件发生当年尼克松回答记者提问时，一边随手抚摸自己的脸颊和下巴。这些微妙的动作其以前不曾有过，他的身势语言已是一份“供词”，表明了他与水门事件有牵连。

面部表情对于交际的重要性是众所周知的，但表情中的多种文化内涵却难以估量。研究表明，人类的情感类型以及表达这些情感的面部表情是相同的，但是各种文化在控制、显露表情的程度和规则上有差异。经过调查和研究，Friesen 发现，比起美国人，日本人很少表现出否定性情感，他们的文化更多地要求其成员在公共场合抑制否定性情感的显露，这种差异也被称为文化显露规则的差异（胡文仲等，1997：121）。总的说来，东方人比较含蓄，感情不轻易外露，不像在西方人（尤其是拉丁语系人）身上那样，可以看到七情六欲的明显展现。中国人习惯用面部来遮掩感情，而不是显露感情。中国俗语“看脸色办事”和“给人脸色看”更将面部表情运用到了出神入化的境界，所以“察言观色”与“to read one’s face”便成了跨文化交际中必不可少的手段之一。此外，笑脸不只是快乐和友好的表示，也能传递道歉与谅解的信息。如日本的微笑还可以表示羞怯、忧伤甚至愤怒等情感；在公共汽车上因急刹车而踩了别人的脚，微笑就等于说“对不起，请原谅”；与陌生人相遇或相撞时，露出微笑是为了向对方表示自己没有敌意；从事服务行业的人脸上常带微笑则是欢迎和友善的表示。汉民族在贵客来到时，笑脸相迎才合情理，而美国的印第安部族却以开怀大哭迎接客人的到来。

4.4 语言交际

交际礼仪和习俗是指某文化成员在特定类别的交际活动中共同遵守的规则或习惯。我们也可称之为“交际规约”（norms），具体地说，就是交际参与者在文化认同和接受的范围内选择“什么时候说话，什么时候不说，说的时候说什么，对谁说，什么时候、什么场合、以什么方式说”等（Hymes，1972）。文化不同，规约自然也不相同。比如，中国人请客或会见别人，时常是在几天甚至是一两天前才邀请或约定，而英美人则习惯提前一两个星期或更长的时间邀请客人。也就是说，交际规约与特定社会文化有着密切的联系，交际规约的差异往往是文化差异的反映和折射，也是人类交往中误解和冲突时常发生的重要原因之一。因此，下面我们就中西文化在“称谓语”、“恭维语”、“邀请”等言语交际行为中所表现出来的差异进行阐释。

4.4.1 称谓语

称谓是习俗礼制与语言的结合体，是关于人际的叫法、称呼的语言习俗。称谓语不仅是语法单位，还是言语交际单位和语用单位。作为引导交际的“先驱者”，称谓语强烈反映出交际双方的社会属性、价值观念，并与他们所属的社会文化、民族心理、政治背景、道德传统密切相关，是民族传统文化和历史的积淀。不同语言的称谓语体现了不同的民族文化。

一般来说，称谓可分为亲属称谓和社交称谓两大类型。研究表明，英汉称谓语在称谓体系方面存在着较大的差异：汉语称谓语要比英语称谓语繁杂细致得多。首先，由于受封建宗法观念的影响，中国人高度重视血缘关系，过分强调等级差异，汉语亲属称谓系统也因此繁复多样，一直遵循“长幼有序，男女有别，亲疏分明”的传统观念。如有辈分之别（即便是50岁的老人，只要比对方辈分低，对方哪怕只是一个5岁的孩子，也要按辈分称呼）、直系与旁系之别（直系比旁系关系更为密切）；男女之别（称丈夫为“当家的”、“掌柜的”，称妻子为“屋里的”、“做饭的”）、长幼之别（兄弟姐妹之间按长幼排序称呼）；父系与母系之别（“叔叔”属父系，而“舅舅”则属母系）。相比之下，由于西方强调法制，没有烦琐的礼教传统和名分观念，并且西方人崇尚平等、自我尊严与自由，因此英语亲属称谓则相对贫乏，且指称宽泛、语义模糊，除区分辈分外，亲疏、内外、长幼甚至男女性别都可忽略不计较。如一个cousin就相当于汉语的“堂兄”、“堂弟”、“表哥”、“表弟”、“堂姐”、“堂妹”、“表姐”、“表妹”8个词，一个aunt就相当于汉语的“姑母”、“姨母”、“伯母”、“婶母”、“舅母”5个词。此外，汉语中的亲属称谓还有泛化使用的倾向，常见于非亲属之间。年轻人对长辈称“叔叔”、“阿姨”，对平辈称“大哥”、“大姐”是常事。然而，在英语社交中亲属称谓并不泛用。如果我们对母语是英语的长辈称“Uncle Jenkins”，“Auntie Brown”，对方听了会觉得不顺耳。有位德国老太太就曾抱怨说：“我爱北京，但不喜欢被称为奶奶。”在西方，只有在关系十分密切的情况下才使用此类称谓，如“Uncle Don”、“Auntie Mae”等。

其次，在社交称谓方面，英汉语差异也较显著。第一，由于受封建宗法等级社会文化中的官本位思想的影响，汉语的身份类称谓种类多，范围广，且头衔性称谓使用频率高。汉语中身份类称谓可细分为三种：姓+职务；姓+职称；姓+职业。类似李院长、胡教授、朱老师等称谓。然而，在英语中，英语身份类称谓种类少，且头衔性称谓对象一般只局限于皇族，政府上层，宗教界、军界或法律界人士，它可以是衔称+姓氏，也可以是衔称+教名。如Queen Elizabeth（伊丽莎白女王），President Obama（奥巴马总统），Father White（怀特神父），Colonel John（约翰上校），Judge Harley（哈利法官）等。在学术界，Doctor（博士）和Professor（教授）的头衔称谓较为普遍，但teacher（老师）则不作称谓使用。在英国，对教师通常采取以下三种称呼：Sir，Miss或者称号（Mr.，Mrs.，Ms.，Dr.，Professor）+姓；称号（Mr.，Mrs.，Ms.，Dr.，Professor）+姓或者Sir，Miss；在大学为，称号（Mr.，Mrs.，Ms.，Dr.，Professor）+姓或直呼姓名。与此同时，还要注意英语中的一些特殊称谓，如Mr. Chairman（主席先生）、Mr. President（总统先生）等。第二，由于受尊老敬老的传统、“长者为尊”的观念影响，汉语社交称谓的另一个特点是“老”化称呼，如“老人家、老大爷、老先生、老大娘、老伴、老公、老婆、老板、老表、老师、张老、老李”等，连外国人也是“老外”。“老”字代表见多识广，足智多谋。而西方文化忌讳“老”字，因为“老”意味“old，useless”，“年龄大、体衰、保守、无用、失去活力和创造力”等。他们喜欢被直呼其名，这样才感到自然亲切。在英语中，尊称的通用形式为“Mr.”，“Ms.”，“Mrs.”，“Miss”，“Sir”，“Madam”等，前四者可与姓或姓名连用。第三，在敬称与谦称的使用方面，英汉社交称谓也存在着差异。受“尊人不贬己”礼貌原则的影响，英语中虽然同样有敬称，但绝少有谦称。这是因为西方人崇尚和提倡自信，对人有礼但不过分自谦。由于受中国传统礼教，即“夫礼者，自卑而尊人”（《礼记·典礼》）的影响，中国传统文化主张“贬己尊人”，因而汉语中自谦语很多，如“愚”、“在下”、“鄙人”、“不才”、“小可”、“晚辈”、“末学”、“后生”、“卑职”、“下官”等。除此之外，汉语中还有许多代为亲属表示谦虚的词语，如“小儿”、“犬子”、“内子”、“小女”、“小婿”等。这种擅自代为人谦的情况在西方人看来是不可思议的，西方人强调平等的权利，哪怕对子女，父母也将其当作一个独立人的人格来看待，并不认为有支配其的绝对权力。

4.4.2 恭维语

恭维语是英汉文化所共有的程式化的言语行为，被誉为“口头礼物”、“社交场合的润滑剂”，具有缩短交际者之间的社会距离、维系人际关系、开启话题以及缓解矛盾等作用。但是，受社会心理、文化取向、价值观念等因素的影响，恭维语的功能、话题内容、结构模式、反应方略等方面深深地打上民族文化的烙印，折射出各自民族独特的文化特征。

4.4.2.1 恭维语功能的差异

根据 Herbert、Holmes 和 Wolfson 的调查和统计，英语中恭维语的主要功能为：一是表示欣赏；二是由于人们的社会地位和角色关系不固定，约有五分之四的人，尤其是女性，使用恭维语来协调交往中双方关系的“一致性”（negotiating solidarity），即恭维者把它作为一种融洽社会关系、增进彼此感情或交情的手段（贾玉新，1997：370）。然而，由于价值观念、思维方式的不同，来自不同文化群体的人对恭维功能的认识也不同。在中国文化中，恭维语似乎不是有力的协调“一致性”的行为。根据贾玉新（1997）的调查，汉语中恭维语的功能主要表现为：使对方感觉良好；欣赏；利用他人。其中，“利用他人”是中国文化中恭维语的一个主要功能，也是不同于美国文化恭维语的一个重要方面。总之，恭维语既可能是恭维者对人、对事、对物由衷的赞叹，也可能只是一种礼节性的寒暄（尤其是在美国），所以听者大可不必认真，对恭维者说声“谢谢”就行了。比如当美国人恭维说“你英语讲得很好”（You speak very good English）时，不能有飘飘然的感觉，也许这只是美国人的一种礼节性的寒暄。因此，很多中国人觉得美国人“滥施恭维，缺少诚意，令人难堪”。

4.4.2.2 恭维的话题内容的差异

恭维是一种积极的礼貌策略，是对他人具有的某种优势进行的积极评价，因此它所涉及的话题应该是包罗万象的。根据 Wolfson（1989）的调查表明，西方绝大多数恭维的话题都涉及外貌、行为、能力、成就和财物等几个方面，尤其以恭维他人的外貌和能力、成就最甚。

在西方文化中，恭维他人的外貌是非常普遍的现象。尤其是女性穿了新衣服、做了新发型等，只要其有了变化似乎就必须受到恭维。不管年龄、社会地位、职业如何，女性的外貌永远是被恭维的对象，因为不管地位高低，她们永远被当作女人（Wolfson，1989）。Wolfson（1989）还认为男性称赞女性的容貌、身材、穿着打扮等，可以说是非常平常的事情。比如：在西方，一位女教授正往一间办公室走去，迎面过来的一位男同事赞美道："Hi，cute outfit!"（喂，好漂亮的外套!）一位女医生走进一家餐馆吃饭，恰好遇见她的一位男同事，这位男同事会这样赞美他的同事："I'm very impressed with your figures."（我很欣赏你的身材。）当西方妇女受到如此恭维时，她们不会感到害羞，相反会认为男性的话语十分得体。而在中国，男性恭维女性的外表时，有可能被视为轻佻无礼之徒而遭遇冷嘲热讽；称赞朋友妻子的男人也会被认为别有用心，因为中国人信奉"朋友妻不可欺"、"男女有别"。究其原因，贾玉新（1997：366）认为，美国人比较喜欢变化、差异，因此凡是变化、新意都有可能受到恭维；而中国传统文化所强调的是"趋同"。此外，根据 Hofstede 的价值维度理论之一"对不确定性的规避"，在不确定性回避程度低的国家和地区中（如美国）人们对于差异表示出好奇，而在不确定性回避程度高的国家和地区中（如中国）人们认为差异代表着危险。

另外，在恭维他人能力方面中西文化也迥然不同。在西方文化中，涉及别人能力的恭维是很严肃的判断，而且只有那些拥有评价能力、社会地位较高的人才有资格这样做。因此这类恭维通常是上级对下级进行的，以维持上下级之间的融洽关系。而在中国正好相反。这种现象与我们传统文化的“他人取向的集体主义”和“关系取向”是密不可分的。值得注意的是，自己的家庭成员也可能成为恭维的对象。由于中美两种文化关于“自我”（self）和家庭概念的认识不同，美国人倾向于家庭成员之间互相恭维。如母亲会对自己的女儿说，“You look lovely，darling.”而中国人则倾向于恭维对方的家庭成员，尤其是对方的孩子，而较少“自吹自擂”。例如：老李对朋友老张说：“啊，这孩子真漂亮！”但是随着时代的发展，现在中国父母也喜欢在众人面前，赞扬自己的独生子女，以自己子女的特长为赞美内容，即便当着自己的子女，也照“吹”不误。

4.4.2.3 结构模式的差异

Holmes 认为英语赞扬是一种高度程式化的言语行为，它主要表现为以下四种主要句式（见表 4－1）。

表 4－1 英语最常用的四种赞扬句式

序 号	英语赞扬句式	N. Z 使用率（%）
A	（a）NP BE（really/very）ADJ	41.4
	e. g.：Your hair is really great.	
	（b）NP BE LOOKING（really/very）ADJ	
	e. g.：You're looking terrific.	
B	I（really/very）LIKE/LOVE NP	15.9
	e. g.：I simply love that skirt.	
C	（a）PRO BE a（very）ADJ	13.0
	e. g.：That's a very nice coat.	
	（b）PRO BE（really/very）（a）ADJ NP	
	e. g.：That's really great juice.	
D	（Really/Very）ADJ（NP）	7.7
	e. g.：Really cool earrings.	

资料来源：Holmes，1986，见李悦娥等，2000：28。

而根据贾玉新（1997）的调查，汉语恭维中 NP（ADV）ADJ 结构（如：你的这件羊毛衫真漂亮、你穿这件夹克真漂亮等）占 67%，是恭维语的主导结构。但是在英语国家出现频率极高的“I like/love NP”句式在中国文化中则几乎失去了其恭维性。此外，汉语恭维中的形容词常与副词连用才能表达其恭维性，如“真漂亮”、“太好看了”等（贾玉新，1997：364～365）。

在“人称”使用方面，以英语为母语者在恭维语中第一人称词使用的频率高于其在汉语恭维语中的使用频率（见表 4－2）。由于传统西方社会是一个自我取向的社会，交际的核心是以自我为中心的交际定式。在这种交际定式下，西方人使用恭维语被认为是通过顾及被恭维者的利益来维护被恭维者的面子的，所以恭维者与被恭维者之间的关系是协调平等关系。

表 4－2　汉英恭维语在人称使用上的差异

主语人称	汉语		英语	
	使用率（%）	例句	使用率（%）	例句
第一人称	3.7	—我真羡慕你。	32.8	—I like your hair that way.
第二人称	64.1	—你真行！	29	—You've done an excellent job with the sources you had.
		—你歌唱得真好。		—Your hair looks good.
第三人称和无人称	32.1	—裙子很漂亮。	38	—That's a nice sweater.
		—好球法！		—Nice job.

资料来源：表中汉语的数据引自李悦娥等，2000：31；英语的数据引自 Herbert，1991：491。

此外，与英语不同的是，隐性恭维语在汉语中经常使用。这种恭维语往往没有明确的褒扬成分，它以间接的方式表达对他人的积极评价，是需要结合特定语境的各种因素才能确认的恭维句。如：（一位年轻棋手对一位上了年纪的棋手说）“今天我体会到姜还是老的辣”、“你姐夫说得对，我要是有你一半能干就好了”。这些例子说明，隐性恭维语在语意上具有间接性，说话人的恭维态度不是通过显而易见的方式表达出来，而是需要听话人根据相关语境去领会的。也就是说，在中国文化中，人与人之间的一致性在相当程度上不是靠语言来直接协调的，更多的是依靠意会，借他人之口来实现。这种现象是同中国传统文化分不开的。中国文化是高语境文化，汉语的表达方式往往比英语间接、迂回，恭维者运用含蓄而间接的隐性恭维语可以在对方不知不觉中赞美对方，从而取得比直接称赞更好的效果。此外，中国社会还是一个差序格局的社会，非常讲究尊卑亲疏，对人与人之间地位的差异比较敏感。这就导致对上级或不太熟悉的人进行直截了当的恭维往往会被认为是“溜须拍马”。而隐性恭维语是隐藏的、间接的，不像显性恭维语那么“露骨”，省去了被恭维者回应的必要，不需要被恭维者正面作出接受或拒绝的回复，减少了许多重面子、讲谦虚的中国人的为难之处，对于被恭维者来说，这容易“笑纳”；而对于恭维者来说，也避免了“拍马屁”之嫌。

4.4.2.4　*应答方式的差异*

对恭维语如何解释、如何回应是个很复杂的问题。绝不像有学者认为的，“我们常常看到英语国家的人受到称赞时，总是乐意接受，并总以‘thank you’进行回答。而汉语民族的人受到称赞时却显得一副不好意思的样子，并总是说自己‘差得远’、‘哪里哪里’等等”。Pomerantz（1978）就认为，人们在接受赞美时，有两种矛盾心理。一方面，被赞美人认为赞美人对自己的赞美很中肯，符合自己的心理预期，想在回应中予以确认。另一方面被赞美人潜意识里又觉得在回应时不应该赞美自己，自我赞美是不礼貌的表现，有时甚至会受到赞美人的否认。如何在这两种矛盾心理中找到平衡，如何对恭维语进行回应是一个值得我们思考的问题。

国内外有许多学者对恭维语的回应方式做过研究。Pomerantz（1978）在对恭维应答的常规方式进行调查研究后，总结出五种不同的应答方略：升级（upgrade）、弱化（scale-down agreement）、贬低（downgrade）、转移（reassignment）与回赠（return）。在 Pomerantz 研究的基础上，Herbert（1988；1989）将恭维语的应答分为 12 种：感谢式（appreciation token）、评价式（comment acceptance）、升级式（praise upgrade）、评价来历式（comment history）、回敬式（return）、转移式（reassignment）、弱化式（scale-down）、否定式（disagreement）、限定式（qualification）、质疑式（question）、沉默式（no acknowledgement）、请求解释（request interpretation）。在国内，就“大学生在外貌和行为两方面的赞扬及应答”，李悦娥等（2000：28～32）通过对国内某大学 200 多名男女本科学生所作的问卷调查，发现汉语恭维应答包含 14 类：感谢、赞同、夸耀、降级、回赞、不赞同、质疑准确性、质疑用意、转移赞扬、提供事实、转移焦点、确认、忽略、复合式。总的来说，应答赞扬的基本方式包括接受/同意、拒绝/否定和转移/回避三种，但是不同文化之间还是呈现出很大的差异（如表 4－3）。

表 4－3　汉英恭维语之应答方式差异　　单位：%

应答方式	贾玉新	李悦娥　冯江鸿	Holmes（N. Z）	Herbert（U. S. A）
接受	21.1	37.5	48.1	36.4
感谢	16	32.5	15.3	29.4
评价	3.7	0.75	32.8	6.6
升级	1.4	4.25	—	0.4
回避	11.8	17.25	24.3	29.6
评价来历	8.4	8	8.8	19.3
转移	2	7	11.7	3

（续上表）

应答方式	贾玉新	李悦娥　冯江鸿	Holmes（N. Z）	Herbert（U. S. A）
回敬	1.4	2.75	3.8	7.3
拒绝	41.7	24.75	27.5	34.1
弱化	10	9	9.2	4.5
质疑	5.7	2.75	3.3	5
否定	15	6.5	6.7	10
限定	0	—	—	6.6
沉默	0	6.5	3.3	5.1
请求解释	11	2.75	5	2.9
复合式	—	17.25	—	—

资料来源：表中数据引自许力生，2006：82~83；李悦娥等，2000：31。

从上表我们可以得出以下结论：

（1）在英语国家文化中的恭维语应答中，“接受”是使用较多的策略，一方面是对自己的肯定，另一方面是对别人鉴赏能力的认可。例如：A：Your watch is very beautiful！It really is.（真美啊，真的。）B：Thank you！（谢谢你。）。而一般说来，中国文化中，受恭维者习惯用“否认”或“自贬”的方式回应。如以“哪里哪里”、“惭愧惭愧”等“拒绝”的方式来应答，以表示被夸奖的人的谦虚有礼。又如：A：“你这条裤子真漂亮！”B：“漂亮什么？穿了好几年了。”但是，值得我们注意的是，李悦娥等人的调查结果表明，当代中国大学生在恭维语应答中也以接受为主。这就说明“同一文化中的不同文化群体会因其受外来文化影响程度的不同而在言语行为上有所不同，言语行为的文化多样性不仅存在于不同民族文化之间，也同样存在于同一民族文化之内”（许力生，2006：85）。

（2）“沉默”在中国文化环境中是比较常用的应答方式。在西方社会里，虽然微笑也能表示友好，但人们较少在接受称赞语时使用它。汉语则不一样，这与中国人鄙视“拍马屁”有关，中国人相信“忠言逆耳”，不习惯轻易赞美别人，也不习惯轻易接收赞美，一些人甚至认为寒暄式的赞美是多余的，属于没话找话，甚至对直白的赞美抱有戒心。此外，中国人比较内敛，因此通常会用较为含蓄的方式，如肢体语言（微笑、点头等）来接受别人的赞美。如：甲：“你今天真精神。”乙：“……”（微笑/点头）。

（3）在我国的文化环境中，有可能会出现由一个以上应答组合而成的复合式。如：“谢谢，你也一样”是感谢＋回赞复合式；“是啊，真维斯的，你也来一件”是感谢＋提供事实＋转移焦点复合式。

总之，在使用恭维语时，中国人强调一种“您行，我差远了”的“水落石出”式的交往态度，既要抬高对方，又要贬抑自己；而西方人强调一种“您行，我也不差”的“水涨船高”式的交往态度，既尊重对方，又显得自信（林大津，1996：113）。

4.4.3 邀请

邀请这一言语行为是各社会、各群体所共有的普遍性言语行为。它是打开有效交际之门的钥匙，是保持人际关系的和谐和社会交际活动正常运转的保证。人们日常交往中的约会、访问、宴请、聚会、庆典等无不涉及邀请。然而如何发出邀请，对其如何解释，如何反应等却因文化不同而迥异。贾玉新（1997：343～344）结合 Wolfson 的研究成果对中国文化和美国文化中“邀请”这一言语行为进行了系统的比较（见表 4－4）。

表 4－4　中美“邀请”行为之文化差异

比较方面	中国文化	美国文化
社会分布	亲朋好友或受益者与施益者之间	包括陌生人在内的各式各样的人之间

（续上表）

比较方面	中国文化	美国文化
社会目的	情感性、工具性：叙旧，利用或感激别人	工具性：社交，或利用别人
预约	通常无预约	要事先预约，有的要在一个月以前预约
邀请方略	一般无邀请"话头"；真实邀请；"不请自来"	有邀请"话头"；有形式邀请和真实邀请的区分；无"不请自来"

按照上表，我们认为在邀请方略方面，中美文化存在着较大的差异。首先，中国人有一种"不请自来"的习惯，他们可以随时随地地去拜访别人，赶上吃饭时间，客气一番之余也会吃一顿。但是这种习惯在美国是被忌讳的，即使是到亲属家去看望也要先打招呼，邀请朋友要事先约定，"不请自来"在美国是侵犯个人隐私的不礼貌行为。其次，美国人发出的邀请有真假之分，在美国人看来假邀请言语行为的实施主要是为了体现人际功能（interpersonal），用来建立、维系、发展和谐友善的人际关系，以满足社交的礼节性（ritual）、应酬性（phatic）、礼貌性（politeness）的需要。由于文化的差异，中国人经常会把"假邀请"误认为"真邀请"。在日常生活中，你可能曾听到过"Please stop in at anytime, we can have a dinner sometime, I will call you?"仔细观察以上用语的语境及邀请用语的功能，可以发现这些用语都具有结束交谈的功能，是一种结束的信号，而并无向你发出邀请之意。这些语句要比直接说出结束语更为婉转、得体、效果更佳。而美国人的真正邀请与这种"邀请"截然不同，它毫不含糊，表达的内容格外明确，体现出以下四个特征：有明确的内容；有明确的地点；有具体的时间；请求答复。比如：I would like to invite you for a reception at my house at 8 Friday evening. Can you come?

4.5 小 结

综上所述，中西文化在价值观、思维方式、语言交际、非语言交际等方面存在一些差异，并且这些差异会给我们的交流造成一定的障碍，但同时也使得人类文明更加丰富多彩，使交流更具有挑战性和创造性。然而，我们也要清醒地意识到，人类各民族的语言结构、思维和文化也有很多相同或相通的地方，我们也可把它们称为“文化的共性”，这也是不同民族的人们交流的基础。高一虹（2000：11）认为，“在交际中，我们追求的应是‘求同探异’，而不是‘求同存异’。也就是在同的基础上，发现和探究差异，最终超越差异。只有这样，才能实现深层次的沟通或相遇”。也就是说，文化不但具有民族性，还具有时代性和世界性。文化的民族性反映的是文化的既往历史；时代性反映的是文化的现实状态；世界性则是覆盖整个地球、贯通整个人类的文化特性，它超越了特定民族、特定地区的文化局限性，将不同民族的具有普遍意义的文化属性糅合为一，将特定民族的文化素质提升到新的高度。此外，本章的另一个目的是通过了解文化间的差异，培养学习者开放、理解和包容的态度，为后面专门论述跨文化交际能力奠定基础。

5 文化教学的方法研究

任何人类学习都是复杂的认知心理过程，教学的目的就是促进这个过程的顺利完成。文化学习作为一种人类学习活动，同样是一个认知发展的过程，是学习者情感、认知、行为方面的动态的、持续的发展过程。同时，文化教学是一项异常复杂而艰巨的任务，要受到学习者、环境、教师、教材和测试等多种因素的制约。随着世界朝着全球化、多元化加速发展，国与国之间的交流日益频繁，跨文化冲突时有发生。这无形之中给了外语教师巨大的压力：既要让学习者掌握语言知识和语言技能，又要提高学习者的跨文化意识和跨文化交际能力。为了实现这个目标，在课堂教学中，教师必须做到语言教学和文化教学的有机结合。因此，本章将阐释影响文化教学的种种因素，并分析 AUM 理论和文化适应理论对外语教学的影响，最后介绍一些促使语言教学和文化教学有机结合的文化教学方法。

5.1 文化学习的本质

文化学习是一个获取与来自不同文化背景的个体进行有效交际所需要的具体文化知识（culture-specific knowledge）和普遍文化知识（culture-general knowledge）的过程，也是学习者的认知、心理、情感和行为改变与调整的过程。也就是说，文化学习包含多个层面，经历多个阶段，是一个系统的工程。下面就从情感、认知和行为三方面来详细阐释文化学习的本质和过程。

在情感变化上，在文化学习的初始阶段，由于价值观念的差异，不同文化的人相遇经常会发生冲突，并伴有焦虑、紧张、孤独、沮丧等强烈的生理和心理反应，这就是文化冲撞的表现。随着文化学习的不断深入，跨文化体验的不断增多，文化冲撞的感受逐渐减弱，学习者的心理情感必然发生改变，原来的焦躁不安逐渐被心平气和所代替。学习者也开始慢慢接受目的语文化的价值观念，最终有可能被目的语文化同化。因此，我们可以说文化学习是一个“文化冲撞→文化融合→文化同化”的心理情感的变化过程。需要说明的是，这一系列的转变只是文化学习过程中学习者在心理情感上可能发生的变化，并非所有学习者都会经历每一阶段的变化。在认知变化上，根据 Rumelhart 图式理论中关于学习模式的阐释，学习一般包括增加、调整和再创造等三种模式。第二文化的学习是在学习者原有的文化参考框架和认知图式的基础上，通过学习不同文化，了解文化差异，增强跨文化意识，培养开放、宽容和理解的态度以及灵活机动的跨文化交际能力，也就是一个对原有文化参考框架和认知图式的增加、修改和调整的过程。它包括“信息的获取、分析、综合、理解和洞察”五个阶段（Kleinjans，1972）。在行为变化上，文化学习还是一个行为调整的过程。在这一过程中，随着学习者认知结构的调整、目的语文化知识的积累和跨文化意识的增强，其交际行为会发生变化，会经历“意识、关注、反应、实践和互动”五个发展阶段（Kleinjans，1972：24）。值得注意的是，这一行为调整过程是和学习者的认知心理的发展同时进行的。

5.2　影响文化学习的因素

综上所述，文化学习是一个复杂的心理成熟、认知发展和行为调整的过程。同时，文化教学也是一个异常复杂而又艰巨的任务，它受到诸多因素的影响和制约。根据 Byram 和 Morgan（1994）的研究成果，影响文化学习的因素主要包含以下几个方面：学习者、环境、教师、教材和测试。

5.2.1 学习者

首先，学习者的外语学习动机影响和制约着文化学习的效果。根据 Gardner 和 Lambert（1972）对外语学习动机的研究分类，有些人学外语是为了谋得一份好的工作，晋升职位，争取同等社会待遇和机会，获取各种信息，阅读相关资料等，这些都属于工具型动机（instrumental motivation）。而另一些人学习外语是出于对目的语社团有特殊的兴趣，是为了与该社团的人进行交际，学习他们的文化和技术，促进文化交流，并期望参与或融入该社团的社会生活，是一种综合型动机（integrative motivation）。这两种学习动机对文化学习有着显著的影响。前者将语言视为工具，语言学习是为了实现一些功利目的的手段，因此不太重视对文化的学习。而后者由于对目的语社团有特殊的兴趣，在学习语言的同时，也会学习文化，增强跨文化交际能力，这对文化学习起到了促进作用。其次，学习者的年龄对文化学习也有影响。认知心理学认为，儿童时代是认知发展最关键的时期，人们的整体智力水平、基本感知和认知结构以及性格一般都是在儿童时代形成的。为了扩大学习者的视野，增强他们理解事物的灵活性和多维性，从儿童时代开始就要向学习者灌输多种感知和认知模式，为今后的文化教学打下坚实的基础。当学习者步入少年时代，生理上正处于向成年过渡的阶段，这一阶段是身份感和归属感形成和加强的时期，也是人们对他人或他群态度变化最大的时候，这一阶段的文化教学应该以培养学习者对目的语文化积极、肯定的态度，弱化民族中心主义思想，增强文化相对论思想为主要目的。

5.2.2 环 境

文化学习环境包括自然环境和构建环境两种。前者指的是学习者目前所处的社会大环境，后者一般指的是学习者接受教育的学校和课堂小环境。

众所周知，英语教学有 ESL 和 EFL 之分，两者的主要区别在于语言环境的不同。ESL 指的是在目的语言、社会和文化环境中的英语学习，如亚非移民在美国学英语，学习者周围有众多使用该语言的本族语使用者。因此学习者除了课堂英语学习之外，还可以通过新闻媒介、官方文件和广告等形式接触目的语言和文化。然而，EFL 的学习者很难有这样的语言环境，他们主要以课堂教学为主要渠道。这两种社会文化环境对于学习者的语言和文化输入量以及学习动机都有很大的影响。首先，在两种社会文化环境中，语言和文化输入量有着明显的差别，而语言和文化输入量的多少又直接关系到学习者文化学习的效果。ESL 为学习者提供了极好的文化体验和实践环境，有利于学习者从情感上习惯和接受文化差异，从目的语文化价值观的角度去理解目的语文化行为，学习者能够在认知、情感和行为各个层面获得全面发展。相对而言，EFL 只能通过角色表演、案例教学等手段来提高学习者的跨文化敏感性。此外，在两种社会文化环境中学习目的语文化，学习者的动机也有显著的差异。在 ESL 环境中，学习者为了适应主流文化，更好地与人相处，乃至更快地融入主流社会，他们都会利用各种机会学习目的语文化，学习效果显著。而在 EFL 环境中，由于缺少实践机会，学习者学习目的语文化的动力明显不足，效果也不显著。

许多研究表明，由于缺乏真实性，教室环境对于文化学习存在很多的局限性。教室环境是一个非自然的社区环境，因此“基于教室的学习在本质上属于认知和推理层面的学习，无法深入到文化知识根基里去”，其仅仅“有益于对规则的学习，但无助于语言和文化的习得”。在具体实践中，笔者认为利用多媒体和网络的虚拟真实环境可以弥补教室环境文化真实性的不足。网络环境下的文化学习，有利于学习者学习主体的发挥，最大限度地实现网络环境与课堂教学模式的有机结合。同时通过网络链接或运用新闻报道、电影、录像、光盘等真实材料把目的语国家活生生的文化带进语言教室，增强了教室环境的交互性与真实性，有效地激活了学生大脑中已有知识的图式结构，整合了他们所具有的多种知识和技能，促进了学生对所学文化知识的意义建构。

5.2.3 教 师

教师是学生获取文化信息的最重要的源泉，教师的知识结构、教师对文化和文化教学的态度都关系到文化教学的成功与否。教师对外语文化教学的不同理解，都与其具体的文化教学行为（如教学内容、教学方法的选择）有直接的关系。在具体的教学实践中，教师应有意把文化信息的渗透与语言技能的教学紧密地结合在一起，在帮助学生学习和掌握语言技能的同时，还应积极地引导学生自觉了解和适应目的语文化，培养学生对目的语文化的敏感和洞察力。然而，长期以来我国高校的外语教学一直受人文主义教育观的影响，即“旨在培养学生的文化素养，塑造‘完整的人’，但离目的语文化的现实较远，很少考虑学生的交际需要”（胡文仲等，1997：45）。学习内容也只以大写C文化为主，即只注重“知识文化”的传授，且教学方法大多采用灌输式而非启发式。因此，为了最大限度地提高学习者的跨文化意识和跨文化交际能力，教师首先要更新自身的理念，要始终坚持“语言教学与文化教学有机结合”的理念，从语言学习、语言意识、文化意识和文化经历相互联系的四方面同时入手，充分发挥母语文化在文化学习中的作用。其次，外语教师不能仅满足于做一个传授语言知识的“教书匠”，还应该努力成为一名“会通中西”的学者型教师。我国著名学者吴宓、钱钟书、叶公超等人之所以声名显赫、受人敬仰，不仅仅因为他们的外语水平高超，更重要的是，他们学贯中西，人格俊逸，文、史、哲无一不通，可谓传统意义上的大师级通才。当然不是所有的外语教师都能成为大师级通才，我们只是提倡并鼓励外语教师阅读大量母语与目的语国家社会学、人种学、社会语言学等方面的书籍，力求“会通中西”或“学贯中西”。这就意味着，外语教师在介绍、引进和研究西方语言文化的同时，也应当通晓本国的传统文化。只有知己知彼，才能在跨文化交际中不失华夏文明大国的学者风范，处处显示出中国学者应该具有的深厚文化素养和独立的文化人格，不再出现“中国文化失语症”。此外，只有“学贯中西”，才能具有高超的文化理解能力、评价能力和整合能力，才能具有理性的洞察力和感情的移情能力，并能以批判性的眼光审视所接收的文化信息，才能在处理中西文化的冲突方面体现出博大的胸怀和高度的智慧。因此，我们认为必须要建立一种以提高中青年教师文化素养为目的的培训或进修机制，给现有教师补上相关的中、外文化课。

5.2.4 教 材

教材是英语课堂实施的重要组成部分，选择和使用合适的教材是完成教学内容和实现教学目标的重要前提条件。如今，英语已经成为一门国际通用语言，因此它应当能表达使用者自己的文化和观点，ESL 和 EFL 应当适合学习者的需求，在多种层次上将目的语文化与本土文化加以对比。这便要求英语教材的文化内容要多元化，要针对学习者的学习目标，确定不同文化类型的教材内容。也就是说，英语教材不仅要在语言内容上结合真实语境和满足学习者的需求，也要使英语教材的文化内容符合教学培养目标、教学大纲和不同语境中的学习者的要求。然而，我国目前使用的大部分英语教材基本上是向学生介绍现当代英美国家文化，基本上属于目的语文化，这与中国 EFL 学习者的生活环境和经历有相当大的距离，只满足了学习者了解西方社会文化的需求，并未能满足我国英语学习者跨文化交际的全部需求。

针对当前英语教材种类繁多的现状，Cortazzi 和 Jin 将英语教材按文化类型分为三类：①母语文化教材（source culture materials）：包含英语学习者自己国家的文化。②目的语文化教材（target culture materials）：包含英语为第一语言的国家的文化。③国际目标语文化教材（international target culture materials）：国际目标语，指世界上所有英语国家和非英语国家中使用的各种英语。以这些国家的文化为内容的英语教材，称为国际目标语文化教材（Lee，2002）。据此，我们认为作为实现教学大纲和英语课程的重要媒介，教材不仅应该符合教学大纲的宏观要求和英语教学的客观规律，还应该充分满足学生的需求，这与“以人为本，充分发挥个人的潜能，实现个别化”的素质教育观是一致的。为此，我们必须进行需求分析，了解学生有哪些方面的需求。曾有学者（张蓓等，2004：64）经过调查发现“58.2%的学习者认为包含多国文化内容的教材更符合他们的需要”。因此，我们必须结合学习者的实际生活经验，除了开发目的语文化英语教材之外，还要开发本土文化英语教材，教会他们用英语表达自己的文化。只有这样才能使教材内容与学生的真实语言环境相结合，才能培养学习者正确运用语境传递文化信息的能力，提高他们的跨文化能力。实践表明，跨文化交际的实质是各种不同文化之间的互相传译，传译者要架起跨文化的桥梁，就必须精通两种文化，并具备双语交际能力。正如Snow所说“在某些情况下，英语教师应当有意识地使英语教学更接近本土文化，更远离英美文化”。总之，为了提高学习者的跨文化交际能力，提高他们的文化素质和修养，我们就必须在使用的英语教材中适当增加中国文化与文学的内容，增加中西文化比较和中西文学比较的内容。

5.2.5 测　试

测试作为教学过程的一个重要组成部分，如果设计得科学合理，会对其他因素产生促进作用。实践证明，我国现行“过于注重考核语言本身”的考试形式对实施文化教学起着明显的阻碍作用。换句话说，统考、应试成了套在外语教学上的枷锁，这就导致考什么教什么，文化学习自然也就没有它应有的位置。

《全日制义务教育、普通高级中学英语课程标准》根据我国英语教育发展的具体情况，提出我国基础阶段英语教育目标是培养学生综合运用语言的能力。综合运用语言的能力是由语言技能、语言知识、文化意识、情感态度、学习策略等方面构成的。然而对综合运用语言的能力的检测不能简单地使用考试的形式，具体考试内容与方式应取决于具体的英语教学需要。比如："文化意识"这一目标就意味着"通过英语学习，学生不但应该了解世界各国的丰富精彩的文化，同时更应了解中国作为世界之林的成员的重要地位。学习外语应能促进对自身文化的认同。文化意识和跨文化交际意识和能力的培养应渗透于日常教学中，也反过来促进英语语言教学"。如果我们在对学生的"文化意识"进行检测时采取传统目标型测试（笔试）的话，就等于主张测试文化知识的具体元素和文化事实，而跨文化交际能力主要由在某一陌生文化情境中所表现出来的恰当的态度和行为组成（Byram & Morgan，1994），只有形成性的（formative）、行为性的（behavioral）并兼具认知性的（cognitive）测试形式才较为科学、有效。

笔者认为，我们可以借鉴国外交际性语言测试理论来检测学生的语言综合运用能力。交际性语言测试的一些主要特征是：①重点是意义；②语境化；③语言活动带有可接受的目的性；④有实际意义的言语；⑤使用真实的语言材料；⑥文本处理有真实性；⑦考试结果不可预见；⑧以互动为基础；⑨考生在真实心理状态下展示语言能力；⑩根据实际交际结果判断成绩（Weir，1993：167）。交际测试不仅能考察考生的语言知识，也能考察其在有意义的语境中能否得体地使用目标语言。与传统语言测试不同的是，交际测试的目的是要评价语言学习者在真实而有意义的交际语境中使用语言的能力。此外，传统测试中的考生是"局外人"，而交际测试中的考生则是“局内人”，他参与语言交际互动的过程，并与交际对象合作达到信息交流，对这个过程的评价得出测试结果。在具体实践中，我们可以采取 role-play、simulation、case study、group project、writing essay 等形式对学生交际成功程度和对目的语文化的理解程度进行评价，这种生动、有效的测试形式符合外语教学的规律和评价跨文化交际能力的要求，值得我们在高校英语文化教学中尝试与推广。

5.3 跨文化交际理论与外语教学

众所周知，多元文化环境中外语教学的目的就是要培养学习者的跨文化意识和跨文化交际能力，实现人的全面发展。因此，我们有必要用跨文化交际理论来指导我们的外语教学，提高外语教学的效果，实现文化教学和语言教学的有机结合。为此，我们选用了 Gudykunst 的 AUM 理论和 Schumann 的文化适应理论，探究它们对外语教学的影响，实现理论与实践的完美结合。

5.3.1 焦虑/不确定协调理论（Anxiety/Uncertainty Management，即 AUM）与外语教学

5.3.1.1 AUM 理论概况

在 Berger 和 Calabrese 的不确定性减少理论（URT）基础上，Gudykunst 将其同 Tajfel 的“社会身份”理论整合在一起，把 URT 理论扩展到跨群体交往的范围，迈出了“焦虑/不确定性协调”理论（AUM）的第一步。1988 年，Gudykunst 提出了一个概括性理论，使用“不确定性”和“焦虑”消减来解释有效的人际交往和群体交往以及跨文化调适理论。Gudykunst（1988）还使用 Simmel 提出的“陌生人”概念作为理论设计的核心概念把人际交往和群体交往有机地联系了起来，并将这一原理应用到外交领域。

在“概括性理论”基础上，Gudykunst（1993）加入了能力指标

框架对该理论进行了扩展，并首次使用了“AUM”一词。在该理论版本中，Gudykunst 对以往的超理论假设进行了细化，以避免极端客观主义和主观主义的立场。此外，还对“不确定性”和“焦虑”的概念以及相互之间的关系进行了阐释。不确定性是指在交际中无法预测对方的态度、感情、信仰、价值观、行为等；焦虑是指在交际中感觉不自在、紧张、担忧或预知某事要发生，它是不确定性情感的等同物。不确定性导致焦虑，焦虑又创造了减少不确定性和加强留意的内驱力，双方处于一种互动的正相关关系。在任何人际交往中都存在不同程度的不确定性，因而也具有不同程度的焦虑感。适度的不确定性可以增强交际的动机，以必要的信息正确预测和解释对方的态度和言行；而适度的焦虑可以转换为一种有用的、具有高度适应力的社会反应，使自己免于个人情感及个人规则的冲击。与此同时，Gudykunst 提出了不确定性和焦虑的最大和最小度。Gudykunst（2005：287～288）认为，“不确定性高于最大限度时，我们没有信心预测或解释对方的行为；低于最小限度时，由于过于自信，会误解对方的意义。当焦虑感高于最大限度时，我们会感到不适应，不愿意与对方交流。当低于最小限度时，就没有激情和动力交往”。因此，当焦虑和不确定性的程度过大或过小时都不能进行有效交际，需要协调。“协调不确定性与焦虑感是影响各类交往有效性的中心环节”（Gudykunst，2005：285）。对焦虑感和不确定性最大和最小限度的关注致使理论核心从“焦虑和不确定消减”转向了“焦虑和不确定协调”。为了协调焦虑感和不确定性的程度，Gudykunst 又引入了 Langer 提出的“留意（mindful）”这一概念，作为 AUM 和有效交际的折中点，也被认为是交际中对不确定性与焦虑感的策略性调节器。“有意识”包括“接纳新信息”、“察觉各种变化”、“对不同语境保持敏感”、“留意各种视角”以及“适应当前环境”。他假设个体交际会受到他的文化和群体身份的影响，但只要留意，他可自己选择与他人交际的方式，能够把焦虑和不确定性控制在最大和最小限度之间，并和陌生人协商信息内涵。

为了完善该理论，Gudykunst 分别于 1995 年和 2005 年两次修改了“焦虑/不确定性协调理论”。Gudykunst（1995）提出 AUM 理论包含基本因素和表面因素。其中，焦虑和不确定性协调是实现有效交际的基本因素；动机因素（需求、吸引、社会义务、自我概念、对新的信息的开放程度）、知识因素（知识期待、信息网络的分享、对多种观点的知识、对可供选择的解释的知识、关于同一的和差异的知识）、技能因素（移情的能力、包容多种观点的能力、适应沟通的能力、创造新概念的能力、调适行为的能力、搜集适用信息的能力）等表面因素交互作用造成了陌生人的焦虑和不确定性，从而影响交际的有效性。该理论 1995 年的版本囊括了 94 个公理（47 个关于人际交往和群体交际，47 个关于文化多变性）。为了列举足够的观点把焦虑感与不确定性协调的过程清晰地呈现给想运用这种理论提高交际有效性的人，同时又为了使论点更加具体，促使理论的目标与理论的数目平衡，在几经修改、压缩后，2005 年的版本只涵盖了 47 个公理。至此，AUM 理论达到了比较完善的状态。

5.3.1.2　AUM 理论与课堂教学

社会学认为，社会生活和人们的交往是以群体形式进行的。社会群体是最基本的社会实体形式，是现实生活中人们的社会行为的集合。在现实生活中，由于基于不同的标准，人们对社会中的群体划分的结果也是不同的。若基于人的类属，我们可以把社会中的群体划分为民族、种族、性别等。若基于社会阶层、社会角色，我们可以把社会中的群体划分为学生、教师、医生、律师等。也就是说，学生与教师是两个特定的社会群体。Scollon 等（1995）提出了“话语系统”的概念，并用意识形态、社会化、话语形式和面子系统等四种特质概括了群体成员中话语系统所具有的同质性。她们认为在话语系统中，文化（意识形态）决定了人际交往中礼貌（面子）策略的选择，这导致了人们采用特定的话语形式。特定的话语形式暗示着特定的社会化方式，这些方式又决定了人们会习得什么样的文化（Scollon et al.，1995：14）。她们还认为从言语交际角度分析，每个群体具有各自的“话语系统”，这是社会文化的基本构成部分。综上所述，在课堂教学环境中；由于学生和教师分属不同的社会群体，共享不同的“话语系统”，这就导致他们在言语和文化上都存在着差异（Scollon et al.，1995：162～163）。这种“跨群体交际其实是跨文化交际的一种形式”（Samovar & Porter，2004），而“跨文化交际说到底就是跨话语系统的交际”（许力生，2006：136）。因此，我们认为课堂教学也是一种跨文化交际行为。

众所周知，跨文化交际过程充满着焦虑与不确定性，交际的过程就是一个减少和协调焦虑感与不确定性，增加准确预测对方行为的过程。如上所述，课堂教学是一种跨文化交际行为，因此课堂教学同样也是一个充满焦虑和不确定性的过程。有学者（Horwitz et al.，1986：128）把“学习者因外语学习过程的独特性而产生的一种与课堂外语学习相关的自我知觉、信念、情感和行为的情结”定义为“外语学习焦虑”。外语学习焦虑有交际畏惧、考试焦虑和负面评价恐惧之分。其中，我们把能够“推动学习者主动应对新的学习任务，从情感上将学习者引向促进性的学习行为”称之为“促进性焦虑”，而把那些“促使学习者逃避新的学习任务，从情感上刺激学习者采取逃避行为”称之为“妨碍性焦虑”。研究表明，问题难易度、点名方式和评价方式经常会引起学生的课堂外语学习焦虑。首先，以问题难易度为例，一般来说，学生对比较容易的题目是不会产生焦虑情绪的，因为对题目有把握，心理不会紧张，而导致焦虑产生的往往是那些有一定难度的题目。其次，由于我国的传统文化属于高权利距离的集体主义文化，老师和学生的关系趋向于儒家思想所提倡的等级关系，即“教师在课堂上的权力往往凌驾于学生之上”。学生则有一种“怕出风头”的心理，这就导致学生在课堂上不善于发言与提问、不善于展示自己的长处或公开自己的疑惑、不能积极主动地与老师交流。从心理学的角度看，这也是个性压抑的表现。如果教师不考虑学生的学习水平、性格特点而随意点名让学生回答问题，就不能使每一位学生都保持适度的焦虑，不利于恰当地调动他们的积极性。再次，教师对学生的评价方式和焦虑的产生也有联系。以表扬和鼓励为主的正评价能促使学生焦虑程度降低；而以批评和指责为主的负评价往往导致焦虑产生或加剧。此外，中国传统文化强调对不确定性因素的回避，不鼓励冒险或偏离常规，凡事倾向于按既定规矩进行，较多的依赖有形的、书面的材料，重视准确性，也就是属于“对不确定性容忍低”文化。研究结果表明，对不确定性的不容忍是外语学习焦虑的一个重要表现，焦虑倾向者往往对不确定性具有高度的不容忍性，他们希望最确切地知道威胁是否会成为现实，直至将各种小概率事件都考虑周全才作罢。

根据 AUM 理论，个性的压抑和容忍度低都会增加焦虑感，减少准确预测对方行为的能力，降低交际有效性。在教学中，个性的压抑和容忍度低会导致学生无法实现与教师平等、主动的交流，无法宏观把握教学体系，造成教学信息缺省，影响师生间有效交际。为了协调课堂教学的焦虑和不确定性，实现师生的有效交际，笔者认为教师有必要采取以下措施来协调课堂教学的焦虑和不确定性。首先，教师要重新审视自身的语言教学观念，如教师的角色、对待学生犯错的态度和课堂教学策略的使用等。教师要从独裁的训练官形象转变为能培养课堂集体感的学习促进者。学生在回答不出或答错问题时，教师应多予以安慰和鼓励，帮助他们克服心理障碍，减少他们的焦虑感。此外，教师还要鼓励个性发展与表现，注重培养学生的创新精神。学生则要不计较错误与缺失，不纠缠于细枝末节，抓大放小，心胸开阔，从宏观上判断对方，获取必要的信息，还要勤于思考，敢于提问，独立判断，勇于创新。其次，教师在选择文化材料时，必须考虑学生的需求、身心发展特点和认知水平，只有这样才能把焦虑和不确定性控制在最大和最小限度之间，有效地习得文化知识。再次，营造一个压力小、没有威胁、相互帮助的和谐的语言学习环境有助于降低学习者的焦虑，增强自信心，提高外语课程总体水平。为此，外语教师有必要了解、掌握和实践一些可以降低学习焦虑的外语教学方法，如英语教学史上先后出现的“沉默法”、“暗示法”以及“社区外语学习法”等，并在此基础上对学生进行需求分析，采用适合不同个性学生需求的课堂活动形式，创造良好的外语学习环境。

5.3.2 Schumann 的文化适应模式（Acculturation Model）与文化教学

5.3.2.1 文化适应模式的基本内容

文化适应（acculturation），又称同化（或濡化），不仅是对一种新文化的适应过程，也是对新文化的思想、信仰和感情系统及其交际系统的理解过程，并在理解和适应过程中实现“学习者与目的语社团的社会和心理结合”（Schumann，1978）。研究表明，第二语言习得过程中的文化适应包含四个阶段：①最初接触新文化时的兴奋感和幸福感，也可称之为“蜜月期”；②文化震荡以及由此产生的对目的语文化的生疏感和抵抗情绪；③逐渐舒缓的文化紧张；④同化或对新文化的适应（Brown，1980）。如按学习者与目的语社团的结合方式，文化适应可分为两类：第一类是学习者把目的语社团作为参照系，希望被它的生活方式和价值观念完全同化而成为目的语社团中的一员，即“同化”（或濡化）；第二类是学习者仅希望与目的语社团进行社会结合，心理上对它的语言开放，但不愿被它的生活方式和价值观念同化，即“适应”（Schumann，1986）。

Schumann（1978）提出的文化适应模式为从环境及情感因素角度来研究第二语言习得提供了理论基础。该模式认为，制约文化适应程度和第二语言习得水平的主要因素是第二语言习得者和目的语使用者之间的社会距离和心理距离，它们通过制约学习者与目的语的接触量以及学习者对接触到的目的语输入的吸收程度来决定第二语言习得的速度和成效。社会距离指学习者社团相对于目的语社团而言的地位，或学习者被目的语社团容纳并与之接触的程度（Ellis，1994：231）。学习者社团与目的语社团之间的社会距离是制约文化适应程度和第二语言习得水平的主要原因，它可以影响学习者的动机、学习者对目的语及其社团的态度、目的语输入的品质和数量以及总体学习环境的优劣。它由体现学习者社团与目的语社团关系的一系列社会因素决定：①社会显性，指在政治、经济、文化、技术领域里，学习者社团与目的语社团的地位是平等的，不是一方优于另一方的；②结合方式，指学习者社团是被目的语社团同化，还是保留自己的生活方式和价值观念，或是既适应目的语文化，又在自己的生活圈子里沿袭自己的文化方式；③封闭性，指学习者社团与目的语社团被各自的学校、教堂、医院等社会设施隔离的程度；④凝聚性，指学习者社团以圈内交往还是圈际交往为主；⑤学习者社团规模的大小；⑥文化和谐性，指两社团文化是相近还是相异；⑦社团的态度，指两社团对彼此所持的态度是肯定的还是否定的；⑧打算居留时限，指学习者社团打算在目的语社区居留时间的长短。心理距离指学习者个人对目的语及其社团的总体心理感受，影响它的因素有：①语言震惊，指学习者在使用目的语时所体验的困惑和恐惧；②文化震惊，指学习者在接触一种新文化时所产生的焦虑和失落感；③动机，指学习者学习目的语的目的以及为达到该目的而做出的努力；④自我渗透，指学习者的语言自我塑性和僵化程度。总之，社会距离决定了“学习者接触到的目的语的输入（input）数量”。而心理距离决定了“学习者接触到的目的语的摄入（intake）数量”（Krashen，1982）。

文化适应模式理论对第二语言习得的动力机制以及习得过程中的中介语的僵化现象作出了独到的阐释，为习得理论的深入和发展作出了突出的贡献。但是，Schumann 的理论没有对“在课堂环境下学习外语时，社会距离和心理距离的作用是否会发生变化”进行阐释。此外，文化适应模式没有规定一个可以衡量社会距离及各社会因素的可信尺度。

5. 3. 2. 2 Schumann的文化适应模式与文化教学

在Schumann的文化适应模式中，包含“同化”（或濡化）与“适应”。在“同化”过程中，学习者原有的母语和母语文化归属被目的语和目的语文化归属所取代，即在学习过程中学习者的母语文化归属受到威胁，学习者放弃母语文化而认同目的语文化，这是“濡化理论”所设计的“最佳外语学习者”，这种取代式的、替换式的转化可称为“削减性学习模式”（高一虹，1994：59～64）。其实，这种现象在我国“文化热”期间是比较普遍的。许多外语学习者在西方文化冲击中容易迷失方向，丧失自身的文化身份。有的学了几句外语后，便高唱“中国文化落后论”，甚至干起口诛笔伐黄土地、黄皮肤的行当。就连不少外语行家在介绍自己学习外语的经验时，都认为出发点和终点都离不开目的语和目的语文化，似乎与母语无关。我们只能说这是一种培养“假洋鬼子”的模式，是不能适应当今全球化、多元化时代需要的。

大量事实表明，人们心目中的“最佳外语学习者”应该具有很强的民族归属感，能以一种文化批判精神来对待世界各国文化，吸收其精华，去其糟粕。在学习西方语言和文化的过程中，从始至终不丧失本族文化身份，始终坚信“只有了解了外国文化，才会对本民族文化有更深刻的理解；只有懂得了本民族文化，才能很好地掌握外国文化”。因此，他们认为学习西方语言文化不仅是自身的素质不断提高的过程，也是培养“双语人”和“多文化人”的过程。“文化昆仑”钱钟书先生就是一位“最佳外语学习者”的典型代表。钱先生不但精通英文、法文、德文、意大利文及拉丁文、西班牙文，而且对西方古典的和现代的文学、哲学、心理学以至各种新兴的人文学科都有很高的造诣和透彻的理解。钱先生对我国古代的经、史、子、集都有广泛而深入的研究。他立足于我国的文化传统，努力打通古今中外，使之熔于一炉并铸广博的知识与精审卓识于一体，使丰富的原创性发现和坚实的学理性论证二者达到完美的统一。哈佛大学某美国教授曾这样评价钱先生："你这个人，说你是北京人、巴黎人或者纽约人别人都会相信。"

总之，要培养一个具有很深的民族归属感，同时具有用多元的眼光看待事物的能力，对于不同文化的感受和理解能力的"多语人"或"多文化人"需要一种全新的学习模式——"生产性双语学习"模式（高一虹，1994：59）：理想的外语学习并非用目的语代替母语，用目的语文化归属代替母语文化归属，也不是两种语言在交际功能上的简单分工。而是通过目的语文化和母语文化的积极互动，使"目的语与母语水平的提高相得益彰，目的语文化与母语文化的鉴赏能力相互促进，学习者自身的潜能得以充分发挥"。

5.4 文化教学大纲

随着外语教学改革的进一步深入，"培养学生的综合语言运用能力"已成为各阶段英语教学的总体目标，而"培养学生的跨文化意识"是实现得体运用语言的保证，这些理念在各级教学大纲（或课程标准）都有所体现。这就说明，我国虽然没有文化教学大纲，但现有的外语教学大纲（或课程标准）在一定程度上体现了对文化因素的重视。以2000版的《高等学校英语专业英语教学大纲》为例，该大纲在"教学原则"中明确指出："注重培养跨文化交际能力。在专业课程的教学中要注重培养学生对文化差异的敏感性、宽容性以及处理文化差异的灵活性。"这一大纲包含语音、语法、词汇、口语、写作、阅读、翻译、听力、工具书使用、文化素养等十大项目。其中文化素养表在一定程度上体现了文化因素，要求英语专业的学生"熟悉中国文化传统，具有一定的艺术修养；熟悉英语国家的地理、历史、发展现状、文化传统、风俗习惯；具有丰富的人文知识和科技知识；具有较强的汉语口头和书面表达能力；具有较强的创新意识和一定的创新能力”。不过，文化素养表所涉及的文化因素还不够系统和全面，且出发点是语言本身或具体的交际行为，没有对教学内容中的“文化因素”本身作系统的分类描述。正因为如此，才导致我国目前的文化教学尚处于“各行其是”的纷杂状态，教师随机任意地教，学生凭兴趣随意地学。因此，为了突出文化因素的重要性，使我国的英语文化教学形成体系、走向系统，我们应根据学生的需要和培养的总体目标，在现有教学大纲中增添文化项目表，其内容应包括未来跨文化交际活动所涉及的行为和观念。

为此，我们可以借鉴国外的一些先进经验。世界上许多发达国家的外语教学大纲都包含了具体的文化项目和指标。如美国印第安纳大学在 1986 年制定的外语教学大纲（*The Indiana Guide to Proficiency-based Instructions*）就包含了一百多项文化学习的具体指标。这一大纲被认为是美国教育界中最行之有效的大纲之一。英国的剑桥大纲（*Cambridge Syllabus*）和牛津—剑桥联合大纲（*The Joint Oxford and Cambridge Syllabus*）也分别确定了外语教学中所要达到的文化教学目标和检测指标。此外，Stern（1999）还在《语言教学的问题与可选择策略》（*Issues and Options in Language Teaching*）一书的第八章“文化大纲”（Cultural Syllabus）中对文化大纲的设计困难、文化教学的内容以及文化项目的次序设计一一进行了阐释。首先，他对文化大纲的设计困难进行了分析。他认为困难主要表现在以下三个方面：第一，对语言课程中文化项目的排序重视不够，目前主要教学法都把文化教学视为附带性的，文化项目都是零散的，一般都是以小片段、随文解释、独立文化片断、文化同化程序、微型戏剧，或者类似形式出现，而并没有把文化项目作为一个连贯、有序的整体进行全面考虑；第二，第二语言教学中的文化大纲与其他领域，如历史、地理、社会研究、文学、美术或者音乐等的课程互有交叉，这个问题目前也没有得到很好的解决；第三，语言课程中文化因素的比重问题，文化项目在语言课程中的比重应该依据课程设置环境的不同而不同。其次，他认为文化教学应该包含如下项目：①处所。②个人与生活方式：通过个人与目的语文化中的人或小团体的接触去了解目的语文化中人的生活方式。③人与社会：学习者应该了解代表社会、职业、经济和不同年龄等的团体。④历史：学习者应该了解目的语文化社会历史的发展、历史上重大的事件、重要的人物以及目的社会的现状。⑤制度：学习者应该了解目的语文化社会的制度，包括教育、社会福利、经济、传媒等。⑥艺术、音乐、文学与其他主要成就：学习者应该了解目的语文化社会在艺术等领域的成就、重要人物、著作等。最后，在设计文化项目次序时，我们应该考虑三条标准。第一，年龄比较小的学习者应该多参与简单的、可以直接体会目的语文化的活动，而年长的学习者可以通过母语阅读关于文化的内容；第二，如果文化教学与语言学习同步并且为了提高语言学习，活动的安排应该与预期的语言水平保持一致；第三，文化教学应该从相对简单和具体的事件出发总结文化的主题，了解整个社会。

在我国，在文化大纲的制定方面对外汉语界走在了外语界的前面。如第二章所述，陈光磊、林国立等人先后对文化教学的性质、对外汉语教学中的文化教学内容、制定文化大纲的办法进行了深入的研究。综观对外汉语界所制定的文化大纲，我们发现不管是“借助意念—功能项目，以使用语言的文化规约为重心，结合语构文化和语义文化来设计文化之纲目”还是“以文化观念为纲，以语言表达方式为目来构建文化大纲的框架”，都说明了对外汉语的“文化纲目”中包含了不可分割的三个因素，即文化、结构、功能，体现了对外汉语界所提倡的“结构、功能、文化”相结合的教学原则。参考对外汉语界的文化大纲，外语界胡文仲等人（1997：160～163）制定了适合英语教学的文化项目表（见表5－1）。

表 5－1 英语教学文化项目表（胡文仲、高一虹，1997）

文化项目		
文化行为项目		文化心理项目
介入性文化行为项目	非介入性文化行为项目	
属生活必需的（如就餐、住宿、购物、看病、出行等）	属生活必需的（如穿着、日常饮食、节假日饮食、住宅等）	属社会价值观念的（如个人与集体、竞争与和谐等）
属人际关系的（如称呼、寒暄、介绍、打电话等）	属家庭生活的（如家庭团聚、家务分工、家庭纠纷等）	属人生价值观念的（如成就、命运、金钱、友谊等）
属娱乐消遣的（如看电影、观剧、游览、看电视等）	属娱乐消遣的（周末娱乐、别墅生活、欢度节日、体育等）	属伦理价值观念的（如公正与善良、他人与自我、礼节等）
属情感态度的（如兴奋、愤怒、沮丧、厌恶等）	属婚姻习俗的（恋爱、结婚、婚变、生育等）	属审美观念的（如色彩、数字、体态等）
属观点意见的（讨论、评论、征求意见、建议等）	属知识和思想教育的（如学校教育、社会教育、课外活动）	属自然观念的（如战胜与适应、禁忌、吉祥等）
属个人隐私的（如年龄、收入、婚姻状况、宗教信仰等）	属社会职责的（如求职、社会活动、志愿者、犯罪等）	
属时空意义的（如身体触碰、人际距离、守时等）	属宗教活动的（如宗教及教派、宗教仪式、宗教节日等）	

其中，介入性文化行为指的是学习者在母语文化环境中可以有较多机会直接参与的目的语文化行为，非介入性文化行为是指学习者在母语文化环境中很少有机会直接参与的目的语文化行为。以上这些文化项目既涉及交际文化，又涉及知识文化；既涉及人的行为，又涉及支配这些行为的心理或价值观念。但是，此文化项目表没有体现“语言教学与文化教学的有机结合”的理念，缺乏语言使用这

一层次的文化教学内容，有将语言和文化割裂之嫌。

为了体现语言教学与文化教学有机结合的原则，根据学生的需求与水平，本着由浅入深的原则，刘爱真（2001：45）把教学中的文化因素分成微观与宏观两大类（见表5－2）。微观部分体现的外显的表层文化因素，立足于解决跨文化交际中的现实问题；宏观部分则是内隐的支配文化行为的深层因素，着眼于提供具有指令性作用的准则、规范等。

表5－2　英语教学文化因素表（刘爱真，2001）

微观	词语	①dragon　②dog　③individualism 等
	习语、典故	①to carry the ball（负主要责任）　②catch-22（两难境地）等
	日常生活言语行为	①称呼　②道谢　③致歉　④禁忌　⑤抱怨等
	非言语行为	①体态语　②近体距离　③空间取向等
宏观	价值观	①世界观　②个人主义取向　③时间取向等
	语用规约	①会话规则　②合作原则　③话语、语篇组织规则等
	思维模式	①抽象思维　②形式逻辑　③演绎式等
	民族心理特征	①崇尚变化　②未来取向　③尊重隐私权等

综上所述，我们认为在制定文化大纲时要注意以下问题。首先，根据教学的需要以及学习者的水平和需求，我们应考虑文化纲目的分布与语言水平及教学目标的对应关系。为此，我们有必要对文化内容进行梳理、分类，并将其转换成课堂教学活动，使文化内容与语言内容有机结合。为了与语言教学“初级—中级—高级”的划分平行，我们可以把“掌握词语的文化内涵、学习得体的行为以及培养对目标文化的兴趣”定为初级文化内容；把“了解文化之间的差异以及探讨文化之间的共同点”视为中级文化内容；而把“整体把

握第二语言的文化，对它作出批判和肯定，并进行认真地研究”看作是高级文化内容（Stern，1999）。其次，针对学习者个体需求和文化学习取向的差异，“文化大纲”的基本框架应该是一种有主干、有分支的“树状”结构而非“线形”结构，应具有可选择性的“开放”形态。由于国际形势和国内发展的需要，培养学习者的跨文化交际能力已成为外语教学的一个重要目标，即通过文化对比，增强跨文化意识，学习普遍文化知识，培养多视角、灵活、立体的思维能力和与不同文化群体进行交际的技能，提高学习者的综合素质，实现全面发展。为此，我们的教学大纲既要包含普遍文化知识，还要包含具体文化知识；既要包含母语文化知识，还要包含目的语文化知识以及世界其他国家和地区的文化知识。就拿那些为了出国发展而学习英语的人来说，他们未来的目的地不一定是英美国家，也有可能到中东、埃及等国家，对他们来说仅仅习得英美国家文化是不够的。因此，只有“开放性”的文化大纲，才能满足学习者的个体需求和他们文化学习的取向。

总而言之，文化教学大纲的制定是一项集理论性与实践性于一体的研究性工作，它所涵盖的内容不可能是穷尽性的、永久性的，而应该是选择性的、开放性的。此外，在全球化和多元化的时代背景下，它必须体现文化教学与语言教学同等重要的理念：“文化”不是继“听、说、读、写”之后的第五技能。

5.5 文化教学原则

教学原则是根据教育教学目的、反映教学规律而制定的指导教学工作的基本要求。它既是教学活动的出发点，又是教学过程的总调节器，并在一定程度上决定着教学目的的确定、教学内容的选择与安排、教学方法的选择和教学的组织形式等教学活动。关于文化教学的原则，Byram 等人（1994：50）曾经作过精辟的阐释。他们认为文化知识教学应当遵从以下原则：①学生需积极参与对世界的多元解释，接触在本族文化中难以找到而在外国文化中具有普遍以意义的文化现象；②教学内容的选择，特别是初级阶段的内容选择，应该参照本族文化和外国文化的各种自定型和他定型；③应使学生接触到外国文化中潜意识的知识和有意识学习得到的知识，以便他们能够适应常规行为和具有隐含意义的交际行为；④学生需有机会接触和分析民族文化和亚文化复杂的价值意义，这些价值意义有时表现为文化制度和器物（即文学、电影、历史、政党、社会福利、教育等)，另一些则尚未定形，正在变为共同的文化现实。简单地说，Byram 提出的上述原则在教学方法上强调文化对比以及“学以致用”，在教学内容的选择上强调层次性。因此，笔者认为在文化教学中，我们要遵循循序渐进原则、对比性原则以及“理论与实践相结合原则。

5.5.1　循序渐进原则

任何教学活动都是一个循序渐进的过程，文化教学也不例外。谭志明等（1993：74～77）主张将文化导入分为初、中、高级三个阶段进行，即“初级阶段的文化导入应主要介绍在日常生活交往方面英汉主流文化的差异，以及在语言形式和运用中的具体表现；中级阶段的主要内容是介绍由于文化差异引起的英汉词语、成语意义及运用方面的差异；高级阶段主要从中西文化差异的深层次入手，介绍中西方思维方式、交际关系以及言语表达方式的差异”。这和胡文仲（1994：28）所提倡的文化教学的层次性和阶段性是一致的。他指出：“无论文化教学或文化研究都有一个层次问题。文化与语言密不可分，文化无所不在，因此，不能认为只在高年级才能谈文化，另一方面，也绝不是不讲阶段性，学生刚一接触外语就立即灌输许多文化知识。总的来说，文化随着语言水平的提高愈显得重要，文化教学的比重也随之加大。”

循序渐进原则是文化知识本身系统性的要求，也是教学制约于学习者身心发展规律的反映。这就要求我们在选择文化教学的内容时，既要注意各个层次文化知识内部的系统性和序列性，又要注意各个层次文化内容之间的相关性。此外，由于学习者的认知发展是一个由简到繁、由浅入深、由粗到精的过程，思维能力的发展也要经历一个由形象思维到逻辑思维，再到辩证思维的过程。因此，我们要根据学习者的认知特点和思维发展规律合理地安排不同学习阶段文化教学的内容，即从简单、具体的文化事件到概括性的文化主题，最后才应是对目的语社会的全面理解。具体来说，在初级阶段，可利用学生对明显的文化特征所表现出的新奇、富有异国情调的反应，多揭示与表层文化（物质文化）有关词汇的文化背景及语义。在中级阶段，可以把重点放在与中层文化（制度文化）密切相关的语言现象与文化习俗方面。在英语教学的提高阶段，除了继续进行与中层文化相关的语言与文化对比之外，还应加强与深层文化（观念文化）有关的语言现象的理解、分析与对比。

5.5.2 对比性原则

文化教学中的对比性原则就是将母语文化和目的语文化进行对照、比较，以便了解文化间的共性与个性。它可以加深我们对目的语文化和母语文化的认知，了解不同国家、不同民族的文化取向，培养学习者宽容、开放和理解的态度，从而提高学习者的跨文化交际能力。

首先，选择文化教学的内容要遵循对比性原则。不同文化间的对比是多层面、全方位的，大至宇宙观、时间观、价值观、思维方式，小至社会规范、生活习俗，这样有助于加深彼此的理解，消除误解，减少甚至避免文化冲突。如：在语言比较方面，Lado（1957）曾建议进行三种意义上的比较：一是形式相同，意义不同；二是意义相同，形式不同；三是形式相同，意义相同，分布不同。许国璋教授（1988）在论述词汇文化内涵和英语教学时，曾概括了词汇文化内涵的三种情况：①在本族语文化环境中文化内涵小于外国文化环境中的内涵；②在本族文化环境中文化内涵大于在外国文化环境中的内涵；③在本族文化环境中文化内涵有时大于，有时小于在外国文化中的内涵。综上所述，对比是我们确定文化教学内容的依据。其次，我们在文化教学过程中要贯穿对比性原则。比如，在教授"恭维"这一言语行为时，就可以通过对比让学生明白"恭维"在两种语言中不同的实施方式及其蕴涵的不同文化意义。我国文化属于高语境文化，这导致隐性恭维语在汉语中经常使用。这种恭维语往往没有明确的褒扬成分，它以间接的方式表达对他人的积极评价，是需要结合特定语境的各种因素才能确认的恭维。而由于英美文化属于低语境文化，因此在英语中显性恭维语经常使用。通过对比，我们不仅可以让学习者认识到恭维这一言语行为在两种语言中实施方式的不同，而且让他们明白了言语行为上的差异是深层文化差异的表现，从而使他们在提高文化差异敏感性的同时，加深了对不同文化的认识和理解。

5.5.3 理论与实践相结合的原则

杜威的"从做中学"和"教育即生活"、陶行知的"生活即教育"、毛泽东的"实践出真知"都说明了实践在学习中的重要性，文化教学也不例外。在文化教学中，教师不仅要向学生传授文化知识，还要设法创造实践的机会，使学生能够在真实或模拟的情境中运用所学文化知识，以加深他们对所学知识的理解，提高学习者的跨文化交际能力。如果我们只是向学习者传授文化知识，而不给他们提供实践的机会，就如同单纯语言知识教学不能培养学习者的语言运用能力一样，单纯的文化知识教学是不能提高学习者的社会文化能力的。学习者从课堂中所习得的外国的文化事实、外国人的态度、行为只能向学习者提供参考，使他们在交际中"知其然"，却不能保证他们“知其所以然”。因此，外语学习者对异国文化的学习过程应经历以下四个步骤：第一，学习文化知识；第二，了解其前因后果；第三，作出解释；第四，亲身体验。比如，在涉及个体主义和集体主义的文化主题时，教师就可以鼓励学生进行角色表演，对人际关系、家庭成员关系等主题进行实践，加深学生对西方个体主义取向和东方集体主义取向的理解，为以后真实的交际奠定基础。

5.6 文化教学的方法

随着外语教学的目的经历了语言知识和技能→交际能力→跨文化交际能力的转变，文化教学也经历了三个不同的阶段：语言和文化毫无关系→文化教学依附于语言教学（把文化视作知识）→文化教学和语言教学的有机结合（把文化视作过程）。而从文化教学所经历的三个阶段，我们可以总结出两种主要的文化教学方法：文化知识传授法和文化过程教学法。前者认为文化教学就是传授一个国家或语言群体的文化事实，通过向学习者传授“文学艺术、历史地理、宗教政治、法律法规”等大写C文化知识，来刺激他们学习外语的积极性，提高他们与目的语文化人们的交际效果。但是，将文化作为一成不变的事实进行教学的方法有诸多弊端，它不仅会导致学习者所习得的信息资料失真，也会加深学习者对目的语文化的成见或偏见，还会使学习者在面对新的文化情景时一筹莫展。与前者截然不同的是，后者将文化看作是一个发展变化的过程，文化学习不仅包括文化知识的学习，同时也包括情感态度的调整和行为的变化。更为重要的是，这种教学方法认可了文化与语言具有同等重要的地位，促成了文化教学与语言教学的有机结合。近年来，随着外语教学的蓬勃发展，文化教学方法尤其是语言与文化有机结合的教学方法层出不穷，下面我们将介绍其中几种较为常用的文化教学方法。

5.6.1 文化包（cultural capsules）

文化包是由外语教师 Taylor 和人类学家 Sorenson 于 1961 年提出的一种文化教学的方法。这种方法是由教师向学习者讲述母语文化和目的语文化之间的某个本质差异，并借助多媒体手段向他们呈现这一差异的具体表现，然后教师给学习者提出若干问题，由此展开讨论。这种方法具有选材灵活、便于组织课堂教学的优点。教师可根据需要，选择具体的文化主题，如习俗、日常语言交际和非语言交际行为，也可以选择抽象的思维模式或价值系统作为主题，然后结合所教授的内容进行文化对比讲解或发动学习者进行文化对比讨论。在这里需要注意的是，比较的内容不一定限于横向的、文化间的对比，也可以包括纵向的、文化内部的变迁。由于这种教学方法强调将母语文化和目的语文化进行对比，有助于学习者清楚地了解和认识所要掌握的内容，从而培养他们的跨文化意识。其次，由于它更多地要求学习者进行讨论，并通过视频和音频获得感官刺激。因此，可以充分调动学习者主动参与课堂教学的积极性，增强其自主学习的能力。

下面以《新编英语教程（第六册)》（李观仪主编）第三单元课文二 *Barrier Signals* 为例具体介绍文化包的实际运用。第一步，教师让学生阅读这篇文章，然而列举一些常见的非语言交际行为。也可提出下列问题，如：①What is the function of nonverbal communication? ②List some examples of “Barrier signals” from the text. ③How does the author explain the phenomenon that in a greeting situation it is always the new arrival that makes the body-cross movement? 第二步，学生列举英语国家的一些非语言交际行为或回答上述问题。第三步，让学生列举我国的一些常见的非语言交际行为。第四步，分小组讨论我国和英语国家在非语言交际行为中所蕴涵的文化含义方面有何异同。第五步，请学生做口头陈述，或以此为题写一篇作文。

5.6.2 文化丛（cultural clusters）

文化丛是在文化包基础上的进一步拓展，由讨论同一文化主题的若干个文化包组成。文化包可由学生课外准备，然后在课堂上进行演示。在上了几个文化包之后，便可以综合它们的内容进行一次30分钟左右的讨论，较为深入细致地消化这一中心主题的内容；还可综合几个文化包的内容，由大家参加，表演目的语文化的一个情境。如可以将“圣诞节”这一文化主题细分为基督降生、圣诞老人、圣诞树、圣诞节的送礼习俗等子题，每个子题可以设计成一个或多个文化包，供教师和学生在课堂上使用。

众所周知，文化涉及面广，内容纷繁复杂。因此，通过文化丛进行文化教学是目前一种行之有效的方法。首先，该方法便于确定教学范畴和重点。对于主要介绍什么，介绍哪些方面，教师可根据学习者的学习程度、兴趣等来组织教学，充分发挥教师的主导作用和创造能力，同时激发学习兴趣和调动学习积极性。其次，用文化丛进行文化教学，有利于学习者全面、系统地了解和学习目的语文化，从而增强他们的跨文化意识。

5.6.3 关键事件（critical incidents）

Tripp（2001）认为，教学中的关键事件并不是指课堂上发生的事件本身是关键的，而是意味着通过分析、判断、研究那些看似普通的、一般的、习以为常的案例改变教师的意识、观念和课堂行动，寻找其中有规律性的普遍意义，从而提高教师的专业判断力和实践能力，在成功的教学中起关键作用。然而，在具体的文化教学情境中，关键事件则是通过分析实际跨文化交际中发生的，具有典型、代表意义的失败案例来说明跨文化交际中误解产生的原因，帮助学习者了解两种不同文化在某个方面的不同期望和表现。具体做法是：首先对来自不同文化背景的交际双方之间所产生的误解及情景进行描述，如关键事件中的主要角色、与事件有关的背景知识、描述来自关键事件中人物所在文化的人们会怎样做，他/她的感受、想法和行动。然后给出四个解释误解产生原因的选择，让学习者根据自己的理解进行选择，如果一次选错，就请他们再选，直到选对为止。

由于这些案例来自于真实的交际，具有代表性和启发意义，对学习者来说非常有趣。通过分享、比较并且分析学习者们不同的解释和理解，能够刺激学习者在阅读案例和选择答案时进行思考，帮助学习者了解在相似情景中，什么才是得体而有效的行为。此外，还能帮助学习者了解不同文化之间的差异，有利于培养学习者的跨文化敏感性，为学习者参加培养解决跨文化冲突能力的角色扮演做好准备。以下是一个由于穿着打扮而引起的跨文化冲突案例：一对美国夫妇到巴基斯坦度假，住在一个看起来很吸引人的市场旁的旅馆。夫妇决定隔天到市场去看看有没有值得买的纪念品。一觉醒来，闷热的天气叫人有点透不过气来。先生一身轻便的短袖休闲衣裤，太太穿着短袖花纹上衣，粉红美观的紧身短裤，两人都穿着凉鞋。到市场时，这对夫妇发觉几乎每个人都严厉地瞪着他俩指指点点，有的甚至口出恶言。夫妇俩觉得很纳闷，赶紧转身回到旅馆（陈国明，2009：181）。在教学中，教师首先对交际双方之间所产生的误解及其情境进行介绍；然后给出四个解释“为什么市场里的人对这对美国夫妇的态度如此恶劣”的原因让学生根据自己的理解进行选择。如：①因为那对夫妇牵着手；②因为市场里的人不喜欢看到那个先生的双腿；③因为那对夫妇没有穿着传统的服饰；④因为那对夫妇没有把身体该遮掩的部分遮掩。最后教师应对四个选项进行一一说明，因为巴基斯坦人大部分信仰伊斯兰教，伊斯兰教要求男女的穿着必须盖至小腿，尤其是女性，更应该覆盖全身。因此④应该是最佳答案。

5.6.4 文学作品分析

文学作品分析是语言教学的一个常用手段，中国很多英语教学活动都是通过分析和欣赏文学作品来进行的。由于文学作品蕴涵丰富的文化内涵，如词汇的文化内涵、风俗习惯、非语言交际手段、人际关系、价值观念等，文学作品实现了语言形式和文化内容的完美结合。因此，在文学作品分析的过程中同时进行语言教学和文化教学是非常有必要的。教师如何挖掘文学作品中的文化内涵？教师如何处理语言教学和文化教学的关系？应把教学重点放在何处？是文化内容的讲解服务于语言教学的需要，且处于一个从属、次要的地位，还是文化教学内容和语言教学内容并列成为教学关注的对象？针对这些问题，剑桥大学著名学者 Gillian Brown 指出，在课堂教学中，教师应该“帮助学生培养一种有限的推断能力，以应付语篇中的新概念”。其中“有限的推断”指的是系统地运用所有已知的有关信息，如“关于世界的一般背景知识、关于特定语篇的特殊背景知识、对非语言交际手段和次语言现象的知识、语言知识、上述两个因素或更多的因素的结合”，为了既定的目的从文本中作出足够的推断。学习者在掌握了正确的推断方法后就可以从文学作品中汲取丰富的文化知识。

总之，文学作品是语言和文化完美结合的形式。一般背景知识和文化特殊背景知识可以帮助学习者更好地理解文学作品的内容和意义，而大量文化作品的阅读可以丰富学习者的文化知识，提高学习者的推断和分析能力。

5.6.5 人种学方法

人种学方法（ethnographic techniques）又可称为参与观察法，是文化人类学家和社会学家经常使用的研究方法。它是一种实地考察的方法，即研究者通过身临其境的观察和参与，从“圈内人”的视角对某个群体的社会和文化活动进行分析和描述。在研究对象和研究方法方面都与其他方法有明显差异。在研究对象方面，它以具体文化（culture-specific）为研究对象，属于具体文化研究；在研究方法方面，它是一种具体的、从实践到理论，而不是抽象的、从理论到实践的研究方法。“体验→采访→分析”是这一方法的三个基本步骤，即研究者置身于目的语文化群体之中，与人们进行广泛深入的交流，自然而然地了解目的语文化，得出关于目的语文化的某些结论。因此，它也是一种典型的体验式、归纳式的研究方法（张红玲，2007：250）。

人种学方法对于外语教学中的文化教学有很大的促进作用。首先，它可以改变以往外语教学中“重知识、轻能力”的理念，通过对文化知识在具体场合应用的体验，将认知学习与体验式学习有效结合，实现知识向能力的转化。其次，学习者通过参与和观察目的语文化的某些活动和侧面，获取学习和研究该文化的第一手资料，即通过具体文化学习来提高他们与来自不同文化的人进行交往的跨文化交际能力。

综上所述，通过人种学方法训练，学习者既可以通过了解目的语文化的各个侧面，提高与目的语文化群体进行交际的能力，又可以通过将目的语文化与母语文化进行比较，增强对母语文化的认识，从而提高跨文化敏感性，并了解跨文化交际的一般规律。此外，学习者还可以掌握文化学习的方法，为自主学习和终身学习打下坚实的基础。然而这种训练也有其局限性，如调查需要较长的时间，并且很难做到跨国界意义上的跨文化比较。

5.7 小 结

文化学习是一个获取与来自不同文化背景的个体进行有效交际所需要的具体文化知识（culture-specific knowledge）和普遍文化知识

（culture-general knowledge）的过程，也是学习者认知、心理、情感和行为改变和调整的过程。同时，文化教学是一项异常复杂而又艰巨的任务，要受到学习者、环境、教师、教材和测试等多种因素的制约。实践表明，“语言教学和文化教学的有机结合”才能真正提高学习者的跨文化意识和跨文化交际能力，实现学习者的全面发展。本章的主要内容概括如下：①文化学习是一个获取与来自不同文化背景的个体进行有效交际所需要的具体文化知识（culture-specific knowledge）和普遍文化知识（culture-general knowledge）的过程，也是学习者认知、心理、情感和行为改变和调整的过程。文化教学要受到学习者、环境、教师、教材和测试等因素的影响。②课堂教学是一种充满着焦虑和不确定性的跨文化交际行为。根据 AUM 理论，在教学中，个性的压抑和容忍度低会导致学生无法与教师平等、主动地交流，无法宏观把握教学体系，造成教学信息缺省，影响师生间的有效交际。为了消减课堂教学中的焦虑和不确定性，实现师生的有效交际，教师有必要采取措施来协调课堂教学中的焦虑和不确定性。而针对 Schumann 的文化适应模式的缺陷，我们发现生产性双语学习是培养多文化人才的理想学习模式。③为了实现语言教学和文化教学的有机结合，实现培养跨文化的人才的教学目标，我们有必要制定合适的文化教学大纲，遵循循序渐进、对比性与理论与实践相结合的教学原则，采取文化包、文化丛、关键事件、文学作品分析与人种学方法的教学方法。

6 外语教学与跨文化交际能力

随着奥运会和世博会在中国相继举行，中国再次成了世界瞩目的中心，中国和世界各国的文化交流较以前更加频繁，不同文化在交流中互相碰撞、互相冲突，又互相渗透、互相融合。这就给我们外语教学界提出了新的课题：在全球化和多元文化时代中，我们如何培养学习者的跨文化交际能力？多年以来，我国的外语教学都是以传统的纯语言教学性质的外语教学模式为主导。外语教学总是以培养学生的语言知识（如语音、词汇、语法等）、语言技能以及特定文化的交际能力作为最主要的目标。但是，随着教育改革的不断深入，我国各级各类教育都把培养学生的综合语言应用能力作为总体目标，注重学生的素质教育，培养全面发展的人。如 2001 年颁布的《全日制义务教育普通高级中学英语课程标准（实验稿）》明确指出：基础教育阶段英语课程的总体目标是培养学生的综合语言运用能力，即语言技能、语言知识、情感态度、学习策略和文化意识等素养的整体发展（2001：6）。“新课标”首次提出了注重学生文化意识的培养。2000 年颁布的《高等学校英语专业英语教学大纲》在教学原则中首次提出了“注重培养跨文化交际能力”的内容，要求教师在专业课的教学过程中注重培养学生对文化差异的敏感性、宽容性及处理文化差异的灵活性。2007 年颁布的《大学英语课程教学要求》也在教学性质和目标以及教学要求中涉及跨文化交际能力的培养。也就是说，在过去几十年的英语教学中，教学目标已经从“语言能力”扩展到“交际能力”，又扩展到“跨文化交际能力”。因此，本章通过对交际能力和跨文化交际能力的内涵及构成要素的阐释，探讨外语教学中培养跨文化交际能力的重要性和必要性，并构建适合外语教学情境的跨文化交际能力模式。

6.1 交际能力

6.1.1 语言能力

在谈论“交际能力“之前，我们先说说语言大师 Chomsky 的语言观。Chomsky（1965：3）把他的理论观点精辟地概括为：“语言学理论首先注意的是一个说完全同质语言的言语社区中理想的‘说话人—听话人’，他精通自己的语言，并且在实际运用他的语言知识时不受像记忆限制、精神涣散、注意力和兴趣的转移，以及种种错误等这样一些在语法上毫不相干的条件的影响。”根据这一观点，“语言能力”（linguistic competence）和“语言运用”（linguistic performance）是一对截然不同的、对立的矛盾体。前者是一个内化的有规则系统，即“说话人—听话人”所具有的关于他的语言的知识，它使语言使用者能够借此生成并理解无限多的合乎语法的句子；而后者是指具体情境中语言的实际使用，人们实际所说出的话语，由于受到种种因素的影响，常常只是其潜在能力的不完美表现。在他看来，如果“撇开各种语言的表层差异，所有正常人头脑中都存在着一种普遍语法结构，它能进一步认识人的认知结构，从而认识人的本质”，因此语言学研究的仅仅是前者。至于语言运用，Chomsky 把它视为语言能力的不完全、不真实的反映，并没有太多的研究价值。他的“理想的说话人—听话人”在“完全同类的语言群体”中的语言行为进行分析所概括出的高度抽象语言理论曾一度主宰着当时的语言学界，然而 Chomsky 的理论是脱离实际的，他的语言能力理论只是抽象地论述理想的事物，而未把社会文化因素作为其描述的内容，因此他的理论具有很大的局限性。随着时间的推移，有不少学者认为 Chomsky 的语言能力观过于狭隘，因为他没有把具体的语境因素考虑在内，即把“什么时候该说话，什么时候不说，说的时候说什么，对谁说，什么时候、什么场合、以什么方式说”等语境因素排除在外，剥离了“交际功能”这一语言的根本社会属性。为了对Chomsky狭隘的语言观加以改进，人们就提出了“交际能力”这个概念。

6.1.2 Hymes、Canale & Swain和van EK的交际能力观

“交际能力”（communicative competence）的概念形成于20世纪60年代末、70年代初。较早对此做过论述的有Habermas、Campbell & Wales、Hymes以及Canale & Swain等人，其中最具代表性的应该是Hymes。按照Hymes（1972）的概括，交际能力理论是要解释正常的儿童掌握句子知识时，不仅要考虑是否合乎语法，还要考虑是否得体。也就是说，语言习得过程中儿童习得的不仅仅是语言能力，还包括社会文化能力，即什么时候说话，什么时候不说话，跟谁说，说什么，什么时候说，在什么地方说，用什么方式说等。而这一能力是和对待语言、语言特点和用法的态度、价值观念、动机分不开的，也是和对待语言与其他交际行为代码的相互关系的能力与态度分不开的。概括地说，Hymes主张“能力与运用相结合”的交际能力观：语言理论应当和交际理论以及文化结合在一起，语言习得并不仅仅是对语言形式结构的掌握，而是还要掌握社会文化所要求的交际能力。因此他的交际能力观对外语或第二语言教学产生了重大影响。

下面我们简要介绍Hymes、Canale & Swain和van EK的交际能力观。

Hymes（1972）提出交际能力包含四个方面：①形式上的可能性（possibility），或称语法性，即是否符合语法规则，是否在形式上可能；②心理上的可行性（feasibility），或称适合性，指语言的特定形式能否并在多大程度上付诸实施。也就是说，有些句子虽然符合语法，但是一旦说出来很难被理解；③语境上的得体性（appropriateness)，即语言的运用适合于特定的交际环境；④交际中的实现性（actually performed)，或称实际操作性，也就是实际使用状况，是否并在多大程度上实际去做了（见许力生，2006：197~198)。他的交际能力观涉及语法能力（可能性)、语用能力（可行性与得体性）和话语的判断能力（实现性)，把语言能力、语言运用和社会文化语境三者有机地结合在一起，把研究对象从“理想的完美语言状况”转变为“现实生活中的语言现象”。因此他的交际能力观对语言研究和外语或第二语言教学都产生了重大影响，成为20世纪七八十年代风靡世界的交际语言教学法（Communicative Approach to Language Teaching and Learning）的理论基础，从那以后交际能力就成了当代外语教学的目标。但是Hymes的交际能力观也有一些不尽如人意的地方，他只关注了言语交际而对非言语交际重视不够。此外，它仅仅是个纲要式的理论框架而已，对每一个要素缺乏详细的描述，也就是说“指明了方向，至于朝着这个方向路到底该怎么走，它却语焉不详”（许力生，2006：199)。这样就容易让人产生误会和曲解，容易使人将“语法能力”与“交际能力”对立起来。

在Hymes之后，学者们又提出了许多交际能力模式，或修正或补充Hymes的交际能力模式。Canale和Swain就是其中两位代表性的人物。针对人们对Hymes的交际能力观产生的误解，Canale & Swain（1980：5）将语法能力包括在交际能力中，并强调了其重要性，还着重指出，正如Hymes所说“没有语言使用的语法规则将没有用处”一样，他们认为没有语法规则语言使用的规则也将没有用处。他们进而提出运用语言进行交际所必须具备的能力包括至少三个方面的能力：①语法能力：是指对语言代码本身的掌握，包括词汇、构词、构句、发音、拼写等语言特征和规则，这是准确理解和表达话语字面意义所需要的基本能力。②社会语言能力：指能够依据各种语境因素恰当运用和理解适宜于不同社会场合和环境的言语，即言语得体原则。③策略能力：指能运用各种交际策略（包括语言和非语言）去应付和解决由于外在交际条件或其他方面交际能力欠缺所导致的交际困难，或者运用它们来提高交际效果。后来为了强调语篇的重要性，Canale（1983）又增加了一个语篇能力，指知道如何把语法形式和意义组合起来，构成不同体裁的前后连贯的口头或书面语篇（见许力生，2006：202）。这一交际能力观被外语教学研究者和广大教师所接受，也成为交际语言教学法的主要理论来源之一。

与 Hymes 的交际能力观相比，Canale 和 Swain 的交际能力模式的内容更加充实，涵盖面也更为广泛。两者在侧重点方面截然不同，Canale 和 Swain 的交际能力模式包括策略能力，并把它看作是交际能力的重要组成部分，而 Hymes 交际能力观的核心就是语言的得体性。之所以这样，是因为 Canale 和 Swain 关注的是非本族语使用者（non-native speaker）学习或使用第二语言或外语，而 Hymes 考虑的是本族语使用者（native speaker）。总的来说，Canale 和 Swain 的交际能力模式比 Hymes 的交际能力模式进了一步，包括了社会与语言使用关系的层面，更加贴近语言教学实际，但是前者还是没有把文化因素考虑在内，他们忽视了文化因素对语言运用的影响。

为了弥补 Canale 和 Swain 的交际能力模式的缺陷，van EK（1986）提出了一个旨在提高学习者综合素质的“全面的外语教学目标框架”。在这个框架中 van EK 专门对外语交际能力进行了阐述。他认为外语交际能力应该包括：①语言能力：即对所学语言的理解能力和表达能力。②社会语言能力：能够根据社会环境（即语境）调整自己的语言行为的能力。③篇章能力：在理解和创造篇章时能够使用策略的能力。④交际策略：在交际遇到困难时能够采用一些补救措施去说明自己的思想或弄清对方要表达的意思。⑤社会文化能力：每种语言都是以其独特的社会文化为语境，外语学习者只有了解目的语文化，才能更好地使用语言。⑥社会能力：外语学习者愿意而且能够在与他人进行交往时态度积极、大方自信，善于解决一些社会问题（张红玲，2007：75~76）。

对比 Canale 和 Swain 的交际能力模式和 van EK 的交际能力模式后，我们发现，两种模式的前四项是完全一致的，所不同的是后者比前者增加了两个项目，把文化因素和情感/态度因素考虑在内。在他们看来，在习得外语时学习者不仅要掌握足够的语言知识和语言技能，还要注重文化知识的习得。此外，还要具备开放、包容和移情的态度，并懂得运用适当的交际策略，只有这样才能实现有效的跨文化交际。

综上所述，我们充分认识到了语境对语言得体性的制约作用，语境与语言运用之间是动态的互动关系。此外，从“语言能力”到“交际能力”也体现了我们在教学方法方面的重大转变，即从以“语言技能”为中心的教学转变为以“交际能力”为中心的教学。正如 Richards 等人所说：“历史上语言教学法的沿革，一方面是对学习者需要的适应，如教学目标从阅读能力向口头交际能力的转移，另一方面也反映了人们对语言本质、语言学习性质的理论认识变化（胡文仲等，1997：23）。”总之，以上种种交际能力观对于我们认识语言的社会性、交际性本质起了重要的作用，但是从他们的交际能力观我们可以发现一些不尽如人意的地方。如：①交际仅限于两种文化（母语和目的语文化）之间；②总是一种文化（母语文化）被动地去适应另一种文化（目的语文化）；③培养学习者使用目的语同来自目的语国家的人进行有效交际的能力，即交际能力就是外语教学的总目标。而在这一点上同 21 世纪的外语教学目标——培养具备跨文化交际能力的人，有着本质的区别。究其原因，他们都忽略了交际能力本身的局限性。

6.1.3 交际能力的局限性

如上文所述，Hymes 交际能力观的核心就是语言的得体性，即语言的运用要适合特定的语境（社会文化环境）。如第一章所述，语言和交际是文化的一部分，因此交际能力也可以被视为文化能力的一部分。值得注意的是，由于语言使用者都分属于不同的文化（或亚文化）群体，因此如同 Chomsky 所倡导的语言能力一样，现实中抽象的、普遍适用的交际能力实际上也是不存在的。也就是说，决定语言是否得体的因素不是语言本身，而是使用该语言的特定社团或群体的文化，这就使得交际能力也具有很强的民族性（或社会文化性）。换句话说，即便是同样一种语言，被各不相同的文化社团所使用，往往就会有各自不同的得体性。因此 Byram（1989：61）就曾经把交际能力定义为“恰当使用语言的能力，至少部分地是属于特定文化的”。比如用“Where are you going?”跟中国人打招呼是得体的，而对于英美人来说这是不得体的言语行为。

此外，通过对以上几种交际能力观的分析，我们发现他们在对交际能力进行阐述时大多以本族语使用者（native speaker）的言语行为和社会文化标准（即语用规约）来衡量非本族语外语学习者（non-native speaker）的语言是否得体，这本身就是一种“民族中心主义”的表现。鉴于这种现象，越来越多的学者开始从不同的角度来关注交际能力的民族性（社会文化性）。随着英语作为国际通用语的地位的确立，英语不再是英美国家的“专利”，英语所代表的也不再是狭隘的英美文化，它应该用来表达任何一种文化的观念。因此，“不管是在全世界范围还是某个英语国家，英语都不是只有一个标准（主要指形式方面的），而且，统一标准既无必要，也不可能”。此外，针对英语使用者众多、使用范围广泛的现状，Berns（1990）就认为，“从文化语境看交际能力，它应当是个复数，即存在各种与不同文化相联系的交际能力”。为此，我们在进行第二语言和外语教学时，应根据学习者的不同学习目的使其发展不同文化的交际能力，而不能仅仅局限于所学语言本族语使用者或某一特定文化社团（尤其是强势文化社团）的交际能力模式。如果仅限于所学语言本族语使用者的交际能力模式，那最多只能有助于提高学习者与该文化社团成员进行交际的能力，也就是“特定/具体文化（culture-specific）的交际能力”。但是，许多学习者常常还需要使用所学语言与其他非本族语使用者进行交际，因此，学习者不仅要学习所学语言本族语使用者的文化，还要尽可能多地去了解其他非本族语使用者的文化。这就意味着，我们在英语教学中不能只重视对英美文化的导入，还应当鼓励学习者用英语表达中国传统文化中独有的现象和思想，必要时还要对其他非英语国家文化知识进行介绍，在特定/具体文化学习的基础上，进行普遍文化（culture-general）的探索。只有这样才能增强学习者的跨文化意识，增强学习者对文化差异的敏感性和包容性，提高学习者的跨文化交际能力，把学习者培养成为全面发展的“跨文化的人”。

综上所述，交际能力的核心是语言运用的得体性，而得体性实际上就是一种文化规约。不同文化有不同的规约，这给不同文化社团人们之间的交往造成了许多困难与问题。所以，在多元文化背景下的跨文化交际中，仅仅具有特定文化的交际能力是不够的，更重要的是要具有跨文化交际能力，要成为一名跨文化的人（intercultural speaker）。因此，下面将对跨文化交际能力的内涵及影响因素进行阐释。

6.2 跨文化交际能力

越来越多的人认识到，目的语使用的“得体性”是在跨文化交际的框架中定义的，“学生需要一种跨文化交际能力，他们能够受益于语言文化教育”（Byram & Morgan，1994：62）。对于跨文化交际能力的定义、构成以及关注焦点，不同的学者理解不同。

6.2.1 跨文化交际能力与跨文化能力

在给跨文化交际能力下定义之前，我们先说说跨文化交际能力与跨文化能力两者之间的关系。我国跨文化交际研究者一般使用跨文化交际能力（intercultural communication competence），而不用跨文化能力（intercultural competence），原因在于跨文化交际能力是一种研究与解决跨文化语境中语言交际的能力，而跨文化能力却体现不出这种交际能力（庄恩平，2006：79～80）。如宁惠萍（2003：147）认为跨文化能力归属于跨文化交际能力，即“跨文化交际能力是20世纪90年代针对外语教育与外语人才培养提出的一种新兴模式，它由交际能力和跨文化能力组成，强调学习者对文化差异的敏感性、宽容性和处理文化差异的灵活性”。而国外学者普遍认为跨文化能力与跨文化交际能力属于同一概念的两种说法。如 Young Yun Kim（2001：98）在阐述跨文化交际能力时这样认为：“Considerable divergence is seen in the existing academic conceptions of communication competence and intercultural communication competence (or intercultural competence and such related terms as intercultural skills and intercultural effectiveness)。”

关于跨文化交际能力的定义，不同的学者有着不同的看法，但是通常都会用“有效性”和“适当性”来定义跨文化交际能力。如 Spitzberg（2000：375）认为，“跨文化交际能力指的是交际者在特定语境下所表现出来的适当和有效的行为”。此定义虽然简单，但是表明跨文化交际能力的适当性和有效性同具体的语境有关，跨文化交往中的得体性要由交际双方根据具体语境去协调和构建。Chen 和 Starosta（1996：358～359）则认为，“跨文化交际能力指互动者谈判文化意义与适当地在一个特殊环境下用有效的沟通行为，以便确认双方多重认同的能力”。通过此定义我们可以了解到有效的、适当的跨文化交际行为是交际双方通过构建社会文化的多重认同来实现的。结合其他学者的观点，我们可以把跨文化交际能力定义为：交际者具有丰富的文化知识（具体包括母语文化、目的语文化和交际对象的文化），对异族文化持宽容、尊敬和理解的态度，并能把文化知识灵活运用到实际的交际环境中，从而达到有效交际的能力。

6.2.2 国外学者的跨文化交际能力观

对于跨文化交际能力组成要素及模式的论述可谓仁者见仁，智者见智。如 Ruben 认为跨交际能力是“具备一种与某一种环境中的个体为了实现其性格、目标及期望所具备的同样的独特活动方式的能力，一种可以达到人的基本要求、满足其性格、实现其目标及期望的相对的能力”。他指出了跨文化交际情境中使个体能够有效交际的七大行为要素：①能够对交际对方表示尊敬并对其持积极态度；②能够以描述性而非评价性和判断性的态度对待对方；③能够认识到个体之间在感知、知识、情感、见解等个性特征上的差异；④能够设身处地地从别人的角度看待和思考问题，即移情能力；⑤在不同情境中灵活地扮演不同角色的灵活机动能力；⑥能够准确地判断对方的需求并以此为根据与对方进行恰当的互动；⑦能够容忍新情况和尚不清楚的情况，并能迅速适应环境变化（贾玉新，1997：474～476）。此后，不少学者从不同角度作了很多补充，提出了跨文化交际能力还包括“自我展示”能力、“自我意识”能力、“社会放松”能力以及“行为变通”能力等等。虽然跨文化交际能力的内涵越来越丰富，范畴越来越大，但是一种跨文化交际能力模式中的各项内容，不分性质、不分层次的逐条列举会给人一种杂乱无章、一团乱麻的感觉。

尽管对跨文化交际能力的组成要素及模式的阐释多种多样，但如果我们根据侧重点的不同，可以把跨文化交际能力模式分为三种：①构成三分模式：依据心理学理论，把跨文化交际能力划分为认知、情感、行为三个层面。②行为中心模式。它以跨文化交际能力的培养实践为关注中心，以交际行为或外部结果为关注焦点，即关注跨文化交际的“有效性”或“功效”。这类模式在西方很盛行。③知识中心模式。它以培养实践能力为关注中心，以如何在目的语文化情境中适宜地使用目的语的知识为主要目的，因此跨文化交际能力也可称为“目的语社会文化能力”（高一虹，2002：27）。这类模式在学校情境中较受欢迎，目前在我国的外语教育中占主导地位。

6.2.2.1　行为中心模式——以“功效”为中心的模式

众所周知，跨文化交际学这一学科是应现代社会生活中迫切的实际需要产生的，它的产生和发展有着特定的社会历史背景。“跨文化交际能力”这一跨文化交际领域的重要研究课题也不例外，正如 Ruben（1989：229）所说：“促成大部分跨文化交际能力研究的原因，是在海外生活工作的个人及其赞助组织应付实际问题的需要。”在此背景下，跨文化交际能力研究是为了满足四个需要：解释海外失败；预测海外成功；制定人员选拔策略；设计、实施、评估海外人员的培训方法（Ruben，1989：230）。因此，长期以来，西方有关跨文化交际能力的研究一直是以交际行为的有效结果（outcome）和功效（effectiveness）作为关注焦点。在这些研究中，跨文化交际就是为了达到跨文化有效沟通的活动，只有具备跨文化交际能力才能实现跨文化交际有效性，甚至存在着有效的交际结果等同于跨文化交际能力的倾向。如 Dodd（2006：173）说，“跨文化能力因素指的是在跨文化语境中那些与跨文化功效有关的技能和素质。也就是在获得成功之前，你需要了解什么、做什么、成为什么”。这就是我们常说的以“功效”为中心（或称“行为中心”）的跨文化交际能力模式，这类模式具有操作性强、见效快、实用意义大等优点。这种模式的代表人物有 Hawes、Kealey、Kise、Walter、Dodd。

如上所述，以上研究者一直认为跨文化交际的目的是要实现跨文化交际的有效性。那么跨文化交际的有效性指的是什么（即“功效的表现形式”）？影响跨文化交际有效性的因素又有哪些？这些影响因素与功效之间存在什么样的因果关系？为了解决这些问题，研究者们纷纷提出了自己的跨文化交际模式，如 Hawes & Kealey（1981）的“海外功效”（overseas effectiveness）、Walter 等人（1995）

提出的“E模式”（E-model）、Kise等人（1995）提出的“立方体模式”（cube model）。

在“功效的表现形式”方面，尽管研究者们用的术语不一，但他们的看法是基本一致的。如Hawes和Kealey（1981）的“海外功效”有两个主要维度：适应（adaptation）和功效（effectiveness）。前者指的是当事人及其家庭在新的文化中的适应状况以及与当地人的交流情况；后者指的是具体工作任务的完成以及将具体和一般的技术、技能传授给当地人的情况。Walter等人（1995）认为，交际的功效主要表现在三个方面：任务完成情况（task）、个人适应（adaptability）和人际关系（interpersonal relationships）。Kise等人（1995）将“功效”概括为工作完成情况（job performance）、个人适应（personal adjustment）和跨文化互动（intercultural interaction）。

然而，对于“影响跨文化交际有效性的因素”，研究者们则看法不一。如Kise等人（1995）将影响因素划分为两类：文化/情境因素和社会/心理因素。前者包含高低语境文化（high/low context cultures）、社会价值观（societal values）和具体文化特征（Culture-specific characteristics）；后者包括任务行为（task behavior）、自我中心（self-centeredness）、主观行为（judgmental behaviors）、个人技能（interpersonal skills）和文化适应（acculturation）。Dodd（2006：174～180）综合前人的观点，从认知风格（cognitive style）、交际行为（communication behaviors）和情境因素（situational factors）三方面阐述了影响“功效”的因素，列出了一个多达21项的单子，如民族中心论、宽容不确定性、认知错综性、自尊与信心、创新性、相信他人、适应动机、修辞能力、会话技巧、交际恐惧、开放外向、自我表述、较多的目的语文化知识、跨文化训练、与家庭成员交流技能等。

显而易见，这样的做法有将跨文化交际能力范畴无限扩大的趋势，而且所列举的项目繁多，分类偏向于零散，缺乏理论系统性。

如 Dodd（2006）把原本看上去杂乱无章的清单分成了三大块，其中他把“民族中心论、宽容不确定性、认知错综性、自尊与信心、创新性、相信他人、适应动机”统统归为“认知风格”，而“民族中心论、宽容不确定性”属于价值观的范畴，也就是说他把本不属于一个范畴的东西并列在一起。此外，此类模式都是把海外旅居者而不是外语学习者作为将来跨文化培训的对象。即这些跨文化交际能力模式都是为那些到国外留学、旅游、工作的人“量身定做”的。即使是被广泛应用于外语/二语教学与研究的 Byram（1997）模式，也是从旅居者的角度来阐释跨文化交际能力的培养。在该模式中，Byram 把外语学习者比作旅游者，通过与目的语国家的人交流，“人们有机会学习和接受教育，以获取文化批判意识和提高跨文化意识”。然而，在我们一般性的大学教育中，很难确定学生将来与之打交道的目的语文化，因此也难以像对待出国人员进行培训那样对学生实施有较强针对性的训练。再次，在此类模式中，由于只关注行为本身和交际结果，执著于具体目标，有“功利主义”之嫌，基本上是“重结果，轻过程”的模式。我们从 Wiseman 的一番话就可以理解这种“功利主义”跨文化交际能力模式的本质。Wiseman 认为跨文化交际能力是“这样一种能力：交际者在可能的交际行为中选择，从而成功地达到自己的交际目的……同时又能够在情境的限制之下，不伤害其他交际者的面子和立场”（Martin，1993：17）。在他们看来，交际是一种实现个人目的的工具，还是一种“以物换物”的社会交换行为，即以“维护交际者的面子和立场”来换取交际的“功效”。

6.2.2.2　构成三分模式

针对以“功效”为中心的跨文化交际能力观的种种缺陷，许多学者（如 Kim，1991；陈国明，2009）运用社会心理学、应用语言学和社会学方法，把跨文化交际能力划分为三个层次：认知、情感和行为。

美国俄克拉荷马大学传播系教授 Kim（1991）认为，跨文化交际能力只能被视为人的内在能力，而且无论在什么样的特定文化之中都可以应付各种跨文化交际情景的能力。在她看来，跨文化交际的认知能力要求交际者具有能够理解并破译不同言语和非言语编码的能力，主要包括掌握目的语文化交际体系的能力、文化理解能力和认知综合能力；情感能力要求交际者具有跨文化交际意识、尊重其他文化、克服民族中心主义和种族主义等交际障碍的能力，主要包括适应动机、身份弹性和审美情绪；而行为能力是跨文化交际能力的最终体现，它的最终形成需要认知能力所获得的知识做支撑，以情感能力做铺垫，即通过具体行为表达个人的认知和情感经验，主要包括技术能力（基本的语言技能、工作技能、学术技能）、协同一致能力（能够以得体的举止与当地人和谐相处的能力）和应对变化的策略能力。

美国罗得岛大学传播学教授陈国明（2009：223～244）则提出了一个"互动—多文化建立"模式。此模式包含三个层面：①认知层面：指的是跨文化理解力：交际双方通过对文化动态性的理解来降低跨文化交际所产生的情境模糊与不确定性的能力。它包含了文化表面特征的理解、对立性文化特征的理解和从对方角度理解三个阶段。②情感层面：指的是跨文化敏觉力，它代表一个人在某种特殊的情境或与不同文化人们互动时，个人情绪或情感的变化。它包含了自爱、自我检视、开放的心灵、移情、互动投入以及暂缓判断六项要素。③行为层面：指的是跨文化效力，它是一种在跨文化交际中，达到工作任务或沟通目的的能力，也就是沟通的技巧。一般说来，跨文化效力主要包含信息技巧、自我表露、行为弹性、互动经营以及认同维护五个要素。

综上所述，两位学者的观点基本一致，只是侧重点不同。关于前者的跨文化交际能力观，我们可以用"协调"与"适应"来概括，两者互为联系。首先，Kim（1991）认为，除了个人能力外，决定跨文化交际结果的还有很多非个人因素，跨文化交际能力只是交际成功的必要条件之一，并不是充分条件，因此外在的“交际功效”和内在的“交际能力”两者不能等同。此外，她还认为，要进行真正意义上的跨文化研究，就不能专注于狭隘的带有某种民族文化色彩的特定文化环境下的交际情况，而应该对普遍文化环境下的交际情况进行研究，也就是说“特定文化的交际能力”和“跨文化交际能力”是不同的两个概念。其次，由于交际双方在文化规约方面存在着差异，因此跨文化交际需要双方就“交际具体参与结构的认识与理解”进行协调，使交际活动的进行处于共同期待之中，这是一个相互顺应、双向调节的过程，是实现适应的重要前提。再次，该模式还强调交际者在认知、情感和行为三方面的适应能力，认为交际者只要具备了这些方面的能力，如对事物复杂性和多样性的认识能力、移情能力以及建立和维持相互关系的能力等，就能够在跨文化交际中根据实际情况临时调整文化认知图式的参考框架，以适应与之不同的文化规约，创造性地处理交际双方之间的文化差异。也就是说，适应是协调的结果，而适应本身又是一个自我协调的过程。

而陈国明（2009）强调“互动”和“文化认同”，即通过互动的方式促进交际双方认知、尊重、容忍与整合文化差异，构建多重文化认同，最终促使交际双方成为多元文化共存的全球化公民。首先，根据陈国明的模式，跨文化认同的建构就是摆脱特定的民族或集体身份的束缚，自由地跨越文化边界，成为不隶属于任何文化群体的、介于不同文化之间的多文化人的过程。其次，要实现跨文化认同即多文化共存的理想，首先就要通晓交际对方的文化知识，其中包括文化是“什么”的表层事实信息和文化“为什么”的深层文化价值结构，了解文化差异以便调整自身的行为举止。此外，他还认为具有跨文化交际能力的人，能够在互动之前、之中和之后，投射于接收正面的情感反应，而这种正面的情感反应最终能把交际者带到认可与接受文化差异的境界。在此基础上，通过一系列的交际策略，如自我表露、认同维护等来实现有效的跨文化交际，即成为多文化的全球公民。

不难看出，与以“功效”为中心的跨文化交际能力模式相比，构成三分模式更多的是从认知的角度对“交际过程”进行研究。之所以对“过程”重视，是因为他们都一致地认为跨文化交际过程充满着焦虑与不确定性，交际就是一个减少和协调焦虑感与不确定性、增加准确预测对方行为的过程。此外，无论在哪一种文化中，交际者的基本取向和态度是一致的，不同的只是具体的文化知识和行为（Kim，1991）。这种模式似乎摆脱了与特定文化和特定语言的关系，但是我们认为这只是一种抽象、宽泛的理想状态，缺乏实际的可操作性。因为，他们的初衷是“当个体认同和世界认同取代族群、社群等地方性认同，文化歧视和偏见将不复存在，每个文化的人最终将在普遍的人性中实现统一”。然而，我们应该看到文化认同是植根于历史传统的，并且受制于具体的社会环境，它允许其成员有一定的变异，但同时要求他们具备相当程度的同一性。一旦文化认同彻底地个体化或普遍化，文化主题随即被虚化，集体归属的意义便不复存在，文化认同也就失去了根本的依托。其次，由于这种模式还是以旅居者作为研究对象，因此通过实证研究得出的结论不一定适合现今的外语教学。最后，由于研究者都来自心理学界和传播学界，因此他们的研究重点是跨文化交际过程中个人性格特征、态度对交际有效性的影响，而忽视了语言运用在交际过程所起的重要作用，即无论是认知能力，还是情感能力或行为能力，在具体的交际中都要通过语言的使用来体现。

6.2.3 国内学者跨文化交际能力观

与西方所不同的是，我国从事跨文化研究的大都是高校的英语教师。因此，他们的跨文化交际能力观大多是涉及如何提高英语学习者用英语进行有效交际的能力。他们当中有的（许力生，2000，2006）从社会语言学和交际语言教学的角度来阐释自己的跨文化交际能力观，有的（贾玉新，1997）从跨文化交际的角度来介绍自己的跨文化能力观，有的（高一虹，1998，2000，2002）从哲学的角度来构建自己的跨文化能力交际模式，有的（张红玲，2007）从英语语言教学的角度来构建跨文化交际能力框架。下面我们就介绍几位具有代表性的学者的跨文化交际能力观。

6.2.3.1 贾玉新的跨文化交际能力观

针对西方“构成三分模式”中对语言运用的忽略，我国著名的跨文化交际学者贾玉新认为，有效的跨文化交际能力仅仅包括认知能力、情感能力和行为能力是不够的，还应该包括语用能力、情节能力，不然，“有效交际的实现会有问题”（贾玉新，1997：480）。也就是说，跨文化交际能力应该由基本交际能力系统、情感和关系能力系统、情节能力系统和策略能力系统组成。

在贾玉新（1997：480～502）看来，为了避免民族中心主义倾向，在跨文化交际中应采取非评价性或非判断性的认知，因此基本交际能力系统主要是由交际个体为达到有效交际所应掌握的语言和非语言能力、文化能力、相互交往能力和认知能力组成。一方面，他的基本交际能力系统既囊括了Canale和Swain所提出的“语法能力”和“社会语言能力”，又包含了Kim等人提出的“认知能力”。另一方面，“情感和关系能力系统”和Kim的“情感能力”是基本一致的，都是采取移情、适应对方等方式实现有效交际。然而，与Kim的跨文化交际能力观不同的是，他的跨文化交际能力系统包含了策略能力系统和情节能力系统。首先，策略能力是在交际过程中，由于语言或语用能力的缺陷、达不到交际目的或造成交际失误时采用的一种补救方略，它包括语码转化策略、近似语策略、合作策略和非言语策略。在这一点上与Canale和Swain的“策略能力”大致相同，然而与Kim的“行为能力”笼统地包含处理交际问题的能力、建立和维持相互关系的能力以及完成交际任务的能力相比，贾玉新的观点显得更有针对性、更具体、更易被接受。其次，由于同一语句在不同的语境中可能表达不同的意义，这种多义现象所产生的问题，只能通过具体的语言环境或情景来解决。此外，不同文化在交际规则方面（如交际什么时候开始，什么时候结束）也存在着差异。因此，贾玉新（1997：490）就认为，情节是指特定情景中的行为的排序，也可以把情节看成是某一特定情境中的交际双方行为的相互协调过程。它包含脚本、目的、交往规则和话题以及交往场景四方面。总之，贾玉新教授的跨文化交际能力模式强调了语境因素、情景因素以及语用能力对实现有效交际的重要作用，即“有效的交际离不开它们”。他的跨文化交际能力模式可谓当今国内对跨文化交际能力所作的最详尽解析。还应看到的是，在他的系统中，有些方面存在重复论述的现象，容易产生概念混淆。如在基本交际能力系统和情节系统中同时包含“交往规则”。

6.2.3.2 高一虹的跨文化交际能力观

针对现有的行为中心和知识中心的跨文化交际能力培养模式的种种局限，如追求实用和实效，缺少终极关怀，易产生“文化定型”等，高一虹（2000：187~199）提出了自己的跨文化交际能力理念。她认为跨文化交际能力有“道”与“器”之分，“道”为交际者之内在的人格状态、整体素养以及由此而来的对待交际的基本态度，而“器”则是指其他外在的信息、技巧、行为和结果，是交际所需的文化知识和交际技能。在她看来，“道”与“器”不能混为一谈，“道”是交际的本质、本原或基本驱动力，“道”高于“器”且寓于“器”之中，“道”同而“器”异，“道”不可言而“器”可言。她还认为，跨文化交际能力的培养应以人的建设为根本，以人格的基本取向为目标，因此在跨文化交际能力的培养中应把以“器”为中心改为以“道”为中心，遵循“器由简至繁，道贯穿始终”、“由器而得道，得道而忘器”的原则。而后，结合我国英语教学的实际，高一虹（2002：27～31）提出了自己的跨文化交际能力培养模式，即跨文化交际能力的培养包含两个层次：文化的“跨越”和“超越”。前者是直接的、表层的跨文化交际能力，是对具体的目的语文化的理解和相关交际能力的提高；而后者是深层的、终极的跨文化交际能力，是获得一般的、整体意义上的文化意识以及反思的宽容态度。

显而易见，高一虹的观点为国内外的外语或第二语言教学指明了方向。首先，她通过对孔孟、马斯洛、弗洛姆、巴赫金、布伯等人的哲学思想的阐述，揭示了交际的本质：交际不是达到某一实际目的的手段或工具，而是目的本身。它是实现人性的道路，而且是唯一的道路。交际是双向的积极互动，并非单向的“给予”或“索取”，并非以一换一的“社会交换”，也并非简单的合二为一，而是一种“1+1 > 2”的效应。即双方交流越深，交际主体自身就越得到强化，主体自身的建构就越完善，交流的质量也就越高（高一虹，2000：192）。其次，她也对“跨文化交际能力”和“文化交际能力”进行了区分。在Kim（1991）看来，前者不限于任何文化，而后者主要指对特定文化知识的掌握。运用“道—器”的观点，高一虹认为，无论在哪一种文化中，交际者的基本取向和态度应是一致的，“跨文化交际能力”和“文化交际能力”在“道”方面是一体的，不同的只是“器”，是具体的文化知识和行为。再次，通过文化的“超越”，她将语言教学与人的全面教育有机地结合起来。在她看来，跨文化交际能力的培养首先是一种素质教育，而非技能训练；是潜能全面发展意义上的education，不是training。因此，我们要在素质教育的框架内进行文化教学，而不只是将其视为听、说、读、写之外的又一种技能，只有这样才能使学习者在个人的整体素质方面最大限度地受益。

然而，她的模式也有一些不完善之处。首先，她使用中国传统哲学观点来阐释跨文化交际能力，使得问题变得更加复杂，也很难应用到具体的语言教学情境之中，因此她更像是在进行哲学道理的阐释而不是在探索适用于第二语言和外语教学的跨文化交际能力培养的新模式。其次，如上所述，她认为来自不同文化的人的基本取向和态度应该是一致的，因此用文化的“超越”作为终极的跨文化交际能力。然而用高一虹自己的话来说，这只是一种理想状态的“人”：最具有个性，同时又最深刻体现人类共性的，是“独特的一般”（高一虹，2000：194）。事实上，不同文化的人往往会有不同的基本取向，“以是否形成某种超越特定文化的取向来判定一个交际者是否获得了跨文化交际能力，其标准本身就可能有问题”（许力生，2006：215）。此外，跨文化交际是通过语言的具体运用才得以实现的，正如高一虹（2000：197）所说，“道存在于器中，通过器而显现出来”。因此，要想更加全面、准确地认识跨文化交际能力，就必须对具体的语言运用进行分析和探索，而不能从抽象的、宽泛的一般语言入手，这也是高一虹的跨文化交际能力观的一大缺陷。

6.2.3.3 许力生的跨文化交际能力观

针对国内语言教学界在跨文化交际能力研究方面存在的诸多问题，如理论发展与实践状况之间不协调，某些认识上的模糊和概念运用上的混乱，许力生（2000，2006）在 Canale 和 Swain 的交际能力模式的基础上提出了自己的跨文化交际能力观。他认为在第二语言和外语教学中，要重视培养学生的语法能力、社会语言能力、语篇能力和策略能力，尤其是“要在继续重视语法能力提高的同时大大加强策略能力的培养”（许力生，2006：224）。

虽然是在 Canale 和 Swain 的交际能力模式的基础上提出了自己的跨文化交际能力观，但是他们之间的观点不尽相同。最主要的分歧是两者在四种能力在交际过程中所起的作用上看法不一。在 Canale 和 Swain 看来，交际要获得成功，语法能力、社会语言能力、语篇能力和策略能力这四方面都有同等重要的作用，缺一不可。然而研究结果表明，文化因素对交际能力各个方面的制约程度并非完全一样，而是在有的方面比较强，有的方面比较弱。在许力生（2006：217~220）看来，由于这四个方面能力的文化“浓度”不一，凡与特定文化有直接关系的就被认为文化“浓度”高，反之就是文化“浓度”低。根据以上标准，语法能力和策略能力的文化“浓度”较低，而社会语言能力和语篇能力的文化“浓度”相对来说较高。正因为语法能力和策略能力的文化“浓度”较低，它们具有十分显著的跨文化性质，比较容易超越特定文化的局限，因此“在跨文化交际能力的构成之中，语法能力和策略能力会占有非常重要而突出的地位”（许力生，2006：223）。之所以这样认为，一是因为起码的语法能力是言语交际得以发生的最低限度条件，交际所能达到的深度和广度都取决于交际者语法能力的强弱；二是由于社会语言能力和语篇能力有助于我们认识文化差异对交际的影响，能够更好地认识和解释跨文化交际中发生的问题、困难、失误以至冲突，而策略能力可以帮助我们找到跨越文化障碍的途径。也就是说，如果交际双方在社会语言知识和语篇知识上越是缺乏共享，发生交际困难的可能性就越大，策略能力就越显得重要。

此外，Canale 和 Swain 更多关注的是非本族语使用者学习并使用第二语言或外语，进行的是特定文化交际能力的研究。然而，跨文化交际是两个不具有相同交际能力的人进行的相互交往。实践表明，在如今的世界中，只具备特定文化的交际能力，不管这种能力有多强，都无法保证跨文化交际的顺利进行。而许力生主张在特定文化的交际能力的基础上发展跨文化的交际能力。他既不像 Canale 和 Swain 一样只对特定文化的交际能力感兴趣，也不像 Kim、高一虹等人一样把特定文化的交际能力排除在外，一味地发展跨文化的交际能力。诚然，跨文化的交际能力能够使不同文化社团的人在相互交往中更充分地实现各自的话语潜在优势，在尽可能多地保留自身文化特征的同时又最大限度地接近于理解对方。但是，特定文化的交际能力在某些情境下也能发挥其作用。正如许力生（2006：224）所说，“由于历史和现实的原因，跨文化的交际能力和特定文化的交际能力常常不得不与同一种语言相联系，所以，在其内在构成上会有相似和重叠之处，前者的形成与发展有可能利用后者已有的基础，特别是语法能力和策略能力方面”。总之，他把跨文化交际能力置于具体的语言运用中进行研究，使原本抽象的东西变得形象，对于改善跨文化交际实践具有深远的意义。尤其是他对策略能力十分重视，对第二语言与外语教学意义更为重大，它能够提高学生独立解决问题的能力，改善“高分低能”的情况。正因为他的跨文化交际能力模式比较贴近教学实际，容易操作，因此我们认为他的模式最具有借鉴性。

令人欣慰的是，随着全球化、多元化的时代特征日益明显，我国越来越多的外语教师认为跨文化交际能力的培养是外语教学的最终目标，应把跨文化交际能力的培养贯穿于整个外语教学过程当中。张红玲（2007）首次提出了“跨文化外语教学”模式，其目的就是要把英语学习者培养成为跨文化的人。她把跨文化交际能力划分为态度/情感、知识和技能三个层面，此后，张红玲（2009）还认为“除态度/情感、知识和技能三个层面之外，跨文化交际能力还应该包括一个敏感性或意识层面”。值得注意的是，以上三位学者一致认为在知识能力的培养中，要树立自我意识和自我文化意识，而这点正是其他学者经常忽略的方面。

6.3 教学情境下的跨文化交际能力模式

为了实现培养跨文化交际能力和跨文化意识的教学目标，我们有必要构建教学情境下的跨文化交际能力模式，它包括模式的构成要素，以及与之相匹配的教学理念：培养学生的多元文化意识，强调交际的交互性和动态性。

6.3.1 多元互动的跨文化交际能力的构成要素

在对多元互动的跨文化交际能力构成要素和培养理念进行阐释之前，我们有必要了解在多元文化背景下我们外语教学的性质与目标是什么。有学者（张红玲，2009：279）认为，“外语教学应该包括两级目标：语言文学的初级目标和社会人文的高级目标”。前者以掌握目的语言的知识结构和使用技能为标志，后者以具有跨文化意识和跨文化交际能力为目标。也就是说，外语教学具有工具性和人文性两种特征。但是，有一种现象值得我们反思，即工具性的外语教学观在广大外语教学工作者脑海中已根深蒂固。有学者（刘爱真，2000：9）认为，“外语教学的最终目的在于使学生学到地道的语言，并能结合目的语国家的文化规约准确得体地言语，进行交际”。按照她的说法外语教学的最终目标就是培养学生的交际能力。这是典型的工具性外语教学观，它忽略了交际能力也具有文化特殊性，因此我们只能说这种教学观所培养的只是特定文化的交际能力，而特定文化的交际能力是无法适应多元文化背景的。因此，我们必须树立人文性的外语教学观，即以培养具有善良、宽容、独立、具有洞察力等人格素养和跨文化交际能力的人作为目标。

基于前文对学者们跨文化交际能力观的阐述，考虑到语言、文化与交际之间“三位一体”的关系，以及英语语言教学的国际化和本土化的需要，我们认为在外语教学情境下的跨文化交际能力由四个层面组成：意识层面、态度层面、知识层面、行为技能层面。

6.3.1.1 *意识层面*

意识层面是跨文化交际能力的重要层面，是其他层面的前提条件。它包括跨文化意识、文化忧患意识、文化批判意识。

费孝通（1985：76）曾说过，“文化的深处时常并不是在典章制度之中，而是在人们洒扫应对的起居之间。一举手，一投足，看是那样自然，不加做作。可是事实上全没有任意之处，可说是都受着一套从小潜移默化中得来的价值体系所控制”。也就是说，在自己熟悉的本族文化环境中，人们都是自觉地、无意识地遵循其文化规约，往往意识不到本族文化对我们言行的制约。只有当他们离开本族文化环境，与陌生的文化习俗和规范亲密接触，经历文化冲撞时，才可能意识和认识到文化的作用以及文化差异的存在。因此培养学习者的跨文化意识对于提高他们的跨文化交际能力是非常重要的，它是跨文化交际能力的一个重要组成部分。跨文化意识也可被称为跨文化知觉力，它包括对自己群体的社会规范的知觉或意识——自我文化意识。自我文化意识就是要善于剖析、善于反思本族文化，并预防民族中心主义思想、成见和偏见，有意识地减少和消除它们对跨文化交际产生的负面影响。此外，跨文化意识还包括对群体之间的社会规范差异的意识——文化相对意识，也就是我们常说的文化相对论思想。文化相对论思想认为，文化无好坏优劣之分，任何一种文化都为其成员服务，为他们提供思维和言行的参照和导向。这就要求我们要正确对待文化的共性和差异，既不能夸大共性也不能一味地强调文化差异，而是要在文化相对论的指导下，树立跨文化意识，理性地对待不同文化间的差异。因此，我们可以说跨文化意识是保证跨文化交际顺利进行的前提条件。

除了要树立跨文化意识之外，我们还应树立文化忧患意识和文化批判意识。首先，由于在世界文化多元化碰撞中极易产生文化失落、快餐文化、文化霸权主义，因此文化忧患意识也是影响有效交际的因素之一。文化忧患意识就是既要弘扬本族文化的精髓，与外来文化碰撞、交流与融合，互为借鉴，推陈出新，同时保持本族文化的价值观念、民族风格、生活方式的独立性。其次，批判意识是主体进行批判活动的自觉性与能动性，或者是主体对其所进行的批判活动的认识和了解。Byram 在 *Teaching and Assessing Intercultural Communicative Competence* 一书中曾经提到过“文化批判意识”。他认为“文化批判意识是对本族文化和异族文化进行批判性客观评价的能力”。而在外语教学情境下，我们认为文化批判意识就是在经济全球化和多元文化的背景下，交际者以理性的态度对待世界各国文化的态度，具体表现为：①对本族语文化不盲目自信，敢于摒弃本族语文化中跟不上时代步伐且会阻碍社会进步的东西。例如，中国传统文化中“唯古是法”、“唯古是崇”的认知价值取向，“守一”、“忌讳”的因循保守心理，“别尊卑、明贵贱”的等级观念，“三纲五常”的封建伦理道德以及重人治而轻法治的传统观念，就已经成为阻碍社会进步的枷锁，我们应该予以摒弃。②对非本族语文化也不盲目推崇，要坚持“取其精华、去其糟粕”的“拿来主义”。

6.3.1.2　*态度层面*

态度层面指的是交际者在与处于某种特殊情境或不同文化背景的人们交流时，表现出来的情绪或情感的变化，也就是在跨文化交际时所表现出来的文化调适能力。在跨文化交际时，我们能否对异族文化持宽容、尊重、理解的态度，是否具有开放的心灵、全球性心态、移情能力，将直接影响跨文化交际的有效性。首先，我们应具有开放的心灵。陈国明（2009：232）认为，“跨文化交际能力强的人，必定是个‘多重文化人’，能够接受不同于他们自己的生活形态，能在心理与社交方面，掌握住实体的多重性，可以用不同的形式对他们加以表达，并对世界具有一个内化与广阔的概念”。我们认为“开放的心灵”是成为“多重文化人”的一个前提条件，它能够促进彼此的文化认同，从而实现有效的交际。其次，还应具备全球性心态。全球性心态是指在对其他文化采取开放的态度的基础上，避免“民族中心主义”，以推动跨文化交际的能力。具有全球性心态的人首先要对文化差异有高度的敏觉，同时还拥有一颗开放的心灵，具有批判性和整体性思考能力（陈国明，2009：257～258）。它是决定能否成为跨文化的人的主要因素之一。最后，还必须具备移情能力。移情就是愿意站在交际对方的角度思考问题，它包括言语语用移情和社会语用移情，前者是人们运用语言规则和文化习惯，刻意对听话人表达心态和意图，以及听话人从说话人的角度准确领悟话语之用意；后者是指交际者充分设身处地，推己及人（贾玉新，1997：485）。移情能够把我们带入对方的心灵世界，使交际双方合二为一，建立跨文化的一致性。

6.3.1.3 知识层面

就知识层面而言，Byram（1997：35）认为，“跨文化交际过程中交际双方应该具备两方面的知识，一方面是关于他们自己国家和对方国家的社会群体及文化知识；另一方面是关于个人和社会层面交际过程的知识”。我们认为，一个跨文化能力强的人，首先要具有丰富的文化知识，既熟悉本族语文化的历史现状，也了解目的语文化的价值观念和社会习俗，同时也要尽可能多地了解世界其他国家和地区的文化。换句话说，就是既要掌握文化普遍知识，又要掌握具体文化知识。其次，还要学习跨文化交际的普遍规律，掌握一定的文化学、社会学、心理学的相关知识，了解各种跨文化交际场合通常会遇到的问题和经历的过程。再次，还应具备扎实的语言功底，即“对语言本身（母语和目的语）的掌握，包括词汇、构词、构句、发音、拼写等语言特征和规则”（许力生，2006：217）、“合理地将语言形式与意义组织起来构成不同体裁的前后连贯的口头或书面语篇”的语篇知识以及“依据各种语境因素得体而有效地运用与理解适合于不同场合和环境的言语”的语用知识。最后，还应掌握非语言交际的意义表达系统。

6.3.1.4 行为技能层面

就行为层面而言，跨文化的行为技能指的是能够运用跨文化交际的理论，根据不同文化背景的交际对象，选用合适的文化认知图式，并采用合适的交际策略使自己的语言和非语言行为得体、有效。意识、态度和知识层面的目标只有转换成行为技能才具有实际意义，才能全面提高交际者的跨文化交际能力。从这个意义上说，跨文化交际其实就是一个文化体验和实践的过程。为了保证跨文化交际的顺利进行，交际者必须具备以下能力。首先，应具备很强的文化敏感性，善于观察和比较文化现象，善于反思本族文化；其次，要容忍文化和交际环境之差异，善于站在对方的角度去理解和处理问题；此外，还应具有创造性以及灵活机动、以变应变的能力，能够根据来自不同文化群体的人们的需要，及时调整自己的言语行为。有学者（陈国明，2009：236）把这种能力称为行为弹性。行为弹性能使交际者懂得运用亲密性的语言与交际对方建立良好的人际关系。除此之外，还能使人改变用语的选择，来配合互动者的地位与彼此间的关系。“见人说人话，见鬼说鬼话”就是这种能力的真实写照。

6.3.2 外语教学情境下培养跨文化交际能力的原则

关于跨文化交际能力的培养，我们认为就是破“旧”立“新”的创新过程。也就是说，我们不能把跨文化交际能力的培养等同于目的语社会文化能力的培养；跨文化交际能力的培养要以塑造完美人格为中心，主张文化的“超越”而非文化的“跨越”，主张动态的、相互的文化适应而非单向的、静态的文化“顺从”。

6.3.2.1 跨文化交际能力的培养并非等同于目的语社会文化能力的培养

有学者（如王英鹏，1999：43）认为，“外语教学的目的是培养学生的交际能力，而培养学生的交际能力就包括培养他们的社会文化能力，或者确切地讲，也就是培养学生的跨文化交际能力”。持有这种观点的人，其实是混淆了交际能力与跨文化交际能力这两个概念。从严格意义上来说，他们所说的交际能力只是特定文化（目的语文化）的交际能力，而不是跨文化交际能力，培养出来的只是一名 quasi-native speakers，而非 intercultural speakers。这样只会导致单向的静态的文化“顺从”。此外，这种模式错误地把文化视为某种外在的物质存在，需要被人为地导入本来很“纯粹”的语言教学之中（高一虹，2002：27）。值得注意的是，在文化教学时如果仅限于目的语本族语使用者的文化，那最多只能有助于改善学习者与这些文化社团成员的交往。但是，许多学习者常常还需要使用目的语与其他非本族语使用者交往，因此我们在进行文化教学时，既要向学生传授目的语文化知识和母语文化知识，又要让学生尽可能地多了解其他国家的文化。只有这样，在与不同文化背景的人进行交际时才能灵活调整自己的文化参考框架，采取适当的交际策略，实现有效的跨文化交际。

6.3.2.2 跨文化交际能力的培养应以塑造完美人格为中心

如上所述，长期以来我国的文化教学都是以知识的传授为中心的。然而，我们所传授的文化知识都是千变万化的，并且经过了主观折射，更何况交际能力本身就不是一个普遍不变的东西，而是受制于文化语境，文化语境不同，交际能力就可能各不相同。因此，我们不能仅追求单纯的语言交际能力，还要力求思维方式的拓展、价值观念的重组和人格结构的重塑。

人格是人的特点的一种组织，是个体实际的和潜在的行为模式的总和，它表现了一个由表及里的完整的个人。从社会学、社会心理学的角度来说，人格有两层意义：一是一个人的外部行为表现和行为倾向；二是一个人内在的、真实的自我（胡文仲等，1997：68）。研究表明，不管是中国传统儒学还是西方现代哲学，在“健康的现代人所具备的人格特征”方面是一致的，即“一个健康的现代人应当思想开放，对自我和外界都有深刻的理解和洞察，并能够在积极地与外界环境交流的同时不断发掘和实现自身的价值”（胡文仲等，1997：70）。在跨文化交际能力的培养中，之所以要以“塑造完美人格”为中心，一是因为它包含了跨文化交际能力各个层面的目标：“思想开放”涉及态度层面，“对自我和外界都有深刻的理解和洞察”则涉及“意识层面”，而“能够积极地与外界环境交流的同时不断发掘和实现自身的价值”则涉及“行为技能”层面。也就是说，“塑造完美人格”是对跨文化交际能力各个层面的概括。二是因为中西文化在“健康的现代人所具备的人格特征”上的一致，因此它“具有十分显著的跨文化性质，比较容易超越特定文化的局限”(许力生，2006：223)。此外，“完美人格”符合提高学生总体内在素质的21世纪的教育目标，也是整个人文教育的根本目标，跨文化交际能力的培养无疑有助于这一目标的最终实现。只有当一个人整体人格状态良好，开放性、批判性、创造性达到高水平的时候，他才有可能“有效地”吸收知识和技能。

6.3.2.3　树立“超越”而非“跨越”的跨文化意识，形成“动态的相互适应”而非“静态的单向适应”的跨文化交际理念

目前，我国外语文化教学还存在许多问题。大多是外语教师将跨文化教学简单地等同于英美文化的导入，从而陷入静态的“单向顺应”的泥沼，总是让本族语文化被动适应目的语文化。以这种模式培养出来的学生只能说是具备了特定文化的交际能力，而不是具备文化的交际能力，他们对母语文化一知半解，对目的语文化囫囵吞枣，对世界其他国家的文化知之甚少，在跨文化交际中找不准自己的位置。因此，在经济全球化和文化多元化的时代背景下，如何树立和形成符合时代发展的跨文化意识和跨文化交际理念，已成为当前外语教育亟待解决的问题。我们认为造成以上现状的很大一部分原因是受 Hymes 的“交际能力观”的影响。根据 Hymes（1972）对“交际能力”的阐述，“交际能力”包括语法性、适合性、得体性及实际操作性四个参数，其中处于核心地位的是适合性和得体性。很多外语教育工作者认为外语教学的目的就是培养学生的交际能力：如何运用目的语与来自目的语国家的人进行有效、得体的交际。可是，我们应该注意 Hymes 当时所处的时代和我们当前的多元文化时代是迥然不同的。就像在文艺复兴时期培根提出的“知识就是力量”不完全适合当前社会一样，在当前社会仅有知识是不够的，还要会运用，并且还要富有创新地运用。此外，如前所述，文化是多变的，文化和情境有着密切的联系，交际能力也有其文化特殊性，即使是

同一语言文化层次的人在不同的语境下所表现出来的交际能力也是不一样的，因此，单一的文化交际模式无法适应全球化背景下的多元文化交际需要。

那如何树立和形成符合时代发展的跨文化意识和跨文化交际理念呢？我们先从高一虹的跨文化交际能力模式说起。高一虹（2002：27）认为“文化的‘跨越’与‘超越’是跨文化交际能力培养的两个层面。前者的焦点是对具体的目的语文化的理解和有关交际能力的提高，后者的焦点是获得一般的、整体意义上的文化意识以及反思的、宽容的态度。在目前的中国英语教学中，‘跨越’是文化教学的主要关注点，但‘超越’应是更为重要的教育目标”。高教授的一席话总结了我国当前跨文化外语教育的现状，也为我们指明了未来发展的方向。

我们先借用高教授的一个例子来说明“跨越”的局限。

崇尚集体主义的中国人。出自一本2000年引进我国的跨文化交际学教材。它是这样描述中国人的“集体主义”的：在中国的商务交往观念中，家族关系、人际关系、对长者的尊重、上下级等级十分重要。这些价值观念是数十年共产主义传统强调集体主义社会的结果。……“高水平和低水平工人的工资数额几乎是一样的。因此，雇员没有什么理由要努力工作。”（Samovar et al.，2000：181，高一虹，2002：29）

以上例子似乎让读者觉得：每一种文化都有一套固定的、共同的、区别于其他文化的本质，文化与文化之间存在固定的、不可逾越的界限，文化与文化之间自然而然就缺少互动。这显然违背了交际互动性的原则，这样容易让学习者误以为从书本所习得的文化便是事实本身，在头脑中形成文化定型，从而在交际过程中“依葫芦画瓢”，不考虑具体的交际情境和个体，不会灵活应用所习得的文化知识，以这种方式所建起的不是沟通文化之间的“桥”，而是阻碍文化交流的“墙”，这样也只会阻碍跨文化交际的有效进行。

接着，我们用一个例子来说明“超越”的实质。

莎士比亚是我的作家。爱文是一位中国大学生。入大学前，她是中国文学的爱好者。经过激烈的心理斗争，她放弃了中文而选择了英语作为自己的大学专业，期待品尝西方文学、西方文化的味道。然而随着学习的深入，她对中国和西方文学及文化的看法逐渐发生了转变：（我）不再站在中国文化的这个立场上去评判，给人家套上各种各样的标签了。直接读人家英美作品的原文，有时候你会暂时进到他们的那个环境、那个角色里去欣赏他们民族的作品。比如有时候看莎士比亚，我就真是不觉得他是一个外国作家，就真觉得他是我的作家，“my writer”（笑）。……以前总是说这是他们英国最好的作家，还是有点儿站在一个中国人的立场上说：“我要看看外国文学什么样儿?”然后就看看莎士比亚吧。现在不是了。现在就是，我特别愿看看这位心灵丰富的、很真挚的，嗯，就是凭心底的丰富和热情来创作的这么一个人，就是直接的两个人之间（的交流）。（高一虹，2002：30）

上面的例子说明，学习者通过超越文化间的界限，获得了比单独的本族文化和目的语文化更宽阔的视野，更高层次的认知，更深的共情能力，从而获得了整体意义上的成长。我们认为，在某种意义上来说，文化的“跨越”只会把交际者束缚在母语文化与目的语文化的桎梏之下，只知道这里的世界（母语文化与目的语文化）很精彩，而不知道外面的世界（其他国家文化）更精彩，也就成了“井底之蛙”。此外，它只会无限地放大两种文化之间的差异，在交际双方之间挖开一条无法逾越的鸿沟，造成静态的单向文化适应，尤其是弱势的文化群体总是被动地去适应强势的文化群体，从而促使文化失落、文化霸权主义的产生。而我国目前的跨文化外语教育还是片面地强调对目的语文化的导入和顺应，这正是受了文化的“跨越”这种跨文化能力交际模式的影响。然而，在多元文化的时代背景下我们要更多地关注文化的多元性和互动性，将跨文化交际单纯理解为母语文化与目的语文化之间的跨越显然已经不能适应时代的发展。在全球化背景下，我们不仅是与某一个国家或某一个文化个体进行交流，还有可能与来自不同背景的文化群体进行交流。因此，我们在进行跨文化交际时必须注意交际地点、时间、所使用的语言、参与者身份等相关因素。拿“国际通用语言”英语为例，许多英联邦国家都把英语作为自己的官方语言，但是他们的文化同英美国家的文化相去甚远，如果我们用英语同这些国家的人进行交际时还是沿用英美国家的语用规则和文化模式的话，显然是不能达到有效的交际的。综上所述，传统的“单向顺应”观点难以适应多元文化并存时代的交际需要。

为了适应多元文化时代的需要，我们必须采用文化的“超越”这种跨文化交际能力模式。我们认为，文化的“超越”意味着打破母语文化与目的语文化的桎梏，容忍、尊重和理解文化差异，积极寻找文化之间的共性，实现“生产性”的文化认同，达到“1 +1 >2”的交际效果。要适应全球化的发展，交际者必须具备丰富的文化知识，这其中不仅包括目的语文化和母语文化，还包括交际对方的文化。此外，由于交际本身就是一个动态的过程，会受到各种语境因素的影响，因此在动态的交际语境中，交际双方应该不断调整文化参考框架，不断地相互协商，积极地建构跨文化交际的过程，从而实现共同期待的交际目标。事实表明，如今许多国外企业经营者在中国也都讲流利的汉语，并主动调整自我，适应中国文化，这也充分体现了跨文化交际的双向性和动态性。因此，在外语教学中，我们应该让学生接触不同模式的文化，而非单一的目的语文化，以便增长他们的见识。同时，还应该教育外语学习者不能以单向的、静态的方式去“顺应”某一方文化，而应该培养主动地、动态地去“适应”多元文化交际的意识和能力，实现文化的“超越”，最终实现人文性的外语教学目标。

6.4 外语教学与跨文化交际学的结合：跨文化交际语言教学

众所周知，跨文化交际能力将外语教学和跨文化交际学这两门学科紧密联系在一起，同时语言教学和文化教学的有机结合是外语教学的必然趋势。因此，本节将对跨文化交际语言教学的目标和内容作具体阐释。

6.4.1 交际语言教学法与外语教学

如第一章所述，语言、文化与交际之间是一种水乳交融、不可分割的“三位一体”的关系。随着社会语言学、语用学、话语分析和跨文化交际学等新兴学科的兴起，尤其是受到交际语言教学法的影响，越来越多的人意识到以上三者之间的关系。他们认为不仅语言、语言使用和文化有着密切的关系，语言学习本身也会受到文化的制约与影响。因此，他们主张语言教学不应该把语言与文化分割开来，语言教学中也要包含相关文化教学。也正是在这种思想的影响下，我国在20世纪80年代开始兴起一股“文化热”，外语教学界人士纷纷著书立说，从各个不同的角度来阐述外语教学中文化导入和培养跨文化交际能力的重要性。也正是从那个时候开始，“交际”、“交际能力”和“交际语言教学法”就和外语教学结下了不解的“姻缘”，甚至有一些教师把“交际法”奉为“神灵”，认为其可以“包治百病”，在教学中一味地注重让学生努力表达自己的意思而忽视了语法、语音、词汇等方面的准确性。因此，有必要对交际语言教学进行客观的剖析。

交际法的语言理论基础主要来自两方面：一是 Hymes 的交际能力理论；二是 Halliday 的功能语言理论。它的核心观念就是认为语言学习的目的是为了“交际”，因而最有效的教学方法必定是“交际性”的，即通过交际学习交际，尤其是个体与个体之间的交际

（许力生，2006：232）。然而，与语言使用的真实环境中“交际”的千变万化相比，课堂教学环境中的“交际”似乎算不上真正意义上的交际。比如，在课堂上，A、B两学生以“问候”为主题进行对话，交际进行得非常顺利。A：“How are you?” B：“Fine. Thank you. And you?” A：“I'm Fine，too.” 但是，真正到了和外国人进行对话时，外国人不一定都会说“Fine. Thank you. And you?”，此时一些学生就不知该说什么，交际也就无法顺利进行下去。也就是说，由于课堂“交际”带有功利性，很可能是为交际而交际，为说外语而说外语，缺乏真正的交际动机，因此课堂难以复制真实的交际情境。然而，也有学者对这种完全以所谓交际为中心的第二外语和外语教学并不认同。Cook就认为，我们不能以为某种教学法可以“一统天下”，由于文化因素对课堂教学的方式也有影响，因此教学方法的选择应该考虑到所处的文化环境和适应社会需要（见许力生，2006：233）。

6.4.2 跨文化交际语言教学的目标

我们之所以称之为“跨文化交际语言教学”，原因有二：一是为了适应时代发展的需要。随着世界朝着全球化、多元化的方向加速迈进，国与国之间的交流日益频繁，“跨文化”已成为时代的代名词，文化冲突时有发生，特定文化的交际能力已不能满足时代的需求，提高人们的跨文化交际能力已成当务之急，这就是为什么要把“交际”改为“跨文化交际”的原因；二是为了改变交际语言教学“重交际的得体性而轻语言的准确性”的做法。我们认为，在教学过程中既要重视交际的得体性、有效性，也要注重语法、语音、用词等方面的准确性，做到“语言教学和文化教学并重”，因此保留了“语言”一词。下面我们将对“跨文化交际语言教学”的教学目标和教学内容进行阐释。

张红玲（2007：192～200）认为跨文化外语教学的总体目标包

含两个层面：一是初级目标“提高学习者的外语交际能力，即语言文学目标”；二是高级目标“培养学习者的跨文化交际能力”，并从认知、行为和情感三个层面对教学目标和目的进行了具体的描述。为了实现教学目标，外语教学必须包含四个方面的内容：目的语言、目的语文化、其他文化、跨文化交际能力。众所周知，在世界走向中国，中国也走向世界的今天，我们既要借鉴和吸收外国的先进技术和文化精华，又要向全世界介绍自己的优秀文化和科技成果。但现实的情况却与社会的愿望有很大距离，现在有许多能讲满嘴洋文的大学毕业生不仅对外国的历史文化、社会习俗知之甚少，而且对本国的传统文化也不甚了解，更不知如何用英语去表达，在国际交往中屡屡出现“中国文化失语症”。因此，要让中国走向世界，我们要学会用英语来表达中国传统文化中独有的现象和思想。这也是张红玲的“跨文化外语教学”模式的缺陷：尚未考虑中国传统文化的英语表达法。

有鉴于此，我们认为，英语教学应视为跨文化教育的一个重要部分，即在全球多元化的时代背景下，语言应被视为一种社会实践，学习者通过习得语言，通过与来自不同文化背景的人进行意义和文化身份的协商，来提高自身处理语言和非语言问题的能力，培养善良、宽容、独立、具有洞察力的健全人格，最终实现个人的全面发展，实现双向互动的文化适应。因此，为了体现“语言教学和文化教学的有机结合”的思想，实现教学大纲中所规定的“培养学生语言运用能力和文化素养”的目标，我们认为“跨文化交际语言教学”的教学总体目标应该是：一是提高学生的语言综合运用能力，二是在前者的基础上塑造完美人格，实现全面发展。具体来说，我们可以从以下三个层面来反映“跨文化交际语言教学”的教学总体目标：

6.4.2.1　知识层面

（1）目的语言知识：通过学习语音、词汇、句子结构、篇章结构、修辞、文体等，了解其中蕴涵的文化意义。

（2）目的语文化知识：了解目的语文化政治、经济、文学、艺术、音乐、建筑、哲学、科技等；了解目的语文化的生活方式、风俗习惯、行为准则、社会传统、社会结构、价值观念；了解目的语文化的非语言交际特点；了解目的语文化的交际风格。

（3）母语文化知识：学会用英语来表达母语文化的政治、经济、文学、艺术、音乐、建筑、哲学、科技等；学会用英语来表达母语文化的生活方式、风俗习惯、行为准则、社会传统、社会结构、价值观念。

6.4.2.2 行为技能层面

（1）语言能力：能够得体、有效地使用语言知识（语音、语法、词汇和语篇等）。

（2）非语言交际能力：能够根据交际对象和语境，解码非语言信息，并调整自己的非语言交际行为。

（3）社会语言能力：在各种不同的交际场景下能根据话题、说话人的身份、交际目的等多种因素，恰当地使用外语进行交际。

（4）策略能力：运用各种交际策略去应付和解决由于外在条件或其他方面能力欠缺所导致的交际困难与问题。

6.4.2.3 态度、意识层面：

（1）自我文化意识：指对自己群体的社会规范的知觉或意识，通过剖析、反思本族文化，预防民族中心主义思想、成见和偏见。

（2）文化相对意识：指对群体之间的社会规范差异的意识，文化无好坏、优劣之分，任何一种文化都为其成员服务，为他们提供思维和言行的参照和导向。

（3）文化忧患意识：就是既要弘扬本族文化的精髓，与外来文化碰撞、交流与融合，互为借鉴，推陈出新，同时保持本族文化的价值观念、民族风格、生活方式的独立性。

（4）移情能力：善于站在对方的角度去理解和处理问题。

(5) 开放的心灵：对文化和交际环境的差异采取宽容、开放、尊敬和接受的态度。

为了实现以上目标，我们认为应采取“语言教学与文化教学有机结合”的教学模式。它包含三个阶段：

(1) 基础阶段。这一阶段以培养学习者的文化差异敏感性和打好语言应用基础为目的。学习者通过学习目的语言知识（包括语音、词汇、句子结构、篇章结构、修辞、文体等），了解其中蕴涵的文化意义，逐步提高自身的语言技能（听、说、读、写、译）。此外，通过对教材中的“文化信息”进行基本的英汉语言文化比较，了解二者的语用差异，力求在运用中“语用得体”。

(2) 中级阶段。这一阶段以培养学习者的跨文化意识和提高他们的语言综合运用能力为目的。首先，通过较系统地对中西文化进行比较，培养学习者对文化差异的敏感性和宽容性。其次，鼓励学习者广泛了解英美文化及其他国家与民族的文化（包括大写 C 文化和小写 c 文化），并尝试用英语表达。再次，加深学习者的母语文化认知，并尝试用英语表达有关中国传统文化的独有现象和思想。

(3) 高级阶段。此阶段以提高学习者的跨文化交际能力和塑造学习者的完美人格为目的。首先，学习者应对英语国家的大写 C 文化和小写 c 文化有比较全面的了解，对其他国家和地区的文化也有一定了解，并通过积极参加各种跨文化交际实践活动，正确理解和评价异国文化，提高自身对文化差异的灵活性。其次，学习者能用英语（包括口语和笔译）清楚地表达中西传统文化的精髓。

6.5 小　结

跨文化交际能力是交际者具有丰富的文化知识（具体包括母语文化、目的语文化和交际对方的文化），对异族文化持宽容、尊敬和理解的态度，并能把文化知识灵活运用到实际的交际环境中，从而达到有效交际的能力。通过对交际能力、跨文化交际能力的含义、构成要素及其模式的讨论，我们得出以下结论：①交际能力与跨文化交际能力有着显著的区别。第一，前者所培养的是准 native speakers，后者培养的是 intercultural speakers；第二，前者是外语教学的初级目标，后者是外语教学的最终目标。②外语教学情境下的跨文化交际能力的构成要素应该包括：意识层面、态度层面、知识层面、行为技能层面，它们互为联系，缺一不可。③外语教学情境下的多元互动跨文化交际能力模式主张：不能把跨文化交际能力的培养等同于目的语社会文化能力的培养；跨文化交际能力的培养要以塑造完美人格为中心；主张文化的“超越”而非文化的“跨越”，主张动态的、相互的文化适应而非单向的、静态的文化“顺从”。④采用“语言教学与文化教学有机结合”的教学模式实现跨文化交际语言教学的各个层面的目标。只有采用跨文化交际语言教学法，才能全面提高学生的语言综合能力，并在此基础上塑造完美人格，实现全面发展。

7 我国外语教学的现状与对策

自新中国成立以来，我国的外语教育大致可分为三个阶段：①1949—1965 年：我国外语教育形成新的格局；②1966—1977 年：外语教育遭受严重破坏。③1978 年至今：外语教育恢复和发展，改革全面展开。目前我国的外语教育正处在高速发展的阶段，在人才培养模式、教学大纲、教材编写、教学方法、教育手段、测试评估、师资培养、科学研究等各方面都取得了令人瞩目的成就（胡文仲，2009：163）。但是，我们也应该清楚地认识到：在取得成绩的同时，我们也还存在着一些亟待解决的问题。如："费时低效"现象、"思辨缺席"、"批判意识的缺失"、"大中小学英语教学缺乏一条龙体系"。因此，本章我们将分析英语教学中存在的问题，并提出具体的改革措施。

7.1 我国外语教育取得的成绩

改革开放以来，我国的外语教育无论从办学规模上还是办学水平上都较以前有了长足的进步。如：我国目前在普通高校中开设的语种有 50 多个，设有英语专业点近 1 000 个，日语专业点 385 个，德语、法语专业点各 70 个，西班牙语专业点 14 个（戴炜栋，2008）。2007 年教育部印发的学科目录上，全国已有 899 所高等院校具有英语学士学位授予权（20 世纪 90 年代仅有 200 多所），其中 208 所有英语语言文学或外国语言学及应用语言学硕士学位授予权，29 所有博士学位授予权。普通高校英语专业在校生大约有 40 万，高职高专英专在校生约 50 万。2006 年学习英语的初中生为 5 937 万，高中生为2 514万。小学3～6年级学生共7 281万，其中绝大部分都在学习英语（刘道义，2008）。

总体来说，改革开放以来我国外语教育呈现出“持续升温，飞速发展，成就巨大，问题犹存”的态势（戴炜栋，2009：2）。具体体现在以下方面：

第一，师资水平的提高。近年来，我国外语教师的学历层次较以前有了显著的提高，绝大多数高校要求新进外语教师具有硕士学位，很多“211工程”院校要求新进外语教师具有博士学位。这就意味着，我国外语教师的科研水平也上了一个层次，部分教师身兼两种角色：外语教师与外语教育研究者，他们能够做到“理论与实践相结合”，能从外语教学法的理论高度来解决课堂教学实践的问题。

第二，教学大纲日趋完整。教学大纲不仅仅是对课堂教学的规范，也是教学法的直接体现。现行的教学大纲对课程教学目的、培养目标、教学的具体内容和顺序、教学方法和评估方式等方面都做了充分的阐述。这就促使我们对语言本质与语言教学本质的认识日益加深，语言教学方法得到不断拓展，在课堂实现的方式上也不断推陈出新。

第三，“本土教材”与“原版引进教材”相结合。经过多年的发展，我国外语教材建设呈现出“一纲多本”的特点。也就是说，基于一个大纲的教材种类繁多，如翻译、文学、综合英语、泛读、听力等都有各种各样的教材，各院校能根据各自学生的特点选择合适的教材。此外，我国外语教材建设还体现出“本土教材”与“原版引进教材”相结合的特点。考虑到“本土教材”的教学适应性、“原版引进教材”的语言纯正性，我国的基础语言学习教材大多由中国人自行编写，采用自己的编写体系，但教材内容篇章则请本族语者撰写，旨在拓宽学生的思路，帮助学生了解西方国家的历史、地理、文化，提高其人文素养。

第四，教学方法的推陈出新。我国的外语教育，由于受语言学理论的影响，教学方法也经历了很大的转变。由最初重“语言知识”的“语法—翻译法”到后来的重“语言运用”的“交际法”，而最近又出现了“语言形式准确性和语言交际目的性”并重的“结构—功能法”。

第五，教育手段日益丰富。众所周知，我国传统教学模式侧重于教师的“教”，强调通过教师的最佳教法获得最佳教学效果。但是随着“计算机辅助语言教学（Computer Assisted Language Learning, CALL)”的出现，学生开始借助计算机来学习语言，通过教学内容、教学过程和计算机辅助的有机结合，求得最佳学习效果。但是，该模式在“教学环境的真实性、自然性”和“教学材料的局限性”等方面存在着明显的缺陷。因此，业内学者普遍认为，“CALL”虽是外语教学今后发展的方向，但在任何时候、任何情况下，教师的作用仍然是不可替代的。

第六，测试手段的多样性。测试是外语教育过程中的一个重要环节，是语言教学的重要组成部分，其目的是提供一种科学的测试工具，公正、准确、客观地评价学习者的语言能力。大学英语从1987年开始四、六级考试，英语专业的四、八级考试分别是在1990年和1991年正式开考的。但是，这几类考试也有其明显的缺陷：题型单一（以选择题为主)、对学生的“语言运用能力和创新能力”考查不足。这需要我们对测试的题型加以改进。

总之，改革开放以来，中国外语教育事业的确取得了令人瞩目的成绩，为经济建设、对外交往和社会发展等领域培养了数百万的外语人才。但是，我们必须冷静而客观地正视中国外语教育的现状，即问题依然存在，如费时低效、思辨缺席、批判意识缺乏、大中小学英语教学缺乏一条龙体系等。下面我们将对以上问题做具体的分析，挖掘其深层的原因，以便采取相应的改革措施。

7.2　我国英语教学存在的问题

7.2.1　英语教学的“费时低效”现象

李岚清副总理1996年6月在一次外语教学座谈会上指出，我国目前外语教学水平、教学方法普遍存在“费时较多，收效较低”的问题。但是，这个长期困扰外语界的费时低效问题一直未能得到很好的解决，已经受到社会各界的共同关注（戴炜栋，2001：1）。比如：我国学生累计学习外语的周期长达12～14年（这里还不包括研究生阶段学习外语的时间），但是调查结果显示：许多大学毕业生难以应付日常的对外交流，用人单位对大学毕业生的外语综合能力普遍感到不满意，外语教学中普遍存在着少、慢、差、费现象。至于造成费时低效的原因，可谓仁者见仁，智者见智。我们认为导致我国英语教学“费时低效”现象既有外部原因，也有内部原因。

7.2.1.1　外部原因：社会文化环境

我们首先用班杜拉的“社会学习理论”对我国英语学习环境（社会文化环境）进行分析，从而找出造成我国英语教学“费时低效”现象的外部原因。

美国著名心理学家、社会学习理论创始人班杜拉认为来源于直接经验的一切学习现象实际上都可以依赖观察学习而发生，其中替代性强化是影响学习的一个重要因素。班杜拉认为人类进行的大量学习是通过观察别人的熟练反应，然后再努力模仿示范者的反应才完成的。许多技能没有这种观察学习就根本无法掌握（朱纯，1994：33～34）。班杜拉还认为观察学习的效果受到“示范者的刺激特点、演示的行为类型、行为后果以及学习者的动机定势”等变量的影响，且观察学习包括四个过程：①注意过程：学习者欲向示范者学习，必须注意示范刺激。②保持过程：学习者如欲在记忆中长期保持示范者的行为，示范者的行为作为刺激事件，必选按符号的形式编码，用符号表示。③动作复现过程：熟练动作的有关部分对漫不经心的观察者甚至表演者本人也往往是不显著的。为了逐渐塑造这种动作技能，需要较多有结果反馈的动作练习。对有些运动技能进行“认知性复述”或“想象性练习”，常会使实际操作发生重大改进。④动机过程：涉及强化的作用。强化可改变观察者的学习水平。其包含外部强化、替代性或观察性强化和自我强化三种（朱纯，1994：35）。

根据班杜拉的观点，我们认为以上四个过程相互联系，缺一不可。观察学习需要以注意、注意的保持作为前提，以实际操作的内容和质量作为条件，同时也离不开动机和动机的强化。结合以上分析，我们认为我国的外语学习环境呈现出以下特征，并严重影响外语学习效果。首先，在语言环境上，由于我们无法提供像第二语言学习者那样比较自然的语言环境，外语教师的语言水平总体上也不能与第二语言教师相比，因此在我国外语学习环境中缺乏观察性学习的样本和操作性学习的渠道。语言的本质功能是交际，“任何语言教学……必须把语言作为一种交际工具来教给学生，因为只有在实际交际过程中，学习者才能真正理解学习语言的目的，才能真正学会运用语言进行交际”（束定芳等，1996：22～23）。其次，在学习动机方面，我国的外语学习者缺乏可见的社会需求目标。Ellis（1999：514）认为，“社会环境不仅决定学习者的动机导向，而且决定哪种动机对语言学习最为重要”。众所周知，在第二语言学习环境中，由于第二语言在本语言社团的特殊地位，学习者往往有强烈的学习动机，有的是为了择业和晋升的工具性动机，有的是为了减少种族歧视、争取同等社会待遇和机会的综合性或融入性动机。然而对于我国大部分外语学习者来说，英语学习的重要性还只停留在意念或理性上。虽然人的生活中出现过这种需求，但大多是偶尔的、不系统的，并且对生活质量不会产生根本的影响。此外，我们还应该注意一种现象：应试教育及片面追求证书的求职性动机使我国的外语教学成为通过考试的工具和求职的“敲门砖”。这种工具性外语学习动机使学习中优先考虑的因素是语言知识和考试结果，而语言交际能力的发展常被忽略，从而让大学生英语学习“高分低能”现象屡见不鲜，使学生在实际运用中捉襟见肘。再次，由于我们的母语与所学外语分属不同语系，文化传统、语言特征，包括语音、句法和篇章结构迥然相异，使得我们语言能力的负迁移远远超过正迁移，外语学习者对母语存在着习惯上的依赖性，缺乏使用外语的内在动力，从而影响外语学习的效果。

7.2.1.2 内部原因：英语教学“费时低效”现象同课堂教学的各环节息息相关

首先，现行教学内容与社会发展和实际运用要求不相符。教材是知识的载体，也是教学过程的主要依据。外语教学的目的不仅仅是培养语言技能，其本质性目的在于培养学生的语言运用能力，即通过所学外语获取信息和交流信息的能力，使学生能利用所学语言从事跨文化交际，进而为经济建设和社会发展服务。因此，外语教材和教学内容更应体现时代气息，融知识性、实用性、交际性于一体。然而，现行的教学内容虽“选自名家”，有“可教性与可学性”，而忽视最重要的实用性，教学内容不能反映时代的最新发展，缺乏时代信息，与生活实际脱节，实用性差，无助于学习者学习兴趣的提高和交际能力的培养。

其次，现行课堂教学模式单调、教学方法陈旧。外语教学的具体实施过程主要在课堂。教学大纲和教材中的指导思想和要求，只有在课堂上才能得到具体的体现。课堂也是教师和学生交流的主要场所，是教师控制学生情感因素、协调学生学习行为、保证语言输入质量的地方（束定芳等，1996：175~176）。因此，课堂教学模式和教学方法必然直接影响外语教学的效果。此外，外语教学是一门实践性极强的课程。它不仅需要一定的知识传授，更需要能为语言学习主体的学习者提供大量交际实践机会的活泼的、较为真实的课堂教学氛围。有学者（束定芳，2006：22）把我国传统的教学模式称为“PPP 模式”，即“讲授（Presentation）—练习（Practice）—输出（Production）”的外语教学模式。在此模式中，教师是课堂教学的“决策者”。为了能让学生在考试中取得好成绩，无论是课前备课还是课堂讲授都是以“语言知识”为中心。在课堂上学生接触到的是大量的语言知识，而不是真正的语言交际样本，更不是现实中的语言交际活动。此外，由于“PPP 模式”过分强调语言知识的习得，容易使学生误认为：只要掌握了语言规则就可以把这些规则直接应用到语言交际中，语言学习就是一个学习语言知识、记忆语言规则的过程。再加上由于我国现有的许多外语水平考试也主要考查语言知识，这又进一步加深了学生对语言学习本质的误解。因此，此模式就成了“高分低能”的“罪魁祸首”。

再次，学习者受不良学习策略的影响。2007 年教育部颁布的《大学英语课程教学要求》在“教学模式”中明确指出，“教学模式改革的目的之一是促进学生个性化学习方法的形成和学生自主学习能力的发展。新教学模式应能使学生选择适合自己需要的材料和方法进行学习，获得学习策略的指导，逐步提高其自主学习的能力”。研究表明，在外语学习过程中，学习者是一个积极主动的参与者，是外语学习的主体。在接受语言输入时，对其进行分析处理并从中“悟”出规则，加以吸收。在语言输出时对自己的语言行为进行自我监控等一系列过程中，学习者始终处于一个异常活跃的状态中。然而，由于受到应试教育的影响，教师成为课堂教学中孤单的“演员”，教师在课堂上滔滔不绝地讲，同时学生在不停地记。学生所输入的大部分是零散的语言知识，这就使得我们的学生学习自主性差、缺乏学习计划，久而久之造成学习效果不佳。

7.2.2 批判意识的缺失

在进行本节的阐述之前，我们先描绘一下我国当前课堂教学的场景：肃穆的教室里，教师站在高高的讲台上，滔滔不绝地讲解着他们早已烂熟于心的教案。学生们在讲台下毕恭毕敬地坐着，认真地聆听着教师的讲解，有时，他们会不约而同地拿起笔，比赛似的记下教师点出的重点内容，而不去管他们自己是否理解了这些东西。偶尔，教师提出一两个其实并不算难的问题，同学们却都像犯了什么错误似的，齐刷刷地低下头，生怕老师叫到了自己的名字。往往一堂课下来，学生们累得眼花、腰酸、脖子疼，很少能从课堂上体会到探索和发现的乐趣。在这个场景中，老师是绝对的“权威”，学生是无条件的“服从者”。那么是什么导致以上场景的发生呢？我们认为，这与学生“批判意识的缺失”有很大的关系。因此，我们将在本节对批判意识的概念、导致“批判意识缺失”的原因进行阐释。

7.2.2.1 批判意识的概念

批判意识是一种建立在怀疑、观察基础之上的个性化思维。具有这种思维品质的人是一个能主动思考、有创造力的主体，他们能以立足现实又高于现实的眼光来看待社会，面对“思维定式”敢于“反向思维”，不会对别人的观点不加批判地“息数照收”，而是经过“反思→质疑→驳斥”后提出有建设性的新观念。概括地说，批判意识的培养就是一个“挑战权威”的过程，对于培养学习者的创新能力有着重要意义，从而引起了国内外教育界的高度重视。

1999 年 6 月，中共中央、国务院颁布的《关于深化教育改革、全面推进素质教育的决定》指出：实施素质教育，就是全面贯彻党的教育方针，以提高国民素质为根本宗旨，以培养学生的创新精神和实践能力为重点。教育部在 2001 年制定的《全日制义务教育、普通高级中学英语课程标准（实验稿）》中提出的教学目标已经不再局限于教授语言知识，而是“以学生为主体”，培养学生“主动思维”和“创新精神”，以及“展现个性，发展心智”。美国的小学教育目标明确提出：“致力于发展学生的学习欲望和学习能力……通过诸如批判意识，发现及解决问题的能力等方面的训练，为学生获得最佳学习效果提供机会”。此外，在美国“评判好学生的标准是：能独立思考，对学习有求知欲，经常问为什么”。国际21世纪教育委员会向联合国教科文组织提交的著名报告《教育——财富蕴藏其中》也表达了这样的观念：教育应该使每个人，尤其借助于青年时代所受的教育，能够形成一种独立自主的，富有批判精神的思想意识及判断能力。

然而，研究表明，亚洲的英语学习者往往寻求和谐统一，崇尚等级，服从权威，不善于批判性思维。而西方学习者善于批判性思维，他们遵循具有个性的，不同于他人的行为方式。此外，还有一个不争的事实摆在我们面前：与欧美国家以及我们的邻国日本相比，我国学生在创新能力的竞争中总是不能像在奥赛中那样领先。即我国学生的批判意识、创新意识不如他们。那到底是什么导致这一结果呢？下面我们将从文化与教育两方面来探究其原因。

7.2.2.2　批判意识缺失的原因

首先，与中国传统文化有关。如第一章所述，我国的传统文化属于高权力距离的文化。这种文化特别讲究秩序，强调等级，君君臣臣、父父子子的观念深入人心，中国深受这种儒家思想的影响，教育也不例外，从儿童启蒙教材《三字经》的“长幼序，友与朋，君则敬，臣则忠”到自孔孟起就有的“师道尊严”，再到《史记·仲尼弟子列传》中的“一日为师，终身为父”，都是这种思想的真实写照。在这种思想的影响下，教师在某种程度上扮演着父母的角色，承担着“传道、授业、解惑”的职责。教师代表着权威，他们是知识的化身、权力的化身，同时又是社会道德的训练者，肩负着培养人才的重任。凡出自老师之口和科学研究者之笔，凡白纸黑字印刷成书者，似乎都是金科玉律、不容置疑的。学生依赖于教师给予学习指导，完成教师布置的学习内容，希望教师帮助他们克服学习中的困难，纠正他们在学习中犯的错误，教师也觉得这是自己义不容辞的责任。在课堂上，学生习惯于安安静静地聆听，接受教师所传授的知识，并且往往对其深信不疑。此外，我国的传统文化还属于集体主义的文化，这种文化的典型特征是集体意识较高，自我意识较低。在这种文化的影响下，中国学生的群体概念和归属意识较强，为避免被孤立于群体之外，常常会有从众心理和行为，不愿意做“出头鸟”。这就是在我们的外语课堂上自愿发言、发问者不多的原因所在。因为一旦开口，在某种意义上来说也就脱离了群体，就会感到孤立。长久以来就形成了一种唯上、唯书和唯现成答案的社会风气，使人不敢越雷池半步，使学生缺乏独立思考的能力和勇于批判、勇敢探索的创新精神。

其次，与传统教学模式有关。传统的中国外语教学建立在以行为主义为理论基础的操练和强化以及传统认知主义的语言知识的传授上。如上所述，有学者（束定芳，2006：22）把我国传统外语课堂教学模式称为“PPP 模式”。这一模式有简洁、易操作等优点，但它却以教师为中心、以应试为导向，导致学生缺乏足够的外语输入并误解语言学习的本质。这种教学模式忽视了人的主观能动性和创造性，因此不能适应信息时代对人才的需求。第一，传统教学模式以教师为中心。在“PPP 模式”中，教师是绝对的权威，他是所有课堂教学步骤的决策者和主要执行者，授课内容、授课量、授课方式都由教师决定。学生在课堂上扮演的是“被动的听众、按部就班的操练者”的角色。在课堂操练过程中，学生是被动地按照教师的指令，以集体的形式对某些讲授过的语言项目进行操练，说出或写出与操练的语言项目有关的语言形式。由于学生真正参与语言交际的机会不多，学生的实际需求得不到真实的反映，也没有多少可供自由发挥的空间，这样就极度扼杀了他们的批判意识和创新意识。第二，传统教学模式以应试为导向。“PPP 模式”既是应试教学的产物，又为应试教学起到了推波助澜的作用。众所周知，当前的外语考试是通过考查学生某些有关语言结构方面的知识以达到了解学生实际语言使用能力的目的。因此为了应付考试，在课堂教学中教师的任务就是讲授相关的语言结构知识，学生的任务就是通过机械地反复操练来记忆这些语言规则。久而久之，学生的思维就会僵化，不利于形成批判性思维、创造性思维。

7.2.3 思辨缺席

一年一届的“外研社杯”全国英语辩论赛吸引了许多英语爱好者的眼球，从1997年的第一届到2009年的第十三届，冠军分别被上海交通大学、复旦大学、北京外国语大学、对外经贸大学、北京外国语大学、西南财经大学、复旦大学、北京外国语大学、北京外国语大学、北京外国语大学、复旦大学、中央财经大学、澳门大学获得。然而当我们看完第一届到第十三届的冠军获得者时我们又不禁惊叹：为何在英语辩论赛上唱主角的往往不是英语专业的学生？许多业内人士认为，这和“我们在外语教学中只注重技能培养，忽视思辨能力的培养”有着密切的关系，外语专业的学生存在“思辨缺席症”和智性不足的缺陷。因此，本节将就思辨能力的定义、导致思辨缺席的原因等问题进行探讨。

7.2.3.1 思辨能力的定义

Paul 和 Elder 认为思辨能力（critical thinking）应该定义为：“为了决定某东西的真实价值，运用恰当的评价标准，进行有意识的思考，最终作出有理据的判断”，其中包含三个维度：分析、评价、改进。也就是说，思辨能力是以提高和改进自己思维能力为目的，对自己的思维进行系统的分析与评价（文秋芳，2008：29～30）。

7.2.3.2 思辨缺席的原因

《高等学校英语专业英语教学大纲》（2000）明确提出要“加强学生思维能力和创新能力的培养。专业课程中要有意识地训练学生分析和综合、抽象和概括、多角度分析问题等多种思维能力以及发现问题、解决问题等创新能力”。尽管大纲有着明确要求，但是外语专业学生的思辨能力还是不容乐观。我国著名学者黄源深多次提出，外语专业学生患有“思辨缺席症”，其思维能力明显低于其他文科专业学生，在遇到论争需要说理的时候，写文章需要论述的时候，听讲座需要发问的时候，常常会脑子里一片空白，觉得无话可说；或者朦朦胧胧似有想法，却一片混沌，不知从何说起。它会直接影响人的创造力、研究能力和解决问题的能力，进而影响人的素质，因此需要引起密切关注和认真研究。

外语专业的学生之所以易患“思辨缺席症”，我们可以从中国传统思维方式、教学模式以及课程设置等方面探究其原因。首先，与中国传统思维方式有关。连淑能（2002：40）认为“思维方式是沟通文化与语言的桥梁。一方面，思维方式与文化密切相关，是文化心理诸特征的集中体现，又对文化心理诸要素产生制约作用。另一方面，思维方式又与语言密切相关，是语言生成和发展的深层机制，语言又促使思维方式得以形成和发展”。由于中西属于两大不同的文化体系，因此其思维方式也迥然不同，如本书第四章所述，中国传统思维具有内倾性特征，内倾性强调向内寻找，如“反求诸己”、“反身而诚”、“反求自识”等，这种内省的方式往往不能用明确的言语表达，人们也就只能靠感觉、体验、意会、领悟来把握它，而不需理性的、逻辑思维的成分。而逻辑性是西方思维方式的一大特征，他们通过逻辑在论证和推理中认识事物的本质和规律。

其次，与教学模式有关。我们在第六章曾提到在多元文化背景下，我们的外语教学目标应该是培养具有较强的跨文化交际能力的跨文化的人，即全面发展的人。很显然，跨文化的人不仅要具有同本族语使用者（native-speaker）进行有效交际的能力，更重要的是，还要以开放、宽容、移情的态度来面对文化差异。素质是对所有受教育者，乃至全体公民的要求。众所周知，语言是文化的载体，任何作为教材的篇章为学生提供的并不只是语言的表达方式，更重要的是为学生提供思想内容，传递信息，起到启发学生思想、培养学生思考能力的作用，对学生的人格培养、素质的提高起到潜移默化的作用。然而，我们很多英语教师没有充分认识到语言教学客观上提供了培养学生能力和素质的有利条件，没有真正领会“教书育人”的精髓。也就是说，在英语专业四、八级考试的压力之下，我们当前的英语专业教学呈现出典型的“工具性外语教学观”特征：重语言知识和技能的掌握、轻人文素质的培养。在这种教学理念的驱动下，语言、文学方面的课程得不到应有的重视，学生对语言、文学类的课程不感兴趣，学习缺乏动力，因此，我们对“外语专业学生不知道 Chomsky 其人，没有读过一点 Shakespeare”也就不足为奇了。

再次，与外语专业的课程设置有关。目前的课程体系是围绕培养掌握英语的人才而构建的，课程的核心是英语技能课和英语知识课。笔者对某高校英语专业和其他专业的培养计划进行了对比：

表 7－1　英语（师范类本科）课程设置的学分比例表

课程设置	学分	百分比（%）
公共必修课	45	25.7
公共选修课	6	3.4
公共限定选修课	2	1.1
专业必修课	84	48
专业选修课	22	12.6
实践环节	16	9.2
合计	175	100

表7－2 数学与应用数学（师范类本科）课程设置的学分比例表

课程设置	学分	百分比（%）
公共必修课	50	30.3
公共选修课	6	3.64
公共限定选修课	2	1.21
专业必修课	58	35.15
专业选修课	35	21.22
实践环节	14	8.48
合计	165	100

通过对比，我们发现英语专业的课程绝大部分属于英语技能课和英语知识课，如基础英语、高级英语、语音、听力、阅读、口语、翻译、写作、教学法等，而文学、语言学、欧洲文化课等占很少的比例。此外，能提高思维能力的课程（辩证法、逻辑、辩论方法）则基本没有。然而，在数学专业的课程中我们可以发现有很多课程都可以提高学生的思维能力，如数学分析、概率论、数学思想方法、拓扑学等。此外，为了让学生学好语言，外语教师经常鼓励学生用外语思维，由于语言能力所限，学生常常只能说能说的话，而不能说想说的话。为了迁就学生语言水平低的困难，教师所设计的学习任务对思维水平也没有过高的要求。显然，这样的学习内容与学习方法使得外语专业的学生从一入学起，思维发展就处于不利的条件和环境之中，他们用外语思维的能力不可能达到原来进校时的母语思维水平。而数学专业的学生通过严格的数理训练，为学生的形象思维能力与辩证思维能力的进一步发展提供了极大的空间，学生的思维能力在毕业时有望达到高等教育的预期目标。

7.2.4 大中小学英语教学缺乏“一条龙体系”

大中小学外语教学要实现“一条龙管理”是周恩来总理、陈毅副总理最先为解决20世纪五六十年代外语人才匮乏、远不能满足当时国家经济建设的需求的问题而提出来的。但是，由于历史政治的原因，“一条龙管理”计划被废止，取而代之的是大中小学各管一块，自成体系。这就导致各阶段教学自成体系，互不通气，每一阶段都力争系统和完整。于是各个阶段都从头教起，致使出现课程设置、教学内容等方面的重复，导致英语教学资源、学生学习时间和精力的浪费。其具体表现：

首先，在培养目标上没有体现外语教学的层次性和阶段性。《全日制义务教育、普通高级中学英语课程标准（实验稿）》（2001）（以下简称《标准》）把“培养学生的综合语言运用能力。综合语言运用能力的形成建立在学生语言技能、语言知识、情感态度、学习策略和文化意识等素养整体发展的基础上”作为基础阶段英语课程的总体目标。《高等学校英语专业英语教学大纲（2000）》则把“高等学校英语专业培养具有扎实的英语语言基础和广博的文化知识并能熟练地运用英语在外事、教育、经贸、文化、科技、军事等部门从事翻译、教学、管理、研究等工作的复合型英语人才”作为本阶段的培养目标。《大学英语课程教学要求（07版）》则提出“大学英语的教学目标是培养学生的英语综合应用能力，特别是听说能力，使他们在今后学习、工作和社会交往中能用英语有效地进行交际，同时增强其自主学习能力，提高综合文化素养，以适应我国社会发展和国际交流的需要”。通过比较，我们发现《标准》和《大学英语课程教学要求（07版）》同时把“培养学生的综合语言运用能力”作为各自阶段的目标。此外，无论是《标准》还是《大学英语课程教学要求（07版）》，都强调了打基础，那么应用和提高是哪一个阶段的主要任务呢？换句话说，由于各阶段没有明确的教学重点，势必造成有的内容各阶段都教，而有的内容则谁都不管的局面。

综上所述，我们认为以上做法没有体现外语教学的层次性和阶段性。

第一，外语学习的层次性。有学者把外语学习划分为三个层次：第一层次或基础阶段（外语学习的态度和感受层次、外语知识的获得与综合层次）、第二层次或中级阶段（外语知识的扩展和提炼层次）和第三层次或高级阶段（外语知识的有效应用层次、用外语思维和创新的层次）。我们认为这种层次的划分完全符合心理语言习得的规律，即“直觉→自觉→直觉”。也就是说，在外语学习的初级阶段，外语学习者从无到有直觉地积累语言材料，并由基本到完全、由简单到完善逐步形成言语机制。而在中级阶段，对语言形式方面做理性的认识从而达到自觉。在高级阶段，尤其是外语学习者在交际时对用来表达思想意念的语言手段和选择是在没有意识参加的情况下直觉地完成的。因此我们在进行外语教学时应充分考虑学习者不同的学习认知层次，在不同的学习阶段采用不同的教学法，科学严密地组织程序化教学。

第二，外语学习的阶段性。我国的英语教学一般分为小学、中学、大学三个阶段。在不同的阶段，我们要充分考虑各阶段学生的生理、心理和学习特点及不同的教学要求，做到灵活多样。现代实验心理学奠基人冯特在《语言》一书中指出：“语言心理中起主要作用的不是思维而是感觉，因此引入意识中的概念和表象所伴随的刺激应当尽可能有感觉的成分”（朱纯，1994：1）。因此在语言学习的初级阶段，教学的重点应以听、说为主，适时引入读、写。通过听力训练引导学生对语音、语调、节奏等进行感知，同时以“刺激→反应”的行为心理模式为依据进行大量的模仿、重复记忆等机械性的言语操练，然后以此为基础，按类比替换方式构造简单的句子，从而形成初步的机械性言语结构技巧，向第二认知阶段过渡。在中学阶段，学习者在语言方面已初步积累了一定的感性知识和一定的词汇量，同时在记忆力方面占绝对优势，正处于学习积极、求知欲强的阶段。因此在中学阶段，不能仅仅强调传授语法知识，还要把言语操练同语言练习辩证地统一起来。意义性言语操练是一个以规则为基础的创造性的言语活动过程，它需要听、说、读、写各种言语类别同时参与，只停留在初级阶段的以听说为主的言语操练，或以应试为目的将教学的重心完全转移到以语法练习、阅读和文字练习等方面，都是不科学的，应在侧重培养读、写技能的同时，继续巩固听说能力。只有这样才能使学习形成全方位的言语技巧，为最后获得全面的言语技能打下基础。除此之外，我们还应该加强文化知识的渗透，让学生具备最基本的文化意识。在大学阶段，教学对象在外语方面已具有了相当的语言知识，具备了一定的语言能力。此阶段，学习者一方面需要对外语知识加以扩展和提炼，另一方面又产生了交际的心理需求。因此，教学内容应以学生综合语言运用能力的进一步提高和向更高层次及更宽知识面进行拓展为主。教师可根据不同课程需要采用灵活多样的教学方法，培养学生的开拓创新能力，增加社会实践和研究性学习，提高其独立学习、收集和运用资料进行综合研究论证的能力。除此之外，我们还应该通过文化知识的渗透、文化体验等方式，让学生树立跨文化意识，提高学习者的人格素养。

其次，词汇和语法重叠现象严重。《标准》提出“一到九级应掌握 3 300 个单词和 360 个短语或词组’。《大学英语课程教学要求(07 版)》中指出：“大学阶段的英语教学要求分为三个层次，即一般要求、较高要求和更高要求。一般要求掌握的词汇量应达到 4 500 个单词和 700 个词组（含中学应掌握的词汇）；较高要求掌握的词汇量应达到 5 500 个单词和 1 200 个词组（包括中学和一般要求应该掌握的词汇）；更高要求掌握的词汇量应达到 6 500 个单词和 1 700 个词组（包括中学、一般要求和较高要求应该掌握的词汇，但不包括专业词汇）”。由于各阶段大纲词汇表制定时间、编写人员、编写体例以及要求学生掌握词汇程度的不统一，使各阶段分别存在着程度较大的词汇重叠问题。经过调查与分析，我们发现《大学英语课程教学要求（07 版）》中“更高要求”应掌握的 6 500 个单词和 1 700 个词组中，有近 3 000 个为《标准》所收录的单词，重复率将近 40%。此外，在语法方面也存在着严重的重叠现象。我们认为初中和高中的语法要求基本上很相似，只不过在掌握程度上略有不同。大学大纲在语法方面有 80% 是在中学出现过的，只不过换了一些术语。

然而，我们也应清醒地认识到，自 1998 年清华大学“一条龙”课题组开始“一条龙”改革的探索以来，各方面关于“一条龙”的研究连续不断，取得了显著的成果。尤其是在教育部 2000 年批准的“新世纪高等教育教学改革工程”和“全国高等学校外语教学研究会立项课题”中有关“一条龙”的课题共有 7 项。2001 年颁布的《标准》在考虑我国的民族和地域差别以及各地经济和教育发展的不平衡的基础上，将课程目标设定为 9 个级别并以学生“能够做某事”具体描述各级别的要求，其中第二、五、八级分别为小学毕业、初中毕业和高中毕业时应达到级别，第三、四、六、七级为过渡级。也就是说，《标准》通过提出一个比较完整的中小学英语教学衔接的大纲设计框架，实现了基础教育阶段学生能力发展循序渐进的过程和课程要求的有机衔接。

7.3 改革措施

21 世纪对人才素质提出了更高的要求，我国外语教学已逐渐不能满足社会发展和素质教育的需要。为了适应国际竞争和国内社会发展的需要，培养出高素质、全面发展的复合型人才，外语教学改革势在必行。本节我们将从课程设置、评价形式与制度、教师角色转变和教学模式的创新等方面对外语教学改革问题进行探讨。

7.3.1 思辨能力与高校英语专业的课程设置

7.3.1.1 语言与思维的关系

从个体成长史来看，一旦个体开始学习语言，语言与思维就密不可分。两者是既有区别又有联系的统一体。语言是思维的工具，思维是语言表达的内容。没有语言，人就不可能进行理性思考；没有思维，语言就没有存在的必要。人们运用词来建立概念，运用句子及其联系进行判断与推理。语言学习的过程其实就是将感知的表象上升为理性认识，并将这种理性认识储存在大脑中进行加工处理，形成新的知识体系的一个过程。因此语言水平的高低同思维发展存在着密切关系。语言水平是提高思维水平的前提条件，同时思维水平的发展又能促进语言水平的提高。然而，从不少普通高校英语专业本科课程的设置来看，真正有助于提高学生思辨能力与理论素养的课程并不多，很多所谓的理论课实际上仅是一些相关概念和定义的肤浅介绍、整合或诠释性课程而已，而真正能帮助学生提高这两方面能力与知识的哲学理论课或哲学讲座却往往遭受冷遇。因此要提高学生的思辨能力，就要通过开设哲学理论课或哲学讲座来提高他们相关哲学及其他相关人文知识与素养。

7.3.1.2 课程设置的框架

众所周知，国立西南联合大学在仅仅九年的时间里，培养出了诺贝尔物理学奖获得者杨振宁、李政道，国家最高科学技术奖获得者黄昆，“两弹一星”功勋奖章获得者屠守锷、郭永怀、陈芳允、王希季、朱光亚、邓稼先。而其外文系在钱钟书、王佐良、吕叔湘等著名学者的努力下也取得了巨大的成功。在这里我们可以借鉴外文系课程设置的先进经验：

第一学年：国文 6 学分，英文 6 学分，生物学 8 学分，经济学 6 学分，西洋通史 6 学分，逻辑 6 学分，共计 38 学分；第二学年：英文 6 学分，中国文学史 6 学分，欧洲文学史 8 学分，英散文 6 学分，英诗6学分，一外6学分，共计38学分；第三学年：英文6学分，小说6学分，莎士比亚6学分，社会学6学分，语音学6学分，一外6学分，共计36学分；第四学年：英文8学分，西洋戏剧6学分，文学名著（荷马史诗、圣经）4学分，文学课选修3学分，哲学概论6学分，一外或二外6学分，共计33学分（付克1986：62）。

从这个课程设置表可以看出，单纯的英文课（即英语知识与技能课，相当于我们现在的精读、泛读、听力、写作、翻译课等）只占学年总学分的15.8%～24.2%。英语语言水平的提高，主要是通过学习其他课程，如经济学、逻辑、社会学、哲学概论等来实现的。

如上文所述，早在1999年国家就提出要实施素质教育：以提高国民素质为根本宗旨，以培养学生的创新精神和实践能力为重点。那么，英语创新型人才需要具有哪些素质呢？我们认为，他们既要有扎实的专业基本功（语言知识和语言技能），又要有优秀的人格素养，这其中包括：开放的胸襟、广阔的视野、较强的思辨能力和创新精神。结合黄源深教授的观点，我们认为应该压缩以语言技能为主的教学时间。目前英语专业以语言技能为主的教学时间一般为两年，称之为基础阶段。近年来随着中小学英语水平的提高，英语专业的基础阶段可以压缩为一年，用来集中强化英语技能的训练。从二年级开始就逐步增加学科内容含量大的英语课，如语言学、文学、社会科学等入门课程，到三、四年级除少数高级语言技能课以外，还应加上以英语为教学语言且符合相关学科发展的系列专业课程，以及一些旨在提高学生思维能力的课程和实践环节。具体来说，必须开设以下四方面课程：①英语技能课：开设这类课的目的是一方面与中学英语教学进行衔接；另一方面进一步夯实英语语言基本功。但是，课时必须适量，最多只能占四方面课程之和的25%。②语言与文化课：包括语言学、文学、欧美文化、哲学、社会学等，比例应占50%左右。这类课程除了哲学等个别课程，一般都用英语授课，目的是为学生提供重要的英语学习渠道。③素质课：包括辩证法、逻辑、辩论方法等课程，比例约占15%。这类课程一般用中文授课，防止信息流失。④实践课：包括文化体验、文学沙龙、英语辩论赛等，真正做到“学以致用”，比例约占10%。

下面我们将以辩论课和阅读课为例具体阐释如何提高学生的思辨能力。

首先，辩论与思辨能力。辩论是一个批驳谬误，不断加深各方对于事物的认知而逐渐统一观点的过程。在这个过程中，学生首先必须分析论题；然后要查找资料、分析材料、形成论据；同时学生必须明白如何推理、识别谬论、评论不同的推理方法、理解决策的逻辑；最后学生必须懂得综合评价自己和对方的论点、论据和论证，包括观点是否明确，举例是否恰当，推理是否合理，逻辑是否严密等等。我国每年一届的“外研社”杯英语辩论赛采取的是英国议会制辩论。不同于美式辩论的唇枪舌剑，步步紧逼，英式议会制辩论更看重辩手本身对辩题的理解程度和自身逻辑思维的清晰度，强调不论在何时双方都应在平等的平台上竞争，并且评价的标准在于双方的参与度以及对辩题的贡献度，远非是否一方将另一方置于死地。整场辩论，正反双方各四人有且仅有一次正式发言机会，时长7分钟，正反两方交替进行。在这短短7分钟之中，辩手要完成从反驳到立论，接受“POI”（point of information）及回答等一系列在其他形式辩论中可以用一整场时间完成的任务。这就要求选手有清晰的逻辑思维、较好的语言驾驭能力和快速随机应变以及危机处理的能力。

为了提高学生的逻辑思维能力、语言驾驭能力和随机应变能力，在英语辩论课中除了讲述critical thinking的有关理论之外，大部分时间要以技能训练为主，主要的训练方式有：三段式写作、即兴演讲、资料查询、英国议会制辩论等，前三种方式是为英国议会制辩论打基础。①三段式写作指的是提出观点、阐释观点和举例说明。这主要是锻炼学生的逻辑推理能力和写作能力，同时为学生提供一个可供参考的思维表达范式。②即兴演讲。教师主要就演讲结构、组织语言和准备论据方面进行指导。如可根据英语典型的“直线型”语篇模式，教学生在演讲时按照引入、提纲、正文、概述、结论的顺序进行阐述。③资料查询。主要是为辩论准备一些正反方的例子以作为论据。④英国议会制辩论。辩论的练习必须循序渐进，先是通过录像的方式展示辩论全过程，然后以小组方式在课后练习辩论，最后全班学生一起在课堂上进行辩论练习。总之，英语辩论课以英语演讲和辩论为手段，对于提高学生的口语能力、综合语言运用能力、学生的思维能力（尤其是逻辑、辩证、创造性思维及应变能力）有着重要的意义。

其次，思辨式阅读模式。文秋芳（2008：29～33）以“德尔菲研究”课题组的研究结果为理论基础，创立了高层次思维能力的层级理论模型，然后尝试以“文献阅读与评价”课程来培养英语专业研究生高层次思维能力。在文秋芳看来，文献阅读与评价是一门帮助研究生掌握学术文献快速阅读技能和评价能力的课程。它可以拓宽研究生的知识面，提升他们的评价能力，增强他们的自信心和批判意识。

以文秋芳（2008）的研究为基础，我们认为可以在认知理论的基础上建构思辨式阅读模式，以提高学生的思辨能力。随着认知语言学和心理语言学的发展，人们逐渐意识到书面语篇解读不是一个被动的解码过程，而是一个语用推理的过程，是一种心理语言的揣摩过程，是一种读者与作者/文本之间“相互交流的过程”。在语篇解读的过程中，我们不能忽视认知语境和认知脚本所起的重要作用。认知语境的加入可以使学生从整体上把握语篇的连贯性，找到书面语篇中能激活认知脚本的信息，准确地理解文本，从而提高学生的思辨能力。而脚本是人的生活经验的浓缩，是一种系统化了的知识结构，由直接场合、语言上下文、知识和社会心理表征构成。它是认知语境的重要组成部分，在语篇的构建和解读过程中同样具有不可忽视的功能。它能促使读者进行联想和想象，引申和扩展语篇的主题思想，启迪思想，开发智力，唤起新的意识，形成读者和文本或作者之间的对话。具体地说，思辨式阅读模式就是利用文中的明示信息来激活学生的原有认知脚本，预测文章内容，形成文章的脚本和框架，挖掘出文本中的大量缺损信息，再通过明示信息和隐性信息进行语用推理，理解文本的文脉意脉，最终整合文本信息。在语篇阅读过程中，我们首先要对标题进行解码。一般情况下，文章的标题体现文章的中心思想，设定了篇章的框架。然而，一个标题可以同时激活几个不同的脚本，学生应根据文本的明示信息和隐性信息找到与文本框架相匹配的脚本。在对标题解码后，读者要进行文本阅读，此过程其实就是生成新的脚本、形成新的认知模型的过程。在这个过程中，学生不仅要掌握作者“说了什么”，更重要的是要知道作者“为什么要这样说”。教师在这个过程中更多地起着一个“引导者”的作用，要多的是启发学生边阅读边思考。如在词语讲解时不能采取“讲解→举例→练习”的传统教学模式，而是要在引导学生掌握词义的基础上进行反思：作者选这个词的理由是什么？这个词在文本中的含义是否同其字面意义一样？在段落分析时，教师也要让学生在阅读时去思考以下问题：这段文字说明了什么问题？它在全文中起着什么作用？语义是否连贯？作者为什么要采取这种写作方式？还可以怎样写？采取这种教学模式，学生不仅能准确把握词语、句子和语篇的表层意义，还能挖掘其内涵含义，从而了解作者的心态、写作意图、遣词造句和谋篇布局等方面的技巧。在课文讲解完之后，教师还应该引导学生围绕课文内容和写作技巧展开联想和想象，引申和扩展语篇的主题思想，启迪思想，开发智力，唤起新的意识，实现学生和文本或作者之间的“对话”。经过长期的实践，学生的思辨能力和创新能力必定会有很大的提高。

7.3.2 测试的改革

7.3.2.1 测试的信度与效度

外语测试是外语教学过程中的一个重要环节。外语测试有两个主要目的：一是评估外语教学的质量，了解学生外语学习的情况，以便对后阶段的外语教学作出改进；二是对参加测试的考生的外语能力作出判断，以便作出有关其未来前途的某种决定（束定芳等，1996：178）。而信度与效度是评判测试质量的两个重要标准。测试的信度是指测试结果的可靠性和稳定性，它包括测试本身的信度和评卷的可信度两个方面。效度指一个测试能测出预定要测量事物的程度，表明一种相关性，即测试与测试目标的关联程度，它包括内容效度、标准效度、构卷效度和表面效度四种。按照现代语言测试理论，设计或开发一项考试，应考虑语言测试行为与语言的实际使用情况相一致，语言使用任务和情景的特征及测试任务和情景的特征相一致，这样可提高测试的真实性；测试任务越真实，被试的测试行为就会发挥得越好，根据测试结果（分数）对被试语言能力所做的推论就越准确，因而测试的结构效度就越高。也就是说，在设计测试时必须正确处理以下四组关系：知识和能力的关系（不但要测试语言知识和技能，更要测试学生运用语言知识和技能的能力）、准确和流利的关系、句子水平和语篇水平的关系、领会能力和表达能力的关系（杨惠中，1998：59～60）。但是，从我国现有测试的试卷构成来看（见表7-3、表7-4、表7-5），我们虽然进行了一些改革，但总体上还是通过牺牲效度来求信度，这样无论对教师还是对学生都是不利的，会产生测试的“反拨作用”。

7.3.2.2 测试对教学的影响

测试的反拨作用就是指语言测试对教学和学习所产生的影响。这种作用可以是积极的，也可以是消极的。它有可能会促进学生语言水平的提高；它也可能会加剧应试教育的发展，导致学生高分低能。

在我国，外语测试对当前外语教学的负面影响表现得十分突出。首先，外语测试成了应试教育的助推器。学者们对此类考试进行了一针见血的批评。他们一致认为，目前的外语考试制度和考试方式对我国外语教学的“费时低效”负有不可推卸的责任。此外，他们还主张对现有外语考试制度进行改革，宁可牺牲一点信度和区分度，也要把考试重心转移到听、说、读、写技能上。其次，全国英语统考对学生的学习态度、学习方法、实际运用英语的能力乃至个人的健康成长都产生了很大的影响。实践表明，有相当部分的学生学英语的目的仅仅是为了通过大学英语四、六级统考和专业英语四、八级考试，这就导致学生对与考试内容和形式无关的知识表现出不关心、不感兴趣。这种学习态度既不利于学生养成正确的学习习惯，也不利于学生英语能力的提高。此外，全国英语统考还会阻碍学生实际运用英语能力的提高，许多通过了外语水平考试的学生，念起文章来结结巴巴，听不懂、开不了口、写不成文。一些手持四、六级证书的学生也常令用人单位大失所望。更为严重的是，四、六级统考让学生产生心理焦虑，甚至让其失去学习兴趣。何兆熊教授曾经说过：“无论学什么，个人的兴趣是十分重要的，有兴趣才有动力，才能学得轻松，才可能学好；只有一个很实际的目的但却没有兴趣……学习的过程一定会是十分被动、十分乏味、甚至是苦恼的。一旦那个目的达到了，你就没有动力再往前走了。”何教授的一席话恰如其分地概括了我国大学生学习英语的真实状况。再次，全国英语统考对教师的影响也是很大的。众所周知，教师的知识水平、教学能力在一定程度上与他的科研水平有关系。教学为科研提供第一手资料，而科研又进一步为教学提供理论依据，从而促进教学。然而长期以来，在四、六级统考的指挥棒下从事教学工作的教师思想压力大，科研水平受到很大影响。由于统考通过率与教师业绩挂钩，与大学水平挂钩，学校领导自然非常关心大学英语等级考试的成绩，教师也花费大量精力钻研考试。不少教师分析研究历年考题胜过分析研究教学大纲和教材。

表 7-3 2010 年中考、高考试卷结构（广东卷）

题型＼类别		中考（广东卷）				高考（广东卷）			
		题型	题数	计分	比重	题型	题数	计分	比重
听力	听力理解	客观	20	20	16.7	客观	15	30	20
	补全信息	主观	5	5	4.1	主观	5	5	3.3
语言知识	完形填空	客观	10	10	8.3	客观	10	20	13.3
	语法填空	客观	20	20	16.7	主观	10	15	10
阅读理解	阅读理解	客观	10	20	16.7	客观	15	30	20
	信息匹配	主观	5	10	8.3	主观	5	10	6.7
看图短文填空		主观	10	15	12.5	—			
读写综合	信息归纳/基础写作	主观	5	5	4.2	主观	1	15	10
	书面表达/读写任务	主观	1	15	12.5	主观	1	25	16.7
总计			60 + 26	120	100		40 + 22	150	100

表 7-4 2010 年英语专业四、八级试卷结构

题型＼类别		TEM-4				TEM-8			
		题型	题数	计分	比重	题型	题数	计分	比重
听力	听力理解	客观	30	15	15	客观	10	10	10
	听写/记笔记	主观	1	15	15	主观	10	10	10
完形填空		客观	10	10	10	—			
语法词汇/人文知识		客观	15	15	15	客观	10	10	10
阅读理解		客观	20	20	20	客观	20	20	20
改错		—				主观	10	10	
翻译	汉译英	—				主观	1	10	10
	英译汉					主观	1	10	10
写作	作文	主观	1	15	15	主观	1	20	20
	便条	主观	1	10	10	—			
总计			75 + 3	100	100		40 + 23	100	100

表 7－5　2010 年大学英语四、六级试卷结构

类别 题型		CET－4			CET－6		
		题型	题数	比重	题型	题数	比重
听力	听力理解	客观	25	35	客观	25	35
	复合式听写	主观	11		主观	11	
快速阅读理解		客观	7	35	客观	7	35
		主观	3		主观	3	
仔细阅读理解	篇章阅读理解	客观	10		客观	10	
	篇章词汇理解	主观	10		主观	5	
完形填空		客观	20	10	客观	20	10
翻译		主观	5	20	主观	5	20
写作		主观	1		主观	1	
总计			62＋30	100		62＋25	100

7.3.2.3　测试题型的变革

鉴于现有测试存在的一些缺陷，为了更有效地考查考生的语言运用能力，科学、公正地评价考生的英语水平，我们有必要调整我国外语水平测试（如中考、高考、CET－4/6、TEM－4/8）的结构。

在测试改革方面，英国文化委员会（British Cultural Council）所做的测试改革值得我们借鉴，因为它开发的英语测试体现了语言学不断发展的理论思想。如 20 世纪 60 年代的 BCSA（The British Council Subjective Assessment，用五分制评估听、说、读、写技能，属于传统型测试）和 EPTB（English Proficiency Test Battery，用分列式题目测量语法、辨音、识别超音段特征，也包含较具综合性的完形填空），70 年代的 ELTS（The English Language Testing Service，以“需要分析”为基础，属于专门用途英语测试），以及 1989 年开始推行的面向国际的 IELTS（The International English Language Testing System）。以上这些测试模式的变化反映了语言学界对语言本质属性研究的进展，在测试结构和测试内容方面呈现出“知识型测试向技能

(运用)型转变，死记硬背让位于语言运用”的发展趋势(肖云南等，2002：294~295)。

从对2010年各级考试试卷结构的分析(见表7-3、表7-4、表7-5)来看，我国当前各类大型英语测试中占主导地位的题型是多项选择题，如中考(广东卷)为69.8%，高考(广东卷)为65.6%，CET-4为67.4%，CET-6为71.3%，TEM-4为96.1%，TEM-8为63.5%。多项选择题不符合语言运用的实际，对衡量整体交际语言能力意义不大，它只测量了考生的语言接受能力、识别能力、推理和猜测能力等。它还可能会误导学习者的语言输入，使他们形成错误的假设，妨碍以后的学习。因此，此类题目的得分不一定能客观反映考生的语言运用能力。概括地说，这类测试题型重知识轻能力，注重领会性技能的考查，忽视产出性技能的考查，它只是考试标准化的怪胎，是一种靠牺牲效度来取得信度的测试题型。

众所周知，语言水平的复杂性要求我们同时从不同角度和层面对它进行考查。如果听、说、读、写的测试都用多项选择题，显然不利于创造真实或模拟的语言运用任务和情景，多项选择题除了评分方便、客观外，无其他突出优点。因此我们应该降低其比重、改造其类型、增加语言运用题的数量。如为了考查学生的整体能力，听力和阅读部分可以采用较有综合性的试题和方式。听力部分采用听写和听写填空都能直接有效地测量出听写能力和相关知识与技能，在这方面我国一些考试已经进行了一些尝试，如2010年高考试题(广东卷)在听力部分就出现了“听取信息”：根据所听到的内容填空；2010年CET-4和CET-6的复合式听写；TEM-4的段落听写；TEM-8的记笔记等，这些题型对教学产生了良好的促进作用，遗憾的是这些题型在听力部分所占的比重还不大。在阅读部分，我们也进行了一些改革，改变了以往全是选择题的状况。如2010年高考试题(广东卷)有信息匹配：就是通过阅读插图及提示性文字，把对插图的评论与相关插图及提示性文字进行匹配。而CET-4和

CET－6则在仔细阅读部分增加了篇章词汇理解题：根据文章内容完成句子。此外，我们还可以尝试增加新的测试形式——排序题。一种是将文章中若干处的句子抽出来打乱顺序，增加一定的干扰句并用字母标记每个句子，要求考生选择合适的句子填空。因为选择项远远超过四项，而且选择项的使用相互牵制，猜测在此也起不了多大作用，因此考生一定要看懂文章和单句，否则就不可能轻易选择正确答案。另外一种是打乱文章段落逻辑顺序后要求考生重新排列。这种题型能考查考生是否把握全文主题意思、弄清每小段的核心思想、推断段落的逻辑关系、理解分析连贯手段等。完形填空也可改造为语言运用型的试题，如不给空白处提供选项，而是提供正确答案的第一个字母或词根。在解答这种题型时，考生必须读懂上下文且知道正确词形才能得分，而不是像现行的完形填空题设有四个选项，考生可以一个一个地试填选择项，猜测最可能的选项。针对学生押题、背诵范文的现象，我们也要对写作部分进行必要的改革。2010年高考试题（广东卷）的写作题采取了先阅读短文，然后写一篇150字左右的英语短文“概括短文的主要内容和对短文中的现象进行评论”的一种形式，这种形式能考查学生的理解能力和逻辑思维能力。此外，我们还可以尝试改写、缩写及造句等多样化的方式，全面考查学生的语言应用能力。值得注意的是，从2005年起TEM－8开始增加了人文知识这一新题型，主要对英语国家的地理、历史、现状、文化传统以及英语语言文学知识进行考查。因此我们认为有必要在各级各类考试中根据学生的水平适当增加一些文化知识、文化行为和文化态度的测试，可采取笔试（选择、填空、问答、判断等）和口试（角色表演等）相结合的方式。

如，文化知识的测试：

Indicate whether the following statements are true or false:

1. American young people may earn money by baby-sitting.

2. Most American parents encourage their teenage children to find

part-time jobs.

文化行为测试：

You are now a visiting student at an American university.

1. If you are having a party for the students in your class, how many days in advance would you invite them?

A. The day of the party

B. One day in advance

C. Several days in advance

D. 3 or 4 weeks in advance

综上所述，我们虽对现行全国通用的测试进行了一些改革，但是还没有完全达到“既测知识又测能力、既测句子水平又测语篇水平、既测领会能力又测表达能力”的要求。值得注意的是，由于种种原因，如信度低、不易操作、对考官各方面的素质要求较高等，直到现在还没有进行大规模的口语测试，这也是造成学生“高分低能”的原因之一。因此，我们希望相关部门能把进行大规模的口语测试提上日程。

7.3.3 提倡新的教学理念

“学习者自主”（learner autonomy）又称“自主学习”是近年来外语教育界研究的热点，也是今后外语教学的新趋势。这一概念由Henri Holec于20世纪80年代初正式提出。Holec（1981）把“自主学习”定义为“学习者自我管理学习的能力”，即学习者能够自己决定学习目标、确定学习内容和进度、选择学习方法和技巧、监控习得过程及自我评估学习效果。我们认为，在外语教学中提倡自主学习就是鼓励学习者最大限度地为自己的学习负起责任，对学什么和如何学作出决策，并且在学习过程中不断反思、调整，努力实现自己的目标，直至养成终身学习的能力。研究表明，外语学习受到性别、年龄、个性特点、学习环境、语言学能、学习态度、动机、情感因素、认知风格和学习策略等诸多因素的影响。而自主学习在或多或少地受到以上诸因素制约的同时，其学习效果主要取决于学习者的学习动机、语言意识和学习策略。此外，自主学习还与教师的角色定位有很大的关系。正如束定芳（2006：23～24）所说“要改变原来的‘PPP’教学模式，就要对课堂教学的基本功能进行彻底的反思”。而外语课堂教学的最基本目标应该是：①培养和保持学生强烈的学习兴趣和动机；②创造和提供学习和交际资源（课堂和课外）；③帮助学生获得学习策略；④帮助学生解决学习中的困难”。因此，这里我们将从学习者的学习动机、语言环境、学习策略等方面来阐述“自主学习”的教学理念（教师角色将在第八章做专门阐述，这里不再赘述）。

7.3.3.1 学习动机与自主学习

学习动机是一个复杂的现象，它是语言学习成败的重要因素。鉴于学习动机的重要性，许多学者从不同角度对学习动机进行了阐释。长期以来，在外语学习动机研究领域，Gardner 的“社会教育模式”（social-educational model）一直占主导地位，对动机研究产生了巨大的影响。Gardner（1985）认为动机包括三部分：个人努力、达成学习目标的愿望和对待语言学习的态度。他把动机分为融合性（或综合性）动机（integrative motivation）和工具性动机（instrumental motivation）。所谓融合性动机是指“学习者由于希望与他认为的那个有价值的语言社区更好地交流而产生的强烈学习愿望”，其源于对外语和外国文化的自然兴趣，并想融入目的语文化的愿望。所谓工具性动机是指学习者完全是为了达到某种实用目的（如升学、择业、晋升）而学习，没有与目标语社团进行交际的特殊目的需要。研究表明，两种动机都能促进外语学习，但前者更为持久、有效，并且被认为是最主要也是最重要的与语言学习成绩密切相关的语言学习动机。因此为了不断激发和保持学生学习外语的兴趣以及自主学习的热情，避免应试学习的倾向，外语课堂教学的一个重要目标是帮助学生将学习外语的工具性动机转化为融合性动机。则将动机分为外部动机（extrinsic motivation）和内部动机（intrinsic motivation）。内部动机是学习者学习的动力，来自学习者本身，来自学习本身所带来的乐趣和快乐。外部动机指学生只是为了外部的奖惩而学。学生的学习一般是内部动机和外部动机合力所致。但是在教学中应以激发学生的内部动机为主，因为其比较持久，不易受外部环境的影响（王笃勤，2002：25～26）。匈牙利学者 Dornyei（1994）则把语言学习者动机策略分为三个层次——语言层次、学习者层次、学习环境层次，这三个层次包含了语言学习过程中的不同因素。语言层次包括融入型和工具型动机；学习者层次由语言使用焦虑、语言能力、能力自信等因素构成；学习环境层次包含三方面的动机成分，分别是课程方面、教师方面、学习者群体方面。在国内有许多学者就“学习动机与自主学习”两者之间的关系进行过研究。如庞维国（2003）认为“自主学习的动机一般是内在的、自我激发的，对这种动机具有催发作用的因素很多，包括自我效能感、归因倾向、学习兴趣、结果预期、合适的目标定向等”。

综上所述，学习动机是培养自主学习能力的前提。然而，学习动机并非一成不变，而是动态的、变化的。在外语学习过程中会出现许多干扰因素，学习者的动机也就难免会出现波动，甚至出现动机缺乏或者动机降低的情况。因此，如何保持和增强学习者的学习兴趣与动机是摆在广大教育工作者面前的一大难题。

首先，培养学生学习兴趣和良好学习动机最重要的因素是教师本人。因为教师的素养，包括言谈举止、知识水平、语言艺术、教学能力、学术成就等都会在很大程度上影响学生的学习兴趣和动机。我们认为，教师可通过以下方式来培养学生的学习兴趣和动机。

（1）教师应注重学生自主感的培养。在具体的教学中，教师要创造轻松愉快的课堂气氛，把学习的主动权交给学生，让他们按课程教学大纲的要求进行大量的语言实践活动，提高他们听、说、读、写、译、赏的能力和创新能力，同时也增强学生在学习过程中的自主感。但是，应该注意的是，语言实践活动要符合学习者不同阶段的心理、生理、认知等方面的特点，要具有竞争性、挑战性、互动性等特点。

（2）教师应促进学生外语学习“成就感”的实现。实践表明，帮助学生树立语言学习的自信是一项重要的动机策略，而让学生体验外语学习“成就感”又是实现这一策略的重要手段。比如：从“顺利完成某一学习任务、在某一次评估（包括考试）中获得高分或较高的评价、在公开场合展示自己的学习成果、教师和同学的肯定与表扬”中学习者都能够体验到外语学习“成就感”，从而激发他们进一步学习的信心和决心，形成外语学习的良性循环。值得注意的是，外语学习中“成就感”对英语“学困生”尤为重要。教师一句鼓励的话语、一个寄予厚望的眼神往往能让“学困生”重拾信心。教师通过分析产生学习困难的原因，与学生一起制订个性化的学习方案，确定有别于他人的阶段和长期目标，选择合适的学习策略和实施方案，让他们有机会表现自我，从而体会到“跳起来就能摘到苹果”的成就感。

其次，培养学生学习兴趣和动机与学习者本身也有密切的关系，即鼓励学生把学习成败归因于自身努力，这对激发学习动机非常重要。如果取得成功的学生把成功归功于能力和努力，把失败归因于缺乏足够的努力，那么今后就会更加刻苦勤奋。但是，如果学生认为自己学得好是因为聪明，不努力也会取得好成绩，就不会再努力。同样，如果学生把成功归因于外部不可控制的因素（如运气、遗传、父母素质等），把失败归因于自己智力低下，或“自己不是读书的料”，甚至归因于教师偏心、为难自己。那么，无论成功还是失败都不会激励其进一步努力学习。

7.3.3.2　语言输入、语言环境与自主学习

前面我们已经讨论过我国外语学习者缺乏观察性学习的样本和

操作性学习的环境，缺乏足够的语言输入和良好的外语实践环境。因此，本节我们着重谈谈如何保证足够的语言输入和创设良好的外语实践环境。在克拉申（Krashen，1985）的第二语言习得理论中，输入假设是一个核心内容，理想的语言输入应具备四个特点：可理解性、趣味与关联、非语法程序以及足够的输入量。在她看来，语言学习是一个输入与输出的过程，只有通过合理的形式并辅以足够的、难度适当的输入才能保证语言学习者的学习兴趣以及输出的准确性。

众所周知，我国外语学习者不可能和第二语言学习者一样具备自然的语言环境，他们只有在课堂中才能真正接触“活生生的外语”。教师在课堂上使用的语言就是学生模仿和学习的重要样本，同时也成为其学习外语的一个重要语言输入。因此，作为一名教师应该做的就是如何控制输入形式、输入量和输入难度。首先，教师在不同的学习阶段应采用不同的输入形式，并保证足够的语言输入量。在外语教学过程中，我们要遵循语言学习的规律，在不同的学习阶段进行不同侧重的输入。在小学阶段可以让学生收看一些英语动画片或英语儿童节目，注重口头语料的输入，帮助学生充分接触目的语，并打下坚实的听说基础。进入中学阶段后开始注重书面语料的输入，如通过阅读难度适中的文学作品、报刊等途径获取大量的英语输入，并在语言的运用中实现自我提高。在高级阶段要注重真实语料的输入，就如同“在澳大利亚学习土著文化”一样，强调在真实的情境中将语言研究与内容学习相结合。其次，语言输入的难度要适中。克拉申（Krashen，1985）认为，可理解的语言输入是语言习得的必要条件，且输入语言材料的难度应稍高于学习者目前已掌握的语言知识，即为了保持学生的学习兴趣，语言输入的内容应当有适当的“信息差”以及趣味性和关联性。再次，要创设良好的语言环境，良好的语言环境有利于提高学生的语言意识。从中国英语教学的现状来看，语言输入的主要途径仍然是课堂英语教学。在课堂教学中，学生英语输入量十分有限，实践机会也不多。因此，我们应充分运用各种现有资源，努力创设课堂内外良好的英语语言环境，尤其值得大力推广的是在课堂教学中利用现代网络技术，开展多维立体英语教学。在课堂以外，充分发挥广告、电子邮件的作用，强调英语的自然输入。

7.3.3.3　学习策略与自主学习

当代教育学界和心理学界已经认识到，教育的根本目标就是使学生成为独立、自主、有效的学习者。教会学生如何学习，培养学生有效的学习策略，不仅有利于他们提高学习效果，减轻学习负担，而且能够大面积提高教育教学质量（程晓堂等，2002：1）。这里我们将对学习策略的定义、分类以及如何进行学习策略的培训进行阐释。

不同的学者对学习策略所下的定义不尽相同。Stern（1983）认为学习策略是语言学习者所用方法的总趋势或总特征；O'Malley 和 Chamot（1990）认为学习策略是学习者用于帮助理解、学习和记忆新信息的特殊思想和行为；Oxford（1990）认为学习策略是为了提高二语技能而采取的行动、行为步骤和方法，可以促进新语言的内化、储存、修正和使用。此外，根据侧重点的不同，学者们对学习策略的分类也是不同的。有学者（O'Malley & Chamot，1990）依据认知理论框架以及信息加工理论把学习策略划分为元认知策略（meta-cognitive strategies）、认知策略（cognitive strategies）和社会/情感策略（social/affective strategies）。有学者（Cohen，1998）以运用策略的目的为标准把语言学习策略划分为学习策略和运用策略。还有学者（Oxford，1990）依据学习策略和语言材料的关系把学习策略表述为间接策略和直接策略。

众所周知，外语学习是一个复杂的心理过程：掌握语言知识技能→语言知识技能内化→自动输出语言。研究表明，使用元认知策略，能加速这一内化过程，提高学习者的自主学习能力。元认知策略属于学习策略的一种，是学习者自身为语言学习而采取的自我管理策略，如制订学习计划、监控学习过程以及评估学习效果等（O'Malley & Chamot，1990：44）。它由七部分构成：事先计划、指导注意力、功能准备、选择注意力、自我管理、自我监控和自我评估。许多研究（文秋芳，1995；兰昌勤等，2004）表明，元认知能力其实就是对学习过程的宏观和微观调控能力，元认知中包含的自我效能和执行功能与自主学习培养的因素是一致的，是培养学习者自主性的关键因素。因此，对学习者进行系统的元认知训练将有助于转变学生的学习观念，培养独立思考和自主学习的能力。在进行元认知培训时，我们首先必须帮助学生形成正确的元认知意识。元认知意识是指学习者既了解自己又了解自己所学，它是强化学习者自主学习的基本要素。元认知意识有助于学生积极参与学习活动而非被动地接受课堂灌输，进而能够自我调节学习进程，并为有效的学习规划、监控及评价提供知识基础。此外，它还可以进一步激发他们的学习动机，增强他们的学习恒心，使他们更好地向教师和同学寻求必要的帮助，最终提高自身自主学习能力。其次，我们还应对学习行动的执行加以控制（包括理解学习行动和选择策略），对学习进行评估与调节。在这个过程中主要是介绍常用的元认知策略在具体情况下如何运用。比如结合阅读、听力、写作等活动让学生练习，教师同时可采用有声思维和策略提示卡等方式辅导，及时给予学生反馈，从而使学生体验元认知，掌握其基本策略。通过反复的指导训练，帮助学生在自主学习的进程中形成全程监控的习惯（包括学习前合理计划；学习中设立目标，选择对象，采用恰当的策略；学习后检查、评价、总结等）。

综上所述，我们认为对学生进行元认知意识的培训应注重激发学生内在的学习动机、培养合作精神和提倡自我反思。首先，英语学习本质上来说是学习者的行为，其内在学习动机决定了他们的学习态度及学习责任感。正如 Van Lier（2001：97）所说“学生的学习需求和目标决定了他们的学习内在动机，而其内在动机则与他们对学习过程的掌控及恰当取舍的能力密切相关”。其次，针对“人们以为学习者自主学习就一定是排他性的独立行为，完全排斥教师，排斥同学，排斥普遍认可的教学大纲”，Hart（2002）指出，学生不可能在孤立的状态下掌握自主学习能力，他们需要教师和同学的具体帮助，包括提供自主学习的环境和模板。因此，学习者自主学习需要相互学习和相互合作，也就是“与教师和同学一起实现共同的学习目标”。总之，在对学生进行元认知策略培训之前，先对他们进行元认知意识培训，学生可以更加有效地了解语言学习的本质特征，强化学习动机，培养合作精神，从而更好地使用元认知策略来提高自主学习的能力。

7.4 小 结

戴炜栋（2009：2）认为改革开放以来我国外语教育呈现出“持续升温、飞速发展、成就巨大、问题犹存”的态势。具体表现为：①取得的成绩：师资水平迅速提高、教学大纲日趋完整、教材的多样化、教学方法的推陈出新、教育手段日益丰富、测试手段的多样性。②存在的问题：费时低效，思辨缺席，缺乏批判意识，大、中、小学英语教学脱节。③改革的措施：要对英语专业的课程设置进行改革，增加文学、欧美文化、社会学、哲学等语言文化素质课的课时数，调整现有测试的结构，形成学习者自主学习的新理念，为终身学习打下坚实的基础。

8 英语教师专业发展

如前所述，英语已成为公认的国际通用语言。但是作为“外语教育大国”，我国的外语教学现状和成效令人担忧。1996 年李岚清副总理在一次关于外语教学工作的会议上指出，“我国目前外语教学水平、教学方法普遍存在‘费时较多，收效较低’的问题……我国外语教学效果不理想，还不能适应国家经济和社会发展，特别是改革开放和扩大对外交往的需要”。此外，我国外语师资队伍比较薄弱。这是长期以来“重文学和理论语言学教学，轻英语师资专业训练和应用语言学教学”的结果，是“教师育己”被外语教学研究界忽视的结果。然而，教师的发展却是决定教育质量高低的关键性因素。没有教师的自身素养的提升，就很难有高的教育质量；没有教师精神的解放，就很难有学生精神的解放；没有教师的主动发展，就很难有学生的主动发展；没有教师的教育创造，就很难有学生的创造精神。因此，在本章笔者将就“新形势下，教师如何调整自身的角色以适应改革的需要”、“新形势下，如何促进英语教师专业发展”两大问题进行探究。

8.1 教师角色的转变

角色是与人们的某种社会地位、身份相一致的一整套权利和义务的规范，它是人们对具有特定身份的人的行为期望，是构成社会群体或组织的基础。从社会文化的角度讲，教育教学过程是通过文化传承来培养新的社会成员的过程，是社会有计划地使其新成员社会化的过程，这其中主要有两种角色：教师和学生。受传统文化的影响，我国师生最基本的关系就是知识的授受关系。因此，在传统的教学过程中，教师和学生的角色都是比较单一的。教师处于中心地位，直接以文化权威的身份出现，在知识、技能和道德等方面有不可动摇的权威性。教师充当语言知识和技能的单纯传授者，其职责主要限于阐明事理，监督学生；学生的学习过程则成为被动接受、机械记忆语言事实的过程。

但随着教学模式的变革，教师的角色也开始转型，越来越多的研究者投身于对教师角色的探究中。有学者（华维芬，2001：76～79）认为教师应作为“辅导员、促进者和资源”；还有学者（Gardner & Miller，1999）把教师看作是“顾问、评估者、评价者、教材开发者、管理者、组织者和领导者”；另有学者（王艳，2007：37～43）认为学生期待教师“既是一个专家，可以提供咨询建议，又是一位朋友，能鼓励和支持自己坚持不懈地向目标迈进，还期望他是学习资源的提供者和学习环境的维持者”。联合国教科文组织成员向国际教育局提供的报告中，指出了教师角色转换的一般趋势。第一，在教学过程中，教师应更多地履行多样化的职能，更多地承担组织教学的任务。第二，教师应从一味强调知识的传授转向重视组织学生学习，并最大限度地开发社区内部新的知识资源。第三，教师应注重学生的个性化，改进师生关系。第四，实现教师间更为广泛的合作，改进教师之间的关系。第五，教师应更广泛地利用现代教育技术，掌握必要的知识与技能。第六，教师应更密切地与家长和其他社区成员合作，更经常地参与社区生活。第七，教师应更广泛地参加校内服务和课外活动。第八，教师应削弱加在孩子们身上（特别是大龄孩子）及家长身上的传统权威（万喜生译，1991：6）。研究表明，教师课堂角色行为受制于教学机构管理运作、社会文化背景、教师教学观与个性特征、教学法等多种教学环境因素。随着社会的发展，影响教师课堂角色行为的因素也发生了全新变化。为了适应时代的发展，教师应及时地进行角色转换。教师角色转换，意味着教师的真正功能将更加凸显，教师原有的不适应时代的角色将不断地被解构，被消除，被更换，而整合为新的角色，即成为“中介者、反思性实践者、研究者”。

8.1.1　中介者角色

有人认为，自主性学习、丰富的语言材料会削弱教师在学生学习过程中的作用，学生甚至可以脱离教师的指导和帮助。然而，从建构主义视角来看，课堂自主学习是学习者在互动式教学环境中积极构建知识的过程。因此，即使有了学生的自主性和丰富的语言材料，教师作为学生语言知识建构过程中的主要互动对象以及作为中介者（mediator）的角色作用也是不可或缺的。也就是说，语言学习不仅是一个掌握语言知识和技能的过程，同时也是学习者全面发展的过程。在这个过程中，外语教师不仅为学生提供最佳的语言学习环境，并且要在指导、协助、促进和鼓励学习者的语言学习中发挥重要的中介作用。

中介理论（theory of mediation）最早是由以色列心理学家、教育家 Feuerstein（1980，1991；Williams & Burden，2000）提出的。Feuerstein 认为自出生起儿童的学习就受到对他有意义的成人的干预和影响。他把在儿童学习中起重要作用的人物称为中介者，把他们为儿童提供的学习经验叫做中介作用下的学习经验。中介者为儿童选择和组织他们所认为的合适刺激，用他们认为最有利于促进学习的方式来呈现这些刺激，同时通过向孩子做出解释而引导和鼓励孩子做出更为恰当的反应。此外，Feuerstein 还指出了中介作用的 12 种特征，主要包括：帮助学生认识学习任务的意义与超越当前目的，帮助学生产生胜任感、确立目的、控制自身学习行为、寻求挑战、认识变化，使学生懂得共享合作，并积极培养个性与团体归属感等等。总之，Feuerstein 的中介理论强调教育者在学生认知、情感与社会化发展中的单向主宰作用，却忽视了中介过程本身的双向互动性以及学习者本人的参与贡献。

根据 Feuerstein 的中介作用理论，Williams 和 Burden（2000：68）诠释了教师作为中介者的职责：赋予学生独立学习的能力，即帮助学生获得发展进步、学会学习、处理问题、适应各种文化情境和社会变化，以及应对各种挑战所需要的知识、技能和策略；协助学生获取并有效处理语言材料；师生互动；学生对教师中介意图的理解与反馈。与 Feuerstein 的中介作用理论相比，Williams 和 Burden 充分考虑了中介对象（学生）的能动作用，指出了教师作为中介者与信息传递者的根本区别，并倡导语言教师（中介者）在教学过程中应考虑学习策略、教学策略、学生情感等因素，应给学生创造一种归属感，培养他们的创造力和自我评价能力，帮助他们树立强烈的个人价值意识。结合 Feuerstein、Williams 和 Burden 等人提出的中介理论，笔者认为在具体实践中教师可从教学内容、教学法、任务设置与实施、课堂环境因素等多方面对学生的学习过程进行中介。也就是说，教师应以学生为中心，通过对学习材料和学习者的中介，形成学习者与学习材料、学习者之间的互动；通过对课堂教学过程的中介，激发学习者的学习动机，让学习者形成正确的学习策略。

8.1.1.1　对学习材料、学习者的中介：创设互动环境

首先，教师要通过对学习材料的中介，促进学习者与教材之间的互动。Richards（2001：130）指出，教材可作为一种权威性、可及性的学习工具，推进学习进程并使其趣味化。它能为学生提供明晰的学习框架、内容与顺序，还可增加学生的自主性与控制感。因此，教材是课堂环境中的核心学习资料，是教师授课的“教本”，更是学生选择性学习和自主处理的“学本”。然而在传统教学中，学习者只是把教材作为词汇与语法的载体，从中获取的只是孤立、静态的生词与语法结构等语言知识。而教师只是教学大纲、教学计划和教科书的忠实执行者，是游离于课程决策、课程编制之外的。“教师对知识的限定即是处理、准备‘药剂’，并按照‘处方’的剂量分

配知识”。因此，要从根本上扭转这种局面，教师必须成为课程的研究者和开发者，必须从教材的目标设定、知识呈现方式、练习的设置等方面，促进学习者与教材之间形成深层次的互动，培养学习者自主应用教材的能力。

其次，教师还要通过对学习者的中介，促进学习者之间的互动。为了创设逼真的语言学习环境，提高学习者的语言应用能力，在课堂教学中，教师要特别重视学习者之间的交互活动。通过课堂上的交互活动，学习者不仅能够提高他们的语言能力，还能培养他们的社会情感，提升他们的自我意识和文化意识，使他们能在集体中学会与别人友好合作，为社会发展充分发挥个人的价值。因此，笔者认为协作学习（同桌之间的协作或小组活动）是语言课堂自主学习的一个重要平台，这种学习方式便于学生共享资源，通过同伴交流来构建个体知识，培养学习者的学习自主性。在协作性语言学习中，教师的中介作用在于创造有利的课堂环境，保证学习者在协作学习中有更充分的行为参与、情感参与、认知参与和社会化参与，提高自主学习的效率。除此之外，协作学习还能培养学生的集体归属感，让学生明白他们都属于一个不可分割的小组、班级或学校，人人都应该为这个整体服务，从而进一步树立为祖国、为人民服务的思想。

8.1.1.2 对课堂教学过程的中介：激发良好的学习动机、形成正确的学习策略

在自主学习模式下，学习者能否意识到自己是认知主体、能否根据自己的需求选择适当的学习策略进行知识的主动建构与学习者的学习动机密切相关。Gardner（1985）认为，动机是学习语言的过程中良好的态度、愿望及为取得目标所付出努力的综合。学习动机是一个动态的过程，涵盖刺激学习欲望产生、激发并维持学习行为、达到预计目标或受到其他因素影响学习欲望减弱、最终终止学习行为等一系列环节（Dornyei，1998）。因此，教师要为学习者创造最佳的语言学习环境和氛围，激发学习者的学习兴趣和动力，使其能够

积极主动地参与课堂学习，并根据学习者的个体差异运用恰当的方法引导和激发学生语言学习的动机。此外，还应该帮助学习者认识到学习本身所具有的个人意义，树立语言学习的信心，训练学习者的认知能力、学习方法和策略以及对学习过程的掌握和控制能力，使学习者能够真正地实现独立的自主学习。

综上所述，中介者角色的确立使语言教师由传统语言教学中知识的传递者转变为语言学习的引导者、协助者、促进者、互动语言学习环境的营造者以及学习成效的反馈者和评价者。这就要求外语教师应具备更高的素质：不仅要提高语言熟练程度，掌握某一具体教学方法或语言学理论，还要求外语教师能够根据具体的教学情景和理论基础自主建构语言教学信念，并通过不断的反思、实践提高自我发展的综合能力。

8.1.2 反思性实践者（从业者）角色

传统观念认为，实施有效的语言教学取决于教师对语言教学方法和技巧的运用，教师只要掌握了恰当的语言教学方法，成功的教学就能够实现。在这种理念的影响下，语言教师也就充当着教学方法的接受者和实施者角色。这就导致在过去很长一段时间里，教师的实践被认为没有太多研究的价值，教师只是被动消费、应用教育理论而已，教师的工作莫过于是一个“技术熟练”的过程。20 世纪 80 年代以后，随着人本主义和建构主义观念被教育界广泛接受，教育界开始鼓励教师去反思自己的教学，观察和评估教学行为、教学过程以及引发这些行为的认知内涵，从而使教学实践与教育理念不断达到和谐、统一。

“反思性实践者”（reflective practitioner）是美国马萨诸塞工科大学哲学教授 Schon（1983：39）在《反思性实践者——专家如何思考实践过》中提出的概念。他主张现代的专家在以“活动过程中的反思”（reflection in action）为原则的“反思性实践”中发挥专业性，去替代过去以“科学技术之合理运用”为原则的“技术性实践”，即用“反思性实践家”代替“技术熟练者”的教师形象，以强调教师职业应有的创造性与自主性。他认为教育的实践领域不是“高硬之地”，而是一片“低湿之地”，充满着“复杂性、模糊性、不稳定性、独特性和价值冲突”，是实践的“不确定地带”。对于处于这一地带中的问题，书本的知识和技术的手段都是无力解决的，所要借助的只能是“行动中的知识”。所谓“行动中的知识”是指实践者在专业实践活动中对活动进行反思而形成的知识，它不是建立在“技术理性”的基础上，而是由“反思实践”活动来澄清、验证和发展的知识，常常隐含在实践者面临不确定、不稳定、独特而又充满价值冲突的情境时所表现出来的那种艺术和直觉过程中。在Schon看来，决定每个人特殊工作方式的正是这种“行动中的知识”而不是由外部强加的理论或知识，而反思性实践者的任务就是“外显”那些心照不宣的个人理论或知识。这种“外显”是通过行动后的反思或对行动的反思，通过不断地质问和检查自己正在形成中的理论而实现的。

受Schon的影响，教育理论家们也开始倡导教学反思，认为反思可以提高教师的自我意识，激发教师的探究意识，唤醒教师进行自下而上的改革意识。他们还认为反思是教师专业成长的基础，是否具有反思的意识和能力，是区别作为技术人员的经验型教师与作为研究者的专家型教师的主要指标之一。Vallied（1992：161）认为“随着认知心理学、解释社会学和人类学观点在教育研究中的影响日益增强，对教师思维的研究增多了……对教师的实践理论的兴趣和尊重也日益增强，‘反思’已经成为全世界教师教育者为改革教师教育而聚集起来的一个口号。除了美国把反思性探究作为教师教育计划民族工作者的核心要素以外，在英国、加拿大、澳大利亚、欧洲大陆都可以看到类似的努力”。Poser（1989）则提出一个教师成长的公式：经验 + 反思 = 成长。他指出，没有反思的经验是狭隘的经验。而在反思性教学中，教师可以通过对教学经验的解释，来增进其对教学现实的理解，提高自己的教学水平和培养自己的职业能力。因此，语言教师只有以现代教育思想和教育理念为基础，多角度地对自己的教学实践进行理性思考，不仅从教学观念、教学兴趣、动机水平、情绪状态等心理因素等方面对自己的教学实践进行反思，还应从教学方法、教学材料、教学媒体等教学技术上去思考、质疑或评价自己教学的有效性，并自觉地根据反思的结果矫正自己教学中的不良行为，只有这样才能不断提高专业化水平，符合作为研究型教师的角色定位。

8.1.3 研究者角色

如上所述，教师要从“知识传递者”转变为“学习策略的指导者”和“学习动机的激发者”。这种角色的转变意味着教师肩上的责任更重大了，对教师的要求也更高了。教师要教会学生“学会学习”，教师自己首先就必须要“学会教学”，对自己的教育教学进行反思探究；教师要培养学生的创新意识和能力，教师自己就不能是盲目从众，囿于既成经验，或毫无反思地用别人设计好的课程来达到别人设计好的教育目的。为此，教师必须从“技术人员的经验型教师”的角色中挣脱出来，成为“研究者的专家型教师”。这就要求教师除了掌握学科内容和必要的教学技能技巧之外，还必须拥有一种“扩展专业的特性”（extended professionalism）：通过系统的自我研究、对其他教师的研究以及在课堂教学中对有关理论进行检验以实现专业上的自我发展。

Stenhouse、Elliot 和 Kemmis 都是“教师即研究者”的积极倡导者。英国课程论专家 Stenhouse（1975）提出“教师成为研究者”是通往专业自主的有效途径。他指出：“教师是教室的负责人，而从实验主义者的角度来看，教室又正好是检验教育理论的理想的实验室。对那些钟情于自然观察的研究者而言，教师是当之无愧的有效的实际观察者。无论从何种角度来理解教育研究，都不得不承认教师充满了丰富的研究机会”。英国学者 Elliot（1991）则认为 Stenhouse 提出的“教师成为研究者”是一种“思先于行”的方式，它可能导致有学术偏见的研究方案进入教师的思考与研究，使研究和实践（采取行动）成为两张皮。因此，他建议从“教师成为研究者”转向“教师成为行动研究者”（即“以行促思”），使研究与行动真正合二为一。在 Stenhouse 研究的基础上，澳大利亚学者 Kemmis（1982）提出教师要成为“解放性行动研究者”。他认为“解放性行动研究”提供了检验和改进教学实践的方法，将教学实践置于系统的理论知识和研究基础之上有助于发展受教育者的批判性自我反思意识，拓展教师的专业自主。同时，还能弥补 Stenhouse 的“教师成为研究者”范式中“重个人，轻集体”的不足。

就教师角色而言，它所涉及的研究主要指教育教学实践研究，而非专业性的学术研究。首先，教师研究是一种实践性研究。与专业性的学术研究相比，教师研究的最大特点就在于它的实践性，这是由上文所提及的“反思实践者”这一特殊角色所决定的。从教师研究问题的来源来看，教师研究的问题直接产生于他们合理进行教育教学实践的需要。20 世纪八九十年代以来，人们以解释观和生态观来理解教学的认知复杂性，强调教学是一种理解，是教师基于其经验背景和所处环境对教学事件的个人解释，且因人而异、复杂微妙。教育活动所呈现出的这种复杂性特征，使得教育教学不可能像人们曾经以为的那样进行完全的事先预测和规划，教师必须以研究者的态度，审慎地对教育教学情境、自身的教育教学行为以及这种行为背后所依据的东西进行考察和反思，这样才能达到创造性地解决问题，促进学生良好发展的目的。从教师研究的过程来看，它是在教师的教育教学中进行的，与教师的教育教学活动不可分割地交织在一起，是对他们自己的教育教学实践及其所依据的东西进行思考和探究。从教师研究的目的来看，教师研究的目的主要在于直接地改进教育教学实践，以提升他们自身教育教学实践的合理性。其次，教师研究还是一种非个人化的公开的探究。教师研究是一种系统的、持续的、有计划的和自我批判的探究，这种探究应该进入公众的批判领域（Stenhouse，1981）。教师的研究要取得合法性资格，它应具有的一个基本条件就是进入公众的批判领域，成为一种非个人化的公开探究。从研究的过程来看，教师的研究主要是在一种合作、对话的情境中进行的。这种合作与对话包括三个方面：一是教师与专职教育科研工作者之间的合作与对话；二是教师与教师之间的合作与对话；三是教师与学校管理者、家长以及社区的合作与对话。就教师研究的内容而言，它主要包括教师对其身处的教育教学情境，对其自身的教育教学行为以及这种行为背后所依据的东西及其所导致的结果进行反思探究。最后，教师研究是一种科学性的探究。教师研究是一种系统的、持续的和有计划的探究，而且这种系统的、持续的探究要有科学理论的指导。正是教师研究对科学性的重视才使它得以区别于一般性的经验总结或随意的问题解决法。第一，教师研究要发现教育实践中的问题，但不是仅依赖经验，而是经验与教育理论贯穿其中，审慎地对教育情况进行诊断，明确问题所在。第二，教师研究要制订解决问题的行动方案，但方案不是仅凭经验制订出来的，而是以一定的教育科学理论为基础制订出来的。

值得注意的是，教师作为“研究者”，在某种程度上来说也应是“文化研究者”。作为“文化研究者”的教师允许学生在学习过程中充分发挥自我意识，提供一个以学生生活世界为起点的学习环境，让学生能自由地在教室讨论各种议题，通过批判的语言与沟通，使教师和学生一道从事文化的觉知、思考与行动。这样，教师就不再仅仅是传统教育中的“传道、授业、解惑”者，而且还要对知识与文化肩负起更为积极的责任，同时也要对学生批判能力的提高有所贡献。可见，文化研究者的角色意识更多的是强调教师对差异多样的宽容态度，以及批判和反思的文化品格。教师应带领学生接触不同的文化信息，以文化研究者的身份进行知识与文化的探究与建构，并透过文化研究，进入文化的深层反省。教师作为“文化研究者”，就应该具备多元文化教育观：理解多元的历史；发展文化意识观；反种族中心主义、性别偏见和一切形式的歧视观。

总之，教师的新角色——“中介者”、“反思实践者”、“研究者”是对教师专业发展程度要求的不断提高和对教师获得专业自主和发展的强化。

8.2 教师专业发展

教师是教育改革和教学质量提高的关键，教师自身的语言素质、教学观念、教学理论水平、教学技能技巧以及教师的自主发展能力都是制约教学进步的因素（王笃勤，2002：ii）。然而实践表明，教师自我发展需求和实际需求之间的差异，教师在理念和课堂行为之间的差距反映出我国在外语教师教育培养上存在的不足，外语教师的职业发展情况还不能很好地适应外语教学改革和发展的需要。究其原因，一是由于传统的教师培训模式往往只注重具体教学方法或者理论的灌输，而忽略了理论与教学实践的结合。二是目前外语教育教学改革的焦点大多集中在修订大纲、课程设置、改编教材以及引介新的教学法和对学习策略、学习心理和学习过程的研究上，而忽略了对教学过程，尤其是教师如何在教学过程中提高自身素质的研究。因此，为了提高教师自身的素质，我们就必须用创新、开放式师资教育替代传统的封闭式教师培训，要从外语教学理论的构建和教学技能的训练转向对教师已有知识结构、思维模式以及教学能力习得的研究，即“教师思维”的研究；要从单纯对教育方法的探讨转向对教师专业化发展（teacher professional development）的研究。下面，笔者将对教师专业发展的内涵、影响教师专业发展的因素、促进教师专业发展的途径加以阐释。

8.2.1 “教师专业发展”的内涵

目前，与教师专业发展意义相关的概念有教师发展（staff/teacher development）、在职教育（in-service education）、专业发展（professional development）、专业成长（professional growth）和职业发展（career development）等。这说明教师专业发展的内涵十分丰富，人们对教师专业发展呈现多样化的理解。如 Perry（1980：143）从不同角度阐述了教师专业发展的含义：就其中性意义来讲，教师专业发展意味着教师个人在专业生活中的成长，包括信心的增强、技能的提高、对所教学科知识的不断更新、拓宽和深化以及对自己在课堂上为什么这样做的原因意识的强化。就其最积极的意义来讲，教师专业发展包含着更多的内容，它意味着教师已经超出技能的范围而有艺术化的表现，成为一个把工作提升为专业的人，把专业知识转化为权威的人。Fullan 和 Hargreaves（1992：8～9）则指出，教师专业发展既指在职教师教育或教师培训而获得特定方面的发展，也指教师在目标意识、教学技能和与同事合作能力等方面的全面进步。国内也有学者从不同视角来阐释教师专业发展。有的学者（钟启泉，2000）把教师专业发展理解为“教师的专业成长或教师内在专业结构、专业素养（包括专业心理）不断更新、完善的一个动态的发展过程”。有的学者（叶澜等，2001：226）则指出教师专业发展就是“教师的专业成长或教师内在专业结构不断更新、演进和丰富的过程”。综上所述，教师专业发展具有以下共性特征：一是强调专业发展的内生性、自觉性；二是强调过程理解的阶段性与动态性；三是强调发展状态的非终结性；四是强调教师专业发展内涵的多层面、多领域性。

此外，国内学者就“外语教师的专业发展内涵”进行了专门的阐释。通过调查，戴曼纯等（2004：42～46）总结了合格英语教师的素质：有过硬的英语基本功、懂教育理论、了解学生的心理及外语习得的基本规律；了解中西文化、能将文化内涵渗透在英语教学中；掌握现代教育技术，能用多媒体计算机等辅助手段进行教学；不断更新教学理念，紧跟应用语言学理论的发展步伐。吴一安（2005：202～204）则提出优秀外语教师的专业素质应包括四个维度的发展：外语学科的教学能力、外语教师的职业观与职业道德、外语教学观和外语教师学习与发展观。邹为诚（2009：3）归纳出合格的外语教师的质量框架：①外语教师必须具备良好的语言能力，在外语使用方面具有专家的水平。②针对学生外语发展的机会，外语教师必须有识别、捕捉和利用的能力，在环境的刺激下获得教学灵感，为学习者创造出有效的语言学习任务。③外语教师必须高度重视显性和隐性教学之间的辩证关系，尤其是隐性教学的作用。④外语教师要能启发学生，发展他们的自主学习能力，能引导学生自己启动学习需求。

总之，教师专业发展就是在教育理论的基础上，鼓励教师去反思自己的教学，观察和评估教学行为、教学过程以及引发这些行为的认知内涵，从而使教学实践与教育理念不断达到和谐、统一，使教师从“技术人员的经验型教师”向“研究者的专家型教师”转变。

8.2.2　影响教师专业发展的因素

教师是一个社会的人，又是独特个体。促成优秀外语教师专业发展的因素有多种，有教师的个人因素（即内因），也有环境因素（即外因）。个人因素主要包括自我发展意识、职业道德和专业发展动机等。环境因素主要包括学校文化和教育政策等。总的来说，内因和外因互动共同促进了外语教师的专业发展。其中，内因起决定性作用，外因作用于内因，起形成性作用。

8.2.2.1　自我专业发展意识

在探讨自我专业发展意识之前，我们先说说对一般人的发展起着重要的作用的自我意识。具有自我意识的人不仅能把握自己与外部世界的关系，还能够把自身发展当作自己认识的对象和自觉实践的对象，并能构建自己的内部世界。独立的自我意识和自我控制能力的形成把个体对自身发展的影响提高到自觉的水平。只有达到了这一水平，人才能成为完全意义上的自我发展的主体（叶澜，1991：217～219）。而自我专业发展意识是个体基于现实需要，对照专业发展要求而形成的对自己未来发展目标的系统化和理论化的认识。这是教师自觉的职业规划意识，也是社会发展的客观要求在个体心理的反映。更为重要的是，自我专业发展意识是教师专业发展的内在主观动力。首先，教师的自我专业发展意识使得在教师发展过程中实施终身教育思想成为可能，弥补了过去教师教育设计只从教师群体一般需要出发，而不考虑教师个人需要的不足。其次，教师的自我专业发展意识，使得教师能够“理智地复现自己、筹划未来的自我、控制今日的行为，把个体发展的过去、现在、未来在意识中连接起来，不仅使人的已有发展水平影响今后的发展方向和程度，而且使自觉意识到的未来发展目标支配今日的行为”（叶澜，1991：218）。总之，人们只有具备强烈的自我意识和自我发展意识，才会自觉地采取相应的促进自我发展的手段和措施，从而实现不断超越自我、提升自我价值、获得专业满足感、逐步接近自我意志境地的人生目标。同时，随着自我专业发展的步步提升，教师又会对教育事业产生由衷的热爱之情，彼此促动，最终达到自我教育人格的最高境界。可以说，没有教师的自我专业发展意识，就很难有教师理想的追求，也就很难有自我潜能的挖掘，更不可能有教师的快速成长。因此，自我专业发展意识是教师成长的基石。

8.2.2.2 职业道德

教师的职业道德（简称为师德）是教师在社会和教育环境的影响下，在自己的教育教学实践过程中，通过自我体验、修炼和内化所形成的品质。师德是每一个教师所必备的基本素质，也是教师满足生存需要、成长需要和实现自我价值的必要条件之一。对于师德的重要性，前教育部部长周济指出："师德建设决定着我国教育事业改革的成败。要想把教育做好，决定因素还是教师的素质，而在教师素质中最重要的是师德。"

职业道德包括职业道德认知、职业道德情感、职业道德意志、职业道德行为。教师的职业道德认知包括：①道德信念：坚信自己在教育上的一些做法是正确的，教师是一项高尚的职业；②道德理想：立志成为一名优秀的教师，竭力为社会培养更多更好的人才。教师的职业道德情感则包括教师对待教师事业的态度、对待学生的态度、对待同事的态度、对待自己的态度；职业道德意志则表现为教师能够坚韧不拔地克服教学工作中所遇到的困难，为教育教学质量的提高尽心尽责；教师的职业道德行为则是教师在学校教育教学情境中，按照职业道德规范与自己的职业道德信念行事，不做违反职业道德规范与自身道德良心的事。因此，我们认为优秀教师的职业道德应该包括：第一，具有远大的职业理想，即给自己确立职业目标、专业方向及个人形成与发展的志向；第二，具有执著的个性，即认准目标，不屈不挠，不达目的不罢休；第三，热爱教育事业，视教育为生命；关爱学生，"爱生如子"。

教师的职业道德对教师的专业发展影响重大。首先，职业道德是教师实现角色认同的重要前提。如上所述，教师角色既代表教师个体在社会群体中的地位和身份，同时也包含着社会对教师个人表现的行为模式的期望，既包括社会、他人对教师的行为期待，也包括教师对自己应有行为的认识，而教师的职业道德正是实现这种角色认同的基础。实践表明，如果教师缺乏热爱自己的职业、爱学生的品德，他就不能胜任教师这一职业，也就难以实现专业发展。其次，职业道德是教师敬业乐教、发展成长的内在动力。Louis 认为，"教师及其行政人员不仅对他们的职业道德和个人的坚定信念负有责任，而且对委托人的期望和社会的普遍利益也负有责任。这种双重的忠诚，是教师区别于其他专业人员的突出特点”。再次，职业道德是教师进行职业交往、解决利益冲突和矛盾的重要准则。利益有内在利益和外在利益之分。所谓外在利益是教师在一定社会条件下，通过教学实践活动所获得的奖励、权势、地位或金钱等；而内在利益是教师在教学实践活动中所取得的经验、体悟、愉悦及成就感、幸福等。而职业道德能够使教师获得教学实践的内在利益，因而成为教师追求教学卓越的精神支柱。优秀教师也正是在获得教学实践的内在利益中发展成长的。

8.2.2.3　专业发展动机

动机，心理学解释为驱动力，是推动人们行动的力量。动机是人们的愿望、兴趣、理想表现出来的激励人们行动的主观因素。而专业发展动机是教师在自我调节的作用下，使自身的内在要求与行为的外在诱因相协调，从而激发、维持职业行为的动力因素。在教师专业发展过程中，专业发展动机是教师专业发展的前提和基础，它直接影响教学行为的选择和专业发展的进程，并决定教育质量的高低。从动机的来源来看，教师的从业动机分为内部动机和外部动机。内部动机的主要特征表现为对活动本身的注意和兴趣，包括求知动机（受好奇心驱使）、求成动机（受好胜心驱使）和交往动机（互惠的驱动力）。外部动机是由活动以外的刺激（如社会因素、人际关系或工作环境）对人们诱发出来的推动力，其主要特征为关注外在的奖励、认同和指导。

教师专业发展是内在动机和外在动机相互作用的结果。教师处于被动的发展时期，他们的发展主要来自于外力的刺激，取决于外力的作用。通过“激励”和“压力”两种形式，外部动机在教育教学工作中可以起到激励和指导教师行为的作用，它可以作为教师教学动机的宏观目标和实际努力方向。而适当的宏伟目标和明确的努力方向又能够端正教师的教学态度，激发教师的教学热情，从而提高教育教学质量。内在动机对教师专业发展起决定性的作用。内部动机反映教师对教学工作的主观需要和价值取向，其对教师的教学行为具有发动性作用。它使教师对教育事业和教学工作具有较强的兴趣和积极的态度，愿意为工作付出更多努力。教师对教育事业及教学工作的热爱程度越高，他的职业发展动机就越强烈，教学工作的积极性也就越高。此外，内部动机还有益于教师创造性的发挥，有益于教师保持对教学工作的全身心的投入。值得注意的是，在教师的专业发展动机中，成就动机对教师的发展成长也起着不可低估的作用。教师的成就动机是教师认为自己从事的工作重要而有价值，愿意认真地去完成，并欲达到某种理想境界的一种内在推动力量。美国哈佛大学教授麦克利兰等人在20世纪50年代创立了一种激励理论，即成就动机理论。该理论认为，成就动机具有挑战性，可以引发人的成就感，增强奋斗精神，促使人们追求卓越、力求成功。因此，对人们的行为具有重要的影响。高成就动机的人一般具备以下特征：①能够为解决问题而担当起个人的责任；②善于在工作进程中调整自己的目标，使自己能够在可以达到目标的工作中，不断获取成就动机的满足；③希望及时了解自己的工作情况和成绩以及得到上级领导的肯定性评价。成就动机强烈的人往往具有高度的内在工作动机。一般说来，高成就动机的教师往往会主动要求发展，乐意接受具有一定难度的挑战性的任务，并以旺盛的精力、新颖的方法创造性地完成任务，而不愿墨守成规，采取简单的方法去完成任务。很显然，教师是否具有强烈的成就动机直接决定着其是否具有自我提高的内驱力。

8.2.2.4 学校文化

学校文化是各类优秀文化、先进文化存在和发展的基础和前提，是学校发展需要的反映，又是学校的生命和灵魂，因此，它对教师专业发展的影响不容忽视。具体地说，学校文化是“学校全体成员或部分成员习得且共同具有的思想观念和行为方式”（郑金洲，2000：240）。它主要包含物质文化、精神文化、制度文化、教师文化、学生文化等形式。其中，物质文化、精神文化、制度文化、教师文化对教师专业发展的影响尤为突出。

首先，学校物质文化是学校教师在教育实践过程中创造的各种物质设施，它们能够迅速为人们提供感觉刺激，给人一种有意义的感情熏陶和启迪，是一种以物质形态为主要研究对象的表层学校文化（赵中建，2004：291~295）。学校物质文化包含学校组织文化中的各种物质性存在和构成。例如，学校的整体环境，各种建筑物、操场、实验室及各种象征物，甚至还包含学校教室的设计和安排（傅道春，2001：157）。实践证明，只有满足教师工作和生活的物质环境的基本需要，才能更好地发挥教师的才智，施展其抱负，促进其发展。因此，校园物质文化是教师专业发展必要的基础保证。

其次，学校精神文化是学校文化的深层表现形式，是指学校在长期的教育实践过程中，受一定的社会文化背景、意识形态影响而形成的为其全部或部分师生员工所认同和遵循的精神成果与文化观念。正如价值观是文化的核心一样，学校价值观是学校精神文化的核心体现，它是指师生员工在教育实践过程中所推崇的基本信念和奉行的目标，是学校全体或大多数师生员工一致赞同的关于学校意义的终极判断（赵中建，2004：299~300）。学校价值观能够规范学校教师的言行，使教师自觉地按照学校整体目标调整自己的行为。此外，它还能将教师的事业心和成功欲转化成具体的奋斗目标、信条和行为准则，形成教师的精神支柱和精神动力，引导教师在为学校的共同奋斗目标而努力的同时，实现自身专业发展。

再次，制度文化也是学校文化的重要组成部分。人们总是在一定的价值观指导下去完善和改革学校各项制度的，因此制度文化是精神文化的产物，它必须适应精神文化的要求（赵中建，2004：317）。制度文化包括学校组织中各种规章制度、行为规范和纪律等，以及那些无形的习惯，约定俗成的规范。除此之外，还包括学校在长期教学过程中逐渐形成的传统和风格等等。要实现通过学校文化来促进教师的专业发展，就必须创造一种人人受重视、受尊重的良好文化氛围。只有这样才能激励教师为实现自我价值和学校发展而勇于献身、不断进取，不断完善自我，达到自身专业发展的目的。最后，学校文化中最有活力和最具主体意义的亚文化是教师文化。教师文化是一种群体文化，它受民族文化、地域文化和外来文化的多重影响，体现了教师这一特定群体的价值观念和思想规范，不仅是社会文化在教育领域的折射，也是学校文化积淀和人文哲学价值底蕴的综合反映，还是学校历史传统与现实发展的结合。

最后，教师文化为培育教师自我专业发展的需要和意识奠定了基础，是教师自我专业发展的内在主观动力，对于促进教师不断自觉地自我专业成长至关重要。其中教师合作文化是教师文化的重要有机组成部分，指的是在教师自愿合作与自觉合作整合的基础上生成的一种文化。教师合作文化所追求的是为教师营造一个资源共享、精神相遇、个性自由表达、身心愉悦、情感流动的生存空间，使教师在“互助、合作”中形成良好的同事关系，使教师之间能够在知识和信息上充分交流、共同分享，在思想、信念、态度上相互影响，为个体发展和教学水平的提高创造有利条件，从而促进教师专业成长。

8.2.2.5　教育政策

教育政策是国家和政府制定的调整教育领域的社会问题和利益关系的公共政策，是为实现一定历史时期的教育任务而制定的行动准则。就我国的教育政策而言，教育政策的表现形式主要包括路线、方针、原则、法律、行政法规、规范性文件及规章等，其中行政法规、规范性文件和规章制度是我国教育政策体系的主体内容，是直接指导教育工作的具体规范。一个国家的教育政策是影响教师发展成长的宏观环境因素，它为教师发展成长提供基本的物质和精神保障，赋予教师基本的权利和义务，体现了国家和社会对教师的基本要求。

首先，教育政策为教师的基本待遇、工作和学习条件提供保障，直接影响教师的生存和发展。近年来，各级政府为了保障教师的基本待遇制定了一系列政策，取得了显著成效。然而，由于受到诸多因素的影响，这些政策在执行的过程中，往往会出现执行结果偏离政策目标的现象。尤其是农村地区，拖欠教师工资的现象依然存在，这就大大打击了教师的积极性，对教师队伍的稳定也带来了不利影响。因此，政府部门一定要加强教育政策的执行力度，切实保证教师待遇的巩固和提高，为教师创造良好的工作、学习环境，这是关系到教师成长的先决条件。

其次，教育政策能够规范和引导教育教学活动和教师行为。教育政策是一种规范体系，是通过政策对教师的行为进行约束、限定和引导的一种规范形式，对于每一个从教人员必然具有强制性的约束力。目前在许多国家的教育政策中，通过实施教师资格证书制度对教师予以规范。此外，通过教育政策的引导，教师能够明确自己的发展目标，激发其工作热情和积极性，并通过确定实现目标所必需的行动策略、方法、措施来指导教师行为，从而推动教育事业的发展，实现教育目的。

再次，教育政策还能激励与促进教师发展成长。教育政策最终的目的无疑是要不断优化教师队伍，充分调动教师积极性，发挥教师最大潜能。因此，有效的激励政策是促进教师良性发展的必要条件。当前，我国主要是通过教师考核制度、教师奖惩制度、职务评审和聘任制度、教师培养培训制度来实现对教师的激励与促进。通过对教师政治思想、业务水平、工作态度、工作成绩等方面客观、公正的考核，让教师及时改进自己存在的问题，并作为教师评定职称、晋升工资、实施奖惩的依据。

最后，教育政策还能为教师发展成长营造良好的社会氛围，而良好的社会氛围是保障教师健康成长的必要条件。为了让全社会形成“尊师重教”的良好风尚，为教师创造一个融洽、和谐、积极进取的工作环境，各级政府必须加强教育政策的宣传，加大教育政策的执行力度，把国家的教育政策落到实处。这样才能提高教师的职业声望，满足教师的职业自尊心、职业荣誉感，从而激励教师发展成长，最终为科教兴国作出重大贡献。

总之，教师专业发展作为个体社会化过程一个重要组成部分的专业发展，不仅要受教师自身因素的影响，同时也要受学校文化和国家教育政策等外部因素的制约。教师专业发展过程本身就是教师个体的专业结构要素回应各种环境因素，随之此消彼长、循环互动的过程。

8.2.3 教师专业发展的途径

长期以来，我国英语教学成效受到诸多批评。要改变当前英语教学的现状，最为关键的要素是教师，是英语教师的专业素质。因此，如何促进英语教师的专业发展是摆在广大研究者面前的一道难题。结合自身的实践经验，笔者认为，反思性教学、信息化的校本教研、案例教学是促进英语教师专业发展的有效途径。

8.2.3.1 反思性教学

反思性教学的概念最初来源于 Dewey（1933），Dewey 对常规行为与反思行为进行了对比。他认为常规行为是由传统、习惯、权威和社会期望值所引导的行为，此类行为一般比较稳定，不会因环境而发生变化。而反思行为则预示经常的自我评价和发展，反思者愿意投入到变化中，表明反思者的一种灵活性、认真的分析精神和社会意识。在这之后越来越多的学者投身于“反思行为”的研究。如 Schon（1983）提出的“反思性实践者”这一概念，阐述了反思与行动的关系。他指出，实践者结合亲身经历中的疑惑，通过一系列的反思、研究活动来寻求解决疑惑的方法，是实践者提高自身职业能力的最有效途径。Wallace（1991：49）则将教师培训发展的三大模式归纳为：技艺模式（the Craft Model）、应用科学模式（the Applied

Science Model）和反思模式（the Reflective Model）。其中，与传统的技艺模式和应用科学模式相比，反思模式是发挥教师主体地位的模式。在这一模式中，专业知识（received knowledge）和经验知识（experiential knowledge）是教学实践和反思的核心和理论基础，也是教师自我发展的动力。Bartlett（1995）则提出了用来指导教师进行反思性教学的八项原则：①教师反思的问题须密切联系社会环境；②教师必须对要解决的问题感兴趣；③提出的问题必须是教师自己的问题，即来自教师自身的实践；④对问题的反思包含教师在所处环境中的问题解决；⑤确定问题及其解决办法所有权属于教师；⑥问题的信息须来自教师的教学经验；⑦教师的观点需通过教学实践验证；⑧教学观点一旦得到实践检验，必须付诸行动。而关于反思性教学（reflective teaching），或称反思性实践（reflective practice）的概念，由于角度和侧重点不一，学者们所作出的阐释也是不同的。有的侧重于“方法”的阐释。如 Villar（1994）认为反思性教学是教师借助发展逻辑推理的技能和仔细推敲的判断以及支持反思的态度进行的批判性分析过程。有的从“目的”的角度来阐释。如熊川武（1999：3）将反思性教学定义为：“反思性教学是教学主体借助行动研究，不断探究与解决自身和教学目的以及教学工具等方面的问题，将学会教学（Learning how to teach）与学会学习（Learning how to learn）结合起来，努力提升教学实践合理性，使自己成为学者型教师的过程。”

综上所述，反思性教学就是在教育实践中，教师凭借其专业知识和教学经验，在实践中发现问题，通过思考、计划、实践和评价，寻求解决问题的方法和策略，实现自我改进、自我完善的过程。它是一种以追求实践合理性为目的的教学探究活动，以提升专业知识为目的的教师学习活动，以解决问题为导向的教师思维方式。概括地说，反思性教学就是教师对专业知识和经验知识不断反思的实践过程，是其提高专业化职业能力（professional competence）的过程。

它具有“主动性与质疑性、动态性和循环性、实践性和实验性、开放性、调节性和职业性、合作性和有效性等六大显著特征”（Pollard，2001：11，王蔷，2002：15~17）。

正因为反思性教学具有以上特征，因此，“教师专业发展的关键环节就是反思”（王蔷，2002：14）。首先，反思能够端正人们对发展专业能力的认识。它让教师认识到专业能力的提高不能依赖外在的指导，而应该在具体的教学环境中设计活动、观察过程、收集数据，根据得出的结论来调适自己的教学行为。这也导致了教师角色的转变：从从业者提升至研究者。正如 Widdowson 所说：语言教育欲成为真正的专业行为，其从业者必须不间断地从事实验、评判活动，借助于此，他们在不断完善教学行为的尝试中，作为一种必然结果，为自己创造了继续教育的机会（Crandall，2000：36）。

其次，反思还能对教师进行方法上的指导，为教师提供研究与实践相结合的具体方法。通过判断，对实践经验进行理论化、形式化，一方面在实践中思考，运用已知的理论展开研究，并对其结论作出分析、判断；另一方面对实践进行反思，使得从实践中获得的检验结果理论化、形式化，如此循环往复，逐渐提高专业能力。

再次，反思能帮助教师树立正确的教育观。在反思型教学中，语言教师不再局限于对语言问题的关注，他们也开始关注教育原理、教育目的和教育后果等更深层次的问题，通过不断拓展观察、分析、解释和决策能力，来提高和发展自己的思维能力，尤其是自身反思型思维能力。在某种程度上来说，教师不仅是从业者、研究者，还应该是职业教育家。他们一方面具有学科知识和教学技能，另一方面还具有对教育目的、教育行为的社会和个人后果、教育的伦理背景和教育方法、课程原理等更深更广的教育问题进行探索、处理的能力。

总之，反思能使教师以一种批判性的眼光来看待自己的教学理念、方法、手段和效果，它使教师超越了自我，使“自强”变为可能。反思性教学则为教师的自身发展提供了这样一个新的途径，能提高教师教学的自觉意识，提高教师对教学过程中自我评价的能力。更为重要的是，反思性教学使语言教师从对语言知识的迷信，对专家、权威的迷信，对教学法的迷信中解脱出来，使每个教师既是教学实践者，又是教育理论的思考者与建构者。此外，由于教师的发展又为学生不断发展提供了条件，反思性教学还是师生共同提高和发展的教学。

根据 Wallace（1991，1998）对反思性教学的研究，反思性教学可以通过许多形式和手段来实现，教师可根据自己的教学条件，采取如下不同的方法：

（1）写反思日记（dairy）：教师在一天工作或一堂课后，用教学日记的形式记下自己在课堂教学过程中的感受和体会，作为反思基础，有助于他们通过联系自己的教学经验内化新的信息，形成个人的实践知识。在记日记的过程中，我们要避免记流水账（listing）或一般性经验总结（general summary），反思日记应包括解决问题（solving problems）、受到启发（seeing new teaching ideas）、对实践经验的理性化（legitimize own practice）。

（2）听课与观察（observation）：教师可以教研室或同课头教师为单位，相互听课，相互学习，观察其是否合理安排教学过程。我们认为 Richards 和 Lockhart（1991）所提倡的听课活动非常值得借鉴。在他们看来，教师相互观摩彼此的课堂教学并描述他们所观察的情景，随后再彼此交换所获得的信息，继而双方对这些信息进行不带个人观点的分析。这种以自愿为基础、与他人合作交换听课的活动旨在帮助对方收集那些对他们有用但自己却难以收集到的信息，而收集这些信息是任何自我反思体验的基础。这种听课活动既能提高教师的外语教学能力，有助于他们走上科研之道，还能加强教师之间的理解和认同，给他们带来职业的愉快和满足。

（3）教师评价（teacher assessment）：这是一个反思、分析、综合和实践的循环过程。这里说的评价不是评价教学对与错，而是对整个教学过程中教师的行为进行评价，其目的是帮助教师提高教学水平，有利于将来的发展。我们可以从以下六方面对课堂教师行为进行评价：人际关系（interpersonal relation）、文化知识和跨文化知识（cultural and intercultural knowledge）、语言与语言学知识（language and linguistic knowledge）、语言习得与语言学习（language acquisition and learning）、语言教学（language teaching）、职业意识（professionalism）（Fantini，1993：44）。

（4）录像（video）：教师对教学情境的自我意识能力来源于教师对课堂教学情境的领悟、表述、解释和反思。而观看、琢磨自己或同事的课堂教学录像，是培养教师对特定教学情境自我意识能力的有效手段之一。通过观看课堂教学录像，能生动形象地反馈整个课堂教学过程，触发教师反思性思考，总结教学行为的成功与不足，也可以从同行的教学录像中得到一些启示和灵感，反思自己的弱点，找到需要改进的地方。

（5）行动研究（action research）：所谓行动研究，就是一种在教学中开展研究的方式，是一种自我反思的方式，是一个“变革、反思、合作、专业化发展和改进实践”的过程（王蔷，2002：9～10）。具体地说，教师为了保证教学的成功，在教学过程中将教学的各种行为作为意识对象，不断积极主动地进行计划、评价、反馈、检查、调控和改进的行为过程。行动研究包括对教师课前、课中、课后等行为的研究，即“课前的计划与准备、课堂反馈与评价、课堂调节与监控、课后的反思”的研究。它是最为常见的反思方法，和传统的教学活动相比，它更加遵循研究规范、更加重视理论在研究中的价值、更加强调合作在研究中的价值。它也不同于一般的教学经验总结，不是某种临时性、孤立性的任务，而是与教师自身的长远发展紧密相连的自我教学研究，是教师的反思和“自强”在其教学活动中的具体体现，有助于提高教师自我发展的自觉性。

8.2.3.2 信息化的校本教研

有学者（周燕，2005：207）曾对全国6大区域49所不同类型的院校采取分层抽样的方法进行调查，通过对问卷的分析发现，19%的教师自参加工作以来从未有过脱产进修的机会，61%只得到过一次进修机会。还有学者（夏纪梅，2002：40）通过调查发现：84%的教师没有出国进修或参加国外外语教学研讨会的经历，有35%～40%的人没有参加过国内外语教学研讨会或进修。因此，在进修资源紧缺的情况下，如何创造适合国情并切实可行的教师发展机会，是一个亟待解决的难题。有学者（张雁玲，2007：66）提出了一条适合我国国情且费用低、操作性强、效果好的教师专业发展途径：以“教师个人的自我反思、教师群体的同伴互助、研究人员的专业引领”为核心的“校本教研”。因此，下面笔者将对如何进行有效的校本教研进行阐释。

校本教研是一种将行动研究本土化了的为国内外教育业内人士所广为认可的研究模式。早在2002年，《教育部关于积极推进中小学评价与考试制度改革的通知》（教基〔2002〕26号）中便首次提出了“校本教研”的概念：建立以校为本、以教研为基础的教师教学个案分析、研讨制度，引导教师对自己或同事的教学进行分析、反思与评价，提高全体教师的专业水平。教育部原副部长王湛在2003年全国基础教育课程改革实验推广工作电视电话会议上强调了校本教研对教师专业发展的重要性，他认为建立以校为本的教研制度是促进教师专业发展的必然要求，将有助于创设教师间互相关爱、互相帮助、互相切磋与交流的学校文化，使学校不仅成为学生成长的场所，同时也成为教师成就事业、不断学习和提高的学习型组织。教育部基础教育司副司长朱慕菊在为《校本教研在行动》（2006）所作的序言中曾对校本教研做过精辟的阐释，她认为“以校为本的教研，是将教学研究的重心下移到学校，以课程实施过程中教师所面对的各种具体问题为对象，以教师为研究的主体，理论和专业人员共同参与。强调理论指导下的实践性研究，既注重实际问题的解决，又注重经验的总结、理论的提升、规律的探索和教师的专业发展，是保证新课程改革实验向纵深发展的新的推进策略，是由教师反思、同伴交流、专业支持三大因素构成的一种新的教研制度”。

综上所述，我们认为校本教研对促进教师专业成长起到了重要作用。在校本教研的过程中，教师学会了如何进行学校教育教学研究，并在此过程中学会了如何自我反思、如何制定研究方式、如何收集与利用各种研究素材与资源、如何将材料进行分类归纳、如何在专家的引领之下进行独立的分析与判断、如何将已有的理论纳入自己的教育教学实践中、如何在实践当中抽象出超越经验的更为上位的概念与命题及理论、如何将这些自己所收获的再次在实践中推敲试验改进、如何在不断的螺旋上升过程中总结研究的成果并将之推广扩大化应用等等。虽然校本教研对教师专业发展的促进作用已被教育界广为认可，然而如何选择适合学校实际情况的校本教研方式也就成了一个急需解决的问题。是采取课题研究、教学案例的分析、备课的集体探讨、听评课等传统形式？还是采取主题谈话或论坛等新形式？正如有学者所指出的，“在全面推进新课程改革的大背景下，常规教研已不能适应新课程改革的要求，需要校本教研有效跟进，不断创新校本教研模式，丰富教研内涵，从单一常规教研向多元化校本教研转化”。

我们认为，传统的校本教研（如教研活动、学术讲座、学术研讨会）往往要求教师在同一时间、同一地点听专题讲座或参加培训课程，但由于课务繁重、时间紧缺等原因，许多教师都无法参加。此外，由于传统的校本教研方式还存在其他缺陷，如教研活动前后互不关联，教研无法达到效果，教师感觉很难把从短期培训课程、专题报告等活动中所学的知识和技能运用到自己的日常课堂教学中。概括地说，教师往往学不到新的技能，也达不到专家们预期的效果。就拿学术讲座来说，由于不了解学校和教师的实际，许多专家的讲座或培训内容往往与教学实际严重脱节，不符合广大教师的实际需要。即教师期望习得的是那些给学生学习带来积极效果的实用教学技能，而专家介绍的新技能往往不被教师采纳，也谈不上运用到课堂教学中。为了弥补传统校本教研的缺陷，国外出现了以“同伴互助”（peer coaching）和“课例研究”（lesson study）为代表的新兴的校本教研方式（Hill，2007：114）。前者指的是一起工作的同事基于互助信任和共同兴趣，通过观课和评析教学技能等方式，进行反思和教学研究，实现持续专业学习。后者指的是一种教师联合起来计划、观察、分析和提炼真实课堂教学的过程，关注的是教师的教学方式和学生的思考和学习方式。但是由于我国外语教师的教学任务比较繁重，再加上职称评聘的压力，因此以上两种方式在我国不一定可行。

建构主义学习理论认为，知识建构的过程必然包括对问题的共同探索，对论据的共同检验、辩驳，以及各种观点的融合。“理解”作为不同个人意义建构的产物，无法与他人分享，但是却可以与他人进行交流，检验或更改自己已经建构的“理解”，使之更加符合事物的本质和客观要求。此外，在信息时代，互联网等信息技术的使用使教师们的在线交流和对话得以实现，使更多的教师能通过网络接触新观点、阐释新概念，并与先前的观念、看法进行对比，并最终习得新知识。教师们与周围环境的协作和相互作用既可以加深理解学习内容，也可以培养教师合作解决问题的能力，还强化了他们构建新知识和将新知识运用到实际课堂教学中的能力。由于信息技术支持的校本教研能持续进行，确保了教师参与研究的时间，教师有时间实践所学的新知识和新技能，并能与其他同事分享心得体会（Sorge & Russell，2000：46～49），因此，笔者认为信息化的校本教研也是促进教师专业发展的有效途径之一。

根据自身的实践经验，我们可以采取以下形式进行信息化的校本教研活动。

（1）网上集体备课。以笔者所在的学校为例，为了完善《高级英语》这门精品课程的网络资源，课程主持人通过召集课程组教师会议，布置教师就自己所负责的单元撰写教学设想以及对设想的解读，然后制作成 PPT 并上传到学院的精品课程网，其他教师围绕这一教学设想、电子课件在网上展开集体讨论、进行评价。事后，负责该单元的备课教师根据大家的意见，对原有教学构想和课件进行修改和完善后，再次上传到网站。这种没有时间与空间约束的网上合作备课可以避免传统备课方式的弊端，把教师从封闭孤立的个人备课行为转变为互动共享的群体协作备课行为，使教师的智慧资源得到共享，教学个性得到培养，教学差异得到互补。

（2）网上评课。该课程组还充分利用微格教室的优势，对该课程组中教学效果好的教师的讲课过程进行了全程录像，然后也上传至精品课程网站，供大家随时观看，并在互动平台上就课堂教学过程中的导入设计、提问方式、学生合作学习等教学环节所存在的优缺点，发表自己的看法。网上评课的最大优点是讨论话题的转变。传统评课模式往往采取的是面对面的研讨会形式，为了不让同事"丢面子"，教师评课时往往会漫无边际地引用一些抽象的原则说些恭维的话。然而，通过网上评课就可以避免以上现象的发生，教师更多地聚焦于同事上课的优缺点和对自己的启发上。此外，传统教研无法做到每个人都能有机会发言，而且，在专家和老教师作出评价后，不少新教师往往不敢轻易发表自己的看法，网上研讨则能确保每一位教师的"话语权"，并有随时补充自己观点的机会。

（3）在线论坛。我们还可以借助 BBS，为教师搭建一个进行讨论、争鸣的互动教研平台。为了寻求意见、建议和解决办法，教师随时将自己在教学过程中的疑问和困惑提出来和网友进行在线实时讨论，在论坛中教师们可以自由地发表看法，也可以对别人的观点提出质疑。为了传递国内外相关的学术信息，我们还可以向教师提供一些专业协会网站，如 TESOL：http：//www. tesol. org、学术期刊网站，如 TESOL Journal：http：//www. tesol. org/s_tesol/seccss. asp，Applied Linguistics：http：//applij. oxfordjournals. org/，ELT Journal：http：//eltj. oxfordjournals. org/。这样，教师就可通过网络分享到国内外有关本学科的前沿信息，并进行教学研究心得体会的交流。此外，还应该鼓励教师根据自身条件，结合教学实际，充分利用互联网和多媒体高端无限资源，并通过在线课程、专题研究、业内探讨等多种方式与国内外专家学者就自己的兴趣所在进行多方位的在线咨询和切磋。再次，我们还可以定期邀请专家在网上进行深度主题讨论。事前发布研讨公告，将要讨论的主题、参与研讨的专家等信息发布在论坛上。这样教师可对要研讨的主题提前进行思考，并在指定的时间进行集体研讨。研讨结束后，论坛负责人对研讨的内容进行整理，发布在网站上，既便于教师总结反思，也便于当时没有参加研讨的教师事后学习。这种交流方式不受时间、地点、人员的限制，能够集思广益，也有助于教研方式的个性化发展，使理论学习在思考中内化、在对话与争鸣中实现深层次的理解。

8.2.3.3 案例教学

随着教师专业化运动的深入发展，人们对教师作为一名专业人员所需的知识和技能结构及教师的培养模式进行了反思，越来越多的研究者认识到现有教师培训模式的缺陷：只注重教育理论的学习而忽略了实践环节。为了弥补传统教师培训模式的缺陷，研究者主张将传统的理论学习和实践训练两者整合起来，将来自“实践”和“实践者自己的声音”引入教学内容。英美等国的教师率先展开了将理论与实践沟通起来的案例教学的尝试，在研究者与教师合作中，以教师为主体来撰写教学案例，实施案例教学，进行了大量的研究和实践工作，并取得了较好的效果。因此，本节笔者将对“案例教学的定义、方式以及对教师专业发展的作用”作出阐释。

案例教学一个最为突出的特征是案例的运用。因此我们有必要了解什么是案例，什么不是案例。案例是包含有问题或者说疑难情境在内的真实发生的典型性事件。据其定义，案例在其内容上有这样几个鲜明的特征：一是发生的事件；二是事件中包含有问题或疑难在内；三是事件具有典型性；四是事件是真实发生的。此外，在叙述方式上，案例必须符合以下要求：一是要突出对事件中矛盾、对立的叙述，也就是要彰显案例的主题；二是要有一个从开始到结束的完整的情节，不能是对事件的片断的描述；三是叙述要具体、明确，案例的阅读者就像身临其境一样感受着事件的进程；四是要反映事件发生的背景，把事件置于一定的时空框架之中；五是要揭示教育教学工作的复杂性，揭示教师与学生复杂的内在心理活动（Richert，1991）。

对于案例教学（Case methods of teaching）的定义，专家学者的观点不一。教育部师范教育司组织编审的“全国中小学教师继续教育”专业课教材所下的定义认为案例教学就是“围绕一定的教育目的，把实践中真实的情景加以典型化处理，形成供学习者思考分析和决断的案例（通常为书面形式），通过独立研究和相互讨论的方式来提高学习者分析、解决问题能力的一种方法”，案例教学可以通过角色模拟或体验将学生带入案例情境之中（孟宪乐，2005：190）。哈佛工商学院则曾将案例教学界定为：一种教师与学生直接参与共同对工商管理案例或疑难问题进行讨论的教学方法。这些案例常以书面的形式展示出来，它们来源于实际的工商管理情景。学生在自行阅读、研究、讨论的基础上，通过教师的引导进行全班讨论。因此，案例教学法既包括了一种特殊的教学材料，同时也包括了运用这些材料的特殊技巧（Leenders et al.，1978：14～15）。综观以上定义，我们发现它们在以下几方面存在共同之处：在教学材料和内容上要对真实情景加以描述或典型化处理；在教学方式上组织学生进行分析和讨论；在教学目的上侧重学生分析与解决问题的能力以及实际运作能力的提高。因此，我们认为案例教学就是通过对一个含有问题在内的具体教育情境的描述，并引导学生对这些特殊情境进行讨论的一种教学方法。案例教学的方式主要包括讲授法和讨论法两大类。讲授法是指教师通过对案例的讲解来说明课程内容的教学。具体地说，就是教师按一定的教学目标，选择一系列有代表性的典型案例，通过对案例的全面分析与讲解，使案例与整个课程的基本理论有机地结合起来的教学方式。而讨论法则是学生根据教师的要求和所提出的思考问题，仔细阅读或观看案例，并在课堂上开展讨论，由教师予以总结，形成一定的结论。

如上所述，案例教学是根据专业教育特点和需要创设和组织的，其主要目的是克服理论教学过于抽象和脱离实际的弊端，使专业人员的培养能够在理论与实践的融通中进行，提高专业人员的专业能力和素质。首先，使用案例教学可以提高师生的创新能力和实际解决问题等能力。由于教学情境的多变性，这就要求师生必须具备随机应变的能力，掌握处理新问题的技能。而案例的着眼点就在于学生创造能力以及实际解决问题能力的发展。在案例教学中，学生是主角，教师是主导，这有利于调动学生的积极性，为学生提供展示自己能力的机会。其次，使用案例教学有利于整合教育理论与实践，缩短教学情境与实际生活情境的差距。在教师教育中，理论与实践的脱节是长期存在的严重问题，案例教学的突出优势之一就是能通过营造一个逼真的教育教学情境，为教育教学的理论和实践因素有机融合起来创造机会。传统培训模式中，被培训教师接触到的更多的是教育教学过程中的某一片断、某一局部，且学科之间存在着明显的界限。而案例来自真实的教育世界，是发生在被培训教师实际生活中的事情，它打破了学科的藩篱，增强了教师应对教育教学实践的能力。再次，被培训教师通过案例教学可以整合教育教学中那些“不确定性”的知识，并形成教师不可或缺的知识结构。案例教学实际上是一种“做中学”的形式，它是从经验与活动中获取知识，增进才干的，这些知识、才干在案例学习的过程中，逐渐就成了学生知识与能力结构的一个重要组成部分，并且与原有的知识、能力加以整合。

总之，在案例教学中，教师通过不断对比、归纳、思考、领悟，提高了自己分析、解决问题的能力和教育科研能力。同时，在案例分析中，教师敢于挑战权威，不再被动地接受专家学者规定的内容，而是依靠自己分析、讨论案例，提出自己的假设，做出自己的选择，从而大大提高了教师的自主性并激发了他们学习教育、教学理论的积极性，这些都有助于教师专业化发展。

8.3 小 结

综上所述，我们认为教师的发展是决定教育质量高低的关键性因素。为了进一步推进教育教学改革，提高教学质量，教师必须调整自身的角色，即要成为学生语言学习的中介者、教学实践中的反思实践者、职业发展中的研究者。此外，要通过反思教学、信息化校本教研、案例教学等方式来促进英语教师的专业发展，提高教育教学质量，为我国从教育大国向教育强国转变作出贡献。

参考文献

1. Bartlett, L. 1995. *Teacher Development through Reflective Teaching*. Cambridge: Cambridge University Press.

2. Bates, D. G. & Plog, F. 1990. *Cultural Anthropology* (3rd ed.). New York: Mac Graw Hill Press.

3. Berns, M. 1990. *Context of Competence: Social and Cultural Considerations in Communicative Language Teaching*. New York: Plenum Press.

4. Brogger, F. C. 1992. *Culture, Language, Text: Culture Studies within the Study of English as a Foreign Language*. Oslo: Scandinavian University Press.

5. Brooks, N. 1968. Teaching Culture in the Foreign Language Classroom. *Foreign Language Annual*, 1 (3): pp. 204 - 217.

6. Brown, H. 1980. The Optimal Distance Model of Second Language Acquisition. *TESOL Quarterly*, 14: pp. 157 - 164.

7. Byram, M. & Morgan, C. 1994. *Teaching-and-learning Language-and-Culture*. Clevedon, UK: Multilingual Matters.

8. Byram, M. 1997. *Teaching and Assessing Intercultural Communicative Competence*. Clevedon, UK: Multilingual Matters.

9. Byram, M. 2000. Assessing Intercultural Competence in Language Teaching. *Sprogforum*, 18(6): pp. 8 - 13.

10. Canale, M. & Swain, M. 1980. Theoretical Bases of Communicative Approaches to Second Language Teaching and Testing. *Applied Linguistics*, 1: pp. 1 - 47.

11. Canale, M. 1983. From Communicative Competence to Communicative Language Pedagogy. In J. R. Richards & R. W. Schmidt (ed.). *Language and Communication*. London: Longman, pp. 2 –27.

12. Carr W. & S. Kemmis. 1982. *Becoming Critical: Education, Knowledge and Action Research*. London: The Falmer Press.

13. Chen, G. M. 1989. Relationship of the Dimensions of Intercultural Communication Competence. *Communication Quarterly*, 37: pp. 118 –133.

14. Chen, G. M. & Starosta. W. J. 1996. Intercultural Communication Competence: A Synthesis. *Communication Yearbook*, 19: pp. 358 –359.

15. Chen, G. M & Starosta. W. J. 2007. *Foundations of Intercultural Communication*. Shanghai: Shanghai Foreign Language Education Press.

16. Chomsky, N. 1965. *Aspects of the Theory of Syntax*. Cambridge: The MIT Press.

17. Cohen, A. 1998. *Strategies in Learning and Using a Second Language*. London: Longman.

18. Crandall, JoAnn (Jodi). Language Teacher Education. *Annual Review of Applied Linguistics*. Cambridge: Cambridge University Press. 2000: pp. 30 –44.

19. Dewey, J. 1933. *How to Think: A Restatement of the Relation of Reflective Thinking to the Educative Process*. Boston: D. C. Heath.

20. Dodd, H. C. 2006. *Dynamics of Intercultural Communication* (5th ed.). Shanghai: Shanghai Foreign Language Education Press.

21. Donald A. Schon. 1983. *Reflective Practitioner: How Professionals Think in Action*. New York: Basic Books.

22. Dornyei Z. 1998. Motivation in Second and Foreign Language Learning. *Language Teaching*, 3: pp. 117 –135.

23. Elliott J. 1991. *Action Research for Educational Change*. Milton Keyness: Open University Press.

24. Ellis R. 1999. *The Study of Second Language Acquisition*. Shanghai: Shanghai Foreign Language Education Press.

25. Fantini E. A. 1993. Teacher Assessment. In Freeman D. & Cornwell S. (ed.). *New Ways in Teacher Education*. USA TESOL Inc.

26. Fast, J. 1970. *Body Language*. Philadelphia: M. Evens and Company.

27. Ferraro, G. 1995. *Cultural Anthropology: An Applied Perspective* (2nd ed.). St. Paul, Minnesota: West Publishing Co.

28. Fullan, M. & Hargreaves, A. 1992. Teacher Development and Educational Change. In Michael Fullan & Andy Hargreaves (ed.). *Teacher Development and Educational Change*. London & Washington D. C.: Falmer Press.

29. Gardner, R. C. & Lambert, W. E. 1972. *Attitudes and Motivation in Second Language Learning*. Rowley, MA: Newbury House.

30. Gardner, R. C. 1985. *Social Psychology and Second Language Learning: The Role of Attitudes and Motivation*. London: Edward Arnold Publishers.

31. Goodenough, W. 1964. Cultural Anthropology and Linguistics. In P. Garvin (ed.). *Report of the Seventh Annual Round Table Meeting on Linguistics and Language Study*. Washington: Georgetown University Series on Language and Linguistics, No. 9.

32. Grice, H. P. 1975. Logic and Conversation. In P. Cole & J. L. Morgan (ed.). *Syntax and Semantics, Vol. 3: Speech Acts*. New York: Academic Press, pp. 41 – 58.

33. Gudykunst, W. B. 1988. Uncertainty and Anxiety. In Y. Y. Kim & W. B. Gudykunst (ed.). *Theories of Intercultural Communication*. Newbury Park, CA: Sage, pp. 123 – 156.

34. Gudykunst, W. B. 1993. Toward a Theory of Effective Interpersonal and Intergroup Communication. In R. L. Wiseman & J. Koester

(ed.). *Intercultural Communication Competence*. Newbury Park, CA: Sage. pp. 33 – 71.

35. Gudykunst, W. B. 1995. Anxiety/Uncertainty Management (AUM) Theory. In R. L. Wiseman (ed.). *Intercultural Communication Theory*. Thousand Oaks, CA: Sage, pp. 8 – 58.

36. Gudykunst, W. B. 2005. *Theorizing about Intercultural Communication*. Thousand Oaks, CA: Sage Publications.

37. Hall, E. T. 1959. *The Silent Language*. Anchor Books, Doubleday.

38. Hall, E. T. 1966. *The Hidden Dimension*. New York: Doubleday.

39. Hall, E. T. 1976. *Beyond Culture*. New York: Doubleday.

40. Hammerly, H. 1982. *Synthesis in Second Language Teaching*. Burnaby, B. C.: Second Language Publications.

41. Hart, N. 2002. Intra-group Autonomy and Authentic Materials: A Different Approach to EFL in Japanese Colleges and Universities. *System*, 30 (1): pp. 33 – 46.

42. Hawes, F. & Kealey, D. J. 1981. An Empirical Study of Canadian Technical Assistance. *International Journal of Intercultural Relations*, 5: pp. 239 – 258.

43. Hendon, U. S. 1980. Introducing Culture in the High School Foreign Language Class. *Foreign Language Annals*, 13 (3).

44. Herbert, R. 1988. The Ethnography of English Compliments and Compliment Responses: a Contrastive Sketch. In W. Oleksy (ed.). *Contrastive Pragmatics*. Amsterdam: John Benjamins.

45. Herbert, R. & Straignt H. S. 1989. Compliment-rejection Versus Compliment-avoidance: Listener-based Versus Speaker-based Pragmatic Strategies. *Language & Communication*, 9 (1): pp. 31 – 47.

46. Herbert, Robert K. 1991. Compliment Work in Polish and English. *Multilingua*. 10 (4): pp. 381 – 402.

47. Hill. H. C. 2007. Learning in the Teaching Workforce. *Excellence in the Classroom*, Spring, 17 (1).

48. Hinds, J. 1987. Reader vs Writer Responsibility: A New Typology. In Connor, U. & R. Kaplan (ed.). 1987. *Writing Across Languages*. Reading, MA: Addison-Wesley.

49. Hofstede, G. 1991. *Culture and Organizations: Software of the Mind*. London, Norfolk: McGraw-Hill Book Company (UK) Limited.

50. Hoijer, H. 2000. The Sapir-Whorf Hypothesis. In L. A. Samovar & R. E. Porter (ed.). *Intercultural Communication: A Reader* (9th ed.). Belmont, CA: Wadsworth, pp. 194 – 200.

51. Holec, H. 1981. *Autonomy and Foreign Language Learning*. Oxford: Pergamon Press.

52. Horwitz, E. K., M. B. Horwitz & J. Cope. 1986. Foreign Language Classroom Anxiety. *Modern Language Journal*, 70/2.

53. Hymes, D. 1972. On Communicative Competence. In J. Pride & J. Holmes (ed.). *Sociolinguistics*. Harmondsworth: Pengium.

54. Jensen, J. V. 1985. Perspective on Nonverbal Communication. In Hu Wenzhong (ed.). 1988. *Intercultural Communication—What It Means to Chinese Learners of English*. Shanghai: Shanghai Translation Publishing House.

55. Kaplan, R. B. 1966. Cultural Thought Patterns in Inter-cultural Education. *Language Learning*, 16: pp. 1 – 20.

56. Keenan, E. O. 1976. Norm-makers, Norm-breakers: Uses of Speech by Men and Women in Malagasy Community. In R. Bauman & J. Sherzer (ed.). *Explorations in Ethnography of Speaking*. Cambridge: Cambridge University Press.

57. Kim, Y. Y. 2001. *Becoming Intercultural: An Integrative Theory of Communication and Cross-cultural Adaptation*. Thousand Oaks, Califor-

nia: Sage Publications, Inc., p. 98.

58. Kise, K., Phipps, C. & Sufferlein, T. 1995. *Cube Model for Intercultural Effectiveness*. In Dodd 1995.

59. Kramsch, C. 1993, *Context and Culture in Language Teaching*. Oxford: Oxford University Press.

60. Kramsch, C. 1998. *Language and Culture*. Oxford: Oxford University Press.

61. Kramsch, C. 1998. The Priviledge of the Intercultural Speaker. In M. Byram & M. Fleming (ed.), pp. 16 – 31.

62. Krashen, S. D. 1985. *The Input Hypothesis: Issues and Implication*. London: Longman.

63. Kroeber, A. L. & C. Kluckhohn. 1952. Culture: A Critical Review of Concept and Definitions. *Papers of the Peabody Museum of American Archaeology and Ethnology*, 47/1. Cambridge Mass.: Harvard University.

64. Lado, R. 1957. *Linguistics Across Cultures*. Ann Arbor: University of Michigan Press.

65. Lakoff, G. & M. Johnson. 1980. *Metaphors We Live by*. New York: University of Chicago Press.

66. Laird, C. & Gorrell, R. M. (ed.). 1971. *Reading about Language*. N. Y.: Harcourt Brace Jovanovich, Inc.

67. Lee McKay S. 2002. *Teaching English as an International Language*. Oxford: Oxford University Press.

68. Leech. G. 1983. *Principles of Pragmatics*. London: Longman.

69. Leki, I. 1991. Twenty-five Years of Contrastive Rhetoric: Text Analysis and Writing Pedagogies. *TESOL Quarterly*, 25 (1): pp. 123 – 143.

70. Leenders, M. R. & Erskine, J. A. 1978. *Case Research: The Writing Process*. London: The University of Western Ontario School of

Business Administrantion.

71. Louis, M. R. 1983. Organization as Culture-bearing Milieux. In L. R. Pondy et al. (ed.). *Organizational Symbolism*. Greenwich, CN: JAI Press. p. 31.

72. Lyons, J. 1981. *Language and Linguistics*. Cambridge: Cambridge University Press.

73. Martin, J. N. 1993. *Intercultural Communication Competence: A review*. In Wiseman 1993.

74. Martin, J. N., Nakayama, T. K. & Flores, L. A. (ed.). 1998. *Readings in Cultural Contexts*. Mountain View, CA: Mayfield Publishing Company.

75. Mohan, B. A. & Lo, W. A. 1985. Academic Writing and Chinese Students: Transfer and Development Factors. *TESOL Quarterly*, 19/3: pp. 515 – 534.

76. Myron W. Lusting & J. Koester. 2006. *Intercultural Competence: Interpersonal Communication Across Cultures* (5th ed.). Shanghai: Shanghai Foreign Language Education Press. pp. 65 – 73.

77. Nida, E. A. 1982. *Translating Meaning*. San Dimas, California.

78. Nostrand, H. L. 1977. The "Emergent Model" (Structured Inventory of a Socio-cultural System) Applied to Contemporary France. *Contemporary French Civilization*, pp. 277 – 294.

79. O'Malley J. M. & Chamot A. U. 1990. *Learning Strategies in Second Language Acquisition*. Cambridge: Cambridge University Press.

80. Oxford R. 1990. *Language Learning Strategies: What Every Teacher Should Know*. MA: Heinle and Heinle.

81. Paul R. W. & Elder R. 2006. *Critical Thinking: Learn the Tools the Best Thinkers Use*. New Jersey: Pearson Prentice Hall.

82. Perry, P. 1980. Professional Development: The Inspectorate in

England and Wales. In Eric Hoyle & Jacquetta Megarry (ed.). *World Yearbook of Education* 1980: *Professional Development of Teachers*. London: Kogan Page.

83. Pomerantz, A. 1978. Compliment Responses: Notes on the Cooperation of Multiple Constraints. In J. Schenkein (ed.). *Studies in the Organization of Conversational Interaction*. New York: Academic Press.

84. Poser, G. J. 1989. *Field Experience: Methods of Reflective Teaching*. New York: Longman Inc.

85. Richards, A. 1965. *The Philosophy of Rhetoric*. Oxford: Oxford University Press.

86. Richards. J. C. & C. Lockhart. 2000. *Reflective Teaching in Second Language Classroom*. Beijing: People Education Press.

87. Richards. J. C. 2001. *Beyond Training*. Beijing: Foreign Language Teaching and Research Press.

88. Richert, A. E. 1991. Case Methods and Teacher Education: Using Cases to Teach Teacher Reflection. In Tabachnich, B. R. et al. (ed.). *Issues and Practices in Inquiry-oriented Teacher Education*.

89. Robinson, G. N. 1985. *Cross-cultural Understanding: Process and Approaches for Foreign Language, English as a Second Language and Bilingual Educators*. New York: Pergamon Press.

90. Ruben, B. D. 1989. The Study of Cross-cultural Competence: Traditions and Contemporary Issues. *International Journal of Intercultural Relations*, 13: pp. 229 – 240.

91. Samovar. L. A. et al. (ed). 1981. *Understanding Intercultural Communication*. Belmont, CA: Wadsworth. Publishing Company.

92. Samovar, L. A. R. E. Porter. & L. A. Stefani. 2000. *Communication Between Cultures*. Beijing: Foreign Language Teaching and Research Press.

93. Samovar, L. & Porter, R. 2004. *Communication Between Cultures* (5th ed.). Beijing: Beijing University Press.

94. Sapir, E. 1929. The State of Linguistics as a Science. *Language*, 15/4.

96. Scarcella, R. C. et al. 1990. *Developing Communicative Competence in a Second Language*. Philadelphia: Newbury House.

96. Schumann, J. The Acculturation Model for Second Language Acquisition. In R. Gingras (ed.). *Second Language Acquisition and Foreign Language Teaching*. Artington, VA.: Center for Applied Linguistics, 1978.

97. Schumann, J. 1986. Research on the Acculturation Model for Second Language Acquisition. *Journal of Multilingual and Multicultural Development*, 7: pp. 379 – 392.

98. Scollon, R. & S. Scollon. 1995. *Intercultural Communication: A Discourse Approach*. Oxford, UK: Blackwell Publishers.

99. Sorge, D. H. & Russell, J. D. 2000. A Strategy for Effective Change in Instructional Behavior: Staff Development that Works. *Educational Technology*, XL (6).

100. Spitzberg, B. H. 2000. A Model of Intercultural Communication Competence. In L. A. Samovar & R. E. Porter (ed.). *Intercultural Communication: A Reader* (9th ed.). Belmont, CA: Wadsworth. p. 375.

101. Stenhouse, L. 1975. *An Introduction to Curriculum Research and Development*. London: Heinemann.

102. Stenhouse, L. 1981. What Counts as Research? *British Journal of Educational Studies*, 29 (2).

103. Stern, H. H. 1999. *Issues and Options in Language Teaching*. Shanghai: Shanghai Foreign Language Education Press.

104. Ting-Toomey, S. 1999. *Communication Across Cultures*. New York:

The Guilford Press.

105. Tripp, D. 2001. *Critical Incidents in Teaching—Developing Professional Judgment*. New York: Routledge Falmer Press.

106. Vallied, L. 1992. *Reflective Teacher Education*. New York: State University of New York.

107. van EK, J. 1986. *Objectives for Foreign Language Learning*. Strasbourg: Council of Europe.

108. Van Lier L. 2001. Constraints and Resources in Classroom Talk. In Candlin C. N. & Mercer N. (ed.). *English Teaching in Its Social Context*. London: Routledge.

109. Villar, L. M. 1994. Teaching: Reflective. In T. Husen et al. *The International Encyclopedia of Education*. Oxford: Pergamon Press.

110. Wallace J. M. 1991. *Training Foreign Language Teachers: A Reflective Approach*. Cambridge: Cambridge University Press.

111. Wallace J. M. 1998. *Action Research for Language Teachers*. Cambridge: Cambridge University Press.

112. Walter, M., Choonjaroen, N., Bartosh, K. & Dodd, C. 1995. *E-model of Intercultural Communication Effectiveness*. In Dodd 1995.

113. Weir, C. J. 1993. *Understanding and Developing Language Tests*. New York: Prentice Hall.

114. Whorf, B. L. 1941. A Linguistic Consideration of Thinking in Primitive Communities. In J. B. Carrol (ed.). 1956. *Language, Thought, and Reality*. Cambridge, MA: MIT Press.

115. Williams, M. & Burden, R. L. 2000. *Psychology for Language Teachers*. Cambridge: Cambridge University Press, pp. 67 - 79.

116. Young, L. W. L. 1994. *Crosstalk and Culture in Sino-American Communication*. Cambridge: Cambridge University Press.

117. [美] 莱杰·布罗斯纳安. 中国和英语国家非语言交际对

比. 毕继万译．北京：北京语言学院出版社，1991.

118. 毕继万．跨文化非语言交际. 北京：外语教学与研究出版社，1999.

119. 曹文．英语文化教学的两个层次. 外语教学与研究，1998(3)：10～14.

120. 常敬宇．汉语词汇与文化. 北京：北京大学出版社，1995.

121. 陈国明．跨文化交际学. 上海：华东师范大学出版社，2009.

122. 陈申．语言文化教学策略研究. 北京：北京语言文化大学出版社，2001.

123. 程晓堂，郑敏．英语学习策略. 北京：外语教学与研究出版社，2002.

124. 创建以校为本教研制度建设基地项目组．校本教研在行动. 北京：高等教育出版社，2006.

125. Coe，R. M.，胡曙中．英汉对比修辞研究初探. 外国语，1989（2）.

126. 戴曼纯，张希春．高校英语教师素质抽样调查．解放军外语学院学报，2004（2）.

127. 戴炜栋．高校外语专业教育发展报告（1978—2008）. 上海：上海外语教育出版社，2008.

128. 戴炜栋．中国高校外语教育30年. 外语界，2009（1）.

129. 戴昭铭．文化语言学导论. 北京：语文出版社，1996.

130. 费孝通．美国与美国人. 北京：生活·读书·新知三联书店，1985.

131. 傅道春．教师的成长与发展. 北京：教育科学出版社，2001.

132. 付克．中国外语教育史. 上海：上海外语教育出版社，1986.

133. 高等学校外语专业教学指导委员会英语组．高等学校英语专业英语教学大纲．上海：上海外语教学与研究出版社，上海外语教育出版社，2000.

134. 高一虹．生产性双语现象考察．外语教学与研究，1994（1）：59～64.

135. 高一虹．跨文化交际能力的“道”与“器”．语言教学与研究，1998（3）.

136. 高一虹．语言文化差异的认识与超越．北京：外语教学与研究出版社，2000.

137. 高一虹．跨文化交际能力的培养：“跨越”与“超越”．外语与外语教学，2002（10）.

138. 龚嵘．大学英语自主式课堂教学模式中教师角色探微．外语界，2006（2）.

139. 顾嘉祖等．跨文化交际——外国语言文学中的隐蔽文化．南京：南京师范大学出版社，2000.

140. 何兆熊．新编语用学概要．上海：上海外语教育出版社，2000.

141. 何自然．语用学概论．长沙：湖南教育出版社，1988.

142. 侯维瑞．美国英语与英国英语．上海：上海外语教育出版社，1992.

143. 胡文仲．不同文化之间的交际和外语教学．外语教学与研究，1985（4）.

144. 胡文仲．文化与交际．北京：外语教学与研究出版社，1994.

145. 胡文仲．文化教学与文化研究．胡文仲．文化与交际．北京：外语教学与研究出版社，1994..

146. 胡文仲，高一虹．外语教学与文化．长沙：湖南教育出版社，1997.

147. 胡文仲. 跨文化交际学概论. 长沙：湖南教育出版社，1999.

148. 胡文仲. 新中国六十年外语教育的成就与缺失. 外语教学与研究，2009（3）.

149. 华维芬. 试论外语教师在自主学习模式中的定位. 外语研究，2001（3）.

150. 贾玉新. 跨文化交际学. 上海：上海外语教育出版社，1997.

151. 贾玉新等. 跨文化交际研究（第一辑）. 北京：高等教育出版社，2009.

152. 兰昌勤，曾洁. 对培养我国外语学习者学习自主性的思考. 外语界，2004（4）.

153. 李安. 美式教育成功之谜. 包头：内蒙古教育出版社，2001.

154. 李悦娥，冯江鸿. 析普通话话语中的赞扬及其应答. 外语与外语教学，2000（9）：28～32

155. 李战子. 话语的人际意义研究. 上海：上海外语教育出版社，2002.

156. 连淑能. 英汉对比研究. 北京：高等教育出版社，1993.

157. 连淑能. 论中西思维方式. 外语与外语教学，2002（2）.

158. 林大津. 跨文化交际研究——与英美人交往指南. 福州：福建人民出版社，1996.

159. 刘爱真. 关于研制大学英语文化因素细目表的探讨. 外语与外语教学，2001（2）.

160. 刘道义. 基础外语教育发展报告（1978—2008）. 上海：上海外语教育出版社，2008.

161. ［美］Edward T. Hall. 无声的语言. 刘建荣译. 上海：上海人民出版社，1991.

162. 孟宪乐．教师专业化发展与策略．北京：中国文史出版社，2005.

162. ［美］洛雷塔·A. 马兰德罗，拉里·巴克．非语言交流．孟小平等译．北京：北京语言学院出版社，1991.

164. 宁惠萍．文化素质教育与跨文化交际能力培养．山西高等学校社会科学学报，2003（12）.

165. 庞维国．自主学习：学与教的原理和策略．上海：华东师范大学出版社，2003.

166. 束定芳，庄智象．现代外语教学——理论、实践与方法．上海：上海外语教育出版社，1996.

167. 束定芳．外语课堂教学新模式刍议．外语界，2006（4）.

168. 谭志明，王平安．英语强化培训中的文化融入．陈建民，谭志明．语言与文化多学科研究．北京：北京语言学院出版社，1993.

169. ［加］N. 戈培尔，［英］J. 波特．教师的角色转换．万喜生译．长沙：湖南教育出版社，1991.

170. 王得杏．英语话语分析与跨文化交际．北京：北京语言文化大学出版社，1998.

171. 王笃勤．英语教学策略论．北京：外语教学与研究出版社，2002.

172. 王寅．英汉语言宏观结构区别特征．外国语，1990（6）.

173. 王英鹏．对在大学英语教学中培养学生社会文化能力的几点思考．外语界，1999（1）.

174. 文秋芳．学习成功者与不成功者的学习方法．外语教学与研究，1995（3）：61～66.

175. 文秋芳．应用语言学研究方法与论文写作．北京：外语教学与研究出版社，2001.

176. 文秋芳．论外语专业研究生高层次思维能力的培养．学位与研究生教育，2008（10）.

177. 吴克礼．文化学教程．上海：上海外语教育出版社，2002.

178. 吴一安．优秀外语教师专业素质探究．外语教学与研究，2005（3）.

179. 夏纪梅．大学英语教师的外语教育观念、知识、能力、科研现状与进修情况调查结果报告．外语界，2002（5）.

180. 肖云南，罗晓英．关于英语测试的改革．外语教学与研究，2002（4）.

181. 熊川武．反思性教学．上海：华东师范大学出版社，1999.

182. 许国璋．词汇的文化内涵与英语教学．胡文仲．跨文化交际与英语学习．上海：上海译文出版社，1988.

183. 许力生．跨文化交际能力问题探讨．外语与外语教学，2000（7）

184. 许力生，李广才．汉英论说文语篇的修辞模式对比．浙江大学学报（人文社会科学版），2002（5）：56～64.

185. 许力生．语言研究的跨文化视野．上海：上海外语教育出版社，2006.

186. 杨惠中，Weir. 大学英语四、六级考试效度研究．上海：上海外语教育出版社，1998.

187. 叶澜．教育概论．北京：人民教育出版社，1991.

188. 叶澜等．教师角色与教师专业发展新探．北京：教育科学出版社，2001.

189. 于靖．文化概念研究．哲学动态，1987（7）.

190. 张蓓，马兰．关于大学英语教材的文化内容的调查研究．外语界，2004（4）.

191. 张德鑫．中外文化漫议．北京：华语教育出版社，1996.

192. 张公谨，丁石庆．文化语言学教程．北京：教育科学出版社，2004.

193. 张红玲．跨文化外语教学．上海：上海外语教育出版社，2007.

194. 张红玲．外语教师跨文化能力培训研究．贾玉新等．跨文化交际研究（第一辑）．北京：高等教育出版社，2009.

195. 张雁玲．校本教研是大学英语教师专业发展的有效途径．外语界，2007（4）.

196. 张占一．试议交际文化和知识文化．胡文仲．文化与交际．北京：外语教学与研究出版社，1994.

197. 赵中建．学校文化．上海：华东师范大学出版社，2004.

198. 郑杭生．社会学概论新修．北京：中国人民大学出版社，1994.

199. 郑金洲．教育文化学．北京：人民教育出版社，2000.

200. 中华人民共和国教育部．全日制义务教育普通高级中学英语课程标准（实验稿）．北京：北京师范大学出版社，2001.

201. 钟启泉．教师“专业化”：涵意与课题．张维仪．教师教育——改革与发展热点问题透视．南京：南京师范大学出版社，2000.

202. 周思源．对外汉语教学与文化．北京：北京语言大学出版社，1997.

203. 周燕．高校英语教师发展需求调查与研究．外语教学语言，2005（3）.

204. 朱纯．外语教学心理学．上海：上海外语教育出版社，1994.

205. 庄恩平．跨文化能力：我国21世纪人才必备的能力——“2006跨文化交际国际学术研讨会”综述．外语界，2006（5）.

206. 邹为诚．中国基础教育阶段外语教师的职前教育研究．外语教学理论与实践，2009（1）.

207. 左飚．环性与线性：中西文化特性比较．社会科学，2001（12）.